*Über dieses Buch*  Das reiche Kino (Steven Spielbergs »E. T.«) und das arme Kino (Yilmaz Güneys »Yol – Der Weg«); das alte Kino (Fred Zinnemann) und das neue Kino (Chantal Akerman); das nahe Kino (Deutschland: »Im Tal der toten Augen«) und das ferne Kino (Neuseeland: »Die letzte Insel«); das laute Kino (Clint Eastwood) und das leise Kino (Wim Wenders).

In 55 Texten, die in sechs Kapitel gegliedert sind, nähert sich Hans-Christoph Blumenberg vielen wichtigen Personen, Strömungen und einzelnen Filmen, die das internationale Kino in der ersten Hälfte der achtziger Jahre geprägt haben. Die Tendenzen, die sich auf den Festivals von Cannes und Venedig abzeichneten, kommen ebenso vor wie die Bilanz von Verlusten: Der längste Aufsatz in »Gegenschuß« ist dem Andenken von Rainer Werner Fassbinder gewidmet. Blumenbergs besondere Liebe gilt dem Kino der Antipoden. Er hat 1981/82 ein Jahr in Sydney gelebt und porträtiert zum Beispiel den australischen Regisseur Peter Weir. Zwei Texte erscheinen in diesem Buch zum ersten Mal. Die übrigen sind zwischen Mai 1980 und Dezember 1983 in der »ZEIT« erschienen.

*Der Autor*  Hans-Christoph Blumenberg, geboren 1947 in Lychen. Aufgewachsen in Bremen. Studium der Geschichte und Germanistik. Von 1966 bis 1976 Filmkritiker beim »Kölner Stadt-Anzeiger«. Von September 1976 bis Dezember 1983 Feuilleton-Redakteur und Filmkritiker bei der »ZEIT«. Autor und Regisseur von 23 mittellangen Dokumentarfilmen für WDR, ZDF und BR. Festivals: Berlin, London, Los Angeles, Oberhausen, Mannheim. Publikationen u. a.: »Film positiv« (Düsseldorf, 1968), »Die Kamera in Augenhöhe – Begegnungen mit Howard Hawks« (DuMont, Köln, 1979), »Kinozeit« (Fischer Taschenbuch 3664, September 1980). Im Januar/Februar 1984 inszenierte Blumenberg nach eigenem Drehbuch seinen ersten Kino-Spielfilm »Tausend Augen«.

Hans C. Blumenberg

# Gegenschuß

Texte über Filmemacher
und Filme 1980–1983

Fischer
Taschenbuch
Verlag

To four friends who guided me through a valley
of shadows in a sunny place across many seas ...
Koko von Koppenfels (Bondi Junction), Vicki Beath (Chatswood),
Giselle Wagner (North Narrabeen) and Alan Cholodenko (McMahons
Point)

Dank an Inga Schulz und Anne Frederiksen
für ihre freundliche Hilfe
bei der Fertigstellung des Manuskripts


Lektorat: Ingeborg Mues

Originalausgabe
Veröffentlicht im Fischer Taschenbuch Verlag GmbH,
Frankfurt am Main, Juni 1984
© 1984 by Fischer Taschenbuch Verlag GmbH, Frankfurt am Main
Umschlagentwurf: Jan Buchholz/Reni Hinsch
Foto: Concorde-Film GmbH, München.
Aus »Yol« von Yilmaz Güney
Gesamtherstellung: Clausen & Bosse, Leck
Printed in Germany
1280-ISBN-3-596-23692-4

# Inhalt

Vorbemerkung: Abschied für länger . . . . . . . . . . . . . . .  11

## 1. Deutsche Bilder
ZUSTÄNDE
**Im Tal der toten Augen**
Eine Passage durch neue Filme aus Deutschland . . . . . . . .  17
**Am Ende der Schonzeit**
Industrieprodukt oder Phantasieware:
Wie kann unser Kino überleben? . . . . . . . . . . . . . . . .  25

PORTRÄTS
**Eine Liebe in Deutschland**
Über Rudolf Thome und seinen neuen Film
»Berlin Chamissoplatz« . . . . . . . . . . . . . . . . . . . . .  32
**Markt des schönen Scheins**
Neue Arbeiten des Münchner Regisseurs Niklaus Schilling:
das Videoexperiment »Zeichen und Wunder«,
der Kinofilm »Der Westen leuchtet!« . . . . . . . . . . . . . .  37
**Odysseus auf Umwegen**
Über Wim Wenders, Hollywood und den »Stand der Dinge« . . .  41
**Deutschland privat**
Über Robert Van Ackeren und seinen neuen Film
»Die flambierte Frau« . . . . . . . . . . . . . . . . . . . . . .  45

EINZELSTÜCKE
**Ein Brief an Lene**
»Deutschland, bleiche Mutter« von Helma Sanders-Brahms . .  51
**Ein Clown für die Krise**
»Theo gegen den Rest der Welt«:
die seltsame Karriere einer deutschen Kino-Komödie . . . . .  54
**Besonders wertvoll**
»Christiane F. – Wir Kinder vom Bahnhof Zoo« . . . . . . . .  55
**Fern von Vietnam**
»Etwas wird sichtbar« von Harun Farocki . . . . . . . . . . .  58

TODESFÄLLE
**Nicht versöhnt**
Zum Tode von Romy Schneider . . . . . . . . . . . . . . . 61
**Die Angst, die Sehnsucht, die Liebe und der Tod**
Kein Nachruf: Über Rainer Werner Fassbinder,
notiert nach einer Reise nach München,
in einem Jahr mit dreizehn Monden. . . . . . . . . . . . . 63
**Wie lustig ist die Tyrannei?**
Fassbinders »Lili Marleen«. . . . . . . . . . . . . . . . . . 72
**Garten der Lüste**
Rainer Werner Fassbinders »Querelle« . . . . . . . . . . . 75

## 2. Amerikanische Bilder

MODEN
**Im Irrgarten der Effekte**
Neue Techniken, alte Träume in Filmen
von Carpenter, Schrader, Spielberg. . . . . . . . . . . . . 83
**Kleine Fluchten**
Über die neue »Fantasy«-Welle in unseren Kinos . . . . . . 88
**Ein Abend im Zirkus Bond** . . . . . . . . . . . . . . . . 92

STARS
**Nicht nur ein schöner Gigolo**
Der neue Hollywood-Star Richard Gere . . . . . . . . . . 97
**Clint Eastwood: Der Mann ohne Namen** . . . . . . . . . 100
**Der Clown muß sterben**
Woody Allen, sein neues Buch und der Film »Stardust Memo-
ries« . . . . . . . . . . . . . . . . . . . . . . . . . . . . . 103
**Eine Landpartie**
Woody Allens »Sommernachts-Sexkomödie« . . . . . . . . 110

KRITIKEN
**Ein Idiot macht Karriere**
»Willkommen, Mr. Chance« von Hal Ashby . . . . . . . . . 112
**Das blutende Haus**
»The Shining«, Stanley Kubricks grandiose Reise
in die Innenwelt des Wahnsinns. . . . . . . . . . . . . . . 114
**Die Stadt der Spieler**
»Atlantic City USA« von Louis Malle . . . . . . . . . . . 119
**Zum Beispiel John Merrick**
David Lynch und »Der Elefantenmensch« . . . . . . . . . . 122
**Zeit der Niederschläge**
»Wie ein wilder Stier« von Martin Scorsese . . . . . . . . . 126

**Heller Wahn**
»King of Comedy« . . . . . . . . . . . . . . . . . . . . . .  129

**Lebenszeichen aus dem Müll der Stadt**
Susan Seidelmans »New York City Girl« . . . . . . . . . . .  131

**Die schärfste Droge**
»Koyaanisqatsi« von Godfrey Reggio . . . . . . . . . . . .  133


## 3. Antipodische Bilder

**Die letzten Tage des Friedens**
Über die Angst in Deutschland (aus der Ferne),
über politische und kulturelle Dinge
in den Antipoden (aus der Nähe)
und über einen amerikanischen Film,
der auch damit zu tun hat . . . . . . . . . . . . . . . . . .  137

**Ein C. entfernt sich**
Brief aus Australien . . . . . . . . . . . . . . . . . . . . .  142

**Die letzte Insel**
Filme aus Neuseeland . . . . . . . . . . . . . . . . . . . .  145

**Das Imperium schlägt zurück**
Kino, Sport und Krieg: Peter Weirs »Gallipoli«,
Hugh Hudson »Die Stunde des Siegers« . . . . . . . . . . .  150

**Die Kunst des Schattenspiels**
Über Peter Weir und seinen neuen Film
»Ein Jahr in der Hölle« . . . . . . . . . . . . . . . . . . .  155


## 4. Begegnungen, Gespräche

**Die Götterdämmerung der Samurai**
Der japanische Meisterregisseur Akira Kurosawa
und sein neuer Film »Kagemusha«:
ein Interview, ein Porträt, eine Kritik . . . . . . . . . . . .  161

**Geld macht kaputt**
Francis Coppola über seinen neuen Film
»Einer mit Herz« und über die Krise
des amerikanischen Kinos . . . . . . . . . . . . . . . . . .  168

**Die Fantome des Georges Simenon**
Über Maigret, die »Intimen Memoiren«
und einen Chabrol-Film . . . . . . . . . . . . . . . . . . .  174

**Ein König im Exil**
Volksheld und Kino-Poet:
Über den türkischen Regisseur Yilmaz Güney . . . . . . . .  181

**Das Phänomen des Gewissens**
Eine Begegnung mit dem Regisseur Fred Zinnemann . . . . .  184

**Warten auf Godard**
Zwei oder drei Dinge über eine Legende:
ein Interview, das nicht stattfand;
der letzte und der nächste Film;
ein Tag in Paris; die Musik . . . . . . . . . . . . . . . . . . . 187
**Brüssel kann sehr kalt sein**
Über Chantal Akerman und »Eine ganze Nacht« . . . . . . . . 195
**Es geht immer um alles**
Der große Filmregisseur Robert Bresson
und sein neues Werk »Das Geld« . . . . . . . . . . . . . . . 200
**Das Kino – ein Laboratorium**
Ein Gespräch mit Alain Resnais . . . . . . . . . . . . . . . . 206

## 5. Marktplätze

**Die Stunde der Veteranen**
Filmfestspiele Cannes 1980: Godard, Hopper, Fuller, Fellini,
Resnais. . . . . . . . . . . . . . . . . . . . . . . . . . . . . 217
**Märchen der Gewalt, Untergänge ohne Trauer**
Filmfestspiele Venedig 1980:
Mutmaßungen über das Kino der Zukunft –
Neues von Antonioni, Malle, Cassavetes und Angelopoulos . . 222
**Hammett kam nur bis Hollywood**
Filmfestspiele Cannes 1982:
Über »Hammett« – und über Filme
von Antonioni, Costa-Gavras, Skolimowski, Susan Seidelman,
Anderson und den Brüdern Taviani. . . . . . . . . . . . . . 227
**Die Lehrjahre der Zauberer**
Filmfestspiele Venedig 1982:
Das Comeback des Wim Wenders / Fades von Losey,
Hübsches von Woody Allen / Ein »Sturm« mit
Gena Rowlands / Die besten Filme von Venedig / Jacques
Rivette und Peter Greenaway / Und Fassbinder? . . . . . . . 231
**In der Fremde**
Cannes 1983: Neue Filme von Tarkowski,
Güney, Chéreau, Bresson . . . . . . . . . . . . . . . . . . . 236
**Jedes Bild eine Fälschung**
Venedig 1983:
Neues von Woody Allen, Alain Resnais und anderen . . . . . . 240
**Am Abend der Gaukler**
Bilanz der Filmfestspiele Venedig 1982:
Godard, Fellini, Kluge, Bergman und Wajda . . . . . . . . . . 242

## 6. Politik & Poesie

**Vor der Revolution**
»Ohne Betäubung« von Andrzej Wajda . . . . . . . . . . . .  251
**Bilder aus einem zerrissenen Land**
Die italienische Krankheit:
Über den Regisseur Francesco Rosi und seinen neuen Film
»Christus kam nur bis Eboli« . . . . . . . . . . . . . . . .  253
**Ein letzter Sommer**
»Klassengeflüster« von Jacusso und Rickenbach . . . . . . . .  257
**Die Welt als Fundsache**
Chris Markers »Sans Soleil – Unsichtbare Sonne«;
Essay, Tagebuch, Expeditionsbericht . . . . . . . . . . . . .  259
**Krieg im Frieden**
Politisches Kino: Gorettas »Der Tod des Mario Ricci«,
de Antonios »In Sachen King of Prussia« . . . . . . . . . . .  262

# Vorbemerkung: Abschied für länger

Eine alte Geschichte, eine gewohnte Situation. Ich sitze, spät am Abend, an meiner Schreibmaschine (die immer noch »Monica« heißt und nie eine genügsame Gefährtin war), versuche, das Chaos in meinem Kopf zu ordnen (oder wenigstens in eine Form zu bringen), presse der geduldigen »Monica« Buchstaben, Wörter, Sätze ab, die sich auf wundersame Weise zu einem Zusammenhang fügen sollen. Ein heftiger Regen belagert die Balkontür. Es ist warm in meinem Zimmer. Es fügt sich. Es ist alles so, wie es immer war.

In Wirklichkeit ist alles ganz anders. Seit einigen Wochen bin ich kein Filmkritiker mehr. In dem Büro, das ich fast sieben Jahre lang im sechsten Stock des alten Hamburger Pressehauses hatte, sitzt schon ein anderer. Keine Redaktionskonferenzen mehr, keine Presse-Vorführungen, keine Anrufe von Regisseuren, die mir dringend ihren neuen Film zeigen wollen, keine Verleih-Informationen, keine Festival-Einladungen. Ich werde das nicht vermissen.

Ich wollte kein Kritiker mehr sein. Das habe ich schon eine Weile gewußt, spätestens seit jenem denkwürdigen Jahr, das ich, zwischen Mai 1981 und April 1982, in Australien verbrachte. Da war ich, auf schmerzhafte Weise, lange mit mir allein. Da entstanden, ohne daß ich am Anfang wirklich darauf achtete, erste Bruchstücke von Bildern und Figuren in mir, die auf auffällige Weise nicht zu dem Leben paßten, das ich lange geführt hatte. Es gab einen Bruch, einen Riß. Ich kehrte, herzlich aufgenommen, in die Redaktion der »ZEIT« zurück. Im August 1982 beendete ich auf der Insel Norderney die erste Fassung meines Drehbuchs »Tausend Augen«. Morgen ist der 16. Januar 1984. Morgen früh beginnen die Dreharbeiten zu einem Film mit dem Titel »Tausend Augen«. Ich führe Regie.

Ich weiß nicht, ob man ein ganzes Leben damit verbringen kann, als Filmkritiker zu arbeiten. In der Bundesrepublik gibt es nur wenige Veteranen dieses anstrengenden Gewerbes (anstrengend, wenn man es ernst nimmt). Unter den respektierten Kollegen, die es länger als zehn Jahre aus- und durchgehalten haben, fallen mir ein: Wolfram Schütte bei der »Frankfurter Rundschau«, Peter Buchka bei der »Süddeutschen Zeitung« und, noch viel länger im Geschäft, Ponkie bei der Münchner »AZ« und Volker Baer beim Berliner »Tagesspiegel«. Die Liste ist gewiß nicht komplett, aber sehr lang dürfte sie wohl in der Tat nicht werden. Ich denke noch an Frauke Hanck, an Uta Gote, an Bodo Fründt, vielleicht auch an diesen oder jene. Kein breites Feld. Beim Finanzamt tragen sich stabilere Karrieren zu.

Die Prominenz der deutschen Filmkritik der sechziger Jahre schreibt schon eine Weile nicht mehr: Enno Patalas leitet das Münchner Filmmuseum, Ulrich Gregor das Forum der Berlinale, Heinz Ungureit die Spielfilm- und Fernsehspiel-Abteilung des ZDF. Klaus Hellwig handelt und produziert, Uwe Nettelbeck hat sich in die Heide zurückgezogen, Frieda Grafe schreibt nur noch selten. Michael Lentz ist Drehbuchautor und Produzent geworden.

Was in Frankreich eine gute Tradition hat, wird bei uns immer noch beargwöhnt: daß Filmkritiker die Fronten wechseln, aus theoretischen Kenntnissen, aus Seh-Erfahrungen praktische Schlüsse ziehen. Keine Frage, daß die Regie-Karrieren von Theodor Kotulla und des früh verstorbenen Alf Brustellin nicht so eindrucksvoll waren wie die der französischen Ex-Kritiker Truffaut und Chabrol, aber die Filme »Ein deutsches Leben« (Kotulla) und »Berlinger« (Brustellin/Sinkel) gehören keineswegs zu den Tiefpunkten des neuen deutschen Kinos.

Kritik bedeutet Verschleiß. Die Filme gehen nicht aus, aber die Wörter, um sie zu beschreiben. Je länger man dieses Handwerk betreibt, desto öfter spürt man die Erschöpfung. Man kämpft gegen die Routine, aber sie holt einen ein.

Als ich nicht mehr Filmkritiker sein wollte (und noch nicht Regisseur war), hatte ich immer mehr Lust, über die Menschen zu schreiben, die die Filme machen, und nicht mehr über isolierte Einzelstücke. Einige Texte in diesem Buch spiegeln das wider. Aber Kritiker, denen Begegnungen wichtiger sind als Produkte, verlieren wohl an Nützlichkeit. Am Ende interessierte mich die Reportage mehr als die Rezension. Die Texte über Fassbinder, Georges Simenon, Chantal Akerman und Jean-Luc Godard erscheinen mir nachträglich, wie zwei, drei andere auch, als Entwürfe zu eigenen Filmen (die nie gedreht werden).

Zwei Aufsätze zur Lage des deutschen Kinos (»Im Tal der toten Augen« von 1981 und »Am Ende der Schonzeit« von 1983) haben ein heftiges Echo gefunden. Ich gebe zu, daß ich Streit und Polemik mag, erheblich mehr als ministerielle Verlautbarungen und Verbandserklärungen. Kritik muß auch eine Sache der Leidenschaft sein. Ich nehme nichts zurück: auch wenn ich auf das Unglück oder die Wut, die manche meiner Texte bei manchen Betroffenen ausgelöst haben mögen, wahrlich nicht stolz bin. Leider unterlaufen bisweilen Irrtümer, für die es kaum eine Entschuldigung gibt. Ich denke an meine erste Einschätzung von »Hammett«.

Wir haben bei diesem Buch, anders als bei seinem 1980 in derselben Reihe erschienenen Vorgänger »Kinozeit«, auf eine chronologische Gliederung der Texte verzichtet. Dafür gibt es sechs Schwerpunkte. Mir selber sind die »Deutschen Bilder« und die »Begegnungen« am wichtigsten. Und, natürlich, die »Antipodischen Bilder«, weil sie von etwas erzählen, das mit meinem Leben (also dem Film in meinem Kopf) mehr zu tun hat als mit einer sicheren Vorstellung von Kino und Kritik.

Nicht mehr schreiben. Es war nicht einmal so, daß meine Lust auf die Beschreibung fremder Bilder endgültig verloren gewesen wäre. Ich habe das Geschäft nicht aufgegeben, weil es leer war. Ich hätte gerne noch über Tarkovski und Ettore Scola geschrieben, den wahrscheinlich letzten unter den großen europäischen Regisseuren unserer Jahre, der in Deutschland noch so gut wie unbekannt ist. Aber ab morgen sollen, in der Atelier-Halle 6 des Studio Hamburg, »Tausend Augen« leuchten. Das ist eine neue Geschichte.

Hamburg, am 15. Januar 1983                    Hans-Christoph Blumenberg

# 1. Deutsche Bilder

Eine Passage durch neue Filme aus Deutschland

## Im Tal der toten Augen

*»Es kommt der Tag, da will die Säge sägen«*
*Adolf Winkelmann, »Jede Menge Kohle«*

Volker Schlöndorff steht neben einem ausgebrannten Jeep in der Altstadt von Beirut und redet darüber, wie es weitergehen soll mit dem deutschen Film, *»nach der ›Blechtrommel‹«*. Es könnte alles etwas internationaler werden, sagt er ungefähr, aber es müßte auch irgendwie deutsch bleiben.
Die Sätze, die Volker Schöndorff in Beirut gesprochen hat, als Einleitung zu einer Vorführung von Mustern aus seinem neuen Film »Die Fälschung«, habe ich fast schon wieder vergessen. Ihr Tonfall indessen will mir nicht mehr aus dem Ohr. Wenn Volker Schlöndorff über »den deutschen Film« spricht (*»nach der ›Blechtrommel‹«*), klingt er wie der Vorstandsvorsitzende von VW oder Rheinstahl: Stolz in der Stimme über das Erreichte, der treuen Belegschaft ein Vorbild an untadeliger Pflichterfüllung, doch den Blick schon wieder auf die Herausforderungen der Zukunft gerichtet. Mit einem solchen Mann an der Spitze, denke ich, geht der Konzern »Deutscher Film« goldenen Zeiten entgegen. Der erste Oscar steht schon in der Vitrine, vor dem Weltniveau der erprobten deutschen Modelle Fassbinder, Wenders, Herzog, Syberberg erschauern sogar die Bosse von Hollywood.
Nach Volker Schlöndorffs kleiner Rede sieht man den Schauspieler Bruno Ganz erstens durch das vom Krieg verwüstete Beirut rennen und zweitens die Schauspielerin Hanna Schygulla heftig begehren. Das ist ein großer Moment: Maria Braun trifft das Messer im Kopf, das Traumpaar des deutschen Films könnte geboren sein, kreiert von einem wirklich berühmten Spitzenregisseur, über den einer in Italien sogar ein Buch schreibt, dessen deutsche Ausgabe ich schon heute dem Hanser Verlag ans Herz legen möchte.
Später gibt es eine Pressekonferenz, bei der kalte Platten gereicht werden und auch ein Herr von der *Times* aus London anwesend ist, von Volker Schlöndorffs Verleih »United Artists« eigens nach Hamburg eingeladen, um dem darbenden Inselvolk die frohe Botschaft vom Ruhm des deut-

schen Films (»*nach der* ›*Blechtrommel*‹«) zu überbringen. Links neben Volker Schlöndorff sitzen Frau Schygulla und Herr Ganz, denen aber niemand eine Frage stellt. Der Erfolgsregisseur präsentiert sich mit siegesgewisser Gelassenheit, hebt besonders die Mitwirkung des Kameramanns Igor Luther und des Schauspielers Ganz hervor, verbreitet Teamgeist und die Gewißheit, daß es weiter aufwärts geht.

\*

»*Es scheint, daß wir endlich in das Jahrzehnt des Deutschen Films eintreten.*«

Vincent Canby, New York Times, 20. April 1980

Die Internationalisierung macht Fortschritte: In dem Film »Looping« von Walter Bockmayer und Rolf Bührmann, der offensichtlich auf einem deutschen Rummelplatz spielt (es wird schamlos für Zigaretten der Marke Reval geworben), zählt die Schaustellerin Shelley Winters (zwei Oscars) grüne Dollarnoten in die Tageskasse, während sich ihr Gatte Hans Christian Blech nach der dämonisch-sinnenfrohen Stripperin Sydne Rome verzehrt, von der man annehmen darf, daß sie das Publikum in Itzehoe und in Freilassing zum Rasen bringt.
Früher haben Walter Bockmayer und Rolf Bührmann phantasievolle Opern-Travestien im Super-Acht-Format und das schöne Kinomärchen »Flammende Herzen« gedreht. Bei der Bundesfilmpreis-Lotterie des Jahres 1981 haben sie für »Looping« vier Hauptgewinne gezogen.
In dem Film »Ach, du lieber Harry« mit Dieter (»Didi«) Hallervorden, der von manchen Leuten für einen Komiker gehalten wird, führt ein Franzose namens Jean Girault Regie, der sich für diese Aufgabe geradezu aufdrängte, weil er schon einige der schlechtesten Filme mit Louis de Funès inszeniert hat. So könnte sich etwas anbahnen, was man beim »Filmverlag der Autoren« (warum heißt der immer noch so?) vermutlich einen Exportschlager nennen würde.
In dem mitunter wirklich sehr komischen Film »Stachel im Fleisch«, der so aussieht, als hätten ihn der späte Kurt Hoffmann und der Luis Buñuel der mexikanischen Periode gemeinsam inszeniert, stellt der Schauspieler Helmut Griem den urlaubsreifen Produzenten der Fernsehshows von »Didi« Hallervorden dar, der sich seiner Frau, seinen Kindern und seinem Goldhamster dadurch entfremdet, daß er lauter Videobänder mit Hallervorden-Auftritten nach Sardinien mitnimmt. »Stachel im Fleisch« ist ein Film von Heidi Genée. Er kommt nicht beim »Filmverlag der Autoren« heraus.

\*

Einen Tag nach Volker Schlöndorffs Mustervorführung in Hamburg bittet die Firma United Artists zu einem Abendessen »im kleinen Kreis« mit dem Künstler. Da das Mahl in einem der besseren Hamburger Restaurants stattfindet, folge ich der Einladung bedenkenlos. »Free food, free drinks, free press«, heißt es in einem Film von Robert Aldrich. Ich sitze dem Künstler gegenüber, der mich kühl mustert, weil er sich seit Jahren von mir verfolgt fühlt. Sein kennerisches Studium der Weinkarte bringt uns näher.

Ich mag Volker Schlöndorff nicht, wenn er über den deutschen Film (»nach der ›Blechtrommel‹«) so selbstgerecht spricht wie vor ein paar Jahren über den »Durchbruch«, der nun endlich für den deutschen Film zu erzielen sei, als ginge es um die Schlacht von El Alamein: An der Spitze ihrer siegreichen Truppen stoßen Katharina Blum, Christa Klages und andere Spezialeinheiten der von Schlöndorff, Margarethe von Trotta und Reinhard Hauff erfolgreich geführten »Bioskop«-Armee bis nach Hollywood vor. Zum Flankenschutz wurde das Strafbataillon der Filmkritiker verpflichtet. Tod allen Deserteuren!

Ich beginne, Volker Schlöndorff zu mögen, wenn er wirklich über seine Arbeit redet. Da ist einer, der sein Handwerk noch ernsthaft gelernt hat, damals bei Melville und Malle, der eine große Liebe zum Metier besitzt, der nicht nur fürchterlich eitel sein kann, sondern auch anrührend großzügig. Bei den Dreharbeiten zur »Fälschung« (nach dem Roman von Nicolas Born) im Libanon ließ er es geschehen, daß einer seiner Darsteller, der polnische Regisseur Jerzy Skolimowski, parallel zur eigentlichen Arbeit einen eigenen Film realisierte und sich den deutschamerikanischen Aufwand listig zunutze machte. Dieser Art von improvisierter Piraterie gehört Schlöndorffs Sympathie, auch wenn er es schon kommen sieht, daß manche Leute den billigen Skolimowski-Film besser finden könnten als den teuren Schlöndorff-Film.

Später am Abend erschien an unserem Tisch ein dürrer Mensch, der sogleich nach einem Bier verlangte, was man in solchen Lokalen nicht gerne sieht, besonders, wenn der Gast im legeren Instandbesetzer-Look erscheint. So bedeutete ein strenger Oberkellner dem vermeintlichen Eindringling, woanders könnte er seinen Durst gewiß auch löschen. Da der Gast Marius Müller-Westernhagen hieß und seit dem Film »Theo gegen den Rest der Welt« der populärste Filmschauspieler der Republik ist, kann man aus dieser Episode vielleicht lernen, daß es mit dem Star-System hierzulande noch nicht zum besten bestellt ist.

*

Wenn über deutsche Filme verhandelt wird, ist fast ausschließlich von den Regisseuren (meist Filmemacher genannt) die Rede. Jeder Debütant, der es schafft, etwas abzuliefern, was mit einem Film auch nur entfernte Ähnlichkeit hat, kann auf die wohlwollende Aufmerksamkeit der Medien rechnen. Die meisten Kritiker, die ja auch nicht mehr vom Kritisieren verstehen als die meisten Filmemacher vom Filmemachen, begreifen sich längst als Heger und Pfleger dieser wunderbaren Pflanze »Deutscher Film«. Daß man über Qualitätsunterschiede lieber nicht mehr reden soll, hat Alexander Kluge dekretiert, mit einem Satz, der wohl zum erstenmal auf dem von der Parole »Wir müssen uns auf die Socken machen« geprägten Hamburger Filmfest von 1979 fiel. Und nun drängen sich im Tal der toten Augen die Blinden und murmeln Kluges Beschwörungsformel: »Wir lassen uns nicht auseinanderdividieren.«

Der progressive Glamour, der sich mit Vokabeln wie Filmfest, Filmhaus, Filmarbeiter offenbar verbindet, hat den Drang zu einer Existenz als Filmemacher dramatisch erhöht. Wer früher Schornsteinfeger oder Herzchirurg werden wollte, tritt heute lieber dem Verband der Nachwuchsfilmer bei, wo er viele andere Nachwuchsfilmer trifft, die auch noch nie eine Kamera in der Hand hatten, das Handwerk verachten, aber genau wissen, wie man an Förderungsgelder kommen kann.

Ein anderer Weg, praktisch mühelos zu Geld und Medienruhm zu kommen, führt über die regionalen Filmbüros von Hamburg und Nordrhein-Westfalen, die nach dem Grundsatz der »Selbstverwaltung« (lies: Selbstbedienung) funktionieren sollen. In Hamburg vergibt sogar ein »Nicht-Filmemacher-Gremium« (also Leute, die von der Sache nichts verstehen) einen Teil der Mittel. So geschieht es, daß Menschen, die noch nie etwas mit Film zu tun hatten, eine bedeutende sechsstellige Summe zur Herstellung eines abendfüllenden Spielfilms bekommen. Nicht einmal einen Kurzfilm oder eine Assistenz muß man nachweisen. Hoffentlich läßt die Lufthansa ihre Flugzeuge nicht demnächst von Leuten fliegen, die sich eben mal mit dem Berufswunsch »Pilot« beim Pförtner melden.

In Nordrhein-Westfalen geht es vollends wie beim Kaninchenzüchterverband zu. Man kann das nachlesen in der *TAZ* vom 2. Oktober 1980, wo der Streit um die Fleischtöpfe des Filmbüros mit solchen Sätzen dokumentiert wird: »Mit diesen Satzungsänderungen sehen diese Filmemacher dann keine Widersprüche mehr zum Filmbüro. Der Vorstand empfiehlt daher der Mitgliederversammlung die Aufnahme der Satzungsänderung« (aus einem Brief des Vorstands). Inzwischen haben sich auch die »niedersächsischen Filmemacher« organisiert und verlangen eine knappe halbe Million für den Anfang. Daß die Filmförderung im Freistaat Bayern und in West-Berlin professioneller organisiert ist und nicht jede modisch schillernde Seifenblase finanziert, mag ein gewisser Trost sein.

*

Riskant ist es längst nicht mehr, in der Bundesrepublik einen Film zu drehen. Das sieht man den meisten Filmen deutlich an. Das Kino als magischer Ort der Wunsch- und Gegen-Welten, der Geheimnisse, des Staunens, der undomestizierten Gefühle gerät allmählich in Vergessenheit. Die Drehbuchautorin Christel Buschmann, deren erster und bislang einziger Film (»Gibbi Westgermany«) auch nicht mehr auslöste als das üb-

liche diffuse Wohlwollen, nennt das Kino eine »öffentliche Abspiel-
stätte«. Der bürokratische Jargon ist verräterisch, er enthüllt eine Haltung, die das Kino langsam erstickt. Paul Cézannes Satz »Mit jedem
Strich riskiere ich mein Leben« muß diesen Filmemachern höchstens albern vorkommen. Nur Achternbusch – den sie in Berlin ausgelacht haben,
dem kein Gremium einen Bundesfilmpreis ans Smokinghemd heftet – wagt
einen Satz wie: »Einmal habe ich ein Gefühl gehabt, das hat mich fast
umgebracht.«

*

*»Die Schönheit deines Films wird nicht in den Bildern sein (Postkartenis-
mus), sondern in dem Unsagbaren, das sie auslösen werden.«*
Robert Bresson, »Noten zum Kinematographen«
(deutsch bei Hanser, 1980)

Deutsche Filme aus dem Jahre 1980, die ich gerne noch öfter sehen
möchte: »Palermo oder Wolfsburg« von Werner Schroeter; »Der Willi-
Busch-Report« von Niklaus Schilling; »Nick's Movie« von Wim Wenders;
»Deutschland, bleiche Mutter« von Helma Sanders-Brahms; »Berlin
Chamissoplatz« von Rudolf Thome.
Das ist ein Zehntel der Jahresproduktion. Das ist nicht viel. Auf einen
Schilling kommen fünfzig Stümper. Das soll aber niemand merken.
Was Bresson den »Postkartenismus« nennt, das wohltemperierte, inter-
esselose Mittelmaß, löst wohltemperierte, interesselose Reaktionen aus.
Überall lese ich von der Begabtheit der Filmemacher Jeanine Meerapfel
und Jörg Graser, aber in den Filmen »Malou« und »Der Mond ist nur a
nackerte Kugel« erkenne ich nur sorgsam drapierte Verzagtheiten, leere,
aufgeräumte Bilder, die sich aufdringlich als Ergebnisse eines sensiblen
Kunstverstandes anbiedern. In »Malou« sehe ich keine Frau, die das
Schicksal ihrer Mutter und damit ihre eigene Identität aufzuspüren hofft,
sondern nur einen virtuosen Kameramann (Michael Ballhaus) und einen
ebensolchen Komponisten (Peer Raben), die mit ihren reichen Mitteln
versuchen, einen profunden Mangel an Leidenschaftlichkeit zu überdek-
ken.
Die aufdringliche Schauspielerei von Grischa Huber und Ingrid Caven in
»Malou« finde ich wieder in der aufdringlichen Schauspielerei von Sigfrit
Steiner und Elisabeth Stepanek in »Der Mond ist nur a nackerte Kugel«:
jede Geste kostbar, jede Haltung outriert, die grauenhaft falsche Beschei-
denheit eines innigen Bebens. Stummer Lärm, dezent geschminkte
Lügen.
Vielleicht sind Jeanine Meerapfel und Jörg Graser wirklich begabte Filmemacher. Vielleicht können sie sich entwickeln, vielleicht sind die wenigen bewegenden Momente in ihren Filmen (ein Blick von Ivan Desny
hier, einige Unverschämtheiten von Franz Xaver Kroetz dort) ein An-

fang. Aber vielleicht sind sie auch schon rettungslos umzingelt vom allgemeinen Wohlwollen, verdorben durch die ersten Bundesfilmpreise (zwei für Grasers »Nackerte Kugel«). Vielleicht sollten sie nicht ihren Kritikern glauben, sondern Bresson lesen: »Ein Ensemble schöner Bilder kann abscheulich sein.«

*

*»Einstmals gehörte die Welt dem, der ein vortreffliches Pferd und eine Stunde Vorsprung hatte.«*
> Wolf Gremm, »Kein Reihenhaus für Robin Hood«

Die Zeiten sind vorbei, aber einem Film, in dem dieser Satz vorkommt, möchte ich ein wenig Trauer anmerken über einen Verlust. Dieser Film könnte davon handeln, wie der Traum vom verschärften Leben zuschanden gekommen ist. Und handelt nur davon, wie die überaus clevere Produzentin Regina Ziegler in trautem Bund mit dem überaus mächtigen Filmtheater-Unternehmer Heinz Riech einen überaus wirren Fernsehkrimi (von 16 Millimeter ins 35-Millimeter-Kinoformat aufgeblasen) der zahlenden Kundschaft als Kino-Ereignis anbietet. So kläglich geht Robin Hood zugrunde: der Rebell als Hochstapler.

Die meisten deutschen Filme sind so langweilig, weil sie sich nichts von dem zutrauen, wovon sie angeblich handeln: Anarchie im »Tatort«-Stil (»Kein Reihenhaus für Robin Hood«) ist das Gegenteil von Anarchie, die Drogen-Szene aus der Perspektive der Gesundheitsbehörde (»Christiane F. – Wir Kinder vom Bahnhof Zoo«) ist kein Ort zum Erschrecken.

Da mag ich eher die Freiheiten und Frechheiten der Einzelgänger, der Hans Noever (der mehr kann als »Total vereist«) oder Frank Ripploh bei seiner Taxifahrt zum Klo. Da mag ich sogar den Bernhard Sinkel und seine abstruse Räuberpistole »Kaltgestellt«. Beim wortmächtigen Duell zwischen dem guten Lehrer Helmut Griem und dem bösen Verfassungsschutz-Spitzel Martin Benrath stimmt nichts mehr. Also stimmt schon wieder einiges. In der radikalen Weinerlichkeit dieses Films, die jede übliche Sentimentalität weit hinter sich läßt, erkenne ich immerhin eine gigantische Neurose. Das ist nicht wenig in Zeiten neurotischer Temperamentlosigkeit.

*

*»Lieber Gott, erspar mir, in einer uninteressanten Zeit zu leben.«*
> Thomas Brasch, »Engel aus Eisen«

Wenn diese Worte gesprochen werden auf der Leinwand, in der ersten Einstellung des Films »Engel aus Eisen« von Thomas Brasch, sieht man ein seltsames Bild dazu: Rechts steht ein nicht mehr junger Mann, der zu einem langen Staubmantel den Helm eines japanischen Samurai und den dazugehörigen Säbel trägt. In der linken Bildhälfte bemüht sich eine weiß geschminkte junge Frau, die eine Kostümjacke, einen sehr engen Rock und sehr hochhackige Schuhe anhat, den Propeller eines Flugzeugs anzuwerfen. Einen Moment lang wissen wir nicht, wo wir sind. Einer stellt ein Rätsel, das bis zum Ende unaufgelöst bleibt. Ein Schriftsteller, der noch nie einen Film gemacht hat, unterwirft sich nicht dem Zwang zum Erklären und Moralisieren. In einer kurzen Zeit der Erstarrung (während die Stadt Berlin von der Blockade gelähmt ist, während die Ordnung im Westen wie im Osten nicht mehr funktioniert) beschreibt er drei Figuren, die die Stille nicht aushalten: Völpel, den Scharfrichter im Ruhestand, Gladow, der ein deutscher Al Capone sein will, Lisa, die tanzen kann.

Brasch hat etwas begriffen: daß man Menschen ihre Unbegreiflichkeit nicht nehmen darf. Die Beziehung zwischen Völpel und Gladow ist nie eindeutig. Sie ist eine Komplizenschaft und mehr: geprägt durch die Faszination des Henkers von dem jungen Desperado, dessen Lebenshunger sich wiederum an der beherrschten Melancholie des Älteren zu entzünden scheint. Alles ist möglich in diesem Dschungel widersprüchlicher Emotionen, bis zum Mord. Es ist auch möglich, daß ein erotischer Tanz zwischen Lisa und einer schwarzen amerikanischen Soldatin viel länger dauert, als es die vernünftige Fernsehdramaturgie gestatten würde. Es ist möglich, daß plötzlich eine Postkarte von John Fords Monument Valley zu sehen ist.

Brasch rechtfertigt sich nicht, er zeigt: äußerst wortkarg. Ein Blick der wunderbaren Karin Baal auf ihren Sohn Gladow reicht, um eine Zärtlichkeit zu verraten, die auch eine zu allem entschlossene Härte ist. Ein Gang von Hilmar Thate (den man lieben muß wie Lino Ventura in den Filmen von Jean-Pierre Melville) durch den Korridor des Polizeipräsidiums reicht, um Völpels ungelebte Sehnsucht nach einer gefährlichen Veränderung zu zeigen.

Thomas Brasch tritt selber kurz als blinder Leierkastenmann in »Engel aus Eisen« auf: als wollte er ironisch seine Distanz zeigen zum Tal der toten Augen, in dem sein Film entstanden ist. Man hat ihn auch gleich dafür bestraft: nur ein Nebenpreis bei der Filmband-Lotterie (für Ilse Pagé, die ängstliche Frau des Henkers, man gönnt es ihr). Die Franzosen haben mehr gesehen: »Engel aus Eisen« läuft als einziger deutscher Film im Wettbewerb von Cannes.

*

*»Was einen Schauspieler auf der Bühne adelt, kann ihn auf der Leinwand vulgär machen (Ausübung einer Kunst in der Form einer anderen).«*
*Robert Bresson, »Noten zum Kinematographen«*

Wenn die Schauspielerin Ingrid Caven eine Szene betritt (in den Filmen »Looping« und »Malou«), weiß ich sofort, woran ich bin. Frau Caven strömt ihre Manierismen aus wie ein schlechtes Parfüm. Sie strengt sich deutlich an, auf deutliche Weise mitleiderregend zu wirken. Dafür hat sie jetzt einen Bundesfilmpreis bekommen.

Wenn die Schauspielerin Karin Baal eine Szene betritt (in den Filmen »Engel aus Eisen« und »Desperado City«, der ersten Kino-Inszenierung des Schauspielers Vadim Glowna), bin ich von angespannter Neugier. Ich sehe ein Gesicht, das schon viel gesehen hat, sehe eine gewisse Müdigkeit, eine Kraft, die lange gereicht hat und dünner geworden ist, eine große Beherrschung. In dem Film »Desperado City«, in dem Vadim Glowna versucht, ein Dutzend Geschichten zu erzählen, von denen manche einfach so versickern, spielt Karin Baal eine Hamburger Taxifahrerin, die mit einem jüngeren Mann zusammenlebt. Sie muß sich nicht anstrengen, um die Angst vor einer neuen Einsamkeit zu spielen. Die ist in jeder ihrer Bewegungen.

In der schönsten Einstellung steht sie an einem dunklen Fenster, während in einem hellerleuchteten Fenster gegenüber ein bärtiger Mann einen Blues auf der Klarinette spielt und seine dunkelhäutige Freundin tröstet. Später muß dann die Taxifahrerin aus dem Fenster gesprungen sein.

Karin Baal wird nie einen Bundesfilmpreis bekommen. Durch sie könnte man sich an ein Kino erinnern, das eine Selbstverständlichkeit und eine Stärke hatte, die im Tal der toten Augen nichts mehr gelten. Vadim Glowna, der alles riskiert hat für »Desperado City«, der Augenblicke des Wahnsinns zeigt, der sich – auch ungeschickt – auflehnt gegen die Routine der mittleren Kunstübungen, sollte weiter Filme machen.

*

Desperado: das ist ein Kino-Wort. Die letzten Desperados im Tal der toten Augen wissen genau, wie riesig der Abstand geworden ist zwischen den starken Bildern, den radikalen Gefühlen des richtigen Kinos und den kunstbeflissenen Halbheiten des falschen Kinos, dem die Gunst der Gremien gilt. Manchmal behelfen sie sich mit Zitaten: die Postkarte vom Monument Valley in »Engel aus Eisen«, der Bericht von einer nie gemachten Reise quer durch Amerika in »Desperado City«, ein Auftritt wie in einem Westernsaloon in Adolf Winkelmanns Ruhrgebiets-Abenteuer »Jede Menge Kohle«, das von einem vagabundierenden Bergmann namens Katlewski handelt, der aus einem Schacht kommt, der Unruhe stiftet, der wieder in einem Schacht verschwindet.

In den Filmen von Brasch, Glowna und Winkelmann formuliert sich ein Protest gegen die Uniformierungen und Phantasielosigkeiten im Kino wie im Leben. Es sind Filme, in die die militante Unruhe und die Sehnsüchte der Stadtindianer, der Hausbesetzer, der Brokdorf-Marschierer eingegangen sind: ohne daß von ihnen die Rede sein muß. Es sind moderne Filme: Widerstandsfilme.

Das ist keine einfache Haltung. Als neulich in Wiesbaden um die Bundesfilmpreise gefeilscht wurde (die eben nicht nur Prestige, sondern auch viel Geld bedeuten), durfte Adolf Winkelmanns Film »Jede Menge Kohle« (neben dem von Brasch der beste aus Deutschland, den ich in diesem Jahr gesehen habe), nicht im Dolby-Ton-System vorgeführt werden, in dem er gedreht worden ist. Auf eine solche technische Neuerung (auf die der mittlere Fernsehfilm natürlich gerne verzichtet) waren die Funktionäre nicht eingerichtet. Daß sich da jemand eine Mühe gemacht hatte für das Kino, daß nicht nur etwas anderes zu sehen, sondern auch etwas anderes zu hören sein sollte, durfte nicht zählen. Winkelmann bekam trotzdem seinen Preis. So können wir hoffen, daß das System auch weiterhin nicht reibungslos funktioniert.

*

*»Kritiker zu sein ist ein dummer Beruf, wenn man nichts ist, was darüber hinausgeht.«*

*Alfred Kerr, vor langer Zeit*

Mit Bewunderung widme ich diesen Text der Kritikerin Karena Niehoff, die es abgelehnt hat, einen ihr zugedachten Bundesfilmpreis für »langjähriges und hervorragendes Wirken im deutschen Film« anzunehmen.

Nr. 18 vom 24. 4. 1981


# Industrieprodukt oder Phantasieware: Wie kann unser Kino überleben?

## Am Ende der Schonzeit

Der Ministerpräsident ist böse: *»Du sollst mich nicht photografieren, wenn ich blöde schau. Und ein Ministerpräsident muß blöde schauen, wenn ihn die besten Kräfte seiner Bevölkerung verlassen! Weg mit dir! Hm. Die Bevölkerung redet so, wie Heiminsassen reden. Redet so die demokratische Bevölkerung? Wichtig ist, wie die Regierung redet! Verhaftet den Mensch!«*

Redet so ein Ministerpräsident? Und wer könnte sich getroffen fühlen: von der seltsamen Geschichte eines bayerischen Waldarbeiters, der nach Japan auszuwandern gedenkt, weil der Wald sauer geworden ist, der aber zuvor seinem Ministerpräsidenten begegnet, welcher ein auffälliges Interesse an einem ausgestopften Hund besitzt, dieweil seine Frau von einem Globus zerquetscht wird? Sprechen solche Begebenheiten *»breite Kreise der Bevölkerung«* an? Wird es nicht endlich höchste Zeit, uns vor solchen, wie ein allerhöchster Bonner Kenner der Kunst feinsinnig formulierte, *»als problematisch – nicht als problemorientiert – empfundenen«* Machwerken zu schützen, wo doch wirklich jedermann weiß, daß dergleichen *»nur für einen relativ kleinen Kreis eine gewisse Rolle spielt«.*

Wenn es nach Friedrich Zimmermann geht, an dessen Filmverstand nur Verfassungsfeinde zweifeln dürfen, wird jener namenlose Ministerpräsident, der zum Personal des Drehbuches »Wanderkrebs« von Herbert Achternbusch gehört, nie das Licht einer deutschen Leinwand erblicken. In der vergangenen Woche teilte der Innenminister, von Amts wegen für die kulturelle Filmförderung des Bundes zuständig, den Mitgliedern der »Kommission Produktionsförderung A des Auswahlausschusses für Filmförderung« mit, daß er sich über eine der Empfehlungen dieser *»sachverständigen Jury«* (Zimmermann) hinwegzusetzen gedenke: Herbert Achternbusch wird die ihm zugesprochene Produktionsprämie von 250 000 Mark für den »Wanderkrebs« nicht bekommen. Was früheren Innenministern, auch denen von der CSU (Höcherl) oder der CDU (Benda), nie eingefallen wäre, Friedrich Zimmermann macht es jetzt vor: den direkten ministeriellen Eingriff in die Arbeit der Fachleute.

Von Woche zu Woche wird deutlicher, daß es um mehr geht als nur um einen Kleinkrieg des Polizeiministers der Wende-Republik gegen den radikalen Querdenker Achternbusch. Wie gelegen die Affäre um dessen umstrittenen Jesus-Film »Das Gespenst« den Ultra-Rechten in der Union kam, geben jene mit schöner Offenheit selber zu. Die CSU-Fraktion im Münchner Landtag, die »Das Gespenst« natürlich *»ekelhaft«* fand (was ihr gutes Recht ist), sagte, laut *dpa,* »Bundesinnenminister Friedrich Zimmermann für seine Pläne, die staatliche Filmförderung auf ein ›neues Fundament‹ zu stellen, ihre Unterstützung zu. Fraktionschef Gerold Tandler meinte, Achternbusch komme dabei das ›Verdienst‹ zu, mit seinem Streifen selbst den Stein des Anstoßes geliefert zu haben.«

»Das Gespenst« ist eine poetische Provokation: wie Luis Buñuels »Viridiana« oder Ingmar Bergmans »Das Schweigen«, gegen die unsere Saubermänner auch einst Sturm liefen, bis am Ende niemand mehr diesen Filmen den Rang von Klassikern bestreiten konnte. Man muß Achternbuschs Film nicht einmal für ein Meisterwerk halten, um die künstlerische Ernsthaftigkeit hinter den bizarren Posen des kränkelnden, kalauernden Clowns zu erkennen. Man darf auch Friedrich Zimmermann, Gerold Tandler und anderen Verteidigern der abendländischen Kultur nicht vorwerfen, daß sie sich von Achternbusch provoziert fühlen. Wäre es anders, hätte »Das Gespenst« keine »sittliche Entrüstung« hervorgerufen, dann hätte der Film seinen Zweck verfehlt.

Man muß aber Zimmermann vorwerfen, daß er Achternbusch die letzte

Rate eines Bundesfilmpreises verweigert hat, nicht nur, weil es schwierig einzusehen ist, wie man für 75 000 Mark (der gesperrte Restbetrag) moralisch empört sein kann, und für 225 000 Mark (bereits ausgezahlt, von Zimmermann aber nicht zurückverlangt) offenbar weniger. In der Erklärung, die Wim Wenders im Namen der Bundesfilmpreisträger des Jahres 1983 am vorletzten Samstag in Berlin verlas, steht der Satz: *»Die politische Bewertung der Kunst ist ein dunkles Kapitel in der deutschen Geschichte.«*

In der allgemeinen Erregung über den Fall Achternbusch (oder besser: den Fall Zimmermann) sind harte Worte gefallen. *»Wir werden Mittel und Wege finden, die Kunst vor ihren Henkern zu schützen«*, heißt es in einer Resolution, die während des Münchner Filmfestes von sämtlichen bedeutenden deutschen Regisseuren unterschrieben wurde. Und auf den Hamburger Kinotagen, die am Sonntag mit großem Erfolg zu Ende gingen, formulierten die Mitglieder des Programmkino-Dachverbandes »AG Kino« eine Erklärung, in der Zimmermann einer *»Vernichtungskampagne«* wider den deutschen Film geziehen wird. Solche Reaktionen (die man sich auch weniger grell hätte vorstellen können) lenken die Aufmerksamkeit sogleich auf den eigentlichen Fall: die schleichende Schwindsucht des deutschen Films.

Die Symptome der Krise (die mehr ist als eine wirtschaftliche Krise) bestreiten nicht einmal die blauäugigsten Propagandisten des »deutschen Filmwunders«, jene, die sich gern auf die »Vielfalt« oder auf ihre Erfolge bei Vortragsreisen durch die Volkshochschulen von Ghana herausreden. In den 21 Jahren seit dem Aufbruch von Oberhausen ist es dem neuen deutschen Film nicht wirklich gelungen, das Vertrauen des deutschen Publikums zu erringen. Wenn sich 1982 nur noch acht Prozent der Kinogänger zum Besuch eines deutschen Films entschlossen (und dabei sind internationale Co-Produktionen und die letzten Überbleibsel des Lederhosen- und Schulmädchen-Kinos schon eingeschlossen), kann das nicht allein am »schlechten Geschmack« der Leute liegen. Die sehen halt lieber »Diva« oder »Gandhi« als jene zu Tode subventionierten Veranstaltungen unserer »Autoren-Filmer«, die oft weder unterhaltsam (also: komisch, spannend, melodramatisch, phantasievoll) noch künstlerisch riskant sind: eher eine Mischung aus schlampigem Handwerk (gerne von der »Autoren«-Ideologie verklärt), mangelndem Temperament, biederem Belehrungsfleiß.

Wie sehr das Denken mancher Verfechter des Autoren-Films (der Gegensatz dazu wäre das stromlinienförmige, von keiner individuellen Handschrift geprägte Industrieprodukt) bereits verkommen ist, mag ein Zitat von Christel Buschmann belegen, die nach zwei, künstlerisch wie kommerziell, gescheiterten Filmen immer noch nichts dazulernen möchte: »Ich gehöre nun auch nicht zu der Fraktion, die glaubt, jede Qualitätsverbesserung im deutschen Film läge in der Steigerung der sogenannten Professionalität, der auch ich eher mit Mißtrauen begegne. Dennoch glaube ich, daß unseren sicheren eigenen Erfahrungen ein sicherer Umgang mit filmischen Mitteln zugeordnet werden sollte.«

Man muß das ganz langsam lesen. Am besten finde ich das »Dennoch« im zweiten Satz: *Es wäre vielleicht auf die Dauer doch angebracht, wenn wir uns überlegen würden, ein bißchen das Filmemachen zu lernen.* Wer mit einer solchen Mentalität arbeitet, braucht sich nicht zu wundern, wenn auch noch die letzten Zuschauer deutschen Filmen fernbleiben. Die Frage ist: Muß man so etwas weiter fördern?

Christel Buschmanns Sätze stehen im Buch zur Krise, das in diesen Tagen erschienen ist: einem 591 Seiten starken Paperback mit dem Titel »Bestandsaufnahme: Utopie Film« (verlegt bei Zweitausendeins, Preis: 20 Mark), herausgegeben von Alexander Kluge, dem es spielend gelingt, Christian Morgenstern, die Computer-Technik, die etruskische Spitzmaus und die Identitäts-Probleme des deutschen Films unter einem Gedanken-Dach zu vereinen. Das rote Buch beschreibt, aus vielen Perspektiven, in vielen Stilen, eine Situation, aus der immer wieder thesenhafte Forderungen abgeleitet werden. Auch diese:

*Der neue deutsche Film muß zu Zuschauern durchbrechen, die er jetzt nicht hat.*

*Die Filme müssen sich verändern, wenn sie für diesen Durchbruch brauchbar sein sollen.*

*Der Durchbruch muß vorstellbar sein, damit die Filme sich verändern.*

*Der Zuschauerzugewinn, um den es sich handelt, kann nicht allein im Umkreis der Programmkinos gewonnen werden.*

Ein paar Zeilen weiter heißt es: »*Nach 20 Jahren neuer deutscher Film gibt es keine Schonzeiten.*«

Dieser Satz könnte auch in der programmatischen Rede stehen, mit der Friedrich Zimmermann bei der Verleihung der Bundesfilmpreise »neue Förderungsrichtlinien« ankündigte. Bei ihm klingt das so, bürokratisch gespreizt zwar, aber generell doch wohl richtig:

*Der Film, auch der Kinofilm, ist für viele, nicht nur für wenige da. Förderung sollte daher mit dem Ziel gegeben werden, Filme zu schaffen, die weite Kreise der Bevölkerung interessieren, ansprechen, bewegen.*

Oder auch:

*Das Kino hat in den letzten Jahren eine ganze Generation von Zuschauern verloren. Sie wiederzugewinnen, ist ein kulturpolitischer Wunsch.*

Für einen Augenblick könnte es so aussehen, als würden Alexander Kluge und Friedrich Zimmermann dasselbe wollen: zwei deutsche Juristen im Dienste des deutschen Films. Welch eine Allianz! Aber schon die Sache mit dem ministeriell behinderten »Wanderkrebs« von Achternbusch macht sehr deutlich, was man im Bonner Innenministerium wirklich im Sinn hat: Kahlschlag statt Aufforstung. Wenn der Wald krank ist, kann man ihn auch ganz beseitigen und durch pflegeleichte Plastik-Tannen (in der Form von multimedial verwendbaren Unterhaltungsmaschinen) ersetzen. Was »*problematisch*« (Originalton Zimmermann) ist, hat in diesen schweren Zeiten seine Daseinsberechtigung verwirkt. Kraft kommt nur durch Freude:

*Die Filmförderung muß über die Breite der möglichen Genres gehen. Sie soll gewiß auch Problemfilme umfassen, aber sie braucht die Heiterkeit, das Lachen nicht auszuschließen.*

Welche Heiterkeit meint Minister Zimmermann? Didi Hallervorden statt Friedens-Demo? Und welche »Problemfilme« sind dann noch zugelassen? Zimmermann erwähnt »Gandhi« als leuchtendes Beispiel. Ausgerechnet »Gandhi«: als hätte ein deutscher Film, der zum Widerstand gegen die Staatsgewalt aufruft, unter diesem Minister auch nur den Hauch einer Chance.

Friedrich Zimmermann und seine Einflüsterer aus dem Bereich der »Neuen Medien« wollen ein anderes Kino. Man muß dem Minister dafür dankbar sein, daß er deutlich wird: »*Wer hier von Massengeschmack spricht, ist kein Demokrat. Er hat nicht begriffen, daß Zielgruppe einer demokratischen Kulturpolitik die ganze Bevölkerung sein muß und daß wir alle eben Teil dieser ›Masse‹ sind.*«

Auch bei diesen Sätzen empfiehlt sich eine sehr langsame Lektüre. Heißen sie: Wer nicht *Bild* liest, ist kein Demokrat, wer nicht Radio Luxemburg hört, ist kein Demokrat?

Hinter Zimmermanns neuen filmpolitischen Leitsätzen stehen handfeste Verwertungsinteressen. Die Verkabelungs- und Kassetten-Branche braucht garantiert keimfreie *software*. Für die Bosse der »Neuen Medien« sind Filme höchstens noch interessant, wenn sie problemlos international verwertbar sind: *Junk Food*, das am besten scheibchenweise im Serien-Format verabreicht werden kann.

Was Zimmermann und alle Zimmermänner nicht begreifen wollen (selbst wenn sie es begreifen könnten), formuliert Alexander Kluge so: »*Film ist nämlich ein Zwitter, insofern er als Ware zur Welt der Dinge gehört, aber als etwas, das im Hirn des Zuschauers sich realisiert, etwas Lebendiges ist, eben kein Ding. Deshalb paßte auf die Phantasie-Ware Film nicht die Ökonomie, in der die Dinge untereinander verkehren.*«

Man kann nicht das Schwierige beseitigen wollen, in der Hoffnung, der Rest hätte dann noch etwas mit »Kultur« zu tun. Zimmermann geht rabiat vor: Seinen Filmreferenten, den liberalen CDU-Mann Manfred Hohnstock, hat er bereits versetzt. Er denkt daran, die Bundesfilmpreise für ein Jahr auszusetzen, bis die entsprechenden Gremien mit ihm genehmen Leuten besetzt sind. Die Filmemacher sollen mit ministeriell gesteuerten Ausschreibungen geködert werden, »mit jährlich wechselnden Themen«.

Ein gespenstischer Gedanke: Nach Zimmermanns Direktiven fertigen die deutschen Filmemacher Auftragsarbeiten zum Thema Saurer Wald. Vielleicht sogar komisch.

In einem Punkt immerhin stimmen Zimmermann und Kluge, die Protagonisten des Kulturkampfes um das deutsche Kino, überein: Wenn er überleben will, muß der deutsche Film anders werden. In dem Buch »Bestandsaufnahme: Utopie Film« deuten sich, aus dem Geist einer längst überfälligen Selbstkritik, Lösungsmöglichkeiten an. Die Diskussion beginnt spät, hoffentlich nicht zu spät: über Stoffe, Zusammenhänge, Produzenten- und Autoren-Kino, Distributionsformen.

Noch ist der deutsche Film stark genug, in all seinen Konflikten, Schwächen und Widersprüchen einer vollkommenen Auszehrung (durch die Pervertierung des Autoren-Begriffs) oder einer totalen Planierung (durch den Innenminister und schon geplante Angriffe auf die Substanz des Filmförderungsgesetzes) zu entgehen. Seine internationale künstlerische Reputation ist ungebrochen: 1982 gewann Fassbinder in Berlin, Wenders in Venedig, Herzog den Regie-Preis in Cannes, 1983 wurde Wolfgang Petersen für einen Regie-Oscar nominiert, war »Die flambierte Frau«, nicht im Wettbewerb, einer der heimlichen Sieger von Cannes. Wer in solchen fragwürdigen Kategorien von Sieg und Platz denkt, wird doch nicht schlecht bedient von den deutschen Filmemachern.

Wahr aber ist auch, daß der deutsche Film zum Überleben mehr braucht als eine kleine Riege weltweit geschätzter Star-Regisseure. Ohne die radikalen Autoren-Filmer, ohne Kluge, Schroeter, Achternbusch wäre er nichts wert, auch nichts ohne die feministischen Traktate Margarethe von Trottas, ohne die Melodramen Niklaus Schillings, ohne die Frauen, die Träumer, die Spieler. Davon gibt es nicht genug. »*Der deutsche Film ist zu nett und zu tief*«, schreibt Claudia Lenssen in der »Bestandsaufnahme«.

Was gelernt werden muß: das Handwerk des Erzählers, das Überwinden der Berührungsangst vor dem Aktuellen und Trivialen, vor dem Komischen und dem Staunenswerten. Immer wieder das Handwerk. Verbündete sollte es auch unter den Konservativen geben. Bei »Alt-Produzenten« wie Luggi Waldleitner oder Franz Seitz, die, anders als Zimmermann, begriffen haben, daß es ohne die Phantasie der Jungen nicht geht.

Im jäh ausgebrochenen Krieg um die Zukunft des deutschen Films könnte es die merkwürdigsten Koalitionen geben: warum nicht zwischen den um Veränderung bemühten Autoren-Filmern und den nachdenklicheren Leuten in der Münchner Staatskanzlei, denen es doch auch nicht recht sein kann, wenn sie ihren Bayerischen Filmpreis immer nur an neokonservative Peinlichkeiten vergeben müßten: weil irgendwann nichts anderes mehr da wäre. Vor zwei Jahren bekam Thomas Brasch diesen Preis. Werden seine Filme nach Zimmermanns neuen Richtlinien noch förderungswürdig sein?

Mit dem Minister wird vorerst nicht verhandelt. Diese Filmemacher möchten die kulturelle Filmförderung am liebsten ins Bildungsministerium der liberalen CDU-Dame Dorothee Wilms verlegt sehen. Das wird Zimmermann gewiß nicht zulassen. Herbert Achternbusch dreht seit einer Woche einen neuen Film. Der heißt »Die Olympiasiegerin«. Niemand wird ihn stoppen können.

Nr. 28 vom 8. 7. 1983

Über Rudolf Thome und seinen neuen Film
»Berlin Chamissoplatz«

## Eine Liebe in Deutschland

*Wir haben versucht, die Welt als »die Gesellschaft« zu begreifen (und das ist
auch ganz richtig); aber wir sind, indem wir diesen Begriff zu leben versuchten, unter den Einfluß der Melancholie geraten, welche der gesell-
schaftliche Prozeß, indem er »Gesellschaft« als Allgemeines durchsetzt, bei
ihren Trägern hervorbringt. Um noch Leben zu empfinden, müssen wir
uns träumerisch in die Bilder auflösen, welche der technische Apparat des
Kinos von der Welt erzeugt, Bilder jenseits von Bedeutung, in deren Milieu
auch die Trümmer der Tradition aufhören mögen, uns schmerzlich daran
zu erinnern, daß sie Trümmer sind.*

*Michael Rutschky, »Erfahrungshunger«*

Damals, als die Mädchen noch kurze Röcke trugen und die Jungen lange
Haare, reichte die Kino-Sehnsucht bis nach Kalifornien. In Schwabing
hatten sie Hollywood entdeckt, um 1966, wie vor ihnen die Franzosen.
Für die kleinen Godards von der Leopoldstraße, die Filmkritiken schrie-
ben und ihre ersten Kurzfilme drehten, bedeutete *das Kino: ein Leben.*
Mit dieser Formel begrüßte Alf Brustellin den ersten langen Film seines
Freundes Rudolf Thome. Der hieß »Detektive« und hatte eine so kompli-
zierte Fabel, daß man die Liebe des Regisseurs zu Howard Hawks, Humphrey Bogart und »The Big Sleep« leicht begreifen konnte. Es ging um
Liebe und Verrat, Geld und Tod. Die Kamera (CinemaScope, Schwarz-
weiß) führte einer namens Niklaus Schilling. Eine der acht Hauptrollen
spielte Chrissie Malberg, von der man mehr hörte, als sie Uschi Obermeier geworden war und mit der Kommune I umging.
Es schien sicher, daß auch Rudolf Thome, der 1962 als Student nach München gekommen war und gleich begonnen hatte, Filmkritiken für die *Süddeutsche Zeitung* zu schreiben, ein Großer werden würde. Schon sein
zweiter Film »Rote Sonne« (1969) löste fast maßloses Lob aus, und das
von einem Autor, der später, als er Peter Handke seinen Freund nennen
durfte und selber eine beträchtliche Berühmtheit erlangte, alle Kritiker-
Superlative sehr ausdrücklich verachtete. Wim Wenders schrieb über
»Rote Sonne«: »Dies ist der erste deutsche SPIELfilm. Mit diesem Film

beginnt tatsächlich ein neues Genre ... ›Rote Sonne‹ ist ein Film, von dem man kaum glauben mag, daß er in Deutschland gedreht worden ist. Und solche Dialoge hat man im Kino bislang auch nur in Filmen von Howard Hawks gehört. Ein richtiger SPIELfilm.«

»Rote Sonne«, ein Film mit starken Farben, gedreht in München und am Starnberger See, geschrieben von Max Zihlmann, handelt von vier Mädchen, die ihre Liebhaber spätestens am fünften Tag der Bekanntschaft töten. Uschi Obermeier, in die sich Thome während der Dreharbeiten heftig verliebt hatte und deren lange Beine er ausführlich vorkommen läßt, faßt aber ein starkes Gefühl für Marquard Bohm (der in den drei ersten Thome-Filmen der Star ist). Am Ende erschießen sie sich gegenseitig. Ein Liebestod, ein Kinotod.

Wim Wenders arbeitet heute in Hollywood. Rudolf Thome lebt in West-berlin, Bezirk Kreuzberg, Fidicin-Straße, dritter Hinterhof links, Par-terre. Von dort führt kein Weg nach Beverly Hills. Rudolf Thome ist heute 41 Jahre alt. Er hat gerade seinen achten Spielfilm gedreht: »Berlin Chamissoplatz«. Er ist noch immer fasziniert von radikalen Gefühlen, aber anders als damals in Schwabing. Ich wage einen radikalen Satz: »Berlin Chamissoplatz« ist das erste Meisterwerk des deutschen Kinos der achtziger Jahre. Bei den Hofer Filmtagen wurde »Berlin Chamisso-platz« ausgebuht. Die Kritiken waren garstig bis lauwarm. Einer schrieb von Thomes »möglicherweise schmalem Talent«. Sind denn die Leute blind?

*

Von Rudolf Thome hatte man eine Weile nicht mehr viel gehört. Wäh-rend die anderen Wunderkinder von Schwabing Karriere machten, von Fassbinder bis Lemke (die beide in Thomes drittem Film »Supergirl« spielen), ging es mit ihm schnell und drastisch bergab. Den Zuschauern, denen ein deutscher Hawks aufgeschwätzt worden war, kamen die Kriti-ker-Hymnen bald aufregender vor als die Filme, denen sie galten. Tho-mes Kino, das populär sein wollte, war kühl, berechnend, synthetisch, bei aller Verliebtheit in die Mythen Hollywoods doch so weit von ihnen ent-fernt wie die Gefährtin von Rainer Langhans von Humphrey Bogarts Frau. Es waren schöne, seltsam leblose, fast aufreizend artifizielle Spiele, für die Thome bald keine Partner mehr fand. Nach dem vierten Spiel (»Fremde Stadt«, 1972), das in einer finanziellen Katastrophe endete, verließ er München.

In Berlin schrieb Thome wieder Filmkritiken, diesmal für den *Tagesspie-gel*. Produzenten fand er nicht mehr, aber er brauchte auch keine. Sein fünfter Film, der zweieinhalb Stunden dauert, kostete nur 10000 Mark. Das Filmmaterial (16 Millimeter, schwarzweiß, aus der DDR stammend und schon zwei Jahre über dem Verfallsdatum) kaufte er für 800 Mark in einem Kleidergeschäft in Neukölln. Der Film hieß einfach »Made in Germany und USA«. Er beginnt damit, daß Thomes Frau den Titel mit Kreide auf eine Tafel schreibt. Neben ihr steht einer und spielt Flöte. Keine Spur mehr von Hawks.

Thome hatte sich selber entdeckt, und das arme, an Improvisation und Überraschung reiche Kino des Jacques Rivette. Wie jener in »Out One« verzichtete Thome auf ein Drehbuch, gab den Schauspielern nicht mehr vor als eine Spielsituation und ließ sie die endlosen, fürchterlich banalen, fürchterlich wahren Dialoge selber entwickeln. »Made in Germany und USA« handelt vom langsamen Sterben einer Beziehung, vom Psychoterror im »Schlafzimmer Bornholm«, von einem Ausbruch nach New York, von einer Reise durch Amerika. Thomes Frau Karin und ein anderer Nicht-Schauspieler namens Eberhard Klasse stellen Szenen einer Ehe dar: nicht zuletzt Thomes eigener Ehe, die die Dreharbeiten nicht überstand.

So verwandelte sich, ohne Nachsicht, ein Super-Profi mit Hollywood im Herzen in einen Amateur auf der Suche nach einer neuen Sprache. Die war noch stockend, fand wenig Beifall, aber Thome litt nicht unter Gefallsucht. Im *Tagesspiegel* schrieb er wenig freundlich über Fassbinders »Wildwechsel«. Das war zu der Zeit, als Fassbinder davon redete, Thome einen Film zu finanzieren: eine moderne Version der »Wahlverwandtschaften«. Später verzichtete Fassbinder darauf. Der Film kam dennoch zustande. Er hieß »Tagebuch« (1975), Thome selber spielte eine der Hauptrollen, die Produktionskosten waren fast so niedrig bei bei »Made in Germany und USA«.

»Und was will man von Unglück reden? Ungeduld ist es, die den Menschen von Zeit zu Zeit anfällt, und dann beliebt er, sich unglücklich zu finden«: Diese Sätze kommen in einem langen, von Thome gelesenen Zitat aus den »Wahlverwandtschaften« vor, mit dem »Tagebuch« beginnt. Es folgt ein langer Panorama-Schwenk über das graue Berlin.

Mit einem konventionellen Kino- oder gar Klassiker-Verständnis hat »Tagebuch« so wenig zu tun wie »Made in Germany und USA«. Von Goethes Roman bleiben nur die Konstruktions-Idee und die Namen der Figuren übrig. In einer Altbauwohnung und in einer umgebauten Fabriketage kreisen zwei Männer und zwei Frauen ihr Unglück ein, probieren Beziehungen aus. Der Film ist kaum weniger spontan, improvisiert und anstrengend als »Made in Germany und USA«.

Mehr denn je erscheint Thomes Interesse ethnologisch: eine Materialsammlung über das krisenhafte Innenleben deutscher Großstadtmenschen Mitte der siebziger Jahre, Desorientierung und Beziehungshunger, 146 Minuten lang. Auch eine Mischung aus Realität und Erfindung, denn die Ereignisse während der Dreharbeiten, die sich verändernden Gefühle zwischen den Spielern bestimmten das Resultat so nachdrücklich wie drei Jahre später in »Beschreibung einer Insel«: über drei Stunden lang die Expedition einer Gruppe von Berliner Amateur-Ethnologen auf eine

Südsee-Insel, der reale und der gespielte Zerfall der Gruppe, das Elend der Ethnologen in der Fremde, das darin besteht, daß die eigenen Wohngemeinschafts-Probleme auch auf den Neuen Hebriden nicht sterben.

*

In Deutschland fanden Rudolf Thomes Berliner Filme nicht viele Freunde. Ihre Offenheit, ihr Mangel an Disziplin und Kunstwillen, ihre Realität formlos aufsaugende Einfachheit (jedenfalls auf den ersten, flüchtigen Blick) paßten nicht in die Landschaft des zum perfekten »Weltniveau« strebenden deutschen »Filmwunders«. So blieben sie auch lange im Ausland fast unbeachtet. Im November 1980, als »Beschreibung einer Insel« in Paris anlief, konnte die Zeitschrift *Cahiers du Cinéma* erstaunt feststellen: »Thome ist der wichtigste der deutschen Cinéasten, die in Frankreich noch unbekannt sind.«

Wenn sie »Berlin Chamissoplatz« schon gekannt hätten, wäre ihre Verwunderung wohl noch größer gewesen. Denn endlich, nach einer langen Irrfahrt von Schwabing über Kreuzberg und die Südsee wieder nach Kreuzberg, vom hermetischen Kino der frühen Jahre zum offenen Meer der Wirklichkeit, nach einem langen Suchen zwischen extremer Kalkulation und extremer Offenheit, hat Thome die Versprechen eingelöst, die seine Filme immer waren. In »Berlin Chamissoplatz« gibt es alles: die Stilisierungen von »Detektive« und »Rote Sonne« wie die Freiheiten von »Tagebuch« und »Beschreibung einer Insel«. Eine Melodie aus vielen Melodien.

»Berlin Chamissoplatz« ist ein Liebesfilm. Man zögert schon, diesen Begriff zu benutzen, denn »Liebesfilme« darf es eigentlich nicht geben. Aber Thome, ein sanfter Mensch mit einem unordentlichen Lächeln, wagt das Unmögliche: eine Geschichte zu erzählen, die ohne eine Spur von falscher Süßlichkeit sich einläßt auf das gewöhnlichste (und das größte) aller Abenteuer. In der schönsten Sequenz des Films »Berlin Chamissoplatz« sitzt der Architekt Martin (dargestellt von Hanns Zischler) in seiner Wohnung am Flügel und singt und spielt ein Lied für die Studentin Anna (dargestellt von Sabine Bach). Lange sieht man nur sie, ihr Gesicht, auf dem sich Empfindungen spiegeln, die gezeigt, aber nicht beschrieben werden können. In der nächsten Einstellung sieht man erst nur ihn, bis die Kamera langsam zurückfährt und sie am äußersten rechten Bildrand in den Blick bekommt. Distanz und Nähe: Sie geht zum Fenster, da ist die Entfernung aufgehoben, da erfaßt der zärtliche Blick des Regisseurs einen Moment von totaler Intimität.

Ein gewisser Blick. Thomes Kamera registriert nicht kühl die Situationen einer Annäherung, sondern wird selber zum Liebesinstrument. Jede der langen Bewegungen, die auf Annas Gesicht beginnen und dann, in der Rückfahrt, einen Raum und eine Nähe enthüllen, drückt ein Gefühl aus, für das es verbale Entsprechungen nicht gibt. Das geschieht mit großer

Diskretion, ohne aufdringlichen Romantizismus. Wenn die beiden nach Italien fahren und Martin bei Sonnenaufgang den Wagen auf einer Anhöhe am Meer parkt, verbergen Thome und sein phantastischer Kameramann Martin Schäfer die rote Sonne hinter einem Fensterrahmen. So kommt kein Reklamephoto zustande. In der nächsten Einstellung stehen Anna und Martin zusammen auf dem Hügel, schwach illuminiert vom matten Schimmer des Morgens, dessen tatsächliche Pracht man nur ahnen kann.

Zwanzig Tage aus dem Leben von Anna und Martin, segmentiert durch zwanzig lange Auf- und Abblenden, begleitet von den improvisierten Free-Jazz-Klängen der Gruppe »Ohpsst«. Die nimmt sich viele Freiheiten, paraphrasiert gelegentlich die von Hanns Zischler komponierten Lieder, schweift ab, entwickelt eigene Melodien.

Die Melodie von »Berlin Chamissoplatz«: das sind die Farben und das Licht. Am Anfang, wenn die Kamera nach einem langen Kran-Schwenk den Chamissoplatz im durchaus häßlichen Kreuzberg als sozialen Ort streift (wo Mieter-Initiativen gegen die Abbruch- und Sanierungs-Politik des Senats kämpfen, wo Anna mit einer Video-Ausrüstung die Aktivitäten begleitet), trägt das Mädchen ein türkisblaues Kleid. In ihrem Zimmer hat Anna mit blauer Spray-Farbe einen Satz an die Wand gemalt: »*Se reposer comme une fraise*«. Man erfährt nicht, was das bedeuten soll.

Martin verbringt eine Nacht im Auto vor Annas Haus. Wenn er einschläft, sieht man rechts hinter seinem Kopf eine rote Leuchtreklame. Am Morgen spiegelt sich eine seltsame Form in der Windschutzscheibe des Wagens. Die zurückfahrende Kamera (die Thome und Schäfer in einer fast ununterbrochenen, sanften Bewegung halten) zeigt einen mißtrauischen Polizisten, der den schlafenden Mann beobachtet und sich die Autonummer notiert. Eine Liebe in Deutschland: das ist nicht einfach.

In einer anderen Nacht klettert Martin auf ein Dach, streift in seinem weißen Anzug irrlichternd durch die Schornstein- und Antennen-Landschaft und sprüht mit roter Farbe an eine Brandmauer: »Anna, ich liebe dich.« Das sieht nicht lächerlich aus, aber auch nicht ganz wirklich. Das Rot und das Blau, ständig wiederkehrende Signalfarben in den unterschiedlichsten Schattierungen, dazu der Reichtum von Martin Schäfers Licht geben dem Film eine somnambule Schönheit. Es bleibt ein Geheimnis, außerhalb der »Gesellschaft«, durch die sich die Figuren bewegen.

Martin, der Architekt, der zwanzig Jahre älter ist als Anna, der an dem Sanierungsprogramm für den Chamissoplatz beteiligt ist, fällt für drei Wochen aus der Gesellschaft. Er sinkt, ganz sacht, in einen leichten Traum. Hanns Zischler, den wir aus Wenders' »Im Lauf der Zeit« kennen, spielt das mit einer unbeirrbaren Ernsthaftigkeit und Melancholie. Seine Sprache verändert sich (am Anfang ist sie voll von bürokratischen Floskeln), auch seine Körpersprache: erst eckig und ungelenk (wenn er in den kalten Wannsee stakst), später weicher, harmonischer.

Anna (Sabine Bach in ihrer ersten Rolle) ist stärker, ihrer Gefühle ganz sicher, aber auch der Gefährdung bewußter, die die Außenwelt bedeutet. Einmal sitzen die beiden im Kino. Es läuft Jacques Rivettes »Céline und Julie fahren Boot«, eine lange Reise in die Phantasie, in die Utopie. Martin schläft ein, Anna weint fast unmerklich. Sie sieht wohl auf einmal den Bruch zwischen den kleinen Alltäglichkeiten und den großen Stimmungen. Etwas geht nicht mehr: »... und sie lebten glücklich bis ans Ende ihrer Tage.« Am Ende entfernt sich Martin, er fühlt sich verraten, Anna läuft hinterher. Die Realität hat die Utopie beschädigt.

Aber nicht zerstört. Das utopische Potential aller Liebesgeschichten bleibt in den Bildern von Rudolf Thome und Martin Schäfer aufgehoben, im Kino-Licht und in den Kino-Farben, in der anderen Wirklichkeit, die für einen Augenblick die Wirklichkeit zersetzt. Es bleibt bestehen in der Freiheit, mit der Hanns Zischler und Sabine Bach sich ganz ohne Schauspielerei die Drehbuch-Texte von Thome und Jochen Brunow aneignen, so konzentriert wie in Filmen von Howard Hawks, so offen wie in Filmen von Jacques Rivette.

»Berlin Chamissoplatz« ist ein Film von einer zarten Radikalität. Er wendet sich ab von den Konventionen des Bedeutsamen. Er erzählt eine Geschichte, die man unzumutbar banal finden kann, aber er bewahrt in seinen Formen eine allseitige Sehnsucht, über die nur lächeln kann, wer sich schon aufgegeben hat.

Nr. 52 vom 19. 12. 1980

## Neue Arbeiten des Münchner Regisseurs Niklaus Schilling: das Videoexperiment »Zeichen und Wunder«, der Kinofilm »Der Westen leuchtet!«

### Markt des schönen Scheins

Maria Schwarzlose ist eine verdächtige Person. Irgendwie scheint sie in die höchst sonderbaren Vorkommnisse um das Europäische Patentamt verwickelt, wo auch die Erfindungen ihres verstorbenen Vaters lagern. Vom Patentamt geht eine gänzlich unerklärliche Hitze- und Lichtentwicklung aus, die München in einen Ort von tropischen Temperaturen verwandelt und alsbald natürlich auch die Medien auf den Plan ruft. Kommentatoren und Reporter machen sich ans Werk, suchen nach Erklärungen für das Unerklärliche, mit dem Maria Schwarzlose auf mysteriöse Weise zu tun hat. Der strahlende Spuk indessen verschwindet so flink, wie er über die Stadt hereingebrochen ist. Von Maria Schwarzlose hört man nie wieder etwas, dafür um so mehr von den professionellen Deutern der Zeichen und Wunder.

»Zeichen und Wunder« heißt die vorletzte Arbeit des Münchner Filmemachers Niklaus Schilling: kein Kinofilm, sondern eine mit einer billigen Videokamera aufgenommene abendfüllende Bild-Störung über das Fernsehen, für das Fernsehen. Aber »Zeichen und Wunder« ist kein didaktischer Diskurs, sondern ein ironisches Spiel mit den Verkehrsformen der gewöhnlichen Television: wie eine riesige Maschinerie (mit »Sonderstudio« und »Direktübertragung«) ein Mirakel kraft ihrer bürokratischen Trägheit auf einen sendefähigen Zwischenfall verkleinert. Die allgemeine Routine schafft keine Panik, sondern allenfalls eine winzige Irritation. Ähnlich gelangweilt würde unser Fernsehen wahrscheinlich auch auf den Ausbruch des nächsten Weltkriegs reagieren.

Mit »Zeichen und Wunder«, einer unabhängigen Produktion, für deren Ausstrahlung sich kein Sender erwärmen konnte, hat sich der 1965 aus der Schweiz zugewanderte Niklaus Schilling gewiß keine neuen Freunde in den Fernsehanstalten erworben. Schon seine vier seit 1971 entstandenen Kinofilme (»Nachtschatten«, »Die Vertreibung aus dem Paradies«, »Rheingold«, »Der Willi-Busch-Report«) wiesen ihn als eigensinnigen Tüftler und Bastler aus, als einen Regisseur, bei dem man nie recht wußte, woran man war. Schillings Lust an Vieldeutigkeiten und doppelten Böden, seine Exkursionen in deutsche Mythologien (»Nachtschatten«, »Rheingold«), seine skurrilen Slalomläufe durch eine vom alltäglichen Schwachsinn verworfene Medienlandschaft (»Die Vertreibung aus dem Paradies«, »Der Willi-Busch-Report«) paßten in keinem Fall in die sicheren Kategorien des mittleren Realismus.

Mit »Zeichen und Wunder« entfernt sich Schilling vom Kino, einer langsam sterbenden Kunst, deren Nekrolog er schon in der »Vertreibung aus dem Paradies« gehalten hatte: der gelegentlich auch auf bittere Weise heiteren Geschichte eines aus Italien nach München heimgekehrten Kleindarstellers, der zwar keine Arbeit beim Film findet, dafür aber in ein ganz reales Kinomelodram gerät, das ihn am Ende wieder in die Kunstwelt von Cinecitta entläßt.

In »Zeichen und Wunder« aber verläßt Schilling nicht nur, wie immer in seinen Filmen, den stabilen Boden einer kleinlichen Realität (und dringt vor auf das wie ein Moor unter den Füßen nachgebende Terrain des trügerischen Scheins), sondern er mißachtet auch, der immanenten Logik seiner unmöglichen Geschichte folgend, die stilistischen Notwendigkeiten des Fernsehens. Unter der gigantischen Energie- und Lichtstrahlung des Europäischen Patentamtes zerflattern die Videobilder, verschwimmen die Töne. Je besonnener (und absurder) die Anstrengungen der Kommentatoren werden, desto deutlicher zerfällt die behauptete Übersicht in ein schieres optisches und akustisches Chaos. Mit Manipulationen der Videotechnik entstellt Schilling die Ordnung der Dinge: Der Himmel über München verfärbt sich, gleißendes Licht blendet die Akteure. Der Westen leuchtet.

Die Titel der beiden letzten Arbeiten von Niklaus Schilling erscheinen fast austauschbar. Dem Videoexperiment »Zeichen und Wunder« (das bislang nur im Februar 1982 im Berlinale-Forum gezeigt wurde) folgt jetzt der Kinospielfilm »Der Westen leuchtet!« (auf das Ausrufungszeichen hinter dem Titel legt der Regisseur großen Wert). Da sieht die Bundesrepublik tatsächlich aus wie ein Land der Zeichen und Wunder: ein Markt des farbenprächtig schillernden Überflusses, gesehen durch die Augen eines nach München entsandten DDR-Agenten namens Harald Liebe (Armin Mueller-Stahl), der, als Veteran der »unsichtbaren Front«, beim Rendezvous mit dem Doppelspion »Heinz« feststellt, daß sich hinter diesem Decknamen eine gewisse Dagmar Ostfeld verbirgt.

Ein Agentenfilm? Natürlich auch das, denn das Zwielicht der Geheimdienste mit ihren unübersichtlich verlaufenden Fronten muß einen Regisseur wie Schilling, der nichts so sehr verabscheut wie Eindeutigkeiten, zwangsläufig faszinieren.

Ein Liebesfilm? Natürlich auch das, denn in einem Kinostück müssen Figuren mit Namen wie Harald Liebe und Dagmar Ostfeld einander verfallen. Schilling liebt mondäne Melodramen, aber er inszeniert sie, wie »Rheingold« (wo eine ehebrecherische Diplomatengattin im Erster-Klasse-Abteil des gleichnamigen Zuges dekorativ verblutet), als kunstvolle Versuche über das Phantastische: wie sich vertraute Räume, Landschaften und Paarungen sacht, aber unaufhaltsam auflösen in einen synthetischen Nebel der Zeichen und Wunder – in eine Kinowelt ohne die Zwänge praktischer Vernunft.

Schillings Figuren, und mit ihnen die Zuschauer von Schillings Filmen, erleiden einen Realitätsverlust: wie jener Willi Busch, der sein Journalistenhandwerk in einem schläfrigen Kaff direkt an der DDR-Grenze betreibt, mangels realer Ereignisse welche erfindet und allmählich von seiner blühenden Phantasie nicht nur eingeholt, sondern sogar überholt wird. Auch Harald Liebe, den der aus der DDR gekommene Star Armin Mueller-Stahl mit aufmerksamer Melancholie darstellt, versinkt in einer Welt, in der der Schein (das ist auch wörtlich zu nehmen) längst mächtiger ist als das Sein.

Harald Liebe, der natürlich in Wirklichkeit ganz anders heißt, erlebt den leuchtenden Westen zunehmend als surreales Gelände, markiert durch das intensive Grün eines ausgeflossenen Badezusatzes und das unwiderstehliche Blau-Rot einer Neonreklame für Unterhaltungselektronik. Der Kundschafter verliert die Übersicht im Dschungel der Markenzeichen wie im Dschungel der Gefühle. Seine Reise führt in das Haus von Dagmar Ostfeld und ihrer Tochter Ina (Beatrice Kessler und Melanie Tressler als schöne Luxusgeschöpfe), ein Gebäude, dessen Wände fast nur aus Glas bestehen. Aber die Durchsichtigkeit täuscht: Für einen Film über das

Mißtrauen (gegenüber dem wahrhaft undurchsichtigen Treiben der Doppelagenten, gegenüber der Wahrhaftigkeit der Gefühle, gegenüber den Zeichen des sich selbst feiernden Konsums) wählt Schilling einen Schauplatz von ironischer Transparenz.

»Der Westen leuchtet!« ist ein Film von verführerischer Eleganz: hergestellt mit fließenden Bewegungen der nicht mehr an schwerfällige Schienen gefesselten »Steadycam« von Wolfgang Dickmann (der für seine Kameraarbeit einen mehr als verdienten Bundesfilmpreis bekam, der Schilling leider versagt blieb) und durch Farben von einer seltenen plastischen Leuchtkraft. Schilling, der auf die technischen Neuerungen seines Metiers rascher reagiert als fast alle deutschen Regisseure, verschmähte die stumpfen Einheitsfarben von Kodak zugunsten des japanischen Fuji-Systems, das sogar eine Vereinsfahne von Bayern München im fernen Flutlicht vor dem abendlichen Olympiastadion als Zeichen der Waren-Welt zum Leuchten bringt.

In »Zeichen und Wunder« kommt eine Reporterin namens Mareike Sprengel vor, eines jener emsigen Wesen, die das Rätsel um Maria Schwarzlose und das Europäische Patentamt aufzudecken trachten. Im Presseheft zu »Der Westen leuchtet!« taucht diese Kunstfigur wieder auf: diesmal als Interviewpartnerin von Niklaus Schilling, die den Regisseur mit der Frage überrascht, für wen denn der Westen leuchte. Im fingierten Dialog mit seinem eigenen Geschöpf antwortet der Filmemacher: »Erst mal für alle diejenigen, die ihn leuchten sehen ... Das ist natürlich eine Frage der Vorstellungskraft, aber auch belegbar. Fliegen Sie nachts nach Berlin – nach Westberlin – und Sie werden schon von oben diese Lichtinsel erkennen, mitten im ›Osten‹ sozusagen, diese ›Bastion‹ des ›Westens‹.«

»Der Westen leuchtet!« ist ein Film über die Suggestion des falschen Lichts und der unechten Farben. Für den Mann aus dem Osten erweisen sich das unglaubliche Rot eines italienischen Sportwagens (Alfa Romeo) und das starke Grün einer französischen Champagnerflasche (Dom Perignon) als mindestens so verwirrend wie die Ränke seiner Profession. Er wird in einen Werbefilm gezogen. Schilling sagt, »daß die ironische Ebene nur richtig funktioniert, wenn ich den Film auch wie ein ›Produkt‹ behandle, das wiederum Teil der Geschichte im Film sein könnte«. So weiß man am Ende nicht mehr, wo die Reklame aufhört und die Leidenschaft anfängt. Die bunte Spielfläche zeigt winzige Risse. Man muß genau hinschauen. Bei Schilling lohnt sich ein zweiter Blick. Bei diesem Film, seinem besten bislang, gewiß auch ein dritter.

Nr. 40 vom 1. 10. 1982

# Über Wim Wenders, Hollywood und den »Stand der Dinge«

## Odysseus auf Umwegen

Im elften Buch der »Odyssee« hält sich der rastloseste aller Helden im Reich der Schatten auf: von Kirke, der Zauberin, in den Hades verbannt. Kein Ort ist weiter entfernt von der Heimat als dieser, kein Weg scheint noch offen, kein Lebenszeichen mehr sichtbar.

»Wenn überhaupt so etwas wie ein Held existiert, so müßte sein Name Odysseus sein. Und die Personen in meinen Filmen wären seine Freunde, die versuchen, ihn zu finden, um ihm zu sagen, daß es noch immer zu früh ist, nach Hause zu kommen«: Sätze von Wim Wenders, aus dem Englischen übersetzt, gesprochen in New York im Mai 1982, fast am Ende einer langen Irrfahrt durch ein amerikanisches Reich der Schatten. Nach über vier Jahren im nicht immer gnädigen Bann eines Zauberers namens Coppola kehrt Odysseus Hollywood den Rücken.

In dem Film »Der Stand der Dinge« von Wim Wenders, der den Bewegungen eines Mannes folgt, der keine Geschichten mehr erzählen will, weil das Leben sich nicht zu Geschichten fügt, besucht der deutsche Regisseur Friedrich seinen alten amerikanischen Kameramann Joe Corby in Hollywood: auf der Suche nach dem Produzenten, der ihn und sein Team ohne Geld und ohne Filmmaterial in Portugal hat sitzenlassen. Der unvollendete Film heißt »The Survivors« (Die Überlebenden). Friedrich verabschiedet sich von seinem amerikanischen Freund mit einem Zitat: »Ich bin nirgends zu Hause, in keinem Haus, in keinem Land.«

Worte eines modernen Odysseus. Sie könnten auch formuliert sein von den melancholischen Reisenden früherer Wenders-Filme, die, auf der Suche nach einer Vorstellung von sich selber, lange Wege zurücklegten: von Amerika nach Deutschland (»Alice in den Städten«), von Glückstadt zur Zugspitze (»Falsche Bewegung«), entlang der deutsch-deutschen Grenze (»Im Lauf der Zeit«), zwischen Hamburg, Paris und New York (»Der amerikanische Freund«). Oft wirkten diese Figuren verloren, ohne Ziel, wie ein Odysseus, der vergessen hat, daß es Ithaka gibt. Allein in der Bewegung fanden sie sich, in einer unbestimmten Suche.

»The Searchers« heißt ein berühmter Western von John Ford, nach einem Roman von Alan Le May, den Friedrich im »Stand der Dinge« der französischen Schauspielerin Anna leiht. Anna beginnt zu lesen: »Diese Leute hatten eine Art von Mut, die vielleicht die beste Gabe des Menschen ist: den Mut jener, die einfach weiter- und immer weitermachen, weit jenseits aller vernünftigen Ausdauer. Selten dachten sie von sich selber als Märtyrer, und nie hielten sie sich für tapfer«. Sehr viel später, in Hollywood, sieht man eine Kino-Reklame für »The Searchers«.

Wim Wenders nennt den »Stand der Dinge«, gedreht im Frühjahr 1981, noch vor dem Ende der Arbeit an »Hammett«, die im Februar 1978 begonnen hatte, einen »beinahe dokumentarischen Film über eine fiktive Situation.« Man kann sich vorstellen, daß er selber in seinen Hollywood-Jahren, belagert von den Anforderungen einer Maschine, die er bedienen sollte, ohne sie kontrollieren zu dürfen, bei »The Searchers« Trost fand. Aber Friedrich, ausgestattet mit einer Filmographie, die wie jene von Wenders mit dem Titel »Schauplätze« beginnt, ist mehr als sein Alter ego. Anders als Odysseus sinnt Wenders nicht auf späte Rache für erlittene Demütigungen.

Friedrich, auch genannt Fritz, auch genannt »Fried Rice«: Man soll denken an jene, die längst vor Wenders den Sirenen-Gesängen Hollywoods erlegen waren, an Friedrich Wilhelm Murnau und Fritz Lang. Und da fangen schon die Probleme an: Murnau, der Regisseur von »Faust« und »Der letzte Mann«, scheiterte in und an Hollywood, während Lang, in einem drei Jahrzehnte dauernden zähen Kampf mit den Arbeitsbedingungen des Studio-Systems, einige seiner besten Filme dort drehte. Sensible Künstler-Naturen wie Murnau, Max Ophüls und Jean Renoir kamen mit den Methoden industrieller Fertigung nie wirklich zurecht. Andere – Lang, Sirk, Wilder, Preminger – lernten den Apparat zu bedienen, ohne sich selber zu verlieren.

Auch von diesen vermeintlichen Widersprüchen handelt »Der Stand der Dinge«. Friedrich sagt: »Ich glaube, ein Film ist kein Fertighaus. Er hat ein eigenes Leben.« Und dieses Leben kann sich nur entfalten ohne die kommerziellen Zwänge der Fertighaus-Industrie von Hollywood, die ihr Überleben durch rasche Profite zur weiteren Investition sichert. Künstlerische Risiken sind geschäftsschädigend. Allein die Tatsache, daß Friedrich seine »Survivors« in altmodischem Schwarz-Weiß dreht, bringt seinen Produzenten Gordon (und schließlich auch ihn selbst) in tödliche Schwierigkeiten. Eine Nacht lang fahren der jüdische Produzent aus New Jersey und sein deutscher Regisseur im Wohnmobil ziellos durch die Straßen von Los Angeles. Und im Morgengrauen stimmt Gordon, erschöpft, gehetzt, verzweifelt, einen großen Klagegesang auf die Stadt der kaputten Träume an: *»Hollywood, Hollywood, never been a place where people had it so good.«*

»Alles wird in Bilder gepreßt. Mechanismen«, sagt Friedrich. »Der Stand der Dinge« entstand gegen diese Haltung, gegen Hollywood. Der Film erzählt nicht eine Geschichte, sondern viele Geschichten. In der Lähmung, die das Team des Films im Film in Portugal befällt, zeigen sich unterdrückte Schmerzen, Ängste, Einsamkeiten, wie in einer langen Zeitlupen-Sequenz. Das einsame Hotel an der grauen Atlantik-Küste, schwer beschädigt nach einem Sturm, wird zu einem Ort äußerster Verlorenheit.

Eine junge Frau spielt Geige. Ein alter Mann wartet auf die Nachricht vom Tod seiner Frau im fernen Los Angeles. Ein Paar entfernt sich voneinander. Einer trinkt. Einer kann nicht schlafen. Einer erzählt von seiner Kindheit. Die Zeit steht still. Zwei kleine Mädchen treffen sich im Morgengrauen in einer am Strand geparkten Isetta. Je weniger die äußere Spannung behauptet werden muß, desto intensiver wird die innere Dramatik der Figuren. »Der Stand der Dinge« lebt nicht von einer Handlung, sondern von deren Überschüssen: von den mit extremer Empfindsamkeit registrierten Momenten der Leere. Nach den Maßstäben Hollywoods muß dies ein langweiliger Film sein: weil – fast – nichts passiert. Aber aus einem kleinen Blick von Isabelle Weingarten erfährt man mehr über das Sterben einer Beziehung als aus den trickreichen Händeln von »Kramer gegen Kramer«.

Einmal sitzt der Regisseur Samuel Fuller, der im »Stand der Dinge« den Kameramann Joe Corby spielt, in einem Etablissement in Lissabon, das Texas Bar heißt: ein rauchiges Kellergewölbe, an dessen langer Theke ein paar alte Huren herumlungern. Kurz zuvor hat Corby vom Tod seiner Frau erfahren. Er ist laut und fröhlich: ein häßlicher Amerikaner, der mit imperialistischen Gesten den seltsamen Raum füllt. Und er ist sehr allein und traurig: ein alter Mann im Reich der Schatten, der sich seine Schwermut aus dem Kopf brüllt.

Es gibt berühmte amerikanische Filme über das Filmemachen: Melodramen wie Billy Wilders »Sunset Boulevard« und Vincente Minnellis »The Bad and the Beautiful« (Stadt der Illusionen), in denen Hollywood noch einmal bestätigt wird als Ort überlebensgroßer Intrigen. Jenes Hollywood, in das Friedrich gegen Ende des Wenders-Films aufbricht, ist eine Stadt, in der nur die Angst wohnt. Man muß dieses Hollywood nicht dämonisieren, um es fürchterlich zu finden. Gordon (Allen Goorwitz) ist sein jüngstes Opfer: ein kleiner, dicker, schwitzender Mann mit großen Träumen, dessen Lust am Kino seinen Geschäftssinn trübte: ein Fehler, der zwei Leben kostet. So kommt, in diesem stillen Film über den Stillstand, am Ende doch wieder das Melodram ins Spiel.

Was über Hollywood zu wissen war, wußte Wim Wenders längst bevor er Coppolas Einladung folgte, »Hammett« unter amerikanischen Bedingungen zu inszenieren: im Atelier (das er seit dem »Scharlachroten Buchstaben«, 1972, gemieden hatte), nach einer Drehbuch-Vorlage, die keinen Raum mehr zur Improvisation ließ, mit einem Team von Spezialisten, in dem der Regisseur längst nicht so viel Macht besitzt wie im europäischen Film. Das Ergebnis konnte nur sein: ein Film »directed by Wim Wenders«, nicht »ein Film von Wim Wenders«. Die Herausforderung war deutlich: sich einlassen auf diese fremden Arbeitsbedingungen und dennoch versuchen, einen persönlichen Film zu drehen. Im ersten Anlauf mißlang das Experiment. Nach zehn Wochen wurden die Dreharbeiten, denen ein jahrelanges Feilen an diversen Drehbuch-Fassungen vorangegangen war, auf Geheiß des Produzenten eingestellt und erst nach über einem Jahr mit einem neuen Skript und einem neuen Kameramann zu Ende gebracht.

Wie sehr Wenders unter dieser Situation gelitten haben muß, merkt man dem »Stand der Dinge« in jeder Einstellung an. Erst nach der rigiden Disziplin von »Hammett« konnte er einen so offenen Film machen. Kurz vor seinem Tod sagt der Regisseur Friedrich im »Stand der Dinge«: »Jetzt weiß ich, wie man unbarmherzig Geschichten erzählt. Wenn die Geschichte reinkommt, schleicht sich das Leben raus ...«

Wie die »Searchers« hat Wenders nie aufgegeben, hat »Hammett« gegen alle Widrigkeiten doch zu Ende gebracht. Kein Film mag es wert sein, daß man vier Jahre seines Lebens für ihn opfert, aber zumindest auf den zweiten Blick sieht »Hammett« doch besser aus und einem Wenders-Film ähnlicher, als ich vor einem halben Jahr in Cannes meinte: kein Meisterwerk, aber immerhin eines, das die Unterschiede zwischen amerikanischem und europäischem Kino auf einen spannenden Begriff bringt.

In »Hammett« wird eine Geschichte erzählt: die des ehemaligen Pinkerton-Detektivs und zukünftigen Kriminalschriftstellers Dashiell Hammett, der 1928 in San Francisco den einen Beruf schon aufgegeben hat, ohne in dem anderen wirklich Fuß gefaßt zu haben. Noch sind die großen Romane, sind »Der Malteser Falke«, »Bluternte«, »Der gläserne Schlüssel«, nicht geschrieben, da geraten in Hammetts Leben Fakten und Fiktionen auf heillose Weise durcheinander. Ein früherer Partner, der jetzt schon als literarische Figur existiert, erscheint auf der Szene und fordert eine alte Schuld ein. Hammett gerät in einen Fall wie in einem Kriminalroman, den er später auch schreiben wird. Zwielichtige Frauen, skrupellose Politiker, die Opium-Höhlen von Chinatown bevölkern nicht nur seine Phantasie, sondern dringen noch einmal in seine reale Existenz ein.

Dieser Hammett ist durchaus eine Wenders-Figur: auf der Suche nach einer neuen Identität, die sich im Verlauf einer Reise durch die nächtlichen Labyrinthe der Stadt beweisen muß. Aber er bleibt der Gefangene eines Drehbuchs, das die komplexen Intrigen des Mord- und Erpressungs-Falls so detailliert nachzeichnet, daß die Aufmerksamkeit des Publikums sich bald mehr auf das äußere Drama der Handlung als auf das innere Drama des Helden konzentriert.

Der Film geizt nicht mit attraktiven Reizen, rekonstruiert in einer unwirklichen Atelier-Landschaft die verlorene Welt der »Schwarzen Serie« der vierziger Jahre. Genre-Veteranen von Elisha Cook bis Sylvia Sidney absolvieren kurze Auftritte. Und die schöne wehmütige Musik von John Barry weist ständig darauf hin, daß man sich in einem liebevoll möblierten Kino-Museum befindet. So beweist Wenders der glorreichen Vergangenheit von Hollywood nicht nur seine Reverenz, sondern inszeniert auch seine Distanz zu ihr.

Aber was tot ist, wird auch durch den noch so einfühlsamen Blick des deutschen Regisseurs nicht wieder lebendig. Wenders respektiert die Regeln des klassischen Hollywood-Genres und verstößt dadurch gegen seine eigenen. In der hermetischen Kulissen-Welt von »Hammett« ist jede Bewegung vorgeschrieben, jeder Dialog-Fetzen notwendig, jede Überraschung so eindeutig geplant, daß nirgends mehr Raum für wirkliche Überraschungen bleibt.

So wie Werner Herzog einen »Nosferatu« machen mußte, um für sich selber eine Brücke zu bauen zwischen dem Expressionismus der zwanziger Jahre und dem neuen deutschen Kino, mußte Wenders wohl nach Hollywood gehen, um eine andere Tradition zu überprüfen. Nun weiß er also, nach fast fünf Jahren, daß er, wie Fritz Lang oder Billy Wilder, einen amerikanischen Film mit amerikanischen Methoden inszenieren kann. »Der Stand der Dinge« zeigt, daß er etwas anderes will. Hollywood leuchtet nicht mehr. Der Weg des Odysseus führt über die Dörfer.

Nr. 44 vom 29. 10. 1982

## Über Robert Van Ackeren und seinen neuen Film »Die flambierte Frau«

### Deutschland privat

Ein heimlicher Blick. Neugier, Zaudern, bald Lust, schließlich Besitzergreifung. Mit den Augen einer Frau durchstöbert die Kamera eine fremde Wohnung. Die Reinheit des Herzens kennt keine Diskretion. Wir folgen einer weichen, schleichenden Bewegung, von Raum zu Raum, vorbei an Möbeln und Tapeten, die den Ästheten schaudern machen. An einer Wand hängt ein schlechter Druck von Caspar David Friedrichs Gemälde »Das Eismeer (Die gescheiterte ›Hoffnung‹)«. Der verbotene Blick in die stille Gruft kündigt ein Drama an. Am Ende des Korridors wartet ein anderes Lächeln: tödlich.

Der sanfte Horror dieser Szene findet sich, zum Verwechseln ähnlich, in drei Filmen von Robert Van Ackeren: »Harlis«, »Das andere Lächeln«, »Die Reinheit des Herzens«. Beim ersten Mal ist es eine genußsüchtige Tänzerin, die die Wohnung ihres neuen Liebhabers inspiziert. Da sah das Kino des Robert Van Ackeren noch sehr bunt, sehr laut, sehr effektvoll aus. Beim zweiten Mal ist es eine altjüngferliche Apothekerin, die sich in der kleinbürgerlichen Behausung ihrer kranken Freundin umschaut, deren Pflege (und allmählich auch deren Mann, deren Funktion, deren Identität) sie übernimmt. Beim dritten Mal ist es die von einem jähen Trieb erfaßte Literaten-Gattin aus gehobenem Wohlstands-Milieu, die mit einer Mischung aus Abscheu und Faszination die düstere Bude eines wortkargen Lederkerls und Bücherklaus durchstreift.

Nichts passiert in diesen Augenblicken eines halb ängstlichen, halb wollüstigen Schweifens in fremdem Terrain (das bald nicht mehr fremd sein wird), aber den Zuschauer erfaßt alsbald ein sachtes Entsetzen. In diesen Räumen nisten ungelebte Leidenschaften.

Caspar David Friedrichs berühmtes Bild von der erfrorenen Hoffnung schmückt zwar nur das eine Zimmer (im »Anderen Lächeln«), aber es könnte ein Leitmotiv sein für die Kunst Van Ackerens. Sie ist dem überscharfen Realismus Erich von Stroheims, manchmal auch dem distanzierten melodramatischen Gestus Fassbinders mehr verbunden als dem flachen naturalistischen Kino, welches »Wirklichkeit« allenfalls zu imitieren sucht. Van Ackerens Blick ist so stilisiert wie der von Friedrich vor einhundertfünfzig Jahren. Und weil dieser Blick auf Verhältnisse und Figuren fällt, die selber hinter Posen und Stilisierungen Zuflucht suchen, wird er erkennbar als ein äußerst realistischer. Er hält, weder der eines Romantikers noch der eines Melodramatikers, auf Distanz. Ins Tal der toten Augen hat er noch nie gepaßt.

Als der »junge deutsche Film« noch jung war, Mitte der sechziger Jahre, war Robert Van Ackeren, 1946 als Sohn holländischer Eltern in Berlin geboren, schon dabei. Seit 1964 drehte er Experimentalfilme für das Literarische Colloquium, früh machte er sich einen Namen als Kameramann. Er arbeitete mit Roland Klick (»Bübchen«), mit Thomas Struck (»Hans im Glück«), Klaus Lemke (»Brandstifter«), Rosa von Praunheim (»Nicht der Homosexuelle ist pervers, sondern die Situation, in der er lebt«) und Werner Schroeter (»Eika Katappa«). 1970 entstand sein erster Spielfilm (»Blondie's Number One«), drei Jahre später gelang ihm mit dem ironischen Schmachtfetzen »Harlis« ein großer Erfolg beim Publikum und bei der Kritik.

Dem »Durchbruch« folgte indessen rasch der Einbruch. Weder »Der letzte Schrei« (1975), eine im grellen Pop-Stil von »Harlis« inszenierte Groteske mit internationaler Star-Besetzung (Delphine Seyrig, Barry Foster), noch die manierierte Heinrich-Mann-Adaption »Belcanto« (nach dem Roman »Empfang bei der Welt«) fanden rechte Gunst bei Zuschauern und Rezensenten. Spätestens 1977 schien Robert Van Ackeren ein Mann von gestern zu sein, eines der vielen begabten Opfer der inzwischen längst vergangenen Sturm- und Drang-Zeit des deutschen Films, der es sich jetzt lieber mit risikolosen Klassiker-Verfilmungen gemütlich machte.

Van Ackeren sah aus wie ein Stilist ohne Substanz, ein Mann, der Filme machte, wie die Südländer manchmal Fußball spielen: zum Sterben schön, verliebt in den Einfall, den raffinierten Trick, das gewagte Geplänkel, aber am Ende doch ohne einen inneren Zusammenhang zwischen den einzelnen Teilen. Seit »Harlis« hatte er zwar sein Thema gefunden –

die abgründige Trivialität des bürgerlichen Daseins, die Nähe von banalstem Alltag und absurdesten Zwangsvorstellungen –, aber er schien sich damit begnügen zu wollen, das Sujet apart zu umschmeicheln.

Sechs Jahre und drei Filme später (oder vier, wenn man »Deutschland privat« mitrechnet, eine Zusammenstellung authentischer Super-Acht-Filme aus kleinbürgerlichem Privatbesitz) sieht die Situation für Robert Van Ackeren gänzlich anders aus. In Cannes wurde im Mai 1983 sein neuer Film »Die flambierte Frau« einhellig bejubelt, von einem französischen Kritiker gar als Werk »eines Chabrol von jenseits des Rheins« gefeiert. Schon am »Anderen Lächeln«, das 1978 herauskam, rühmte Peter W. Jansen »die geradezu stoische Sorgfalt der Inszenierung, die an Chabrol in seinen besseren Zeiten und zuweilen an die mise-en-scène von Losey erinnert«.

Und dazwischen entstand 1980 »Die Reinheit des Herzens«, der zweite Teil einer (nie beabsichtigten) Trilogie aus dem Leben der Marionetten, der wegen »einer exzessiven Darstellung von Gewalt, die das familiäre Zusammenleben von Intimpartnern in negativer Weise zeigt«, aus dem ARD-Gemeinschaftsprogramm flog und nur in den Dritten Programmen (natürlich nicht in Bayern) gezeigt werden durfte: eine Auszeichnung von fragwürdigem Reiz, die fast ausschließlich wichtigen und ungewöhnlichen Filmen zuteil wird. Es fand sich denn auch keine einzige Fernsehanstalt mehr, die sich an der Produktion der »Flambierten Frau« (deren Entstehungsgeschichte der Regisseur »eine Spur zu abwechslungsreich« findet) beteiligen mochte.

Dabei gibt es in der »Reinheit des Herzens«, anders als in den allseits so beliebten amerikanischen Krimi-Serien, nur einen einzigen Todesfall. Die Ehefrau, ihres Seitensprungs aus dem komfortabel möblierten Penthouse überdrüssig, entledigt sich ihres lästig gewordenen Liebhabers durch einen Stich mit just jenem Brieföffner, den ihr Mann zuvor verschluckt hatte. Da fand sie noch: »Er ist sogar zu feige, sich umzubringen«, aber schließlich siegt auch in ihr der Wunsch nach stabilen Verhältnissen. So gilt es, vom herbeigesehnten freien Leben wieder zu scheiden. Und das geht eben nur auf gewaltsame Weise.

Einen »Film über die bürgerliche Neugier« hat Robert Van Ackeren »Die Reinheit des Herzens« genannt. Dasselbe gilt auch für »Die flambierte Frau«. In der ersten Sequenz verläßt Eva, die immer noch ein wenig vor sich hin studiert, ihren sehr gebildeten, leidlich wohlhabenden, durchschnittlich langweiligen Freund. Man hält auf Formen in diesen Kreisen, man liest die richtigen Bücher, man umgibt sich mit gepflegtem Altbau-Chic, man trifft sich bei Vernissagen, und zum Dessert gibt es selbstverständlich »frische Lychees, direkt vom Markt«.

Eva kennt sich aus mit den neuesten Moden des Westens. Sie begibt sich auf den Strich, natürlich auf den allerfeinsten. In Chris, der seine Haut als »Dressman« zu Markte trägt, findet sie den idealen Partner: ein neues

Paar. Tagsüber bedienen Eva und Chris in ihrer fabelhaften Maisonette-Wohnung die Kunden, sie als Domina in schwarzem Leder, er, stets verbindlich und anpassungsfähig, nicht nur reifere Damen, sondern auch gepflegte Herren aus der Kultur-Szene. Und am Abend wird das »private« Glück zu zweit gepflegt.

Mit Chabrol verbindet Van Ackeren eine Neigung zu trügerischen Idyllen. »Das andere Lächeln« und »Die Reinheit des Herzens« beginnen mit Bildern trauten Familienglücks im Grünen, die wirken wie die Hochglanz-Prospekte eines Lebensversicherungskonzerns: beängstigend. Auch in der »Flambierten Frau« erweist sich das kleine Glück als große Selbst-Täuschung. Die Trennung der falschen Intimität (der käuflichen) von der richtigen (gefühlten) funktioniert nicht. Während Eva einen gewissen Genuß an ihrer neuen Arbeit entwickelt, strebt Chris einer »normalen«, bürgerlichen Existenz zu. Im mondänen Milieu der Luxus-Prostitution wiederholen sich die allerbanalsten Verkehrsformen üblicher »Zweierbeziehungen«. Zum ersten Mal in Robert Van Ackerens geschlossener Gesellschaft kommt eine Figur mit einem heilsamen Schrecken davon. Die Frau brennt zwar (das Flambieren im Titel ist durchaus wörtlich zu nehmen), aber am Ende lacht sie. Eva ist stärker geworden.

Hätte Van Ackeren diese Geschichte vor zehn Jahren inszeniert, es wäre eine schrille, kabarettistische Farce geworden. Der böse Blick von damals ist zwar geblieben, aber er ist viel schärfer, viel genauer geworden. Aus einer Entfernung, die auch die Kamera einnimmt, die diskreten Abstand hält von den Leidenschaften der Figuren, entfaltet Van Ackeren ein subtiles Spiel mit Gefühlen. Je heftiger es auf der Leinwand zugeht, desto lakonischer wird der Stil. Die Erniedrigungs-Rituale, die Eva mit ihren Klienten veranstaltet, sehen nicht aus wie Veranstaltungen der Lust, sondern wie zoologische Experimente. Und schon in der ersten Sequenz ist es nicht der routiniert aggressive Dialog zwischen Eva und ihrem Freund, der die Trennung ankündigt, sondern eine lange Kamerafahrt durch die sterile Wohnung.

Leidenschaften frieren ein zu Posen. Man mag das Stilisierung nennen, aber wo jede Leidenschaft auch nur eine beliebige, austauschbare Haltung ist, kommt Van Ackeren mit der kühlen Künstlichkeit seines Stils der wahren Natur gegenwärtiger »Beziehungs«-Krisen näher als jene mit Gefühls-Kitsch vollgestopften filmischen Lore-Romane, die man bei uns gern für kritisches Kino hält. Was er über sein großes Vorbild Erich von Stroheim (dem er »Die Reinheit des Herzens« gewidmet hat) sagt, trifft auch seine eigenen Filme: »Er ist der einzige Regisseur für mich, der eine überscharfe Realitätssicht hat. Seine Filme haben scharfe Konturen, halten Balance zwischen melodramatischen und komödiantischen Momenten. Seine Filme sind sophisticated, sie schillern ...«

Und wie sie schillern! Die erhabenen Gesten des Melodrams vermählen sich bei Van Ackeren mit den pragmatischen Niederungen der Betriebswirtschaft: einer Disziplin, die Chris fünf Semester lang betrieben hatte, bevor er sich zu einer profitableren Karriere als Gigolo entschloß. Mathieu Carriere, endlich wieder in einem deutschen Film, hält diese Figur in einer reizvollen Schwebe. Zur Melancholie einer alternden männlichen Kameliendame gesellt sich auf tragikomische Weise die Akribie eines Bilanzbuchhalters. Wie in der »Reinheit des Herzens« sind die Hauptfiguren mondän und mittelmäßig zugleich. Für seine Zukunft richtet sich Chris, unterstützt von seinem kunstsinnigen Lieblings-Kunden (Hanns Zischler), ein Galerie-Restaurant mit »Nouvelle Cuisine« ein. In dem könnte man sich dann leicht das Personal von Botho Strauß vorstellen.

Es sind Frauen, die in den Filmen von Robert Van Ackeren Experimente mit scheinbar anderen Lebensformen anzetteln. Im deutschen Film, dessen beste Regisseure (zumal Wim Wenders und Werner Herzog) am liebsten Konflikte unter Männern inszenieren, ist allein schon dies bemerkenswert. Nur Fassbinder, mit dem ihn eine Freundschaft verband (Van Ackeren hat einen Kurzauftritt in »Querelle«), wagte sich, von Petra von Kant über Maria Braun bis Veronika Voss, oft an Frauengeschichten.

Seit dem »Anderen Lächeln« schien Van Ackeren in Elisabeth Trissenaar seine ideale Interpretin gefunden zu haben: halb Persil-Hausfrau, halb griechische Tragödin. Medea bei Karstadt, voll von überlebensgroßen Sehnsüchten, aber doch auch die Vorzüge und Sicherheiten der bürgerlichen Existenz im Sinn. Im »Anderen Lächeln« spielt die Trissenaar den herzlichsten aller Vampire: eine Frau, die durch ihre schiere Fürsorglichkeit eine Familie zerstört. In der »Reinheit des Herzens«, Van Ackerens zweitem Horrorfilm aus dem Innenleben der Bourgeoisie, kehrt sie als eine zeitgenössische Madame Bovary zurück. Sie spielt einen gebremsten Taumel, wie eine Frau, die Flaubert und Fontane gelesen hat, die neugierig ist auf den süßen Wahn, sich aber dann gerade noch rechtzeitig erinnert, wie schlimm das alles damals ausgegangen ist.

Gefühle gibt es in den Filmen von Van Ackeren immer nur aus zweiter Hand. Die Figuren streifen sie über wie eine kostbare neue Seidenbluse und fangen später an sich zu wundern, wenn das schöne Gewand in Fetzen fällt. Der Ironiker Van Ackeren steht in den Kulissen und registriert beharrlich die Verwirrungen und Verletzungen.

Nun hat die Trissenaar in der »Flamierten Frau« eine jüngere, stärkere Schwester bekommen: Gudrun Landgrebe als Eva, noch eine dieser neugierigen Bürgerinnen, die auszieht, das Fürchten zu verlernen. Aber weniger als die Figuren, die Elisabeth Trissenaar für Van Ackeren spielte, ist sie eine Horror-Gestalt. Die Scheu, mit der sie sich anfangs im teuren Freudenhaus (mit Salon, Swimmingpool und viel Plüsch) bewegt, verwandelt sich bald in eine klare Einsicht in die Natur des Gewerbes. Eva wird eine Professionelle. Sie beherrscht ihr Handwerk mit der spröden Selbstverständlichkeit einer Chefsekretärin. Sie ist so kalt, wie der Moment es erfordert. Und manchmal sieht man ihr auch an, daß der Beruf ihr gefällt. Sie ist eine Schauspielerin. Nach dem Ende der Vorstellung verabschiedet sie die Klienten mit gelassener Höflichkeit. Nur mit Chris, da soll, da muß alles ganz anders sein. Die Herrin darf das Schmusekätzchen sein.

Die Schauspielerin Gudrun Landgrebe, gerade noch eine Venus aus Marmor, zeigt auf wirklich atemberaubende, manchmal sehr komische Weise, ein anderes Gesicht, wird zur verliebten, auch mal schmollenden Hausfrau. Die älteste aller Männerphantasien, die Vorstellung von der Frau als Mutter und Hure zugleich, spielt sie so genau wie lange keine Schauspielerin im Kino mehr. Wenn es eine Gerechtigkeit auf der Welt gäbe (und eine Filmindustrie in Deutschland), müßte Gudrun Landgrebe über Nacht ein Star geworden sein.

Und Robert Van Ackeren, über den Mathieu Carriere (mit dem er Probleme hatte) schrieb, daß »Deine Augen so lieb schauen wie die vom frühen Chaplin, Dein Bart so weich ist wie der vom mittleren Coppola und Deine Lederhose sogar noch schwärzer als die vom späten Fassbinder«? Ein Liebling der Gremien (die er allerdings für die allgemeine Langeweile im deutschen Film weniger verantwortlich macht als die viel zu mut- und phantasielosen Regisseure) ist er nie gewesen. Fast alle seine Filme entstanden unter erheblichen Schwierigkeiten. Das könnte sich jetzt, nach einem internationalen Erfolg der »Flambierten Frau«, endlich ändern. Für sein nächstes Projekt braucht er viel Geld: die Adaption des Romans »Die Tigerin« von Walter Serner, dem Dadaisten. Da entschließen sich zwei Leute, die es eigentlich besser wissen, eine Liebe zu versuchen. Ein falsches Gefühl. Eine Katastrophe. Das ist das Kino des Robert Van Ackeren.

Nr. 25 vom 17. 6. 1983

## »Deutschland, bleiche Mutter«
## von Helma Sanders-Brahms

## Ein Brief an Lene

Das erste Bild ist undeutlich, aber nur einen Augenblick lang. In einem leicht bewegten Wasser spiegeln sich Farbflecken, rot und weiß und schwarz. Mit einer sanften Bewegung enthüllt die Kamera eine Fahne mit einem Hakenkreuz darauf. Es ist Sommer in Deutschland, der Sommer des Jahres 1939. Zwei junge Männer unternehmen eine Kahnpartie, am Ufer wandelt ein dunkelhaariges Mädchen in Weiß. Vier Braununiformierte kommen ins Bild, mit einem Schäferhund, der nach dem Mädchen schnappt. »Sie hat nicht geschrien«, sagt Hans, der eine im Boot. So beginnt eine Liebesgeschichte.

Es gibt keinen einzigen Schnitt in dieser ersten Sequenz des Films »Deutschland, bleiche Mutter«. Vom Boot aus folgt die Kamera dem Geschehen, langsam und gleitend, in einer fließenden, harmonischen Bewegung. Es ist ein schöner Tag in einem schönen Land, in dem Hakenkreuzfahnen und Uniformen zum Alltag gehören. Terror kommt erst später vor, aber man ahnt ihn schon im Idyll.

Es geht weiter, wie solche Geschichten eben weitergehen. Der Hans und die Lene bekommen sich, nur kurz, denn ein Krieg fängt an. Später, in einer Bombennacht, kommt Anna zur Welt, das Kind von Lene und Hans. Da ist das Land nicht mehr schön. Lene und Anna wandern durch Trümmerfelder. In der Zerstörung finden sie, Hexen gleich, einen Moment der Freiheit. Lene trägt Anna durch den Schnee. Eine große Zartheit ist in diesen Bildern des Vagabundierens. Einmal entwindet Lene einem erfrorenen Soldaten den Schal. Es geht weiter. Begleitet wird diese Passage von dem Grimmschen Märchen vom »Räuberbräutigam«: ein grausames Märchen, ein Männermärchen.

Der Frieden wird fürchterlich. Mit den Trümmern verschwindet der Geist der Auflehnung. Hexen verwandeln sich wieder in Hausfrauen, die Männer kommen zurück. Was anders hätte werden können, wird wieder, wie es immer war. Der Katastrophe folgt die Versteinerung. Dem verordneten Familienleben mit dem fremden, fremd gewordenen Mann ist Lene nicht gewachsen. So versteinern sich sogar ihre Züge. Eine Gesichtslähmung stellt der Arzt fest und zieht ihr alle Zähne. Lene will nicht mehr leben. Sie dreht den Gashahn auf. Vor der Badezimmertür sitzt Anna, das Kind, und weint: »Komm raus. Bitte, komm doch raus. Ich bin so allein.« Eine Stimme sagt: »Es dauert sehr lange, bis Lene die Tür aufmachte, und manchmal denke ich, sie ist immer noch dahinter, und ich bin immer noch davor, und sie kommt nie mehr heraus zu mir, und ich muß erwachsen sein und allein. Aber sie ist immer noch da. Lene ist immer noch da.«

Die Stimme gehört der Regisseurin, Helma Sanders-Brahms. Sie ist Anna, sie erzählt die Geschichte ihrer Mutter. Die Stimme begleitet den Film von Anfang an, doch sie ist nicht die erste, die man hört. Aus dem Off liest Hanne Hiob das Gedicht »Deutschland, bleiche Mutter«, das Bertolt Brecht, ihr Vater, 1933 geschrieben hat. Es beginnt mit den Zeilen: »Mögen andere von ihrer Schande sprechen, / ich spreche von der meinen.« Kurz darauf die Stimme der Filmemacherin: »Ich kann mich an nichts mehr erinnern in der Zeit vor meinem Leben. An dem, was geschah, bevor ich geboren war, trifft mich keine Schuld. Da gab es mich nicht. Ich fing an, als mein Vater meine Mutter zum erstenmal sah.«

»Deutschland, bleiche Mutter« ist kein Film der historischen Erinnerung, keine Rekonstruktion wie »Stunde Null« von Edgar Reitz, auch keine Mythencollage wie Syberbergs »Hitler – Ein Film aus Deutschland«, auch kein Restaurations-Melodram wie Fassbinders »Die Ehe der Maria Braun«. Helma Sanders-Brahms (den Doppelnamen hat sie sich zugelegt, damit die ewigen Verwechslungen mit der geschätzten Helke Sander aufhören) schreibt einen Brief an ihre Mutter. Solche Korrespondenzen sind nicht immer frei von Sentimentalitäten, auch von Peinlichkeiten. Das kommt daher, daß die Regisseurin ihre alten Verletzungen nicht verheimlicht, sondern zur Schau stellt.

Helma Sanders hat schon immer ein Kino der Gefühle gewollt, ein Kino, in dem private Leidensgeschichten aufgehen sollten in allgemeine Bedeutungen (»Unter dem Pflaster ist der Strand«, »Shirins Hochzeit«, »Heinrich«). Manchmal war das schwer auszuhalten, wurde der Hunger der Regisseurin nach Verbindlichkeit im individuellen Schicksal zum Ballast für ihre Filme. Die hießen »Die Maschine« oder »Der Angestellte«, wo es »Eine Maschine« oder »Ein Angestellter« wohl auch getan hätten. Auch »Deutschland, bleiche Mutter« ist nicht frei von diesem Anspruch. Schon der Titel läßt erkennen, daß eben doch nicht nur Lene gemeint ist, sondern deutsche Mütter überhaupt. Symbolismen verdeutlichen dem Zuschauer allzu plump, was er ohnehin erfährt. Zweimal führt Hans, in Polen und in Frankreich, eine Partisanin zur Exekution, die seiner Lene zum Verwechseln gleicht (und ebenfalls von Eva Mattes dargestellt wird). Der Krieg kommt über alle Frauen, und in der fremden tötet er auch seine eigene. Das sieht man später genauer: wenn Hans (Ernst Jacobi, der kleinbürgerliche Zwanghaftigkeit gern verkörpert) den Krieg ins Wohnzimmer trägt, wenn der schüchterne blonde Jüngling, der von Politik nichts wissen will, sich in einen kaputten Untertan verwandelt hat.

Als »Deutschland, bleiche Mutter« im Februar bei der Berlinale uraufgeführt wurde, reagierten die deutschen Kritiker fast ausnahmslos sehr ag-
gressiv auf die offensichtlichen Schwächen des Films. Und übersahen
seine ungewöhnlichen Schönheiten. Vom ersten Bild an bevorzugt Helma
Sanders die Plansequenz, die Darstellung eines Geschehens ohne Schnitt,
mit langen, oft komplizierten Einstellungen, die Schauplätze erforschen,
Beziehungen zwischen den Figuren herstellen. Weiche, organische Bewegungen bestimmen den ersten Teil des Films (die Geschichte der Begegnung, der kurzen Nähe). Verhärtung setzt ein, als Hans zum erstenmal
von einem Fronturlaub zurückkehrt, nicht verstehen kann, daß Lene sich
ihm entzieht. Da trennt Helma Sanders die Figuren voneinander im konventionellen Schuß-Gegenschuß-Verfahren, da deckt die Montage den
Bruch in der Beziehung des Paares schärfer auf als der Dialog.
Die weiblichen, fließenden Formen lösen sich auf. Und kehren wieder,
wenn Lene und Anna unterwegs sind, wenn eine anarchische Fröhlichkeit
die Frauen erfaßt, die nichts mehr zu verlieren haben. Plötzlich sieht man
Frechheiten, Waghalsigkeiten. Da spielt Helma Sanders mit ihrem Material, konfrontiert ein Trümmerkind aus einem uralten verblichenen Farb-
dokument mit ihren eigenen Figuren, inszeniert ein abenteuerliches
Zwiegespräch zwischen dem Jungen von 1945 und den Schauspielern von
1979.
Wenn Helma Sanders von ihren Gefühlen redet, mag ich nicht immer
zuhören, aber wenn sie Emotionen in Bilder übersetzt, dann kann ich
noch lange zuschauen. Ich sehe Eva Mattes als Lene: den Backfisch und
die Hexe, Kaffeekränzchen-Lene und Landstreicher-Lene, die keusche
Braut und die alte Frau mit dem entstellten Gesicht. In keinem anderen
Film, nicht einmal bei Fassbinder in »Wildwechsel« und bei Herzog in
»Stroszek«, hat diese phantastische Schauspielerin so viel von sich sehen
lassen.
»Deutschland, bleiche Mutter«: Bilder aus einem Poesiealbum, zerstörte
Innerlichkeit, Szenen aus der längst nicht vergangenen Kleinbürgerwelt.
»Ich lebe«, schreibt Helma Sanders-Brahms im Buch zum Film (rororo-
Neue Frau, Nr. 4453), »nicht anders als meine Eltern, nur in andern Zei-
ten«.

Nr. 42 vom 10. 10. 1980

## »Theo gegen den Rest der Welt«: die seltsame Karriere einer deutschen Kino-Komödie

### Ein Clown für die Krise

Komödien kommen kaum vor im deutschen Kino. Bei Fassbinder oder bei Herzog, bei Schlöndorff oder bei Syberberg gibt es nichts zum Lachen. Der deutsche Film ist eine ernste Sache, und warum auch nicht? Nur das Publikum, das man ja nicht ganz vergessen sollte im edlen Subventions- und Gremien-Kino, hungert offenbar nach leichten Lustbarkeiten. Ein Feind des Films, wer diesen Wunsch nicht ernst nimmt! Das weiß natürlich auch der listenreiche Kluge, der seit Jahren schon nach dem »mittleren Film« verlangt. Anderswo heißt die Formel »Niveauvolle Unterhaltung«, was gewiß eher abschreckend klingt. Die Leute laufen derweil in den »Käfig voller Narren« (aus Frankreich), in Woody-Allen-Filme (aus New York) und in jeden Jux aus Hollywood. Kein deutscher Billy Wilder ist in Sicht, und mit dem Namen Ernst Lubitsch schmückt sich nur fahrlässig ein Berliner Kritiker-Preis.

Krisenhafte Zeiten (nach Udo Lindenberg: »Panische Zeiten«) haben schon immer lustige Filme gezeugt. Nie ging es im deutschen Kino frivoler und ausgelassener zu als in den letzten drei Jahren vor Hitler. Jetzt haben die schwierigen achtziger Jahre, wo das Gerede vom Weltuntergang bald jede Party beflügelt, ihren ersten deutschen Krisen-Clown produziert. Der Mann heißt Theo und hat eine Geschichte.

Niemand wollte Theo haben, das schmächtige Stehaufmännchen mit den großen Sprüchen und den zappeligen Bewegungen, den proletarischen Don Quichote aus dem Kohlenpott, den Überlebenskünstler wider alle Wahrscheinlichkeiten. Drei Väter hatte Theo: einen Regisseur (Peter F. Bringmann), einen Autor (Matthias Seelig), einen Schauspieler (Marius Müller-Westernhagen).

Denen wurde lange bedeutet, ihr Theo sei ein hoffnungsloses Kümmerkind. Ein Filmverleih nach dem anderen winkte ab, bis sich der Filmverlag der Autoren endlich barmherzig zeigte und »Theo gegen den Rest der Welt« in sein Programm nahm. Auf eine Pleite mehr oder weniger wäre es im Jahr des Elchs (»Im Herzen des Hurricans«) und des Narbenmannes (»Endstation Freiheit«) wohl nicht mehr angekommen, zumal Udo Lindenberg und ein anderer »Kandidat« für ordentliche Geschäfte gesorgt hatten.

Das Schöne am Kino ist, daß alles immer ganz anders kommt: Gerade neun Wochen nach dem Start haben schon knapp 1,2 Millionen Zuschauer über Theo (das heißt: mit Theo) gelacht, der Filmverlag zählt drei Millionen Mark Verleih-Brutto-Einnahmen und sieht weiteren Millionen gefaßt entgegen. »Die Ehe der Maria Braun« und »Nosferatu« sind schon überrundet, nur »Die Blechtrommel« liegt noch vor Theo.

Der ist ein Underdog, ein Verlierer, der sich gegen das Verlieren wehrt: so pfiffig wie einst die Mickymaus, Symbolfigur einer anderen Depression in einem anderen Land. Alle lieben Theo, weil sie in ihm, zum genüßlichen Kino-Format verarbeitet, ihre eigenen Existenz-Ängste wiederfinden. Theo ist eine klassische Identifikations-Figur, maßgeschneidert für die neuen Sorgen der letzten Jahre der Ära Schmidt. Mit Theo, der von der grassierenden Wehleidigkeit sich mit linkischem Grinsen absetzt, pfeifen wir im Dunkeln. Darüber darf man sich freuen, denke ich.

Theo, der Superstar mit den Allüren eines Krümelmonsters, die mit riesigem Abstand erfolgreichste deutsche Kinofigur des Jahres 1980, ist ein willkommener Verbündeter im Kampf gegen die Larmoyanz im Lande: ein Krisengewinnler vielleicht, aber einer von der sympathischen Sorte. Zu seinen Ahnen zählen Chaplin und Keaton (gegen die unser Theo allerdings noch ein Federgewicht ist), aber für die Zukunft der neuen deutschen Filmkomödie ist er ein wichtiger Mann. Auf ihn kann man nicht bauen: Deshalb brauchen wir ihn. Etwas Unvernunft, bitte! Her mit den kleinen Komödien!

Theos Väter indessen lieben ihr Geschöpf nur halbherzig. Marius Müller-Westernhagen (der wohl lieber als Sänger Karriere macht) fürchtet einen neuen »Theo«-Film ebenso wie der Regisseur Peter F. Bringmann. Vielleicht lassen sie sich ja noch überreden.

Nr. 50 vom 5. 12. 1980

# »Christiane F. – Wir Kinder vom Bahnhof Zoo«

## Besonders wertvoll

Erst sollte es »ein Film wie ›Taxi Driver‹« werden, eine weltliche Höllenfahrt, eine authentische Expedition in den City-Dschungel. Da war noch der Regisseur Roland Klick am Werk, ein Mann starker Worte und manchmal auch starker Bilder (»Deadlock«, »Supermarkt«). Der hatte Kino im Kopf, für diverse Geschmäcker allerdings zuviel davon. Denn da sollte ja nicht irgendein Buch verfilmt werden, sondern das Buch der Bücher, der Millionenerfolg, die Bibel der Turnschuhgeneration, die sich »in die Leiden der heiligen Christiane« (Herbert Riehl-Heyse) so inbrünstig versenkt wie eine andere Generation einst in die des jungen Werther.

Die der Hölle entronnene Heldin, mittlerweile reich, berühmt und als

55

Interviewpartnerin vom *Playboy* und von Radio Luxemburg geschätzt, besaß ebenso ein Mitspracherecht wie die beiden wohlmeinenden Reporter, die ihre Passion aufgezeichnet hatten, die Produktionsgesellschaft, der Filmverleih und das in stiller Teilhabe stets gegenwärtige Fernsehen. Die einen fanden Klicks Drehbuchentwürfe zu hart, die anderen zu weich, manchmal wohl auch beides zusammen. Christiane weinte, der Produzent drohte, die Reporter erwogen eine Klage. So kam es, daß Roland Klick die Lust und seinen Job verlor.

So kam es auch, daß der Regisseur Ulrich Edel engagiert wurde, der zuvor die Filmhochschule in München besucht und auch schon zwei Fernsehspiele inszeniert hatte (»Der harte Handel«, »Das Ding«). Der führte sich sogleich mit markanten Sprüchen ein (»Es war der stärkste Stoff, den ich je gelesen hatte«) und fand auch die Billigung der jugendlichen Kultfigur, deren früheres Wirkungsfeld rund um den Bahnhof Zoo inzwischen von Busladungen erlebnishungriger Berlin-Touristen besichtigt wird. Christiane F., an ihrer Vermarktung aufmerksam beteiligt, fand bei »dem Roland« zwar »emotional gute Ansätze«, zog den neuen Mann allerdings entschieden vor: »Der geht an die Geschichte weniger emotional ran. Der ist nett. Vielleicht wird das Ganze ein wenig einfallsloser, hat aber dafür mehr mit der tatsächlichen Geschichte zu tun.« Mit diesen Sätzen empfiehlt sich Christiane schon heute für die Laufbahn einer staatlich diplomierten Fernsehdramaturgin.

Für angeblich 3,5 Millionen Mark (ein riesiges Budget für deutsche Verhältnisse) hat der nette Herr Edel einen wirklich netten Film gedreht, den auch Frau Minister Huber, die katholische Filmkommission und der Frauen-Rat aller im Bundestag vertretenen Parteien bedenkenlos empfehlen könnten. Er ist sehr dezent, pädagogisch wertvoll. Und geradezu vorbildlich langweilig.

Nein, eine spekulative Räuberpistole hatte ich wirklich nicht erwartet, aber auch nicht das routinierte Fernsehspiel mittlerer Machart, das Ulrich Edel aus dem »stärksten Stoff« gemacht hat. Nur ganz selten wird auf der Leinwand etwas von der Verlorenheit der Kinder der Nacht sichtbar und erfahrbar: am eindringlichsten in einer Sequenz, in der Christiane und Detlef auf das Dach des Europa-Centers fliehen, allein im bläulichen, kalten Licht des riesigen Mercedes-Sterns stehen. Später kommen ihre Freunde, die im Morgengrauen zusammengekauert, erstarrt auf einer Betonmauer hocken.

Da teilen die Bilder plötzlich eine Welterfahrung mit, eine Einsamkeit, die nicht romantisch ist, sondern schrecklich. Auch schrecklich faszinierend. In gewisser Weise stimmt diese Szene natürlich nicht (man kann nicht so ohne weiteres auf das Dach des Europa-Centers klettern), aber wenn man begreift, daß das Wesen des Kinos nicht in der Nachahmung der »Wirklichkeit« besteht, sondern in autonomen Bildern und Tönen, besitzt sie eine innere Wahrheit.

Von dem Milieu der Kinder vom Bahnhof Zoo haben sich der Regisseur Edel und der Drehbuchautor Herman Weigel nicht faszinieren lassen. Ich meine eine andere Faszination als die des lüsternen Spießers, der saftige Details über Heroinabhängigkeit und Teenager-Prostitution erwarten mag. Ich meine die Faszination, die diese Kinder erst in die Diskothek »Sound«, an die Nadel, auf den Baby-Strich getrieben haben muß: eine bald fürchterlich enttäuschte Erwartung, in dieser Schattenwelt etwas anderes zu finden als die Monotonie der zerrütteten Kleinfamilienexistenz in den Betonkästen der Gropius-Stadt.

Erst wenn diese Neugier, diese Sehnsucht vorgekommen wären, wenn sie in den Bildern des Films aufgesogen wären, hätte man einen ehrlichen Film über die Kinder vom Bahnhof Zoo machen können. Edels Haltung, die ich ehrenwert finde, aber wirklich nur ehrenwert, ist eine andere: die des distanzierten Erwachsenen, der sich vor jeder einzelnen Einstellung genau überlegt, welchen Schaden er anrichten könnte, wenn er etwas anderes zeigt als eine endlose Folge von klinischen Schreckensbildern.

Edel war vorsichtig, so vorsichtig, daß er das Leben aus seinem Film getilgt hat. Manchmal merkt man, wie schwer es ihm fällt, sich die Verzweiflung, auch den verzweifelten Lebenshunger der Kinder vorzustellen: am deutlichsten in einem ungeschickt zusammengeschnittenen Konzert von Christianes Idol David Bowie (das in Wirklichkeit in New York stattfand und später durch in Berlin gedrehte Aufnahmen der Christiane-Darstellerin Natja Brunkhorst ergänzt wurde). Da ist nichts zu sehen von der Inbrunst, mit der Christiane diesen Sänger verehrt, nichts zu spüren von der Verheißung, die seine Musik für sie bedeutet.

Auch jene Sequenz, die in den ersten Kritiken als die eindrucksvollste gehandelt wird, als grausamer Höhepunkt einer Leidensgeschichte, sieht auf der Leinwand fast indifferent aus: den Krämpfen und Zuckungen der sich im Schmerz der Entziehung windenden Körper von Christiane und Detlef, den fast übermenschlichen Anstrengungen, von der tödlichen Droge aus eigener Kraft freizukommen, folgt die Kamera aus sicherer Entfernung. Eine Verzweiflung wird zur Besichtigung freigegeben, mit dem ungerührten, mitleidlosen Blick, den man in einem Aufklärungsfilm einer Rauschgiftbehörde eher erwarten würde als in einer Geschichte über Menschen.

Wenn die Kameraeinstellung eine Frage der Moral ist, scheint Edels Moral die eines Ministerialbeamten zu sein: rechtschaffen, phantasielos, unbeteiligt. Seine filmischen Mittel sehen entsprechend aus. Immer, wenn etwas Entscheidendes im Leben der Christiane F. geschieht (beim Einsteigen ins Auto des ersten »Freiers« etwa), verlangsamt er das Bild auf Zeitlupengeschwindigkeit. Ein dreifaches !!! an die Adresse der Begriffsstutzigen und Unmündigen, für die der Regisseur sein Publikum hält. Wenn man sich an die entsprechenden Momente in Martin Scorseses »Raging Bull« erinnert, die sekundenkurzen Verlangsamungen, die eine nahezu unbemerkte Irritation herstellen, wünscht man sich mehr Kino und weniger pädagogischen Impetus.

Ich will nicht ungerecht sein. Niemand wird sich einen Film wünschen, der noch mehr Kinder zum Rauschgift und zur Prostitution treibt. Die heimliche Idolisierung der Figur Christiane F., die das Schloßtheater von Moers im letzten Herbst bewog, die von ihm selbst bestellte Bühnenbearbeitung dann doch nicht aufzuführen, findet in Ulrich Edels Film immerhin nicht statt. Aber das allein ist zu wenig für 132 Minuten.

Nr. 15 vom 3. 4. 1981

## »Etwas wird sichtbar« von Harun Farocki

### Fern von Vietnam

Der amerikanische Soldat heißt Tanner (wie Alain Tanner?). Er sagt zu einer Frau vom Vietcong, daß er eigentlich kein Soldat mehr sei, eher ein Philosoph. Die Frau fragt nach: »Was ist das für eine Philosophie?« Tanner antwortet: »Die Philosophie fragt: Was ist der Mensch? Ich frage: Was ist ein Bild? In unserer Kultur haben die Bilder zu wenig eine Bedeutung. Die Bilder werden in Dienst genommen. Man befragt die Bilder, um Informationen zu erlangen, und nur die Informationen, die man in Worten und Zahlen ausdrücken kann.«

Ein Bild, und das Bild, das man sich von ihm macht. Robert (Marcel Werner) und Anna (Anna Mandel) betrachten ihre Gesichter in einem Spiegel, um den herum Photos aus dem Vietnam-Krieg hängen. Es entsteht ein Dialog, über das Sichtbare und das Unsichtbare, das Öffentliche und das Private. Robert sagt: »Ein interessantes Bild: Der amerikanische Soldat hat ein Hörrohr, um zu hören, ob Tunnel in der Erde sind, durch die sich der Vietcong bewegt. Wie ein Arzt. Das Bild sagt: Der Vietcong, das ist die Krankheit, die Vietnam befallen hat, der amerikanische Soldat ist der Arzt, der das Land wieder gesund macht. Und das Bild sagt etwas zweites: Der Vietcong ist das Blut, das in den Adern Vietnams fließt. Der Herzschlag.«

Anna sagt: »Wie unerlaubt das aussieht, ein Bild von uns zwischen den Bildern vom Krieg.«

Auch im Kino ist das Selbstverständliche schon lange nicht mehr selbstverständlich. Die fixen Jungs in Hollywood und Geiselgasteig und anderswo, die sich mit dem Etikett »Geschichtenerzähler« so prahlerisch brüsten, als habe es ihnen Hawks oder Hitschcock persönlich auf die Haut genäht, betreiben nur noch den Ausverkauf der alten Geschichten, der alten Bilder. Fast jeder Film ein Remake (oder das Remake eines Remakes), fast jede Einstellung geklaut (oder »zitiert«). Nirgendwo läßt sich der bewußtlose Umgang mit Bildern besser studieren als in den klassizistischen Übungen der dreißigjährigen Epigonen: Mögen sie nach den toten Göttern des amerikanischen Kinos schielen (wie es George Lucas und Brian De Palma tun) oder sich allenfalls an Harald Braun und Wolfgang Liebeneiner messen lassen (wie der treue Geissendörfer mit seinem unsäglichen »Zauberberg«).

Harun Farocki, 1944 in Neutischein geboren (sein Vater kam aus Indien), 1968 von der Berliner Filmakademie relegiert (zusammen mit Holger Meins, wenn ich mich recht erinnere), hat in seinen wenigen Filmen einen heftigen Widerstand formuliert gegen die visuellen Schablonen eines abgewirtschafteten »Erzähl«-Kinos, das von nichts anderem mehr erzählt als von seinem eigenen Unvermögen, Bilder zu erfinden: zuletzt in »Zwischen zwei Kriegen« (1977), davor in »Der Ärger mit den Bildern« (1973), »Eine Sache, die sich versteht« (zusammen mit Hartmut Bitomsky, 1971) und »Die Teilung aller Tage« (zusammen mit Bitomsky, 1970).

In jenem empfindlichen System von Belohnungen und Bestrafungen, das irgendwie immer noch »Kulturbetrieb« heißt, sind Farockis Arbeiten wenig beachtet worden (während Reinhard Hauff ja bekanntlich als einer unserer Spitzen-Regisseure gilt): weil sie, wie die Essay-Filme von Kluge und Straub, nicht nur Bilder herstellen, sondern auch die Produktion von Bildern reflektieren, weil sie sich nie zu bündig nacherzählbaren Geschichten fügen, sondern auf der Untersuchung von »Seh-Gewohnheiten« (tatsächlich, dieses getötete Wort für eine lebendige Sache: »Sehgewohnheiten«) beharren.

Harun Farockis neuer Film »Etwas wird sichtbar« ist eine doppelte Provokation. Er handelt von einem Liebesversuch (zwischen Anna und Robert), von einer Annäherung und von einer Trennung (und davon, wie der Begriff »Trennung« filmisch darstellbar ist). Keine »Liebesgeschichte«, sondern die Darstellung einer Entfernung und des Wunsches, sie zu überbrücken. Es wird viel geredet. Es gibt keine Sicherheiten.

So wenig die ernsten Gestalten von Anna Mandel und Marcel Werner, denen jeder naturalistische Ausdruck ausgetrieben ist, in das Bild eines mittleren deutschen Subventions-Films passen, so merkwürdig unaktuell mag auf den ersten Blick Farockis 1981 formuliertes Interesse an einem Krieg erscheinen, der längst aus dem öffentlichen Bewußtsein verschwunden ist. Vietnam.

Fern von Vietnam, in Berlin, rückt den Figuren Anna und Robert der vergessene Krieg wieder näher: »Es wird sichtbar: die Beziehung zwischen Anna und Robert und Vietnam«, schreibt Farocki. Und: »Liebe und Krieg als zwei Punkte im Koordinatensystem.« Man sieht: die alten Demonstrationen, stilisiert nachgestellt, die alten Hoffnungen, eine Verbindung zu finden zwischen der Politik und der Liebe. Und man sieht: den Bildervorrat des asiatischen Krieges, aus der Distanz rekonstruiert. Die GIs im Reisfeld, die Verhöre, die Partisanen, die Erschießung eines Vietcong durch den Polizeipräsidenten von Saigon. Etwas wird sichtbar: der kollektive Gedächtnisschwund, die Anstrengung der Erinnerung.

Annas Freund Michael, mit dem sie am Ende Berlin verläßt und nach Wilhelmshaven zieht, trägt ein Gedicht von Heiner Müller vor, das »Bilder« heißt. Es endet mit der Zeile: »Denn das Schöne bedeutet das mögliche Ende der Schrecken.« Von dieser Sehnsucht spricht Farocki in den Bildern von »Etwas wird sichtbar«, die Ingo Kratisch in Schwarz-Weiß gedreht hat, mit einem Licht, wie man es sehr selten noch im Kino zu sehen bekommt. In jeder Einstellung, auch in jenen, deren didaktische Prägung unübersehbar ist, bleibt ein ästhetischer Überschuß, ein reines Spiel von Licht und Schatten: Segelboote auf der nächtlichen Havel hinter einem seltsam illuminierten Swimming-pool; die kreisenden Lichtreflexe in einem Tanzsaal; das dunkle Blut eines Hammels, das sich ein Vietnam-Demonstrant über den Kopf gießt. Auf solche Bilder wird man nie hoffen dürfen in den Filmen von Geissendörfer und Hauff. Etwas wird sichtbar.

Nr. 27 vom 2. 7. 1982

# TODESFÄLLE

## Zum Tode von Romy Schneider

## Nicht versöhnt

Verhöhnt haben wir sie bis über den Tod hinaus. Als der Norddeutsche Rundfunk am vergangenen Samstag meldete, die Schauspielerin Romy Schneider sei, im Alter von 43 Jahren, in Paris gestorben, da war wieder einmal von der »Sissi« die Rede. Und dann auch kurz davon, daß sie später bei Visconti gedreht habe: unter anderem auch die Filme »Der Kardinal« und »Die Verdammten«. Den »Kardinal« (in dem Romy Schneider 1963 unter der Regie von Otto Preminger auftrat) kann man dem großen Luchino Visconti wahrlich nicht anlasten. In den »Verdammten« wiederum, Viscontis Horror-Gemälde einer deutschen Stahlschmelzer-Sippe, kam jene Schauspielerin nicht vor, deren Talent der italienische Regisseur 1961 bei einer Theater-Inszenierung von John Fords Drama »Schade, daß sie eine Hure ist« in Paris der Welt enthüllt hatte.

Die doppelte Falschmeldung scheint bezeichnend für unser Verhältnis zu Romy Schneider. Wir haben sie geliebt, solange sie uns, damals in den Adenauer-Jahren, als süßestes Mädel der Welt in den drei »Sissi«-Filmen und ähnlichen rosaroten Lustbarkeiten einen Typ vorspielte, dem der Himmel voller Grießnockerln hing. Vor unseren Forderungen floh sie, mit einem hübschen welschen Burschen namens Alain Delon, nach Paris. Da ist sie geblieben. Schade, daß sie eine Hure ist … Was danach kam in ihrer Karriere (die erst in Frankreich wirklich begann), blieb für uns ein unwesentlicher Nachtrag zu jener unverziehenen Fahnenflucht.

Am Ende sah es wenigstens eine Weile so aus, als würden wir sie respektieren. Aber am Tage ihres Todes versetzte ihr auch das Zweite Deutsche Fernsehen noch eine postume Ohrfeige: mit der als »Ehrung« gemeinten Ausstrahlung der 23 Jahre alten Nichtigkeit »Katja – die ungekrönte Kaiserin«, einer schaurigen französischen Spekulation mit dem »Sissi«-Erfolg.

Romy Schneider hat 60 Filme gedreht. Gab es denn keinen anderen Titel im Archiv, nichts von Claude Chabrol (»Die Unschuldigen mit den schmutzigen Händen«), nichts von Joseph Losey (»Die Ermordung Trotzkis«), nichts von ihrem Lieblings-Regisseur Claude Sautet (»Die

Dinge des Lebens«, »Das Mädchen und der Kommissar«), nichts von Orson Welles (»Der Prozeß«), der sie schon vor zwanzig Jahren die beste Schauspielerin ihrer Generation nannte? Nicht einmal das fürchterliche, vom ZDF coproduzierte »Gruppenbild mit Dame«, in dem sie Heinrich Bölls Leni Gruyten mit einer so zarten Stärke spielte, daß selbst ein sehr schlechter Regisseur diese Leistung nicht verhindern konnte? Hätte man denn den Tod eines bedeutenden Dichters mit der Verlesung seiner ungeschickten Schüler-Arbeiten abgetan?

Das lange Unglück der Romy Schneider bot sich bis zum Ende als bevorzugtes Terrain der berufsmäßigen Schmutzfinken unseres Gewerbes an. Eine Sonntagszeitung, die ich mit einer zweiten aus demselben Haus am liebsten »SCHMAMS« (»Schmutz am Sonntag«) nennen würde, ließ einem Nachruf, in dem kein einziger ihrer wichtigeren Filme auch nur erwähnt wird, eine Doppelseite über die historische Sissi folgen. Die hat Romy Schneider übrigens auch gespielt, 1972 unter der Regie von Visconti, in »Ludwig II«: mit einem fernen Lächeln, dunkel, gefährdet, aber auch mit jener Überlebenskraft, die alle ihre Kino-Figuren geprägt hat. Diese Kraft hat sie in ihrem Leben am Ende wohl verlassen: nach sechzig Filmen, nach vielen Affären, nach dem Selbstmord ihres ersten Mannes, nach dem schrecklichen Tod ihres Sohnes, nach einer schweren Nierenoperation.

Ihre beste Rolle wollte sie nicht spielen. Fassbinder hatte ihr die Maria Braun angeboten. Die hätte eine Summe sein können ihrer Star-Figur, ihres Schauspieler-Lebens: sanft und unbedingt, naiv und berechnend, ausschweifend in der Lust am Leben, in der Niederlage ungebrochen. Romy Schneider hat gesagt: »Ich habe keine Angst vor den Jahren, auch nicht vor einer gewissen Müdigkeit in meinem Gesicht. Ich habe nur manchmal Angst davor, schlecht zu spielen. Dafür Sorge zu tragen, daß man seine Sache gut macht, ist sehr viel wichtiger, als im Spiegel die einzelnen Falten zu entdecken.«

Nr. 23 vom 4. 6. 1982

# Kein Nachruf: Über Rainer Werner Fassbinder, notiert nach einer Reise nach München, in einem Jahr mit dreizehn Monden

## Die Angst, die Sehnsucht, die Liebe und der Tod

*»Ich möchte für das Kino sein, was Shakespeare fürs Theater, Marx für die Politik und Freud für die Psychologie war: jemand, nach dem nichts mehr ist wie zuvor.«*
Rainer Werner Fassbinder, in einem Interview mit dem Pariser Magazin
»L' Express«, 1977

*»Ich sage Ihnen, daß ich es oft sterbensmüde bin, das Menschliche darzustellen, ohne am Menschlichen teilzuhaben.«*
Thomas Mann, »Tonio Kröger«, zitiert im Nachspann von »Warnung vor einer heiligen Nutte«, 1970

*»Schlafen kann ich, wenn ich tot bin.«*
Gekritzelt oder gesprüht an manche Mauern
in manchen Städten der Bundesrepublik Deutschland,
Anfang der achtziger Jahre

### 1. Hamburg, am Samstag, abends

Auf meinem Schreibtisch liegt noch das Archivmaterial über Romy Schneider. Nicht versöhnt. Ich will nicht über das Unglück anderer Menschen schreiben müssen.
Rainer Werner Fassbinder hat in seinen 41 Filmen, ohne Scham und ohne Rücksicht auf sich selber, von Rainer Werner Fassbinder gesprochen. Um über ihn sprechen zu können, muß ich auch über mich sprechen. Alles andere wären die Lügen unseres Gewerbes. Aber natürlich geht es nicht um die Wahrheit. Ich erzähle also meine Geschichte einer Woche im Juni 1982. Sie beginnt, anders als Fassbinder-Filme, mit einer Rückblende. Ich stelle sie mir in Schwarzweiß vor, und in CinemaScope. Eine langsame Aufblende.

### 2. Berlin, am Dienstag, abends

Waldbühne, auf dem Olympia-Gelände von 1936. Außen. Nacht. Hier haben früher »Kraft-durch-Freude«-Veranstaltungen stattgefunden. Hier könnte Lale Andersen alias Wilkie Bunterschuh alias Hanna Schygulla aufgetreten sein: mit ihrer maßlosen Sehnsucht nach einer Liebe und nach einer Karriere, die eine so erfüllt wie die andere, was aber nicht einmal im Kino geht. Davon handelt »Lili Marleen«. Aber daran denke ich nicht.

Seit über einer Stunde sind die Rolling Stones auf der Bühne. Die Stimmung ist nicht schlecht unter den zwanzigtausend, aber es fehlt ein Rausch, eine Begeisterung. Immer wenn Mick und Keith und die anderen ihre alten Nummern zelebrieren, die fetzigen Sachen von damals, wacht die Menge auf, singt mit, klatscht mit. Und dann: *»Time is on my side.«* Plötzlich stellt sich in der riesigen Arena eine überwältigende, sentimentale Übereinstimmung mit den Musikern ein. Tausende von Wunderkerzen werden entzündet.

*»Time is on my side«:* ist das nicht inzwischen ein Lied gegen den Weltuntergang, gegen das große und das kleine Sterben? An Balladen über die nahende Apokalypse, den letzten Knall, herrscht wahrlich kein Mangel: Die neuesten Moden des Westens haben die Angst der vielen längst als Objekt für die Boutique der aktuellen Seelenlage vereinnahmt. Aber der alte Titel der Stones trifft direkt. Einen Moment lang denke ich an eine tote Frau in Paris, die die Zeit nicht auf ihrer Seite hatte. Einen Moment lang denke ich auch an Rainer, der nun doch keinen Film mehr mit ihr machen könnte: weder »Immensee« noch »Kokain« noch eines seiner vielen anderen Projekte.


## 3. Köln, am Donnerstag, morgens

Eine Wohnung im Stadtteil Lindenthal. Innen. Tag. Ich ignoriere das ferne Klingeln des Telephons. Neun Uhr, zu früh. Es ist Fronleichnam, Feiertag fast überall in der Republik. Ein paar Minuten Stille, dann wieder das Klingeln. Das geht eine Weile so weiter. Es muß etwas passiert sein. Es ist etwas passiert.

Der Tod meines Großvaters, vor zwei Wochen, hatte mich kaum berührt. Er war fast neunzig, sehr krank seit Jahren schon. Ich hatte ihn lange nicht mehr besucht, in der kleinen Stadt in der DDR.

Der Tod von Romy Schneider hatte mich getroffen. Ich kannte sie nicht, aber ich hatte sie oft besucht: im Kino. So war sie mir, wie vielen anderen, nahegekommen. Ich liebte ihr Lächeln. Sie hätte nicht sterben dürfen.

Die Nachricht aus München, am Morgen des Fronleichnams-Tages, löst Angst in mir aus. Der erste Gedanke: Er muß ermordet worden sein, wie Pasolini. Vielleicht hat man ihn in einem U-Bahn-Schacht gefunden, zusammengekrümmt, weggeworfen, wie den von ihm selber dargestellten Franz Biberkopf in »Faustrecht der Freizeit«, der an seiner mißbrauchten Sehnsucht nach Zärtlichkeit und Wärme starb. Aber Selbstmord? Unmöglich bei einem, der wie besessen an dem Haus arbeitete, das seine Filme für ihn werden sollten. Das Haus war längst nicht fertig, es sollte groß werden, bewohnbar nicht nur für ihn selber (der seit dreizehn Jahren in dem rasch wachsenden Rohbau hauste), sondern auch für seine Freunde, für die Gruppe, für die Familie.

Im ersten Moment der schockhaften Verwunderung fiel mir ein Interview ein, das er vor einigen Monaten dem schwulen Berliner Regisseur Frank Ripploh (»Taxi zum Klo«) gegeben hatte. Da war viel von den Praktiken der homosexuellen Lederszene die Rede gewesen, von Fassbinders Faszination an sexueller Gewalt. Nur er hatte, öffentlich, solche Gespräche zu führen gewagt: jenseits der gesellschaftlichen Übereinkunft, über privateste Leidenschaften zu schweigen, eine Übereinkunft, gegen die er seine Filme gedreht hatte, viele wie Notizen aus einem intimen Tagebuch. Erst wenn wir über uns selber sprechen, können wir über das reden lernen, was unser Unglück ausgelöst haben mag: »Warnung vor einer heiligen Nutte«, »Faustrecht der Freiheit«, »Angst vor der Angst«, »Deutschland im Herbst«, »In einem Jahr mit dreizehn Monden«.

Aber nicht ermordet! Nur bitte kein »Sex-Verbrechen« für die schon über der Leiche kreisenden Geier von Springer, Bauer und Burda. Die Rundfunk-Nachrichten melden, daß »Fremdeinwirkung« wohl ausgeschlossen werden könnte. Immer noch keine Trauer. Aber Erleichterung.

Ein Kollege aus einem Sender ruft an. Ob ich nicht mittags, live ... Ich will nicht, ich kann nicht. Der Kollege, einer von der freundlichen Sorte, klingt mir, ungerecht, wie ein Geier im Ohr. Aber bin ich nicht selber ein Geier? Irgendwann werde ich Rainer beerdigen müssen, schwarz auf weiß.

Nur ein Wunsch, sofort. Ich will nach München fliegen, nicht als Geier, sondern als Freund: zu denen, die ich seit langem kenne, zu denen, die mit Rainer gelebt und gearbeitet haben.

## 4. Flug LH 990, Köln–München, nachmittags

Ich sitze hinten rechts in der fast leeren Maschine. Raucher. Innen. Tag.

Den, der jetzt tot sein soll, habe ich zum erstenmal vor dreizehn Jahren getroffen, in Köln, im Theater am Rudolfplatz, nach einer Pressevorführung von »Katzelmacher«. Ich war damals 22 Jahre alt, Student und Filmkritiker beim »Kölner Stadt-Anzeiger«. Fassbinder war 24. In Köln hielten wir ihn nicht gerade für den kommenden Mann. Wir mochten Hollywood-Filme. »Katzelmacher« war, nach seiner raschen Karriere beim »antiteater« in München, erst seine zweite Arbeit für das Kino: ungelenk, wortkarg, irgendwie patzig. So trat auch der Typ selber auf. In seiner schwarzen Lederjacke hockte er, auffällig schweigsam, mit verschränkten Armen an einem Tisch im Restaurant am Hahnentor, als wär's ein bayerisches Wirtshaus. Die ganze Situation schien ihm unangenehm. Ein richtiges Gespräch kam nicht zustande. Ich dachte nur, daß aus diesem Mädchen Hanna Schygulla etwas werden könnte. Fassbinder? Höchstens ein Exot aus dem Alpenland. Ich habe ihn nichts gefragt.

Im Juli 1974 drehte Fassbinder in einem Studio des WDR in Köln die Fernsehshow »Wie ein Vogel auf dem Draht« mit Brigitte Mira. Da war uns inzwischen klargeworden, daß wir uns getäuscht hatten. »Wie ein Vogel auf dem Draht« war sein 23. Film. Aller Welt war seine Produktivität unheimlich. Nicht einmal Jean-Luc Godard hatte zehn Jahre zuvor in so kurzer Zeit so viele Filme gedreht. Und was für Filme!

1970 schon waren wir von »Warnung vor einer heiligen Nutte« überrascht worden, der ersten Zwischenbilanz nach zwei Jahren und acht Filmen. 1971 kam »Der Händler der vier Jahreszeiten«, das erste Meisterwerk, über den unzerstörbaren Wunsch nach einer Nähe, über die Ausbeutung der Gefühle, über das langsame Sterben im Mief unserer Republik. Und dann, 1972, »Die bitteren Tränen der Petra von Kant«: des Menschen Hörigkeit, dargestellt als kühles Lehrstück in einer künstlichen Studiolandschaft, an der Kamera schon Michael Ballhaus, mit dem gemeinsam er in den kommenden Jahren einen Stil entwickelte, der den Seelen- und Kamera-Bewegungen von Max Ophüls so viel zu verdanken schien wie der gläsernen Welt des Douglas Sirk.

1973: »Angst essen Seele auf«, handelnd von den richtigen Träumen und der falschen Wirklichkeit. Und, ein Jahr später, »Fontane Effi Briest oder viele, die eine Ahnung haben von ihren Möglichkeiten und ihren Bedürfnissen und dennoch das herrschende System in ihrem Kopf akzeptieren durch ihre Taten, und es somit festigen und durchaus bestätigen«. Genauer hat Fassbinder das Leitmotiv seiner Arbeit nie formuliert. Dieser Satz paßt auch noch auf Hanna Schygulla in »Die Ehe der Maria Braun«, auf Günter Lamprecht in »Berlin Alexanderplatz«, auf Hanna Schygulla in »Lili Marleen«, auf Armin Mueller-Stahl in »Lola«.

Ich war neugierig auf Fassbinder geworden und schaute einen halben Tag bei den Dreharbeiten zu »Wie ein Vogel auf dem Draht« zu. Es herrschte keine Kino-Atmosphäre in dem unterirdischen Studio. Elektronische Kameras, viel Technik, eine große Ruhe. Fassbinder sah völlig anders aus, als ich ihn in Erinnerung hatte: sehr schmal, mit einem glattrasierten Kindergesicht und fast graziösen Bewegungen. Er sprach leise mit dem Team. Nichts von den tobenden Exzessen des bajuwarischen Wunderkindes, über die man seit Jahren bis zum Überdruß hatte lesen können.

In der Mittagspause gingen wir in der WDR-Kantine im alten Funkhaus am Wallraff-Platz essen. Fassbinder hatte gelesen, was ich in der *ZEIT* über »Martha« und »Fontane Effi Briest« geschrieben hatte. Er las, bis zum Ende, alles, was über ihn geschrieben wurde, erinnerte sich genau an einzelne Formulierungen aus lange zurückliegenden Rezensionen. Selbst ihm (oder: gerade ihm?) blieb die öffentliche und veröffentlichte Reaktion auf seine Arbeit nicht gleichgültig. Die Sehnsucht so vieler seiner Figuren, geliebt zu werden, einen Platz in der Welt zu finden, der eine Art von Sicherheit verheißen könnte, war seine eigene Sehnsucht. Einer seiner Filme hieß: »Ich will ja nur, daß ihr mich liebt«.

An jenem Mittag stritten wir uns freundlich ein wenig über Douglas Sirk (den er entschieden mehr bewunderte als ich). Nein, das war nicht der Beginn einer wunderbaren Freundschaft, wie es am Ende von »Casablanca« heißt, einem Film von Fassbinders Lieblingsregisseur Michael Curtiz. Aber es war der Anfang einer Beziehung, wie sie zwischen Filmemachern und Kritikern fast nie vorkommt. Fassbinders Zuneigung und Respekt maßen sich nie, wie das sonst üblich ist, an der letzten Rezension (und wie oft, leider auch bei der »Dritten Generation«, habe ich Einwände gegen seine Arbeit formuliert!). Er war denen gegenüber, die er liebte oder auch nur schätzte, von einer unerschütterlichen Loyalität. Man muß nur seine Filmographie lesen, um im 39. oder 41. Film noch auf Namen zu stoßen, die schon beim 1. oder 5. Film im Vorspann auftauchen.

Das soll nicht heißen, daß er schlichten oder durchweg freundlichen Gemütes gewesen sei. Selbst die engsten Vertrauten, Harry Baer oder Juliane Lorenz, behaupten nicht, daß sie ihn wirklich zutiefst gekannt hätten. Er hat sein Leben durch seine Filme gelebt, ohne Nachsicht. Es muß ihn sehr gequält haben, nach dem Selbstmord seines Freundes Armin Meier 1978 in Frankfurt »In einem Jahr mit dreizehn Monden« zu drehen, ein Requiem voller Angst und Schrecken. Aber es waren seine Filme, die ihn am Leben hielten.

Wir haben uns nicht selten gesehen in all den Jahren. Es gab einige wenige intime Momente zwischen uns, eine kurze Nähe, die haltbar war, so haltbar wie seine und wie meine psychosomatischen Ängste. Aber ich bin nicht so mutig wie er. Deshalb will ich davon nicht schreiben.

Als er vor ein paar Jahren ein Buch über Michael Curtiz schreiben wollte, schlug er vor, daß wir das gemeinsam machen sollten. Und noch vor ein paar Wochen, in Cannes, bot er mir, ungefragt und voller Enthusiasmus, seine Hilfe bei einem wichtigen Projekt an. Seinen Freund kann ich mich nicht nennen. Zur Gruppe, zur Familie habe ich nicht gehört. Aber er war mir, durch seine Filme und durch seine Art zu leben und nicht zu leben, näher als viele, die ich besser kennen müßte.

Daran dachte ich, am Fronleichnamstag, auf dem Flug LH 990 von Köln nach München.


## 5. München, immer noch am Donnerstag, gegen Abend

Hotel Vier Jahreszeiten, Zimmer 586. Innen. Tag. Ich bin müde, und ich fürchte mich vor den Anrufen, die zu machen sein werden. Bei Barbara Valentin meldet sich eine vorsichtige Männerstimme. Den ganzen Tag über haben die Geier angerufen. Barbara, die ich gut kenne, die mit Fassbinder seit »Welt am Draht« vor neun Jahren oft gearbeitet hat, die zu seinen zehn Lieblingsschauspielerinnen zählt, kann nicht sprechen, nur weinen. Ich sage, daß es mir leid tut, und fühle mich beklommen dabei. Am nächsten Morgen wird in den Zeitungen unter den ersten Stimmen zu Fassbinders Tod die von Barbara Valentin fehlen. Auch dafür muß man sie lieben. Gleich drei Produzenten werden behaupten, sie hätten mit Fassbinder gerade über den nächsten Film verhandelt. Das hätte ihn sicher amüsiert.

»Endstation Sehnsucht« heißt das Stück von Tennessee Williams, das Fassbinder im Herbst, nach dem nächsten Film, mit Barbara Valentin für eine Theatertournee inszenieren wollte. »Endstation Sehnsucht«: Der Titel macht mich schaudern an diesem Nachmittag.

## 6. München, am selben Tag, etwas später

In der Wohnung des Produzenten und Schauspielers Dieter Schidor in der Kaulbachstraße sitzen einige Leute zusammen. Innen. Tag.

Schidor, der Produzent von »Querelle« (der gerade noch fertig wurde) und des nächsten Projekts (»Ich bin das Glück dieser Erde«), dessen Drehbeginn schon feststand (der 20. Juli), war als Schauspieler schon beim »Satansbraten« dabei, schied, im Streit, aus der Gruppe aus, kam zurück, gehörte wieder zur Familie, zu den Freunden. Es war für niemanden gut, allzulange im Fassbinder-Kreis zu bleiben. Jeder zog sich einmal für eine Weile zurück, aber fast jeder kehrte auch heim, verändert, aufs neue zur Konfrontation mit dem Genie bereit. Aus diesen Spannungen entstanden einige der besten Filme: Hanna Schygulla in »Die Ehe der Maria Braun« . . .

Einer ist da, der noch gelähmter wirkt als die anderen: Harry Baer, der treueste der Treuen, erst Assistent und Schauspieler, später, bis zum Ende, künstlerischer Mitarbeiter. Es gibt wahrscheinlich niemanden, der Fassbinder so gut kannte wie er. Seine eigene Karriere hat dieser sehr gute Schauspieler (den man bei Syberberg sah und bei Luigi Comencini) über der Arbeit mit Fassbinder vernachlässigt. Nur die Namen von Kurt Raab (Ausstattung, Schauspieler), Peer Raben (Musik), der beiden Kameramänner Dietrich Lohmann und Michael Ballhaus – denen zuletzt Xaver Schwarzenberger folgte –, der Schauspielerin und Sängerin Ingrid Caven (mit der Fassbinder ein paar Jahre verheiratet war) und seiner Mutter Lilo Pempeit (die viele kleine Rollen, oft auch Mütter spielte) sieht man in den Vorspännen der Filme fast so oft wie den von Harry Baer.

Aus einem Nebenzimmer taucht, übermüdet und noch mit nacktem Oberkörper, der Berliner Regisseur Wolf Gremm auf, der in der Nacht zuvor als erster Fassbinders Tod festgestellt hatte, wachgerüttelt von Juliane Lorenz, der Cutterin und engsten Freundin, die nicht glauben wollte, daß da, friedlich eingeschlafen vor dem noch rauschenden Fernseher, eine Leiche lag.

In Wolf Gremms Film »Kamikaze 1985« (der im Herbst erscheinen wird) hatte Fassbinder die Hauptrolle gespielt, einen Polizeikommissar, der sich wider alle Vernunft gegen einen Medienkonzern stellt. Da war viel drin von dem Mann Fassbinder: seine Rücksichtslosigkeit sich selber gegenüber (an der er gestorben ist), sein anarchisches Aufbegehren gegen die Mächte der Manipulation und der Gewohnheit.

Vor dem Haus erscheint ein Team vom ZDF. Gremm soll interviewt werden. Der Reporter weiß nichts von Fassbinder und sagt, er sei zu dem Auftrag gekommen wie die Jungfrau zum Kind. Das sagt er tatsächlich. Gremm redet einfach und klar. Bevor gedreht wird, nehme ich ihm seine dicke Zigarre ab, an die er überhaupt nicht gedacht hatte. Im Fernsehen würde eine Zigarre zu diesem Anlaß nicht gut aussehen. Da kennen wir Geier uns aus.

Später kommen Gremms Frau Regina Ziegler, die Fassbinders übernächsten Film »Das Leben der Rosa Luxemburg« (mit Jane Fonda, geplant für 1983) produzieren wollte, und Juliane Lorenz, die ich tapfer nennen würde, wenn Tapferkeit ein Begriff wäre, der sich auf die Situation anwenden ließe. Juliane hat eine Idee: Warum kann nicht das Fernsehen in einer der nächsten Nächte »Berlin Alexanderplatz« spielen, die ganzen fünfzehneinhalb Stunden, bis zum nächsten Mittag, so wie es sich Rainer immer gewünscht hatte? Alle sind begeistert von dieser Idee, die nicht zum Fernsehen paßt, also zu Fassbinder paßt. Ich rufe einen Freund beim WDR an, der sich anstecken läßt von unserem Enthusiasmus und versuchen will, Julianes Idee am nächsten Tag bei der Hierarchie durchzusetzen. Ich ahne schon, daß es nicht gehen wird. Natürlich geht es nicht. Das Fernsehen ist so, wie es ist. Nicht böse, aber ziemlich tot.


## 7. *München, immer noch am Donnerstag, später Abend*

Eine kleine Gruppe sitzt am chinesischen Turm im Englischen Garten. Außen. Nacht.

Juliane Lorenz, die Fassbinders Filme geschnitten hat seit »Chinesisches Roulette« vor sechs Jahren, oft mit ihm zusammen (als Cutter nannte er sich Franz Walsch, immer wieder Franz, überall der Schatten des Biberkopf), die letzte Gefährtin, bei der er wohnte, in deren Wohnung er starb – sie besteht auf diesem Platz, an dem Rainer so oft in den ersten Wochen des Sommers gewesen ist. Es ist bald Mitternacht. Vor 24 Stunden hat Fassbinder noch gelebt.

Ich will nichts erzählen von diesem Abend im Englischen Garten. Auf dem Rückweg erinnern sich Juliane und Dieter Schidor an eine Geschichte, die sich vor ein paar Wochen in New York zutrug. Auf der Straße trat ein Mann auf Fassbinder zu und fragte ihn, ob er Fassbinder sei, dem er zumindest sehr ähnlich sähe. Fassbinder sagte: Nein, der bin ich nicht. Der ist viel zu berühmt. Der würde nie auf der Straße gehen.

## 8. München, endlich am Freitag, morgens

Im Büro von Dieter Schidors »Planet«-Film in der Amalienstraße. Innen. Tag.
Kann Fassbinders 42. Film »Ich bin das Glück dieser Erde« doch noch gedreht werden? Gibt es genügend Aufzeichnungen, Entwürfe, Skizzen? Und wer würde es wagen, diesen Film zu machen? Harry Baer könnte ihn vielleicht machen.
»Ich bin das Glück dieser Erde« (der Titel bezieht sich auf ein Lied des neuerdings so erfolgreichen Joachim Witt) wäre ein kleiner Film geworden. Fassbinder wollte selber wieder die Kamera führen bei dieser »musikalisch-erotischen Komödie« aus der Münchner Halbwelt: Drei Männer, die sich einerseits als Detektive, andererseits als Rauschgift-Dealer versuchen, beides ohne jeden Erfolg, schicken ihre gemeinsame Freundin auf den Strich, was aber auch nicht so recht klappt. Dann nehmen sie, im Stil der »Neuen deutschen Welle«, eine Platte auf und werden Millionäre. An einem südlichen Strand lassen sie sich telephonisch die Verkaufsziffern durchgeben.
Das klingt nach dem schwarzen Witz von »Satansbraten«. Fassbinder freute sich darauf, nach den vielen teuren Produktionen der letzten Zeit endlich wieder einen schnellen Film mit wenig Aufwand zu drehen, vor der großen Anstrengung der »Rosa Luxemburg«. Er wollte Erfolg haben, aber er wollte sich sein Kino nicht vom Luxus der Produktion diktieren lassen.

## 9. München, am Freitag, nachmittags

Die Wohnung und das Produktionsbüro von Alexander Kluge in der Elisabethstraße. Innen. Tag.
Am Schneidetisch arbeitet Kluge an seinem Beitrag für den Film »Krieg und Frieden«, einer Gemeinschaftsproduktion mit Volker Schlöndorff und Alexander von Eschwege. Und Rainer Werner Fassbinder, der seinen Beitrag zu diesem Film, der eine Fortsetzung werden soll zu »Deutschland im Herbst« und »Der Kandidat«, in der nächsten Woche drehen wollte.
Wir sitzen in der Küche und trinken Bier. Kluge ist blaß. Von allen deutschen Filmemachern hat er Fassbinder, neben Herbert Achternbusch, am höchsten geschätzt.
Wir reden über Fassbinders Sehnsucht nach einer Familie, über das Haus, das seine Filme werden sollen, über Homosexualität, über Mütter und Väter. Kluge, der selbst im Schmerz noch viel schärfer denkt als alle anderen mit einem vermeintlich klaren Kopf, erwähnt Freuds Arbeit über Leonardo da Vinci. Ich gebe das nur weiter. Ich habe es nicht mehr geschafft, das zu lesen.

Kluge erzählt von Fassbinders geplantem Beitrag. Eine Frau und ein Mann, nachts im Bett. Ein Versuch, Liebe zu machen. Die Impotenz des Mannes. Die Angst. Die Eskalation der Worte. Am Ende ein Mord.
Kann man das rekonstruieren, als Rekonstruktion kenntlich gemacht in den Film einbeziehen? Das wird gehen, sagt Kluge, und zeigt mir am Schneidetisch jenen Teil seines Beitrags, der als »Antwort« auf Fassbinders Episode bereits fertig ist: Bonn im Herbst, merkwürdige Nachtbilder, die Karl-Marx-Straße, die da ist in Bonn, wo sonst nichts ist, unsere Erde, die Friedensdemonstration, zwei Feinde im Ersten Weltkrieg. Nach der Angst die Hoffnung, aber keine sentimentale, sondern das Nachdenken darüber, wie Kriege entstehen. Davon sollte auch Fassbinders Film handeln. Man wird ihn sich so radikal intim vorstellen müssen wie jenen Dialog mit seiner Mutter, den er für und in und über »Deutschland im Herbst« führte.

## 10. Hamburg, am Sonntag, nachmittags

Eine Wohnung in der Dorotheenstraße. Knapp vier Stunden vor dem Beginn der Fußballweltmeisterschaft. Innen. Tag.
Das ist die ganze Geschichte. Das ist nicht die ganze Geschichte. Heute abend werde ich das Spiel zwischen den Belgiern und den Argentiniern sehen. In Cannes hatte Fassbinder noch davon gesprochen, wie sehr er sich auf die WM freute. Wir hatten uns ein wenig über die Chancen der deutschen Mannschaft gestritten (sehr gut, sagte er, nicht so gut, meinte ich). Er ist oft im Olympia-Stadion gewesen, wenn die Bayern spielten. Und es war ihm auch ganz egal, daß die Herren auf dem Rasen fast allesamt der CSU zuneigten. Nur gut sollten sie spielen. Da war er ein Profi.
Jetzt mag ich nicht mehr schreiben. Meine Hände sind kalt, mein Kopf ist leer. Irgendwann später, Rainer, will ich um dich weinen.

Nr. 25 vom 18. 6. 82

# Fassbinders »Lili Marleen«

## Wie lustig ist die Tyrannei?

*Was wollen die Menschen von mir? Warum verfolgen sie mich? Weshalb sind sie so hart? Ich bin doch nur ein ganz gewöhnlicher Schauspieler.*
Klaus Mann, »Mephisto«, 1936

Keiner fehlt beim Tanz der Vampire. Auch Hendrik Höfgen ist dabei, der Karrierist mit dem »aasigen Lächeln«, des dicken Görings Günstling, des Teufels Intendant: »ein Affe der Macht und ein Clown zur Zerstreuung der Mörder«. Klaus Mann, der seinen bis heute offiziell verbotenen Roman eines illustren Mitmachers 1936 im Exil in Amsterdam schrieb, entwirft das Porträt eines durchaus nicht glücklichen Opportunisten. »Fällt es denn dem Schauspieler Höfgen nicht auf, daß die Veranstaltungen, deren fragwürdiger Held er ist, im Grund makabren Charakters sind, und daß der Tanz, zu dessen beliebtesten Anführern er gehört, die grausige Tendenz zum Abgrund hat?«
Keiner fehlt beim Tanz der Vampire. Auch Wilkie Bunterberg ist dabei, die blonde Diseuse, die sich, eher zufällig und auch nur eine Weile, mit einem sentimentalen Liebeslied die einträgliche Huld des »Führers« ersingt und eine Villa im allerpompösesten UFA-Stil dazu, die den Rest ihres Gewissens mit dem Satz beschwichtigt: »Ich singe nur ein Lied.«
Wilkie glaubt zu wissen, was sie will: »Zum erstenmal in meinem Leben habe ich etwas Glück. Jetzt tue ich alles, um es festzuhalten.«
Als Wilkie noch nicht so berühmt ist, als der Soldatensender Belgrad noch nicht jeden Abend das Lied »Lili Marleen« ausstrahlt, sitzt sie mit ihrem Klavierbegleiter auf einem Bahnsteig und blättert in einer Illustrierten. Ihr Blick und mit ihm Rainer Werner Fassbinders Kamera bleiben auf dem Photo eines großen, allseits geschätzten Künstlers hängen. Der heißt Gründgens, den hat Klaus Mann gemeint, als er sein böses, gewiß ungerechtes »Mephisto«-Pamphlet verfaßte.
»Man kann sich nicht immer aussuchen, wie man leben will, wenn man überleben will«: Mit diesem Satz wehrt sich in Fassbinders Film die Sängerin Wilkie gegen die Forderung ihres jüdischen Geliebten Robert Mendelsson, der heimlich aus der Schweiz nach Berlin gekommen ist, der wissen will, auf welcher Seite sie steht. Um diesen Satz geht es in der Geschichte von Wilkie Bunterberg/Lale Andersen wie in der Geschichte von Hendrik Höfgen/Gustaf Gründgens (dessen wirkliche, wohl eher positive Rolle in der Hitler-Zeit nie ganz aufgeklärt wurde, weiterhin Gegenstand von Vermutungen und Vorurteilen bleibt).
Leben, Überleben unter den Wölfen: Das war immer eins von Fassbin-

ders liebsten Sujets, von ihm handelte zuletzt auch »Berlin Alexanderplatz«. In der vorletzten Sequenz von »Lili Marleen« gehen die Sängerin und ein wieder in einen Zivilisten verwandelter Nazi-Funktionär durch eine nebelige Waldlandschaft. Da ist der Krieg schon vorbei. Von Strehlow (Erik Schumann) erzählt, daß hier einmal ein Mord geschehen ist, so um 1928, daß ein Zuhälter eine Hure erschlagen hat in diesem Wald und daß wohl auch ein Dichter einen Roman gemacht habe aus diesem Drama. Da gibt es also noch einen Schnittpunkt zwischen Geschichte und Erfindung. »Faction« heißt das bei Norman Mailer, ein Kunstwort aus »Fact« und »Fiction«. So ging Klaus Mann mit der Biographie von Gründgens um, so behandelt Fassbinder die erstaunliche Karriere von Lale Andersen und ihrem Lied.

Von der ohnmächtigen Wut, die einst den »Mephisto« prägte, ist in Fassbinders »Lili Marleen« nichts zu spüren. Ein Melodram sollte es werden, die Geschichte einer unmöglichen Liebe (zwischen der Kollaborateurin und dem Widerstandskämpfer, zwischen der arischen Blondine und dem semitischen Komponisten, zwischen Schlager und Symphonie). Und ein Melodram breitet Fassbinder auch aus: aber eins mit Widerhaken. Schon im Vorspann führt er sich als »Spielleiter« ein, einer Berufsbezeichnung, die im deutschen Film seit Veit Harlan, Hans Steinhoff oder Karl Ritter aus der Mode geraten ist.

Da zeigt einer an, daß er sich der Mittel von damals bedienen will, daß er umzugehen gedenkt mit dem Pathos und mit der schwelgerischen Ästhetik der filmischen Lüge. Das konnte nur ein Drahtseilakt werden, das wagt nur einer, der »den echten, produktiven Zynismus des radikalen Genies« zu besitzen glaubt, wie es bei Klaus Mann über Hendrik Höfgen heißt.

Mitunter sieht das ganz grauenhaft aus: wenn sich Hanna Schygulla (die einige Jahre zu alt ist für diese Rolle, das Lied aber recht anmutig vorträgt) in Momenten der Erregung jene beseelte Blödheit ins Gesicht zwingen muß, die viele UFA-Schauspielerinnen so unerträglich machte; wenn eine Abschiedsszene im Niemandsland zwischen Deutschland und der Schweiz mit Weichzeichner und Star-Filter zu monströsem Kitsch erstarrt; wenn harte Männer die Waffen sinken lassen und andächtig jenem Lied lauschen, das Goebbels die »Schnulze mit dem Totentanzgeruch« nannte: im Schützengraben, im U-Boot, auch die Posten im Konzentrationslager.

Hat Fassbinder das wirklich ernst gemeint? Alles deutet darauf hin, daß er versucht hat, das spekulative Zehn-Millionen-Ding der CSU-nahen Alt-Produzenten (Luggi Waldleitner) und Alt-Autoren (Manfred Purzner) mit subversivem Zynismus von einer tragischen Schnulze in einen Essay über verkommene Kino-Formen umzuarbeiten. Waldleitner, konnte man in einem Springer-Blatt lesen, soll den Film denn auch nicht mögen. Wäre das so, dann hätte sich Fassbinder selber für ein paar Monate in eine

Höfgen-Rolle begeben: den Mächtigen dienend (den Freunden jenes Strauß, vor dem er, nach dessen Wahlsieg, angeblich sofort ins Ausland geflohen wäre), bis zur Absurdität ihre Forderungen nach Kolportage übererfüllend und zugleich entlarvend. Dafür spricht zum Beispiel der ironische Einsatz von Peer Rabens Schicksalsmusik, dafür spricht auch die Art, mit der Fassbinder mit dem »Lili Marleen«-Lied umgeht: Es kommt so enervierend oft vor, daß man es – seinen Bewunderern von John Steinbeck bis Rudolf Walter Leonhardt zum Trotz – am Ende wirklich nie wieder hören mag. Dazu paßt auch der Einfall, daß die Gestapo bei Fassbinder den in Berlin gefangenen Robert Mendels son (Giancarlo Giannini, immer nur schmachtend) mit einer kaputten Schallplatte von »Lili Marleen« foltert, die er Tag und Nacht anhören muß.

Als puren Hohn kann man die Sequenz betrachten, in der Wilkie Visite beim »Führer« machen muß: Wenn die Flügeltüren zum Allerheiligsten sich öffnen, sieht man nichts mehr außer einem gigantischen Lichterglanz. Fassbinder selber leistet sich in einer kleinen, feinen Rolle als widerständlerischer Dichter Günter Weissenborn einen makabren Auftritt: ein sanfter Horror-Typ. Und wenn Hark Bohm, der Sängerin treuer Begleiter, beim Strafeinsatz an der Ostfront zu den Klängen von »Lili Marleen« seine Männer zum Angriff führt und von einer Kugel gefällt wird, meint man fast das höhnische Gelächter des Regisseurs zu hören.

Indizien also zuhauf, die ein sehr gebrochenes Verhältnis des Regisseurs zu seinem Stoff anzeigen, viele Momente, die Distanz herstellen könnten zu dieser furchtbaren Geschichte. Was Fassbinder wirklich an ihr interessiert, wird nur selten deutlich: in jener Sequenz etwa, in der Hanna Schygulla und Hark Bohm sich in ihrer neuen, von höchster Gnade verordneten Traum-Villa zu einem grotesken Erfolgsrausch auf dem Teppich wälzen; in den Szenen von der Truppenbetreuung an der Ostfront, rötlich beleuchteten Massenszenen von einer tumben, perversen Vergnügungs-Süchtigkeit, die der »Götterdämmerung« des Luchino Visconti würdig wären.

Ganz genau weiß man nie, ob Fassbinder die Überwältigungs-Dramaturgie des Nazi-Kinos nur mit List benutzt, oder ob er dem Luxus nicht mitunter wider Willen verfällt: in den gigantischen Sportpalast-Totalen etwa, bei Wilkies letztem Auftritt. Der schiere Aufwand der Produktion (der teuersten angeblich, die seit 1945 in Deutschland hergestellt wurde) läßt keinen Raum für die akustischen Verfremdungen und Kompliziertheiten der letzten Filme. Das Budget und die Produktionsbedingungen verführen zu gewissen Standardisierungen: Figuren wie die des schleimigen, tückischen Sturmführers Henkel (Karl Heinz von Hassel) und die des fanatischen jüdischen Untergrund-Kämpfers Aaron (Gottfried John) stammen direkt aus dem Fundus vertrauter Charakter-Chargen. Oder gehören auch sie zum strategischen Plan, das blühende Genre des Nazi-Glamours durch eine fast parodistische Typisierung zu unterwandern?

Vieles scheint einfach nur mißlungen: die plakativen Montagen, mit denen Fassbinder versucht, die gefährliche Illusion des Liedes mit der gefährlicheren Realität der Berliner Bombennächte zu verknüpfen, erschöpfen sich in technischer Brillanz. Oft führt Fassbinder routiniert seine bekannten Manierismen vor: hier eine Rückfahrt der Kamera an einer Glaswand vorbei, dort eine aparte Einstellung durch einen angewinkelten Ellenbogen. Das kann er, das kennt man, das ist ohne rechten Bezug zur Handlung.

Überhaupt nicht funktioniert die Liebesgeschichte: weil Fassbinder vor lauter Jonglieren mit falschen Gefühlen auch die echten mit extremer Theatralik verzuckert. Zwischen Hanna Schygulla und Giancarlo Giannini, die wenig miteinander anzufangen wissen, gibt es nur Posen. Bei aller behaupteten Hitzigkeit ist »Lili Marleen« ein kalter Film, ganz anders als zuvor »Die Ehe der Maria Braun«.

Man kann das wohl auch ganz anders sehen, viel gröber und eindeutiger: als einen mit schlechtem Gewissen inszenierten deutschen Großfilm von internationalem Format, als opulentes Märchen von der naiven Schlager-Mieze, die Erfüllung findet als Mata Hari, als bombastisches Spiel mit den Schauwerten einer an Schauwerten reichen Ära. Fassbinder, der öffentlich davon geträumt hat, nach den Titelbildern von *Spiegel* und *Stern* auch das vom *Time Magazine* zu erobern, hat, nicht nur nebenbei, einen »gezielten Bewerbungsschuß« (Kluge) abgegeben. Wo, bitte, geht's nach Hollywood?

Nr. 4 vom 16. 1. 1981

# Rainer Werner Fassbinders »Querelle«

## Garten der Lüste

Einen solchen Ort kann man sich vorstellen: »Brest ist eine harte, solide Stadt, aus dem grauen Granit der Bretagne erbaut. Seine Härte verankert den Hafen und gibt den Matrosen das Gefühl der Sicherheit, einen festen Punkt, nach dem unaufhörlichen Wogen des Meeres einen Ort der Ruhe.«

Aber diese »Stadt aus Granit und Nebel« ist kein realer Ort. Vom ersten Blick an, der einem Schiff gilt, das »Vengeur« heißt, wird sie kenntlich als Projektionsfläche eines schweren Traums. Brest ist eine gigantische Kulisse, bevölkert von Lemuren, nicht von dieser Welt: ein Treibhaus, unter dessen künstlichem Licht allein die bleichen Leidenschaften von Mördern gedeihen. Aus dieser Stadt gibt es kein Entrinnen. Ihre Perspektiven sind trügerisch, ihre Horizonte gemalt, ihre Farben giftig. In Brest geht der Matrose Georges Querelle an Land.

Man könnte Jean Genets Roman »Querelle de Brest«, der vor 35 Jahren in einem französischen Gefängnis geschrieben wurde, wahrscheinlich auch als naturalistisches Schauerstück verfilmen, als blutige Seemannsballade um Bruderzwist und Matrosenmord. Eine Weile dachte der Produzent Dieter Schidor daran, die Handlung nach New Orleans zu verlegen, eine wirkliche Stadt zu zeigen und richtige Schiffe der amerikanischen Marine. Diesen Film gibt es nicht. Es gibt »Querelle« von Rainer Werner Fassbinder, eine betörende Todes-Melodie in einem geschlossenen Raum, dessen Betreten verboten bleibt. Der letzte Satz im letzten Film heißt: »Außer seinen Büchern weiß man nichts von ihm, nicht einmal die Stunde seines Todes, die er nahe fühlt.« Die Rede ist von Jean Genet, dessen Mutter Gabrielle hieß. Vater: unbekannt.

Eine jener üblichen Literatur-Verfilmungen, die sich auf eine möglichst stimmungsvolle Nacherzählung eines Textes beschränken, ist »Querelle« sowenig geworden wie zuvor »Fontane Effi Briest« und »Berlin Alexanderplatz«. Fassbinders Literatur-Filme handeln immer auch von dem Abstand zwischen Literatur und Kino. Eingeblendete Schrifttafeln heben wichtige Sätze aus dem Roman hervor. Ein Kommentator schaltet sich ein. Mitunter sprechen die Figuren Texte, die bei Genet nicht als Dialog vorkommen, sondern als innere Monologe oder Reflexionen des Autors. So entsteht eine weitere Brechung. Wer sich einzurichten beginnt auf den rüden, oft obszönen Jargon des Hafens, hört den Matrosen Querelle plötzlich zu seinem Leutnant sagen: »Erst dann werde ich Frieden finden, wenn du mich genommen hast. Es muß so geschehen, daß ich danach auf deinen Schenkeln ruhen kann wie eine Pietà, die den toten Jesus behütet.«

Für die Kino-Version von »Querelle« waren etliche Regisseure im Gespräch, von Sam Peckinpah (der noch nie etwas von Genet, der seine Filme angeblich schätzt, gehört hatte) bis zu Werner Schroeter, der, nach einem ersten Drehbuch von Burkhard Driest, mit den Vorbereitungen begann. Fassbinder betrat die Szene erst spät. Auf ihn schien der dunkle Kosmos des Jean Genet gewartet zu haben, für ihn schienen Sätze geschrieben zu sein wie dieser: »Das einzige Mittel, dem Entsetzen zu entgehen, besteht darin, sich dem Entsetzen zu überlassen.« Genauer läßt sich das Leitmotiv von Filmen wie »In einem Jahr mit dreizehn Monden« und »Die dritte Generation« nicht formulieren.

Das »dekorative, pompöse, zeremonielle Moment in Genet«, von dem François Bondy einst sprach, diese Welt artifizieller Schrecken konnte sich Fassbinder leichter anverwandeln als jeder andere Filmemacher. Sein Kino der beziehungsreichen Spiegelungen und Verschleierungen, das die

Figuren in üppigen Dekors wie in einem Gefängnis festhält, kommt jenem Garten des Bösen nahe, in dem Querelle, Vic, Nono, Robert und Lysiane Zuflucht gefunden haben.

Die Auftritte von Querelle, des jungen schönen »Engels der Apokalypse«, der erst in der absoluten Umkehrung der herrschenden Normen, in Verrat und Mord, zu sich selber findet, bedürfen einer Bühne, die die perversen Leidenschaften dieser schwarzen Messe nicht verkleinert. Die von Rolf Zehetbauer entworfene verwinkelte Alptraumkulisse, hinter der ein seltsames Orange leuchtet wie die Farbe der Hölle, wird zum idealen Ort ritueller Verletzungen. Wenn Querelle und sein Bruder Robert einander gegenüberstehen, mit gezückten Messern zum tödlichen Kampf (und zum letzten Liebesakt) bereit, sieht dieses Duell aus wie ein schwereloses Ballett. Genet spricht von der »Harmonie eines Tanzes«. Und wenn Blut fließt in diesem maßlosen Mysterienspiel, ist es dickes Theaterblut.

Bei aller Faszination bleibt Fassbinder auf einer verhaltenen Distanz zu der Welt von »Querelle«. Das macht den Zugang zu seinem Film gelegentlich mühsam. Ironische Anachronismen (Leutnant Seblon spricht seine verklemmten Schwärmereien für Querelle in einen Kassettenrecorder; in der Hafenkneipe steht eine moderne Video-Unterhaltungsmaschine) behindern ein Versinken des Zuschauers in einem genußvollen Schaudern ebenso wie krasse Details bei der Schilderung homosexueller Praktiken.

Aber nur aus dieser Entfernung wohl ist die Geschichte von Querelle im Kino erträglich. Und selbst da noch, wo Fassbinder die sadomasochistischen Rituale mit jener schwülstigen Wollust, die auch Peer Rabens Musik auszeichnet, zitiert, bleibt er Genet treu. Denn der begibt sich ja auch häufig aus der Handlung heraus und betrachtet seine eigenen Geschöpfe mit dem Blick eines Anthropologen.

Fassbinder stellt Leidenschaften aus, aber er begibt sich nicht in sie hinein. In »Querelle«, wo Liebe nicht mehr kälter ist als der Tod, sondern der Tod selber, verstellen oft Gitter die Sicht. Wenn Querelle sich passiv dem Bordellwirt Nono hingibt (eine Sequenz, die etwas penetrant von der Nähe von äußerstem Schmerz und äußerster Lust handelt), kommt auffällig ein Vogelkäfig ins Bild. Viel später, bei der letzten Begegnung zwischen Querelle und Gil, dem anderen Mörder, der sich in den verlassenen Festungsanlagen von Brest verbirgt, zeigt Fassbinder den Liebesversuch der beiden Verdammten von oben, durch ein Gitter, hinter dem zwei starke, elegante, gefährliche Tiere zur Besichtigung freigegeben sind.

Manche Einzelheiten in der surrealistischen Landschaft von »Querelle« sind schlicht mißlungen: am deutlichsten die Kostüme, die aus dem Fundus eines mondänen Schwulen-Karnevals zu stammen scheinen. Burkhard Driest, der als Polizist Mario ohnehin nur dumpfe Langeweile ausstrahlt (nichts von der gefährlichen »Schönheit«, die Querelle im Roman an ihm blendet), sieht in seinem schwarzen Kunstleder-Wams lächerlich aus. Und auch die glitzernden Schutzhelme der Maurer gehören eher zur Ausstattung einer Pop-Gruppe wie »Village People« als in das dämonische Schattenreich von »Querelle«.

Die zeremonielle Kälte aber, die Fassbinder und sein genialer Kameramann Xaver Schwarzenberger mit langsamen Bewegungen herstellen, hinterläßt viele Bilder von lastender Intensität. Man erinnert sich an den Widerschein unwirklicher Lichter auf den schweißglänzenden muskulösen Leibern der Matrosen. Man erinnert sich an einen langsamen Tanz durch das plüschige Interieur des Freudenhauses »Féria«, eines Ortes unheimlicher Sehnsüchte.

Und man erinnert sich an Gesichter. Fassbinder hat nie viel mit seinen Schauspielern geredet. Zu Jeanne Moreau, der er mit einer gewissen Scheu begegnete, soll er nur gesagt haben: »Just be great«, was ja nicht die präziseste aller Regie-Anweisungen ist. Von Madame Lysiane, der Bordellwirtin, heißt es bei Genet: »Sie war nobel, stolz, herrlich. Geschützt von Sonne und Sternen, Spielen und Träumen – aber von ihrer eigenen Sonne, von ihren Spielen und Träumen genährt –, reckte sie sich auf den Louis-XV-Absätzen ihrer Pantöffelchen ... Die Zeit hatte Madame Lysiane geformt, sie war schön.« In »Querelle« herrscht Jeanne Moreau über ihren billigen Salon der Lüste mit den Gesten einer Königin. Sie singt davon, daß jeder Mann tötet, was er liebt: »Each man kills the things he loves«.

Fast alle Rollen sind perfekt besetzt. Anders als bei »Lili Marleen«, wo das internationale Ensemble mehr wie ein zusammengewürfelter Legionärshaufen zur Mehrung der kommerziellen Chancen wirkte, funktioniert in »Querelle« das Zusammenspiel von bewährten Fassbinder-Veteranen (Günther Kaufmann als Nono) mit teuren Stars aus Hollywood (Brad Davis als Querelle), aus Rom (Franco Nero als Seblon) und aus Paris (Jeanne Moreau).

Brad Davis spielt einen sanften Mörder, lässig, seiner Schönheit in jedem Moment bewußt, aber auch gequält von der übermenschlichen Anstrengung, die Gesetze der Menschen in einer einsamen Revolte zu überwinden. Franco Nero ist die Perversion eines »*Latin Lover*«: getrieben von einer Sucht nach Querelle, deren Erfüllung ihm jede Erniedrigung wert scheint. Der österreichische Schauspieler Hanno Pöschl, mit dem Fassbinder weiter arbeiten wollte, hat eine schwierige Doppelrolle: als Querelles Bruder Robert und als Mörder Gil, zwei Figuren, zu denen sich Querelle magisch hingezogen fühlt, die ihm sein Spiegelbild zeigen, die er verrät.

Man muß »Querelle« nicht als Fassbinders künstlerisches Testament verklären. Die nächsten Projekte waren längst vorbereitet. Man muß »Querelle« auch nicht lieben. Mir ging es ähnlich wie vor ein paar Jahren mit der Nabokov-Adaption »Despair«. Halb widerwillig geriet ich in den Sog einer hermetischen Kunstwelt, in der das Atmen schwerfällt. Eine Reise in die Finsternis. Die Einsamkeit der Wölfe. Ich kann verstehen, warum Fassbinder nach »Querelle« eine Komödie drehen wollte. Sie sollte heißen: »Ich bin das Glück dieser Erde.«

Nr. 38 vom 17. 9. 1982

# 2. Amerikanische Bilder

Neue Techniken, alte Träume in Filmen
von Carpenter, Schrader, Spielberg

## Im Irrgarten der Effekte

Das schmale Haus auf dem Hügel dämmert seit 22 Jahren unbewohnt in
der kalifornischen Sonne. Sein letzter Besitzer, ein gewisser Norman Bates, ist unheilbar krank: ein ödipal fixierter Triebtäter, ein schizophrener
Lustmörder, ein Fall für die geschlossene Abteilung einer Nervenklinik.
Tausende von Besuchern haben den Ort des Schreckens inzwischen mit
leisem Schaudern bestaunt. Hier hat Norman Bates die Mumie seiner
Mutter aufbewahrt, einen allzu neugierigen Gast seines Motels auf der
Treppe erdolcht, in der Baracke gegenüber eine attraktive Blondine unter
der Dusche zerstückelt. Von Norman Bates war lange nichts mehr zu
hören.
Im Sommer 1982 muß man wieder mit ihm rechnen. Norman Bates
kehrt zurück in die baufällig gewordene Stätte seiner Untaten. Das alte
Haus, frisch gestrichen und renoviert, erstrahlt zum zweitenmal im
Glanz der schweren Scheinwerfer. Und übers Jahr wird man im Kino be-
sichtigen können, was der legendäre Besitzer der Horror-Herberge bei
seiner Wiedererweckung auszurichten versteht: Auf dem Gelände des
Universal-Studios in Hollywood entsteht in diesen Wochen die späte
Fortsetzung von Alfred Hitchcocks »Psycho«, abermals dargestellt von
Anthony Perkins als Norman Bates, inszeniert von dem australischen
Regisseur Richard Franklin, der sich vielleicht unbefangener dem Vergleich mit einem Meisterwerk stellen kann als ein amerikanischer Kollege.
Das spöttische Etikett der »Sequel City«, der Stadt der Fortsetzungen,
trägt Hollywood schon lange, aber noch nie schien dieser Name so angebracht wie in den frühen achtziger Jahren. Das absurde Comeback des
Norman Bates ist nur der deutlichste Ausdruck einer Tendenz, die sich
mit Ziffern benennen läßt: »Rocky III«, »Grease II« und »Halloween II«
heißen erfolgreiche Filme dieses amerikanischen Kino-Sommers. Vom
zweiten Aufguß der Fernseh-Serie »Raumschiff Enterprise« (»Star Trek
II – Der Zorn des Khan«) bis zur Fortsetzung der Gauner-Komödie »Der
Clou« (»The Sting II«) halten sich die Produzenten an bewährte Rezepte
und eingeführte Markenzeichen.

Ein billiges Medium war das Kino noch nie. Doch in den letzten Jahren stiegen die Produktionskosten in Hollywood so drastisch, daß der Erfolg oder Mißerfolg eines einzigen Films über das Schicksal einer ganzen Firma entscheiden kann. United Artists investierte rund 50 Millionen Dollar in Michael Ciminos düsteren Western »Heaven's Gate« – und ging daran kaputt. Francis Coppola riskierte 25 Millionen Dollar für seine artifizielle Nacht-und-Neon-in-Las-Vegas-Ballade »One from the Heart« (Einer mit Herz) – und mußte vor einigen Monaten sein funkelnagelneues »Zoetrope«-Studio in Los Angeles verkaufen.

Die durchschnittlichen Produktionskosten eines Hollywoodfilms liegen inzwischen bei 11,3 Millionen Dollar. Das sind ungefähr 28 Millionen Mark: erheblich mehr, als selbst die teuersten deutschen Filme der letzten Jahre (»Das Boot«, »Der Zauberberg«, »Fitzcarraldo«, »Lili Marleen«) gekostet haben. Nach amerikanischem Maßstab nimmt sich also selbst das 20-Millionen-Mark-Ding »Das Boot« wie eine bescheidene »Low Budget«-Produktion aus. Investitionen von 15 bis 25 Millionen Dollar für einen einzigen Film sind längst nicht mehr ungewöhnlich. Das hat Folgen: auch ästhetische.

\*

Ein Schlittenhund flieht durch eine weiße Einöde irgendwo in der Antarktis. Ein Hubschrauber macht Jagd auf das Tier. Schüsse fallen. Der Hund rettet sich in eine amerikanische Forschungsstation. So beginnt das Unheil. Denn im Hundekörper lauert unsichtbar ein Wesen aus einer fremden Welt. Es kriecht in Tiere und Menschen hinein: ein tückisches Monster, unter dessen Druck die Leiber zerbersten. Wenn es wütet, wächst es zur Größe eines Einfamilienhauses: eine gräßliche Kreation mit blutigen Fangarmen, wabbelnden Eingeweiden, schleimigen Häuten. Vor einem solchen Monster hätte sich sogar der selige Doktor Frankenstein mit Grausen gewendet.

Ein schwarzer Panther streunt durch die Straßen von New Orleans, eine rasende Bestie, die ihre Opfer auf eine Weise zerfleischt, daß selbst hartgesottene Polizisten mit gelbem Gesicht den Tatort verlassen. Das Geschöpf der Nacht hinterläßt eine Spur von Blut und Terror. Doch im Pantherfell steckt ein fluchbeladener »Katzenmensch«: auf ewig dazu verdammt, sich im Liebesrausch in ein mörderisches Untier zu verwandeln. Die Metamorphosen werden ausführlich gezeigt.

Impressionen aus Hollywoodfilmen des Jahres 1982. So feindlich scheint die Natur ihren menschlichen Ausbeutern geworden zu sein, daß grauenhafte Mutationen wie selbstverständlich entstehen. Von diesem ökologischen Horror könnten die Filme »The Thing« (Das Ding) von John Carpenter und »Cat People« (Katzenmenschen) von Paul Schrader handeln. Aber sie handeln nicht einmal von Menschen und Tieren. Sie handeln von Effekten.

1951 inszenierten Howard Hawks und sein langjähriger Cutter Christian Nyby einen Film mit dem Titel »The Thing«: die Geschichte einer Gruppe von Arktis-Forschern, unter denen ein gefährliches, fast unsichtbares Wesen umgeht. »Das Ding« selber, ein zotteliger Schneemensch, war nur der Anlaß für allerlei Unheimlichkeiten. Die Spannung des Films entstand durch die Reaktionen der Menschen, nicht durch die Maske des Monsters. Wichtiger als die Schocks waren die Emotionen: die plötzlichen Feigheiten und Tapferkeiten der Eingeschlossenen. Howard Hawks liebte solche Geschichten: über die Bewährung von Gruppen in ungewöhnlichen Situationen.

John Carpenter liebt Filme von Howard Hawks. Das hat er, als ihm noch keine 20-Millionen-Dollar-Budgets zur Verfügung standen, mit seinem neurotischen Nacht-Western »Assault on Precinct 13« (Anschlag bei Nacht) bewiesen, einer Hommage an »Rio Bravo«, an die Kunst des klassischen Erzähl-Kinos. Spätestens seit »Escape from New York« (Die Klapperschlange) aber ist Carpenter ein Star-Regisseur. Das Kino der großen Zahlen muß auch ein Kino der großen Sensationen sein. Die bescheidene Geschichte verschwindet hinter den gigantischen Mitteln, mit denen sie ausgestattet wird, um auf dem Markt der Superlative konkurrenzfähig zu bleiben.

So kommt das Monster ins Spiel und beherrscht es sogleich. Die blutige Schöpfung der Special-Effects-Designer Albert Whitlock und Rob Bottin wird in ihrer ganzen ausgetüftelten Scheußlichkeit derart ausführlich ins Bild gebracht, daß die menschlichen Figuren zu Stichwortgebern verkommen. Die mögliche Spannung – wie verhalten sich Menschen in Situationen, die ihnen über den Kopf zu wachsen drohen? – verblaßt vor der Frage, was den Trick-Spezialisten eingefallen sein könnte.

Der Name von Albert Whitlock steht auch im Nachspann von Paul Schraders »Cat People«. Das Arrangement der sehr authentisch wirkenden Metzeleien wird von hochbezahlten Fachmännern besorgt. Als Jacques Tourneur 1942 für den legendären B-Pictures-Produzenten Val Lewton die erste Version des »Cat People«-Stoffs inszenierte, ging noch kein schwarzer Panther um. Tourneurs Film lebte von der Kraft der Suggestion. Seltsame Schatten und unheimliche Geräusche schufen die Illusion einer Bestie, die nur deshalb so bedrohlich wirkte, weil sie bis zum Ende unsichtbar blieb, vielleicht überhaupt nur in den erotischen Phantasien der Hauptfigur existierte.

Die »Katzenmenschen« von 1942 kosteten nur 150000 Dollar, wahrscheinlich weniger als heute die Dienste eines der besseren Schlachthof-Ingenieure des neuen Hollywood. Von der schwarzen Magie der Geschichte bleibt in Schraders Großproduktion nichts übrig. Die grellen Deutlichkeiten des Jahrmarkts behindern die Phantasie. Subtilität scheint zunehmend geschäftsschädigend beim Kampf um die Gunst eines überwiegend halbwüchsigen Publikums, das nur noch durch die gröbsten

Versprechungen vom Fernsehapparat fortzulocken ist. So zerstört das Kino seine Geheimnisse. Die Geschäfte indessen gehen glänzend.

*

Das ganz neue Kino träumt immer auch vom ganz alten Kino. Wenn John Milius den stoischen Muskelmann Arnold Schwarzenegger als »Conan, der Barbar« durch heidnische Zeiten hetzt, beschwört er die Traditionen der ehrwürdigen »Serials«, auf deren unschuldige Trivialität sich auch Steven Spielberg in »Jäger des verlorenen Schatzes« beruft. Je avancierter die Technologie der Tricks und optischen Täuschungen, desto konservativer die Ideologie, desto einfältiger die Botschaften. Die Wirklichkeit der achtziger Jahre kommt im amerikanischen Kino nicht vor: es sei denn, man verstünde die »Super Heroes« wie Conan, Indiana Jones und Luke Skywalker als lauter kleine Reagans, die mit furchtloser Primitivität die Welt zu säubern begehren.

Die Stars der siebziger Jahre – eher schwierige Naturen wie Robert De Niro oder Al Pacino – finden in der eskapistischen Gigantomanie des ganz neuen Hollywood keine Verwendung. Schauspieler mit einer ausgeprägten Individualität stören im Computer-Kino, das die Handlungen von vorgestern mit der Technologie von übermorgen aufbereitet. Als brauchbar erweist sich ein Typ wie Harrison Ford. Er spielte Han Solo in »Krieg der Sterne« und »Das Imperium schlägt zurück«, Indiana Jones in »Jäger des verlorenen Schatzes«. Das einzige Markenzeichen dieses Schauspielers ist sein Mangel an Ausdruck. Fords Miene spiegelt kaum je mehr wider als starre Entschlossenheit. Er wirkt unberührbar, unverletzlich: also langweilig. Im Irrgarten der Effekte stört seine Gegenwart nie. Man kann ihn leicht übersehen und sich ohne Verlust auf die »Special Effects« konzentrieren.

Der technische Fortschritt diktiert die Sujets. Western handelten von Männern auf Pferden. Melodramen handelten von Frauen in Boudoirs. Die Männer trafen Frauen. Die Frauen fühlten sich oft verlassen. So entstanden Gefühle und Konflikte, im Saloon wie im Salon. Western und Melodramen sind praktisch ausgestorben. Die Designer brauchen auffälligere Spielfelder. Auch deshalb pflegt das neue Hollywood zwei Genres, die die vermutete Schaulust stimulieren: Science-fiction und Horror.

Der Schauspieler Harrison Ford taucht auf in Ridley Scotts neuem Film »Blade Runner«, den der Regisseur von »Alien« für 25 Millionen Dollar inszenierte. Harrison Ford stellt einen Detektiv dar, wie es ihn in den dunklen Stadt-Geschichten der »Schwarzen Serie« in den vierziger Jahren gab: unbewegte Härte unter steifem Hut, gelegentlich durch die Andeutung eines zynischen Grinsens animiert. Man soll gewiß an Humphrey Bogart denken. Man sieht die mechanische Repetition der alten Gesten.

»Blade Runner« spielt im Los Angeles des Jahres 2019, in einem zwielichtigen Alphaville, dessen Menschenmassen sich durch einen ewigen Regen schieben. Über ihren Köpfen kreisen die Autos der Zukunft, auf dem Weg in die Festungen der Elite, die wie Inka-Monumente aus der Masse der Hochhäuser herausragen. In seinen unteren Regionen sieht dieses Metropolis aus wie Klein-Tokio. So bizarr und bunt und kaputt war noch nie ein Ort im Kino. Menschen gehen unter in dieser Stadt. Und Harrison Ford, der »Blade Runner«, der einsame Jäger mit der Mimik eines Roboters, sucht auch keine Menschen. Seine zum Abschuß freigegebenen Gegner sind selber Roboter, Androiden in der Haut von Menschen.

»Träumen Androiden von elektronischen Schafen?« heißt der Roman von Philip K. Dick, nach dem »Blade Runner« gedreht wurde. In dieser paranoiden Vision, in der jeder als Un-Mensch verdächtigt wird, findet das Kino der teuren Tricks seine Erfüllung. Wo alles künstlich und im genetischen Labor hergestellt ist, wird die im Studio entworfene Alptraum-Stadt der Zukunft zum idealen Ort des Schwindelns und des Schwindels. Die kühne Ästhetik von »Blade Runner« zieht den Zuschauer in einen Strudel aus Licht und Illusion. Ein perverser Zauber prägt die Bilder dieses Films, in dem alles falsch ist, sogar die Menschen.

*

»Entertainment Effects Group« heißt die Firma des Special-Effects-Genies Douglas Trumbull, der schon für Stanley Kubricks »2001« den Himmel schuf und der jetzt in »Blade Runner« mit Mitteln arbeitet, deren handwerkliche Feinheiten wohl nur noch Computer-Ingenieure und Herrschaften von der NASA verstehen. Da entsteht dann plötzlich eine neue Schönheit, in der die alten Träume und die technologischen Manipulationen der Wunderkinder von Silicon Valley sich treffen.

»Industrial Light & Magic« hat George Lucas seine höchst erfolgreiche Gesellschaft zur Herstellung von Tricks und optischen Täuschungen genannt. Das ist schon ein Programm: die Industrie, das Licht und der Zauber. Im neuen Hollywood bleiben das Licht und der Zauber meistens auf der Strecke. Die Remakes der alten Geschichten sterben an den spekulativen Zutaten der Industrie. Den Ausverkauf seiner Mythen betreiben die Produzenten des neuen Hollywood mit der Brutalität von Männern, die alles zu verlieren haben.

Erst das avantgardistische Industrie-Design von »Blade Runner« weist einen anderen Weg. Wenn durch den Zauber der Form die verbrauchten Erzählmuster auf eine so überwältigende Weise als leere Hülsen kenntlich werden, entstehen neue Freiheiten: Industrial Light & Magic, weder Imitation noch Parodie, sondern eine Reise ins Licht. »Blade Runner« ist ein schwarzes Märchen.

Auch den erfolgreichsten Hollywood-Film dieses Sommers, der an den amerikanischen Kinokassen sehr bald schon »Star Wars« überflügeln wird (nach neun Wochen Laufzeit liegen die Einnahmen knapp unter 200 Millionen Dollar), hat die Firma Industrial Light & Magic ausgestattet. Er heißt »E. T.« (Der Außerirdische), inszeniert von Steven Spielberg. Noch ein Märchen: vom Zusammenstoß zwischen der irdischen Industrie und dem außerirdischen Zauber.

Nach den kalten Tricks von »Jäger des verlorenen Schatzes« geht Spielberg diesmal sehr zart mit den neuen »High-Tech«-Möglichkeiten des Kinos um. »E. T.« ist ein Film über zwei Einsamkeiten, über einen grünen Gnom von einem fremden Stern, der den Abflug seines Raumschiffs verpaßt, und über einen kleinen Jungen aus »Suburbia«, der mythologischen amerikanischen Vorstadt, dessen Vater gerade die Familie verlassen hat. E. T. findet einen Freund. Ein kurzes Idyll bahnt sich an. E. T., der Dosenbier und die »Sesam-Straße« schätzen lernt, könnte trotz seines ungewöhnlichen Äußeren bald ein guter Amerikaner werden, wenn nicht eines Tages Wissenschaftler in schweren Schutzanzügen vor der Tür stünden und das grüne Männlein für sich reklamierten. So flieht E. T. mit seinen Freunden, den Kindern, auf fliegenden Fahrrädern in den nahen Wald und gelangt zurück in sein fernes Planeten-System.

Das rührende Märchen von der heilenden Kraft der amerikanischen Alltags-Philosophie erzählt Spielberg zwar mit den neuen Techniken des Industrie-Zaubers, aber er setzt sie auffällig behutsam ein. »E. T.« ist ein Märchen für Leute, die mit elektronischen Rechnern und Video-Spielen hantieren. Auch von diesen Geräten kann ein Zauber ausgehen: wenn sie von Menschen bedient werden und nicht von jenen leeren Hülsen, um die herum das neue Hollywood so oft sein Spiel der unbegrenzten Möglichkeiten arrangiert. Ich weiß nicht, ob Androiden von elektronischen Schafen träumen. Ich möchte wissen, wovon Menschen träumen. Im Kino. Auch im Kino.

Nr. 35 vom 27. 8. 1982

## Über die neue »Fantasy«-Welle in unseren Kinos

### Kleine Fluchten

*Eines Abends im Sommer schaute der Knabe durch das vergitterte Fenster seines Zimmers verträumt in den Wald, der an der Grenze des Feenreiches wuchs und direkt vor dem Garten der Großmutter endete ... Durch feuerrote Säulengänge konnte der Knabe in ewige Weiten blicken, und dabei fühlte er sich, als warteten all die Bäume nur auf ihn, als gäbe es etwas, das sie ohne ihn nicht tun könnten ...«*

George MacDonald (1824 bis 1905),
»Der goldene Schlüssel«

Ein anderer Knabe heißt Kevin. Seine Eltern sitzen abends vor dem Fernsehapparat. Sie schicken ihn ins Bett. Da bricht ein Reitersmann durch die dünne Wand des Kinderzimmers: ein Ritter in schimmerndem Harnisch, mit einem Federbusch auf dem Helm. Für Kevin öffnet sich eine magische Welt. Durch die schwarzen Löcher der Zeit entführt ihn eine Bande von Zwergen in ein Niemandsland phantastischer Abenteuer, bevölkert von so sagenhaften Figuren wie Agamemnon und Robin Hood. Dies begibt sich in dem britischen Film »Time Bandits«, den Terry Gilliam (einer der »Monty Pythons«) 1981 drehte.

Zwischen der Erzählung des schottischen Pfarrers George MacDonald (einer der Väter der phantastischen Literatur) und dem neuen »Fantasy«-Kino der Terry Gilliam, John Boorman (»Excalibur«), John Milius (»Conan, der Barbar«), Jim Henson (»Der dunkle Kristall«) und Ralph Bakshi (»Feuer und Eis«) liegen mindestens hundert Jahre. Doch die kindlichen Sehnsüchte nach unmöglichen Begegnungen mit Hexen und Zauberern, stolzen Barbaren und tapferen Amazonen, weisen Gralshütern und tumben Landsknechten, ranken Elfen und häßlichen Drachen scheinen lebendiger denn je.

»Fantasy« ist das Genre der Stunde, und der Hunger nach magischen Gegenwelten produziert immer aufwendigere Zauber-Kunststücke des Kinos. Schon wird »Die unendliche Geschichte« des Michael Ende verfilmt (für rund fünfzig Millionen Mark), erwarten uns – nur leicht futuristisch verbrämte – Ritter- und Hexen-Spiele von Peter Yates (»Krull«) und aus der Werkstatt von George Lucas (»Die Rache der Yedi«, dritter Teil des Sternen-Krieges). Und selbst Tarzan, der fast schon vergessene Prinz des Dschungels, kehrt, mit einem wahrhaft königlichen Budget von 20 Millionen Dollar ausgestattet, demnächst auf die Leinwand zurück.

George MacDonald, Lewis Carroll und William Morris schufen die Gattung des phantastischen Romans im Zeitalter der ersten industriellen Revolution in England. Zumal Morris, der sozialistische Philantrop und geniale Designer des Jugendstils, wandte sich im Alter enttäuscht vom vermeintlichen technischen Fortschritt ab und träumte sich in seinen letzten Lebensjahren in eine von nordischen Sagen inspirierte Kunstwelt, in der kein Fabrikschornstein, kein Proletarier-Elend die erhabenen, archaischen Konflikte zwischen dem Guten und Bösen stören durften: »Der Wald hinter der Welt«, »Das Reich am Strom«, »Die Quelle hinter dem Ende der Welt«.

Phantastische Romane (und natürlich auch »Fantasy«-Filme) sind Reisen aus der Vernunft, Expeditionen in ein dunkles Gelände, auf dem die Regeln der modernen Zivilisation nicht funktionieren, wo schwarze und weiße Magie, die Urgewalten von Finsternis und Licht miteinander ringen. »Das Fantastische in der Literatur existiert nicht als Herausforderung an die Wahrscheinlichkeit, sondern nur dort, wo es zu einer Herausforderung an den Verstand selbst gesteigert werden kann: Am

Ende besteht das Phantastische in der Literatur darin, die Welt als undurchsichtig zu zeigen, als prinzipiell dem Verstand unzugänglich«, schrieb Lars Gustafsson 1969.

Auf merkwürdige Weise scheinen sich die Bedingungen der »Fantasy«-Gattung mit einem verbreiteten Weltgefühl zu Beginn der achtziger Jahre zu treffen. Der englische Regisseur John Boorman, der vor zwei Jahren mit »Excalibur«, einer bizarren, schauprächtigen Version der Artus-Legende, den gegenwärtigen Boom bekräftigte, bringt die Faszination an magischen Spektakeln auf eine deutliche Formel: »Der heutige Mensch verliert sein magisches Verhältnis zur Natur und verläßt sich mehr auf seinen Verstand. Eben das ist eine der wesentlichen Aussagen der Legende, daß der Mensch seine magische Beziehung zur Natur einbüßt und eine Richtung einschlägt, die direkt zu unserer gegenwärtigen Technologie und Wissenschaft führt. Aber ohne diese magische Beziehung sind wir unvollkommen. Wir sind der Natur entfremdet, haben etwas Lebenswichtiges verloren. Wie können wir das wiederfinden?« (aus einem Interview mit Rolf Giesen).

Wenn Grün die Farbe der Zukunft ist (und nicht bloß die Mode-Farbe der Saison), wird der vermeintliche Rückzug ins Fabel-Hafte erkennbar als Akt des Widerstands. Die Entfernung aus der Wirklichkeit ist auch ein Protest gegen eine falsche Vernunft. So rücken die fragilen Geschöpfe von Tolkien, Ende und anderen Phantasten aus zur Verweigerung von Volkszählung und Raketen-Stationierung.

»*Sword & Sorcery*«, Schwert und Magie, heißt die populärste Unterabteilung der »Fantasy«-Gattung im Kino. Doch da spiegelt sich oft weniger die Sehnsucht nach einem verlorenen Paradies als die krasse Furcht vor der Apokalypse. In »Feuer und Eis«, der siebenten Arbeit des amerikanischen Filmers Ralph Bakshi (der, glücklos, auch Tolkiens »Lord of the Rings« adaptierte), tobt in einer mythischen Vorzeit ein Endspiel der Naturgewalten. Mit gewaltigen Gletschern verwüstet der böse Lord Nekron, Herr des Eises, die Erde und droht auch das Reich des guten Königs Jarol (der das Feuer beherrscht) zu vernichten. Ein junger Krieger namens Larn und ein geheimnisvoller Superman (»Darkwolf«) retten nicht nur des Königs ansehnliches Töchterlein, sondern am Ende auch die ganze Welt.

Bakshi und sein Zeichner Frank Frazetta (der prominenteste amerikanische »Fantasy«-Illustrator) bevorzugen einen brutalistischen Comic-Stil, technisch perfekt zwar durch das »Rotoskopie«-Verfahren (bei dem die zuvor gefilmten Aktionen menschlicher Darsteller nachgezeichnet werden), aber ganz ohne wundersamen Glanz. Die Prinzessin ist halt nur ein dralles Bikini-Mädchen, verfolgt von eckigen Neandertal-Gorillas, beschützt von einem blonden Reklame-Recken. Hauen und Stechen zuhauf, abgeschlagene Köpfe, zerstümmelte Gliedmaßen: Bakshi und Frazetta berauschen sich, wie vor ihnen John Milius in »Conan, der Barbar«, an den atavistischen Verkehrsformen einer drohenden postatomaren Steinzeit.

Frazetta hat auch die Abenteuer von Conan illustriert, der Schöpfung eines menschenscheuen Texaners namens Robert E. Howard, der seinen schmächtigen Leib durch beständiges Bodybuilding in eine Muskel-Maschine verwandelte und 1936 im Alter von 30 Jahren Selbstmord beging, weil er den Tod seiner Mutter nicht verwinden konnte. Mit heroischen Phantasien vom unbesiegbaren Kämpfer wehrte sich dieser Sonderling gegen seine Einsamkeit: die neurotisch-regressive Variante der »Fantasy«, die gewiß auch heute wieder zur Popularität des Genres beiträgt.

Mit der Schlagzeile »Der Kampf der Elemente. Der Krieg der Imperien« wirbt der deutsche Verleih für »Feuer und Eis«. »Eine andere Welt, eine andere Zeit ... Im Zeitalter der Wunder« heißt es bei der Konkurrenz, die zu Ostern ein zweites, prachtvoll animiertes »Fantasy«-Spektakel anpreist: »Der dunkle Kristall«, realisiert von Jim Henson, dem Erfinder der Muppets, seinem Kompagnon Frank Oz (der auch für George Lucas Figuren entwirft, so den spitzohrigen Sumpf-Philosophen Yoda in »Das Imperium schlägt zurück«) und dem britischen Zeichner Brian Froud. Zumindest die Werbe-Slogans für die beiden Filme erscheinen gänzlich austauschbar. Hier wie dort drängt sich das unheimliche Entzücken an archaisch-märchenhaften Zuständen auf, eine Sehnsucht auch nach übersichtlichen moralischen Kategorien, wie früher im Western.

Die letzte Schlacht ist schon geschlagen, der blaue Planet längst in ein bräunliches Ödland verwandelt. So hoffnungslos beginnt »Der dunkle Kristall« (mit dem Sterben der weisen »Mystics«, dem Terrorregiment der vermoderten Aasgeier-Rasse der »Skeksis«), daß die Suche des tapferen kleinen »Gelflings« Jen (ein elfengleiches Geschöpf von sanftem Wesen) nach jenem kostbaren Mineral (dem Gral der Apokalypse) zu einer Irrfahrt durch Nacht und Tod gerät. Doch wie Jason, Parzifal und Luke Skywalker vor ihm schafft auch dieser Marionetten-Winzling (darin dem Helden aus »Feuer und Eis« verwandt) das Unmögliche. In der letzten Einstellung wird die Erde wieder grün.

Schattenspiele, Puppenspiele: Die jüngsten Kreationen des »Fantasy«-Kinos bedienen sich Techniken, mit denen der Realfilm nicht konkurrieren kann. Jim Henson, ein Walt Disney für Erwachsene, entwirft in seinem gigantischen Marionetten-Theater eine mit den fabelhaftesten Ungetümen fast schon übervölkerte Gegenwelt. »Der dunkle Kristall« ist ein Fest fürs Auge, gewiß nicht für den Verstand, der erst später registriert, daß dieser Überfluß die eigene Phantasie vielleicht eher lähmt als beflügelt. So prunksüchtig ist diese Puppenstube ausgestattet (mit den Millionen des »Star Wars«-Produzenten Gary Kurtz), daß sich der Betrachter nur noch überwältigt zurücklehnen kann: ein zwiespältiges Vergnügen.

Das »Fantasy«-Kino ist eine seltsame Droge: Es schürt die Angst, und es verstärkt die Lust zum Widerstand, es bietet kleine Fluchten an in die atomwaffenfreien Zonen von Kinderträumen, es nährt eine Sehnsucht nach Wundern. Solch ein Kino kann nur in schwierigen Zeiten gedeihen. »Fantasy« – die letzten Filme aus der Vorkriegszeit?

Nr. 15 vom 8. 4. 1983

# Ein Abend im Zirkus Bond

Sie muß längst die dienstälteste Schreibkraft des britischen Geheimdienstes sein: eine patente Person, eine treue Seele, eine wahrhaft eiserne Lady. Und, natürlich, eine heillose Romantikerin, die dem durchaus nicht obskuren Objekt ihrer Begierde seit nunmehr 21 Jahren die Treue hält. Die Dame leidet für England. Wenn der Mann ihrer Träume das Zimmer betritt, behenden Schrittes seinem Hute folgend, der mit elegantem Schwung seinen Platz am Kleiderhaken findet, blüht sie noch immer auf wie jener errötende Backfisch, der sie am liebsten geblieben wäre.

Allmählich allerdings könnte sie sich doch arg vernachlässigt vorkommen – vorbei die Zeiten, als ihr Lieblings-Spion sich heftig flirtend auf ihrer Stuhllehne niederließ und süße (wenn auch nie gehaltene) Versprechen gab. Damals ging es noch gegen den sinistren Dr. No, die diabolische Rosa Klebb (nur echt mit dem Stilett in der Stiefelspitze) und den fetten Auric Goldfinger. Die Welt war jung, unsere ewig unerhörte Miss Moneypenny eine Sekretärin mit Zukunft (und eine reizvolle Partie obendrein). Und James Bond, der Agent mit der Doppel-Null, war noch kein Zirkus-Clown.

Der neue Bond, der nun auch schon seit zehn Jahren wirkt, behandelt Miss Moneypenny eher wie eine ältliche Tante vom Lande. Selten hat er mehr für sie übrig als eine beiläufige Schmeichelei, begleitet von einer einzelnen Nelke. Nie schaut er sie so glutvoll an wie der andere, der alte, der richtige, ihr James Bond: kein Kavalier in gefährlicher Mission, sondern ein leicht verlebter Filialleiter, ein Reisender längst nicht mehr zum höheren Ruhm von Queen & Country, sondern allenfalls zum Wohl der Firma Seiko, Marlboro und Seven-up. Ein Limonaden-Heini. Nun sieht es gar so aus, als sollte Miss Moneypenny in Pension geschickt werden. Denn seit 1983 steht der rüstigen Veteranin in der Gestalt einer gewissen Penelope Smallbone eine junge Assistentin zur Seite. So geht eine große Karriere klammheimlich zu Ende.

Miss Moneypenny braucht unser Mitleid nicht. Was hätte sie denn noch verloren im Zirkus Bond, einem allenfalls mittelständischen Etablissement, in dem nicht mehr die Kommandanten des geheimen Krieges walten, sondern die Kaskadeure einer Schausteller-Truppe? »M«, ihr strenger, aber väterlicher Vorgesetzter, starb vor drei Jahren und wurde inzwischen von einem Bürokraten minderen Talents ersetzt. Und der Waffen-Experte »Q«, neben Miss Moneypenny der letzte Überlebende der frühen Jahre (er half schon 1963, Liebesgrüße nach Moskau zu schicken), sieht bei seinem zwölften Auftrag in der Sache Nullnullsieben so aus, als bekäme er von seinem Altersheim halbtags frei, um bei der Rettung des Goldenen Westens mittun zu dürfen.

Geht es nun also bergab mit dem langlebigsten Serien-Helden der Kino-Geschichte, dessen filmische Existenz am 16. Januar 1962 auf dem Flughafen von Kingston auf Jamaika (dem ersten Drehtag von »Dr. No«) begann? Zu oft schon ist James Bond totgesagt worden, um allzu düstere Prognosen gerechtfertigt scheinen zu lassen. Als Sean Connery, der erste und beste (von seinem Erfinder Ian Flemming noch persönlich für gut befundene) James Bond nach sechs Abenteuern 1971 partout nicht mehr weitermachen wollte und ein Zwischenspiel mit dem australischen Nußknacker George Lazenby die Aficionados zusätzlich vergrämt hatte, schien das Ende der Serie vor nunmehr zehn Jahren definitiv gekommen. »Die Bond-Zeit ist vorbei« befand die *Süddeutsche Zeitung*, und die *Frankfurter Rundschau* forderte zum nämlichen Anlaß (der deutschen Premiere von »Leben und sterben lassen«) mit pietätloser Deutlichkeit: »Lieber endlich sterben lassen.«

Beinahe unbemerkt blieb in diesem Zusammenhang, daß James Bond 1973 bereits gestorben war. Spätestens mit dem ersten Auftritt des dritten Doppelnull-Darstellers Roger Moore (dem man eine Konversation über das richtige Herrenparfum eher zutraut als eine Fachsimpelei über die Vorzüge der vom Ur-Bond mit Recht so geschätzten Beretta-Pistole) wandelte sich die Serie vom Spionage-Thriller zur zirsensischen Nummern-Revue. Ähnlichkeiten mit der von Ian Fleming in zwölf Romanen und zwei Kurzgeschichten-Bänden beschriebenen Figur waren fürderhin rein zufällig. Von den Büchern, über deren Handlungen Fleming geschrieben hatte, sie seien unwahrscheinlich, aber nicht unmöglich, blieb nicht mehr übrig als der Titel und die Namen einiger Figuren.

Anders indessen wäre Bond auch nicht mehr zu retten gewesen. Man mußte ihn sterben lassen, um weiter an seiner Aura partizipieren zu können. Nach dem weltweiten Erfolg von »Goldfinger« (1964) und »Feuerball« (1965) begannen amerikanische, englische, italienische und sogar deutsche Produzenten, den Markt mit Dutzenden von Bond-Kopien zu überschwemmen. Keine dieser Serien kam über wenige Folgen hinaus, aber die Wiederholung der immer gleichen Mischung aus »Action« an exotischen Schauplätzen, politischen Ränken und keimfreiem Playboy-Sex mußte auf die Dauer auch dem Original schaden. Sogar Sean Connerys jüngerer Bruder Neil wurde, bar jeglichen schauspielerischen Talents, aus dem heimatlichen Edinburgh vor eine italienische Kamera gelockt, vermochte aber in dem Film »Operation Kleiner Bruder« weder die

Kasse des Produzenten zu füllen noch den Ruhm seines schottischen Clans zu mehren.

Bond blieb, aber er änderte sich. Während die Nachahmungen Ende der sechziger Jahre allmählich verschwanden, versuchten es die Produzenten Harry Saltzman und Albert R. Broccoli im Zeichen der Entspannung 1969 mit einer Vermenschlichung der Figur. »Im Geheimdienst Ihrer Majestät« durfte Bond, nun plötzlich kein militanter Kommunistenfresser und kühler Killer mehr, zum erstenmal Gefühle zeigen, die über ein sardonisches Grinsen nach dem Verzehr einer Blondine oder der Vernichtung eines asiatischen Untermenschen hinausgingen.

Es war eine vergebliche Liebesmühe: Das fast schon komische schauspielerische Unvermögen des neuen Bond-Darstellers George Lazenby (von dem man später wenig hörte) ruinierte den in vieler Hinsicht ungewöhnlichsten Film der Serie, in dem der Held zum ersten und einzigen Mal eine richtige Liebesgeschichte erlebt, sogar heiratet, aber durch die vereinten Anstrengungen von Ernst Stavro Blofeld und Fräulein Irma Blunt alsbald zum Witwer wird. Erst sechs Filme später (»In tödlicher Mission«, 1981) gelingt die Rache: Von einem Hubschrauber aus kippt Bond den an einen Rollstuhl gefesselten dämonischen Glatzkopf Blofeld in einen Fabrikschornstein.

Da war schon längst Roger Moore am Werk: Bond als flotter Fünfziger, ein sanfter Lebemann mit sattem Lächeln, allenfalls noch ein Frühstücksdirektor von den Gnaden des dicken Mr. Broccoli (der das gleichnamige Grünzeug auch im Familienwappen führt). Für diesen Bond, eine stets sonnige Erscheinung im knitterfreien Anzug (so wie er sehen sonst nur wirklich erfolgreiche PR-Menschen aus), tun die Arbeit längst andere: die Stuntmen und Spezialeffekt-Zauberer, die mit immer elaborierteren Tricks die gähnende Leere um den kastrierten Helden zu vertuschen suchen.

Kostete »Dr. No« gerade eine Million Dollar, müssen es heutzutage schon deren dreißig sein, um konkurrenzfähig zu bleiben gegen »Star Wars« und andere Attraktionen der allerneuesten Kino-Technologie: zu Lande, zu Wasser und in der Luft (in »Moonraker« sogar im Weltall), mit dem tollkühnsten Skisprung oder dem kleinsten Jet-Flugzeug aller Zeiten, mit einem Miniatur-U-Boot in der Form eines Krokodils, mit Faustkämpfen in zehntausend Meter Höhe (natürlich ganz echt, ohne Netz und doppelten Boden).

Im Zirkus Bond – Menschen, Tiere, Sensationen am laufenden Band – kann der Hauptdarsteller nur noch ein Clown sein. Als solcher kommt er auch im dreizehnten Teil der Serie vor. Es kann kein Zufall sein, daß »Octopussy«, die schöne Titelheldin, ein Zirkusunternehmen betreibt. Das verbindet sie mit Albert R. Broccoli, allseits »Cubby« genannt, der die Bond-Filme seit 1977 (»Der Spion, der mich liebte«) allein produziert: perfekt geplante Entertainment-Maschinen zwischen Bangkok und Rio.

Eine durchgehende Handlung stört eigentlich nur den Charakter der Nummern-Revue, die stets, noch vor dem Vorspann, mit einem »Teaser« eingeleitet wird, der mit der späteren Geschichte (soweit man von einer solchen reden kann) garantiert nichts zu tun hat: In »Octopussy« entführt Bond den besagten Klein-Jet.

Regie im klassischen Sinne findet nicht mehr statt, dafür ist ein Herr von Broccolis TÜV zuständig, der etliche frühere Bond-Filme geschnitten und die Stunt-Sequenzen eingerichtet hat: John Glen, ein brillanter Techniker, der nur nicht weiß, was er mit den Figuren anfangen soll, wenn sie mal (was ja auch vorkommen muß) einfach nur in einem Raum sitzen und miteinander reden. Sofort stellt sich lähmende Langeweile ein. Denn nicht nur Roger Moores James Bond ist ein fideler Mann ohne Eigenschaften, sondern auch seine Gegner sind nicht mehr die genialen Schurken von einst. In »Octopussy« wirkt Louis Jourdan als böser Prinz Kamal Khan ungefähr so bedrohlich wie ein Generalvertreter von Moët et Chandon beim Hausbesuch in den Käfer-Stuben. Der letzte Bond-Gegner, der annähernd das Format von Gert Fröbe (»Goldfinger«) oder Adolfo Celi (»Feuerball«) erreichte, war 1974 »Der Mann mit dem goldenen Colt«: Christopher Lee als Scaramanga, der teuerste Killer der Welt. Auch so herrlich verdorbene ältere Damen wie Rosa Klebb (Lotte Lenya in »Liebesgrüße aus Moskau«) oder Irma Blunt (Ilse Steppat in »Im Geheimdienst Ihrer Majestät«) dürfen die kunstvoll arrangierte Hektik der Aktionen nicht mehr stören.

Aber noch läuft das Geschäft im Zirkus Bond, besser denn je sogar: Die Doppel-Null, die kaum mehr ist als eine Null, garantiert für die riskantesten Leibesübungen der teuersten Stuntmen, für die apartesten technischen Spielereien aus der Werkstatt des greisen »Q« und seiner Hintermänner. Die Filme sehen inzwischen aus wie zwei Stunden lange Werbesendungen für ein Produkt, das es nicht mehr gibt: James Bond.

Geblieben sind nur die Musik von John Barry, die immer noch sehr erfindungsreichen Vorspanntitel von Maurice Binder und der rituelle Kurzauftritt von Lois Maxwell als Miss Moneypenny. Das scheint zu reichen, um die innere Identität der Serie zu simulieren.

Oder muß James Bond wieder ein Kalter Krieger werden? »Octopussy« spielt in Gegenden, die Kuba oder Karl-Marx-Stadt heißen. Noch geht es nur gegen einen einzigen verrückten russischen General (der im friedliebenden Zentralkomitee isoliert ist), aber vielleicht denkt Broccoli tatsächlich daran, seinen Zirkus demnächst in den Dienst des Bond-Fans Ronald Reagan zu stellen. Diese Idee ist so scheußlich, daß sie von Blofeld oder Goldfinger stammen könnte.

James Bond wird alle Anschläge überstehen: wenn nicht in der Gestalt von Roger Moore, dann in der von Sean Connery, der, zwölf Jahre nach »Diamantenfieber«, noch einmal die Welt vor dem Bösen rettet. Kein geringerer als Mephisto persönlich, Klaus Maria Brandauer als Largo, ist sein Gegner in einem Remake von »Feuerball« (dem einzigen Roman, an dem Broccoli nicht die Rechte besitzt). Den Titel des Konkurrenz-Bonds kann sich nur ein Zyniker ausgedacht haben: »Never Say Never Again«, Sage niemals wieder Niemals, und wenn du noch so oft gesagt haben magst, wie lästig dir dieser Bond geworden war. Aber alle Welt merkt wohl, daß die Serie nicht ewig existieren wird. So beginnt der große Ausverkauf: gewiß für ein paar Dollar mehr als jene knappe 50000, die Sean Connery 1962 als Gage für »Dr. No« bekam. Miss Moneypenny immerhin wird sich freuen: Zu ihrem James reist sie auch auf Senioren-Karte.

ZEIT-magazin, Nr. 32/1983

## Der neue Hollywood-Star Richard Gere

### Nicht nur ein schöner Gigolo

Wie ein sanfter Jäger gleitet er in seinem offenen Sportwagen durch die Straßen von Beverly Hills. Alles an ihm wirkt lässig: ein gewisses Lächeln, eine gewisse Haltung, ein gewisses Etwas. Eine Nacht mit ihm kostet tausend Dollars. Dafür macht er Konversation in fünf Sprachen, umschmeichelt seinen ranken Leib mit Kreationen von Giorgio Armani und zwingt eine Art von Zärtlichkeit in seine schokoladenbraunen Augen, die seine reichen Kundinnen im ehelichen Schlafgemach noch nie genossen haben. Er ist ein Luxusgeschöpf, schöner als die Polizei erlaubt, die ihn unversehens mit einem besonders häßlichen Mord in Verbindung bringt. Der Traummann gerät in einen Alptraum. Das verändert ihn. Ein Gigolo findet die Liebe.

Einen wie diesen Julian Kaye, »American Gigolo« in dem gleichnamigen Film von Paul Schrader (deutscher Titel: »Ein Mann für gewisse Stunden«) und höchstbezahlter Liebhaber im Plastikland Kalifornien, gibt es natürlich nur im Kino. Offenbar hat man auf ihn gewartet. »American Gigolo«, ein dunkles Märchen von Versuchung und Erlösung, ein Film, der sehr romantisch scheint und doch sehr kühl bleibt, lief bei uns vor zwei Monaten ohne großes Aufsehen an und füllt seitdem beständig die Kinokassen. »Sleeper« heißt ein solcher Überraschungserfolg in Hollywood. »American Gigolo« ist der »Sleeper« des Jahres.

Auftritt Richard Gere. Der melancholische Beau Julian Kaye ist erst seine fünfte Filmrolle, aber die Magazine für mittleren Rummel und gehobenen Klatsch, von *People* bis *Woman's Wear Daily*, handeln ihn wie selbstverständlich als den kommenden Superstar der achtziger Jahre. »Superstar«: das ist inzwischen eine inflationäre Vokabel. Für John Travolta hatten sie schon das Etikett »Mega-Star« erfunden.

Travolta indessen scheint »out« (das geht schnell). Richard Gere dagegen ist geradezu beängstigend »in«. Vom *Rolling Stone* bis zur *Washington Post* rückten ihm Reporter auf den Leib, was man einigermaßen wörtlich zu nehmen hat. Der nicht ganz neuen Frage einer Dame vom *Ladies' Home Journal*, wie er sich denn so als Sexsymbol fühle, begegnete er der Legende nach mit dem Öffnen seiner Hose. Ich glaube eher, daß sich ein Reklamemensch diese Geschichte ausgedacht hat.

Travolta jedenfalls hatte ursprünglich den »American Gigolo« spielen sollen, überlegte es sich anders, und so kam Richard Gere ins Geschäft, den der Regisseur ohnehin lieber wollte. Wahrscheinlich wäre der gelenkige Star des Fiebers am Samstagabend ein paar Nummern zu vital und vulgär für den Part gewesen. Der narzißtische Charme des Richard Gere sieht erheblich erdenferner aus: eine Erinnerung an ein Kino, dessen Stars Rudolph Valentino und Greta Garbo hießen.

»Wir hatten Gesichter damals«, sagt Gloria Swanson in Billy Wilders Film »Sunset Boulevard« (der auch von einem unglücklichen Gigolo handelt). Und meint ein Geheimnis, eine verlorene Kunst: den unnatürlichen Umgang mit natürlichen Emotionen, die Fähigkeit zur Überlebensgröße. Wenn Garbo weinte, weinte die Welt: Das ist Star-Qualität.

Die Stars von heute haben kein Geheimnis. In der Garde der »Machos« von Clint Eastwood und Burt Reynolds bis Robert Redford und Steve McQueen ist kein einziger Kandidat für die ehrwürdige Rolle des romantischen »Matinee-Idols« zu entdecken. Der Valentino-Touch: dahin.

Bis Richard Gere kam. In seinen ersten Filmen spielte er noch den unberechenbaren »Latin Lover« (in »Auf der Suche nach Mr. Goodbar« umtänzelt er Diane Keaton mit einem Klappmesser), aber schon in John Schlesingers »Yanks – Gestern waren wir noch Fremde« bewies er ein ganz unzeitgemäßes Talent zum entsagungsvollen Schmachten. In »Yanks« spielte Richard Gere, 30 Jahre alt und mit einem biographischen Hintergrund, der zu gewöhnlich ist, als daß man ihn erzählen müßte, einen 1944 kurz vor der alliierten Invasion in einem englischen Dorf stationierten GI, der sich in eine schöne Britin verliebt, welche natürlich anderweitig verlobt ist, was wiederum zu höchst melodramatischen Konflikten führt. Es kommt zu allerlei Herzeleid, der Krieg reißt die Liebenden auseinander, und nachher hat man wirklich den Eindruck, Hitler habe den Rest der Welt nur überfallen, um für eine Hollywood-Romanze den dramatischen Hintergrund zu inszenieren.

Braucht die Welt einen neuen Valentino, einen neuen Clark Gable, einen Kinotyp, dessen Virilität sich weniger durch Faustkampfvermögen als durch glutvolle Blicke aus vielversprechend verschleierten Samtaugen definiert? Wenn es ihn schon geben muß – Richard Gere hat sich für den Part qualifiziert.

Aber das ist wohl nur die halbe Wahrheit über diesen Schauspieler, der sein Privatleben so ängstlich hütet wie einst die Garbo, der von Hotel zu Hotel zieht, der eine Zeitlang ein lebensgroßes Poster von Alain Delon als Wandschmuck bevorzugte (und sich inzwischen über seinen französischen Bruder im Narzißmus eher amüsiert). Richard Gere, der Philosophie studiert hat, der keine Fan-Magazine liest, sondern Sartre im Original (ein Umstand, der jeden Klatschkolumnisten stark beeindruckt), legt entschiedenen Wert darauf, nicht »just another pretty face« zu sein. Und so wenig der Film »American Gigolo« den Erwartungen entspricht, die sein deutscher Titel offenbar auslöst (Paul Schrader hat keinen semi-pornographischen Schicksalsroman inszeniert, sondern einen stilisierten Essay über Korruption und Gnade, einen meisterhaften Film über die Unfähigkeit, geliebt zu werden), so wenig stimmen Richard Geres Talente und Ambitionen mit der Publicity-Strategie überein, die für ihn kreiert wurde.

Wenn er selber eine Karriere als neues amerikanisches Sexsymbol anstreben würde, hätte er am Broadway gewiß nicht in Martin Shermans Stück »Bent« einen jungen deutschen Homosexuellen gespielt, der 1934 in einem Konzentrationslager unmenschlichen Qualen begegnet. In »Bent« tritt Richard Gere unglamouröser auf, als sich ein eitler Hollywood-Star erlauben könnte: mit kurzgeschorenen Haaren, stoppelbärtig, gedemütigt, verzweifelt. »Bent« und »American Gigolo«: ein radikalerer Gegensatz scheint nicht vorstellbar. Die Intensität, mit der Gere beide Rollen spielte, erinnerte amerikanische Kritiker an den jungen Marlon Brando, einen anderen über Nacht zu Ruhm gekommenen »Mega-Star«, der Verletzlichkeit ebenso ausstrahlte wie einen verwirrenden erotischen Magnetismus.

Für die Verfilmung von »Bent« interessiert sich Rainer Werner Fassbinder, neben Werner Herzog der Lieblingsregisseur von Gere: »Ich mag die deutschen Filmemacher sehr. In ihrer Arbeit gibt es eine Art von inspiriertem Wahnsinn.« So spricht kein konfektionierter Hollywood-Schönling, und auch die fünf Regisseure, mit denen Gere bislang gearbeitet hat – neben John Schlesinger und Paul Schrader noch Richard Brooks (»Auf der Suche nach Mr. Goodbar«), Robert Mulligan (»Bloodbrothers«) und Terrence Malick (»Days of Heaven«/In der Glut des Südens) –, gehören bei aller Unterschiedlichkeit zu den interessanteren Vertretern ihres Metiers.

Noch hat Richard Gere es nicht ganz geschafft, noch bleibt er ein Star im Wartestand: Keiner seiner Filme erreichte auch nur entfernt die Umsatzrekorde von »Saturday Night Fever« oder »Star Wars«. Vielleicht ist er zu intelligent, zu skrupulös für eine ganz große Karriere, aber alle Anzeichen deuten darauf hin, daß wir in »American Gigolo« einen Schauspieler gesehen haben, der bald die alternden Könige Hollywoods vom Thron stoßen wird: auf die sanfte Art.

Nr. 31 vom 25. 7. 1980

# Clint Eastwood

## Der Mann ohne Namen

Ein Typ zum Fürchten: hochgewachsen, schweigsam, eherne Pokermiene hinter dem Stoppelbart, ein Zigarillo zwischen den schmalen Lippen, die kalten blauen Augen halb verdeckt von einer speckigen Hutkrempe. Unter seinem zerschlissenen Poncho verbirgt er zwei Pistolen. Er ist schnell, er ist gefährlich, er ist skrupellos. Wenn er in die Stadt kommt, breitet sich Furcht aus. Er verdingt sich jedem, der ihn hoch genug bezahlt. Er ist ein Söldner des Todes.

Es war heiß in jenem spanischen Sommer des Jahres 1964, als der Mann ohne Namen zum ersten Mal durch die schäbige Western-Kulisse von Almeria schritt. Niemand rechnete damit, daß diese martialische Comic-Strip-Version eines amerikanischen Revolverhelden ein Idol werden könnte. Am wenigsten der 34jährige kalifornische Fernseh-Cowboy, der sich für ein Honorar von ganzen 15 000 Dollar hatte überreden lassen, in einem obskuren italienisch-spanisch-deutschen Remake eines japanischen Samurai-Dramas die Hauptrolle zu spielen. Aus dem Schwertkämpfer in Akira Kurosawas »Yoyimbo« hatte der italienische Regisseur Sergio Leone einen Pistolero gemacht. Der Film sollte »Der große Fremde« heißen. Marianne Koch spielte auch mit.

Der Fernseh-Cowboy kassierte sein Geld, fuhr nach Hollywood zurück, um weiter Fernseh-Cowboy zu sein, und vergaß die ganze Sache. Ein paar Monate später war ein Kino-Mythos geboren: der Mann ohne Namen. Mit seinem neuen Titel »Für eine Handvoll Dollar« erlebte der Bastard-Western aus Almeria einen Triumphzug durch Europa. Und es sprach sich herum, daß der Mann ohne Namen Clint Eastwood hieß. Sechs Jahre später stellte ihn die Zeitschrift *Life* auf ihrem Titelbild als populärsten Filmschauspieler der Welt vor. Jetzt ist er fünfzig. Und noch immer die Nummer eins.

Namen bekam er auch, der Mann ohne Namen. In drei Filmen war er Harry Callahan, der »schmutzige Harry«, Inspektor bei der Polizei in San Franzisko, ein rüder Einzelkämpfer im urbanen Dschungel, der am Ende von Don Siegels »Dirty Harry« den Stern des Gesetzes angewidert wegwirft; eine Geste der Rebellion gegen eine Bürokratie, die vor den Herausforderungen der Gewalt versagt.

Man hat ihn einen konservativen Anarchisten genannt. Das trifft die Sache nicht schlecht. Die Figuren, die Clint Eastwood mit lakonischer Präzision entwirft, ohne schauspielerische Anstrengung, wie es scheint, sind Männer des Western, einsame Gestalten von entschlossener Tatkraft. Gary Cooper war so einer, auch John Wayne, aber sie gehörten einer Ära an, in der es noch leichter fiel, zwischen den Guten und den Bösen zu unterscheiden. Eastwood entwirft zwielichtigere Charaktere, gewalttätige Individualisten mit gebrochener Moral. Die Gewalt, der sie begegnen, prägt ihr Verhältnis zur Gesellschaft. Sie träumen, stellvertretend für ihr Publikum, einen unmöglichen Traum: daß es möglich wäre, sich mit einer großkalibrigen Magnum das Bürgerrecht der Freiheit zu erkämpfen. Sie passen nicht in die Zeit, aber sie spiegeln, überlebensgroß, zeitgenössische Sehnsüchte. Sie sind Unschuldige mit schmutzigen Händen.

Clint Eastwood hat sie lange zelebriert, die pubertären Phantasien der einsamen Masse: »Ein Typ sitzt allein in einem Kino. Er ist jung, und er hat Angst. Er weiß nicht, was er mit seinem Leben anfangen soll. Er wünscht, er könnte so autark sein wie der Mann, den er auf der Leinwand sieht, jemand, der auf sich selber aufpassen, seine eigenen Probleme lösen kann. Ich spiele die Art von Rollen, die ich gerne sah, als ich noch Löcher für Swimming-pools grub und meinen Problemen entkommen wollte.«

Das klingt wohl zynischer, als es gemeint ist. Eastwood hat sein Publikum nie betrogen, es immer auf jene eskapistischen Routen mitgenommen, die ihm selber, dem Kind der großen Depression, dem ehemaligen Holzfäller und Schwimmlehrer, im Kino vorgezeigt worden waren. Es ist kein Zufall, daß seine Popularität ihren ersten Höhepunkt in der ersten Hälfte der siebziger Jahre erreichte, als ein Präsident qualvoll langsam als gerissener Gauner demaskiert wurde, als ein Hunger nach einfacheren Verhältnissen entstand. Da konnte einer wie Eastwood zum Helden werden, der alte Tugenden ebenso darstellte wie neue Zerrissenheiten.

Der deutsche Titel eines seiner besten Filme heißt: »Der Mann, der niemals aufgibt« (im Original: »The Gauntlet«, was »Der Fehdehandschuh« bedeuten kann). Da spielt er einen Polizisten auf der Flucht, unfreiwillig begleitet von einer emanzipierten Hure, gejagt vom Mafia-Mob und vom Polizei-Mob: ein bizarres, phantastisches Märchen der Gewalt vom Sieg des letzten Individualisten über die organisierte Verschwörung der Ober- und der Unterwelt. »Der Mann, der niemals aufgibt«, von Eastwood selber inszeniert, artikuliert einen tiefen Zweifel an einem System, als dessen Grundlage nur mehr die Korruption zu erkennen ist. Da steht Eastwood so allein wie Gary Cooper in »Zwölf Uhr mittags«, doch ohne den Heiligenschein der Ära Eisenhower.

Der Traum von der Autarkie prägt seine Kino-Welt bis heute, aber sie ist längst nicht mehr so blutrünstig wie früher, dafür verspielter und manchmal nicht ohne Ironie. In »Der Mann aus San Fernando« (»Every which Way but Loose«) rennt er dickköpfig ins Leere, läßt sich von einem Mädchen überlisten, das viel klüger ist als er selber, und muß sich mit einem Orang-Utan trösten. Der Mythos zerbröckelt, die Stunde des starken Mannes endet in höhnischem Gelächter.

Aber Eastwood ist natürlich immer noch der Mann, der niemals aufgibt, auch wenn er begriffen hat, daß tragikomische Züge die Figur angemessen kleiden. In seinem jüngsten Film »Bronco Billy« (der jetzt in unseren Kinos anläuft) spielt er den Direktor und Star einer Wildwest-Wandertruppe, einen merkwürdigen Kauz, der unter ständigem Realitäts-Verlust leidet. Er hält sich für ein Monument des glorreichen Westens, aber jede einzelne Szene in diesem intelligenten Film zeigt ihn im hoffnungslosen Konflikt mit der amerikanischen Wirklichkeit des Jahres 1980. Er ist einer, der mit seinen Männern einen Zugüberfall im klassischen Stil plant und sich wundert, daß der moderne Expreß einfach vorbeirauscht: ein stoischer Spinner, dessen rührende, absurde Würde einen scharfen Kontrast herstellt zum allgemeinen Zynismus, der ihn umgibt. So gibt sich der Mann, der niemals aufgibt, als Mann ohne Zukunft zu erkennen, der nur noch in seiner Wunschwelt lebt.

Eastwood kontrolliert sehr genau die Richtung, in die sich seine Leinwand-Erscheinung entwickelt. Denn Autarkie ist auch ein Schlüsselwort für seine Arbeitsweise. Seit zehn Jahren hat er für keine fremde Firma mehr gearbeitet, sondern exklusiv für die »Malpaso«-Produktion, die ihm gehört. Vom etablierten Hollywood-Betrieb hält er sich in mehrfacher Weise fern. Weder beschäftigt er einen großen Stab von Angestellten, noch läßt er sich beim Party-Rummel von Beverly Hills sehen. Er lebt in Carmel, einige Stunden nördlich von Los Angeles, schätzt »Health Food« und Dosenbier (allzu asketisch soll es auch nicht sein) und treibt wenig Aufwand um seine Person: ein Außenseiter der Industrie.

»The dream to be an individual«: Davon sprach Eastwood neulich in einem Interview mit Vivan Naefe, davon handeln seine Filme, die immer besser, immer origineller werden. Als Regisseur hat er viel gelernt seit seinem Debut »Play Misty For Me« (1971), in dem sein Mentor Don Siegel einen kurzen Gastauftritt hatte. Siegel, ein Meister des Action-Kinos, der fünf Filme mit Eastwood inszeniert hat (zuletzt »Flucht von Alcatraz«, noch eine Feier individualistischer Überlebenskraft), weihte seinen Star allmählich in das Handwerk des Filmemachens ein, ließ ihn mit der Technik experimentieren, die Eastwood inzwischen selber beherrscht. Einer wie er, der Mann ohne Namen, der Mann, der niemals aufgibt, der populärste Filmstar der Welt, will seinen Mythos ohne fremde Hilfe herstellen. Und wenn nicht alle Zeichen trügen, hat er begonnen, ihn zu demontieren. Es wird spannend sein, dabei zuzuschauen.

ZEIT-magazin, Nr. 46/1980

# Woody Allen, sein neues Buch und der Film »Stardust Memories«

## Der Clown muß sterben

*Oft denke ich, wie erfreulich das Leben doch für den ersten Menschen gewesen sein muß, denn er glaubte an einen mächtigen, gütigen Schöpfer, der sich um alles kümmerte. Man stelle sich seine Enttäuschung vor, als er sah, daß seine Frau Fett ansetzte. Der Mensch von heute hat natürlich keinen solchen Seelenfrieden. Er befindet sich mitten in einer Glaubenskrise. Er ist, wie wir das modisch nennen, »entfremdet«. Er hat die verheerenden Auswirkungen des Krieges gesehen, er hat Naturkatastrophen erlebt, er ist in Singlebars gewesen. Mein guter Freund Jacques Monod sprach oft von der Zufälligkeit des Kosmos. Er glaubte, alles im Leben ereigne sich durch puren Zufall, abgesehen möglicherweise von seinem Frühstück, von dem er das sichere Gefühl hatte, seine Wirtin mache es.*

*Woody Allen, »Meine Ansprache an die Schulabgänger«*

Die meisten der sechzehn Texte in Woody Allens dritter Geschichtensammlung »Side Effects« (die bald unter dem Titel »Nebenwirkungen« bei Rogner & Bernhard erscheinen wird) sind nach einem vertrauten Muster konstruiert. Ihre komische Wirkung entsteht aus dem unvermittelten Nebeneinander von vergrübelter philosophischer Spekulation und trivialsten Details aus dem großstädtischen Alltag. Woody schlüpft in viele Rollen, auch in die eines mondänen Restaurantkritikers namens Fabian Plotnick: »Als Dessert hatten wir Tortoni, und ich wurde an Leibniz' bemerkenswerten Ausspruch erinnert: ›Die Monaden haben keine Fenster.‹ Wie passend! Die Preise im ›Fabrizio's‹ sind, wie Hannah Arendt mir einmal sagte, ›vernünftig, ohne historisch unvermeidbar zu sein.‹ Dem stimme ich zu.«
Diesen Woody Allen kennen wir: den intellektuellen jüdischen Schlemihl, der viele Stile beherrscht, dessen satirische Vignetten mit graziöser Schärfe zeitgenössisches Denken und modische Albernheiten verspotten. Ein kluger Clown schlägt kluge Purzelbäume. Sein Sinn für das Absurde stiftet ihn zu makabren Pointen an: »Nadelmann hatte sich beständig damit herumgeplagt, wie er beigesetzt werden wolle, und hatte einmal zu mir gesagt: ›Ich ziehe die Feuerbestattung der Erdbestattung entschieden vor, und beides einem Wochenende mit Frau Nadelmann.‹«
Wenn man sich schon eingerichtet hat bei der Vorführung des Üblichen (der gewohnten beiläufigen Brillanz), stößt man auf eine befremdliche Geschichte mit dem Titel »The Shallowest Man« (»Der oberflächlichste

103

Mensch, der mir je begegnet ist«). Die ist überhaupt nicht komisch: keine Kollektion von ausgetüftelten Gags, sondern die Beschreibung eines Todesfalles. Meyer Iskowitz, Mitglied einer New Yorker Pokerrunde, 44 Jahre alt, liegt im Sterben. Lymphknotenkrebs, nichts mehr zu machen. Die Spielkumpane besuchen ihn im Krankenhaus. Nur Lenny Mendel mag nicht gehen, von dem man wenig mehr erfährt, als daß er irgendwie mit dem Fernsehen zu tun hat: »Er war nicht religiös und kein Held und kein Stoiker, und in seinem täglichen Leben wollte er von Beerdigungen oder Krankenhäusern oder Sterbezimmern nichts hören. Wenn auf der Straße ein Leichenwagen vorbeifuhr, konnte ihm das Bild noch Stunden nachgehen. Nun stellte er sich Iskowitzens dahinsiechende Gestalt und sich selber vor, wie er verlegen versuchte, Witze zu reißen oder Konversation zu machen.«

Als Iskowitz nach zweieinhalb Wochen immer noch nicht gestorben ist und Lenny Mendel partout keine Ausreden mehr einfallen, kommt es doch noch zu einem Besuch. Der verläuft anders als geplant. Kurz vor dem Ende der Besuchszeit, nach einem quälenden, dahintröpfelnden Gespräch, tritt Miss Hill auf, Iskowitzens hinreißende 24jährige blonde Krankenschwester. Mendel verliebt sich rettungslos. Von nun an kommt er täglich ans Sterbebett, immer in der Hoffnung, mehr über das Fabelwesen zu erfahren: »Der Kranke konnte sein Glück nicht fassen, so einen treuergebenen Freund zu haben. Mendel brachte immer ein ansehnliches und wohlüberlegtes Geschenk mit. Eines, das ihm helfen würde, in Miss Hills Augen Eindruck zu schinden. Hübsche Blumen, eine Tolstoi-Biographie (er hörte sie erwähnen, wie sehr sie ›Anna Karenina‹ mochte), die Gedichte Wordsworths, Kaviar. Iskowitz war verblüfft über diese Auswahl. Er haßte Kaviar und hatte noch nie etwas von Wordsworth gehört. Mendel konnte sich gerade noch zurückhalten, Iskowitz ein Paar antike Ohrringe mitzubringen, obgleich er welche gesehen hatte, von denen er wußte, Miss Hill würde von ihnen schwärmen.«

Schließlich stirbt Iskowitz, von Mendels Teilnahme bis zum letzten Atemzug gerührt. Zwei Wochen später beginnt sich Mendel mit Miss Hill zu verabreden: »Sie hatten eine Affäre, die ein Jahr dauerte, und dann gingen sie ihrer Wege.« So banal geht eine zwielichtige Leidenschaft zugrunde. Mendels Rolle in der Geschichte »The Shallowest Man« bleibt vieldeutig. Eine Art von Liebe hilft ihm, seine Furcht vor der Nähe des Todes zu überwinden (vielleicht ist das ja schon heroisch), sein heimlicher Egoismus tröstet immerhin einen Sterbenden.

In einem im Herbst 1980 geführten Gespräch mit seinem Biographen Eric Lax (dessen leider schon sechs Jahre altes Buch »Woody Allen – Wie ernst es ist, komisch zu sein« vor ein paar Monaten ebenfalls bei Rogner & Bernhard erschien) wies der amtierende »Clown Prince of American Humour« auf die persönliche Betroffenheit hin, aus der »The Shallowest

Man« entstanden ist. Die Idee kam ihm, als er einen sterbenden Freund im Krankenhaus besuchte.

*

*»Du glaubst nicht an Wissenschaft, an politische Systeme, an Gott. Woran glaubst du?« »Sex und Tod. Dinge, die nur einmal im Leben passieren. Nach dem Tod wird einem wenigstens nicht mehr schlecht.«*

*»Sleeper« (Der Schläfer), 1973*

Seinen Obsessionen ist der Komiker Woody Allen treu geblieben, auch in der ernsten Geschichte vom oberflächlichsten Mann, die ja schließlich auch von nichts anderem handelt als von Sex und Tod (notwendig auch in dieser Reihenfolge) oder, leicht variiert, von »Love and Death«. So hieß, 1974, im Original Woody Allens fünfter Film, der bei uns unter dem Titel »Die letzte Nacht des Boris Gruschenko« lief. Da tanzt Woody am Ende nach seiner Hinrichtung, an die er bis zum bitteren Schluß nicht glauben will, ein zartes Menuett mit dem Sensenmann.

Die Maske ist durchsichtiger geworden, hinter der Woody Allen seine Lebensangst und seine Neurosen verbirgt. Schon Anfang der siebziger Jahre, als der einstige Gag-Schreiber und Nachtclub-Komiker seine ersten Filme noch nach dem Baukastenprinzip jüdischer Vaudeville-Revuen zusammensetzte, als er die glücklosen Hampelmänner Virgil Starkwell (in »Take the Money and Run«/»Woody, der Unglücksrabe«, 1969) und Fielding Mellish (in »Bananas«, 1970) darstellte und diese Figuren durch eine schier endlose Folge absurder Katastrophen hetzte, vertraute er seinem Biographen Lax an: »Ich möchte nicht angeberisch erscheinen, aber es ist meine Melancholie, die mich zur Philosophie zieht und weshalb ich so stark an Kafka, Dostojewski und Bergman interessiert bin. Ich glaube, ich habe alle Anzeichen und Probleme, mit denen diese Leute sich befassen: die Besessenheit vom Tod, die Besessenheit von Gott oder dem Fehlen Gottes, die Frage danach, warum wir hier sind. Antworten will ich, das ist alles. Fast mein ganzes Werk ist autobiographisch – überhöht, aber wahr. Ich bin nicht gesellig. Der Rest der Welt macht keinen großen Eindruck auf mich. Ich wollte, ich könnte weg, aber ich kann nicht.«

So blieb Woody – der Melancholiker als Possenreißer – unzufrieden mit seinen Filmen, wunderte sich gar gelegentlich in Interviews, warum die Leute sie überhaupt sehen wollten. Vielleicht war das mehr als die bloße Koketterie eines Erfolgreichen. »Sleeper« und »Love and Death« markierten schon eine Übergangsphase: Genre-Travestien (des Science-fiction-Films und des epischen Kostümdramas), aber auch Versuche, homogenere Handlungen und Hauptfiguren zu entwerfen.

Annäherungen an ein durchaus nicht wunschloses Unglück: In seinem sechsten Film bereits trennte sich Woody von den phantasievollen Kostümierungen, erzählte erkennbarer von seinen eigenen Krisen als je ein anderer bedeutender Filmkomiker zuvor. Der erfolgreiche Witzemacher Alvy Singer in »Annie Hall« (»Der Stadtneurotiker«, 1976) trägt so deutlich Woodys Züge wie der Fernsehautor Isaac Davis, zwei Filme weiter, in »Manhattan« (1979). Der steigt aus, verläßt seinen gutbezahlten Job, um endlich in Ruhe ein ernsthaftes Buch schreiben zu können. Der leidet in dieser dunklen Komödie an seiner Unfähigkeit, geliebt zu werden, am Beziehungschaos in ihm und um ihn, an den unheilbaren Krankheiten des »Zeitalters von Fernsehen und Psychoanalyse«.

Mehr und mehr schien es Woody Allen als Zumutung zu empfinden, um jeden Preis komisch sein zu müssen. Am »Kindertisch der Komödie« fühlte er sich nicht mehr wohl. So entstand, zwischen »Annie Hall« und »Manhattan«, der Film »Interiors« (Innenleben, 1978), in dem es wirklich nichts mehr zu lachen gibt: eine todernste Hommage an Ingmar Bergman und Eugene O'Neill, eine eisige amerikanische Familientragödie, die Foster Hirsch in seinem im April erscheinenden Woody Allen-Buch »Love, Sex, Death and the Meaning of Life« schlicht »den wahrscheinlich schlechtesten Film, den je ein wichtiger amerikanischer Regisseur gemacht hat«, nennt.

Woody erfüllte sich eine alte Sehnsucht: »Wenn ich einen ernsten Film machen würde und nicht durch die Schwierigkeiten der Komödie behindert wäre, könnte ich, glaube ich, einen Film machen, der aussähe, als wäre er von einem wirklich phantastischen Filmemacher gedreht worden. Mich hindert die Tatsache, daß alles, was einen Film schön aussehen läßt, ein Hemmnis für das Komische ist. Wenn man sich ›Last Tango in Paris‹ ansieht, der überragend gefilmt ist, und man versucht, eine Komödie in der Art zu machen, würde man damit total auf die Schnauze fallen. Das würde die Komödie drückend, langsam und schwermütig machen.«

Der Kameramann Gordon Willis, mit dem Woody seit »Annie Hall« regelmäßig arbeitet, ein Meister kalligraphischer Kompositionen, teilt auch dem Schwarz-Weiß-Film »Manhattan« einen Ästhetizismus mit, der die Komödie auf Distanz hält, eine kalkulierte Melancholie, in der die Figuren oft zu Tableaus einfrieren. Mit Willis erlangte der Filmemacher Woody Allen endlich jene Art von Sicherheit, die seinen Figuren nie zuteil wird.

\*

*»Er ist prätentiös. Sein Stil ist überzogen. Was er vermittelt, flach und morbide. Ich habe das alles schon mal gesehen. Jemand versucht, seine privaten Wehwehchen darzustellen, und gibt das auch noch als Kunst aus.*
*Woran hat er denn so furchtbar zu leiden? Weiß der Kerl denn nicht, daß er die größte Gabe hat, die man überhaupt haben kann? Die Gabe des Lachens?«*

*»Stardust Memories«, 1980*

Einer macht nicht mehr mit. Der allseits geliebte Filmemacher Sandy Bates, berühmt vor allem für seine »frühen, komischen Filme«, will nicht mehr komisch sein. Er befindet sich in einer schweren Krise. Vor kurzem ist sein Freund Nat Bernstein an einer unheilbaren Krankheit gestorben. Rings um sich sieht er nur Elend und Verfall. Die will er in seinem neuen Film ausdrücken, der Ähnlichkeiten mit einem Frühwerk von Ingmar Bergman zu besitzen scheint: Sandy Bates sitzt in einem Eisenbahnwagen, umgeben von sinistren Horrorgestalten, die ungerührt vor sich hinblicken. Langsam rieselt Sand aus einem Koffer. Nur das Ticken einer Uhr ist zu hören. Auf dem gegenüberliegenden Gleis feiert eine fröhliche Gesellschaft. Sandy will raus. Verzweifelt hämmert er gegen die Fenster, die sich nicht öffnen lassen. Auch die Notbremse funktioniert nicht. Sandy scheint zu ersticken.

Mit dieser Film-im-Film-Sequenz (halb Hommage, halb Parodie) beginnt Woody Allens Opus Nummer neun: »Stardust Memories«. Von Anfang an weiß der Zuschauer nie genau, wo er sich gerade befindet: in der Realität (der Geschichte des Regisseurs Sandy Bates), in einem Traum, in einem Film (im Film), in einer Erinnerung. Ihm geht es wie Sandy Bates, dem seine Welt sachte in Trümmer sinkt.

Ganz ähnlich begann vor bald zwanzig Jahren ein anderer Film über die Krise eines Filmregisseurs: in einem Autostau, in einer klaustrophobischen Lage, aus der kein Ausbruch möglich schien. Jenen Film, »Achteinhalb«, beschrieb sein Schöpfer Federico Fellini so: »Ein schwer zu fixierendes Mittelding zwischen einer unzusammenhängenden psychoanalytischen Sitzung und einer etwas planlosen Gewissenserforschung in einer nebelhaften Atmosphäre: es ist ein melancholischer, ein beinahe düsterer und doch entschieden komischer Film.«

Genauer und besser läßt sich auch »Stardust Memories« nicht beschreiben: keine ordentliche Bilanz nach neun Filmen in elf Jahren, kein gerader Strich, sondern eine vielfach gebrochene Kritzellinie. Woody Allen, dessen Kunst ja schon immer narzißtisch war, allein bezogen auf seine schwierige Innenwelt, gibt sich verschlossener denn je. Er läßt seine Obsessionen und seine Filme Revue passieren: als Sandy Bates kaum noch maskiert, wie nicht nur die mehrfachen Hinweise auf den jung verstorbenen Freund belegen, den wir auch als Meyer Iskowitz wiedererkennen.

Hauptort der Handlung ist das ehrwürdige Stardust Hotel in einem Badeort in New Jersey. Dort unterzieht sich Sandy Bates widerwillig der ein langes Wochenende während Ehrung durch eine Retrospektive seiner Werke. Die versammelten Fans erlebt er als eine bedrohliche Meute, als eine groteske Assemblage von Freaks. Alle wollen etwas von ihm: Autogramme, Rollen, Unterstützung (von der Krebshilfe bis zu den russischen Dissidenten). Ein Mädchen schleicht sich in sein Zimmer ein, seltsame Gestalten wollen ihm Drehbücher (eine Komödie über das Guayana-Massaker) andrehen. Das Stardust Hotel ist ein bedrohliches Tollhaus.

Wie Guido Anselmi/Federico Fellini in »Achteinhalb« wird Sandy Bates von Kindheitserinnerungen heimgesucht, mehr noch von seinen kaputten Frauengeschichten. Dorrie (Charlotte Rampling), die schöne neurotische Schauspielerin, die sich von ihm in einen »Proustschen Rausch versetzt« fühlte, kommt in der Erinnerung vor (sie scheint Woody Allens ehemaliger Freundin und Hauptdarstellerin Diane Keaton nachempfunden), verwirrt die Beziehung mit der Französin Isobel (Marie-Christine Barrault), die ihn am Ende verläßt, und die mit der lesbischen Violinistin Daisy (Jessica Harper). Woody Allen, der einmal gesagt hat, keine seiner Beziehungen zu Frauen sei dauerhafter gewesen als die von Adolf Hitler zu Eva Braun, erspart seinem *alter ego* Sandy Bates keine Demütigung.

*»Keep it light«*, ermuntert sich Lenny Mendel in der Geschichte vom oberflächlichsten Mann vor dem ersten Besuch bei Iskowitz, *»keep the one liners coming.«* »One Liners«, das sind die kurzen Pointen des Entertainers. Mit ihnen setzt sich auch Sandy Bates zur Wehr. Wenn er sagt, nach dem letzten Kochversuch von Dorrie habe es in der Küche ausgesehen wie in Hiroshima, hilft der Gag über eine tiefere Empfindung von Verlust. »One Liners« sind eine Waffe gegen ein Publikum, das Sandy Bates immer als so feindselig verstanden hat wie Woody Allen.

In dem Buch von Eric Lax wird diese Feindseligkeit schon dem jungen Nachtclubkomiker Woody Allen zugeschrieben, der nach einigen durchgefallenen Pointen in den Saal rief: »Wenn ich Preise verteilen würde ans schlechteste Publikum, das mir je untergekommen ist, dann würden Sie ihn gewinnen.« So muß allmählich dieser Druck entstanden sein, dieser neurotische Zwang zur Unterhaltsamkeit, auch die Angst vor den unersättlichen Ansprüchen der Fans. Die findet in »Stardust Memories« einen bestürzenden Ausdruck. Auf einer Wiese, wo sich UFO-Anhänger versammelt haben, wo nach und nach Woodys/Sandys ehemalige und gegenwärtige Freunde, Geschäftspartner und Geliebte auftauchen (nebst Wesen von einem fremden Stern, die Sandy empfehlen, bessere Witze zu machen, und auch »besonders die frühen, komischen Filme« lieben), geht ein Mann auf ihn zu, zieht eine Pistole und schießt ihn mit den Worten nieder: »Sie waren immer mein Idol.« So starb, ein paar Monate nach den Dreharbeiten, der wirkliche John Lennon an einer wirklichen Schußwunde.

Bei Woody Allen erweist sich das gespenstische Treiben auf der Wiese (das sehr an den Schluß von »Achteinhalb« erinnert, wie es auch viele direkte Bildzitate aus dem Fellini-Film gibt) wieder nur als Film im Film. Dem Attentat folgen weihevolle Elogen, vom Künstler kommentiert, dem ein bißchen mehr Leben lieber wäre als seine Oscars, bis das Licht im Saal angeht, die Leute applaudieren und der letzte Alptraum sich als der Schluß eines Films von Sandy Bates erweist. Die Schauspieler unterhalten sich beim Hinausgehen, Jessica Harper fragt Marie-Christine

Barrault, ob Sandy ihr beim Drehen von Liebesszenen auch immer die Zunge in den Mund zu stecken versucht habe.

Jeder ironischen Brechung folgt gleich eine nächste, bis keiner mehr weiß, was denn nun Kino und was denn nun Wirklichkeit ist. Kunstvoll verwischen Sandy Bates und Woody Allen alle Spuren. Auf der UFO-Wiese sagt ein Mann: »Sandy, Sandy, schauen Sie, das ist ja genau wie in einer Ihrer Satiren. Es ist, als ob wir alle in einem Film mitwirken würden, den sich Gott in seinem privaten Vorführraum anschaut.« Schon stürzt sich das Wutmonster, eine haarige Kreatur aus dem Inneren von Sandy Bates, auf den Mann und zerrt ihn aus dem Bild.

Das ist einer der vielen komischen Einfälle in einem Film über einen Komiker, der nicht mehr komisch sein will. Woody Allen stilisiert sein Dilemma zu einem verwirrenden Jonglierakt mit den verschiedensten Erzähl- und Realitätsebenen. So kann er sich schließlich doch wieder verstecken: im Bauch der Puppe in der Puppe in der Puppe.

»Stardust Memories«, wie die meisten Filme von Woody Allen nur knapp neunzig Minuten lang, von Gordon Willis ausgestattet mit einer brillanten Schwarz-Weiß-Photographie aus harten Kontrasten, besitzt nur selten Momente von Ruhe und Sammlung. Eine lange Nahaufnahme von Charlotte Rampling, die auf dem Teppich liegt und lächelt, während Louis Armstrongs Version von »Stardust« zu hören ist, strahlt jene utopische Abwesenheit von Angst und Aggression aus, die Woody und Sandy und Alvy und Isaac in ihrer Verlorenheit (die manchmal auch nur eine Verlogenheit ist) wie ein ferner Traum erscheinen muß. Da merkt man, daß der wirkliche Woody Allen wohl doch kein Misanthrop sein kann: ein Melancholiker eben.

Am Ende herrscht, wie in »Achteinhalb«, ein Gefühl von Leere und Ratlosigkeit. Der Gespensterreigen ist vorüber, der Saal verlassen, die Leinwand weiß. Da tritt Sandy ein (oder Woody), geht langsam in eine der vorderen Reihen, hebt etwas auf, dreht sich um, setzt sich die schwarze Brille auf (die er oft, als Tarnung vielleicht, gewiß als Schutz, getragen hat) und verläßt das Kino. Er scheint nicht genau zu wissen, ob sein Exorzismus gelungen ist. Ich liebe ihn, nicht nur »die frühen komischen Filme«, auch und besonders »Stardust Memories«: einen sehr ernsten, sehr komischen Film.

Nr. 6 vom 30. 1. 1981

# Woody Allens »Sommernachts-Sexkomödie«

## Eine Landpartie

Der pompöse Graubart glaubt nicht an die Geister des Waldes. Am Ende ist er selber einer, und durchaus glücklich mit seinem Schicksal, das ihn bei einer heftigen Attacke auf die experimentierfreudige Krankenschwester Dulcy ereilte. So wird der Professor, der nie einer Realität jenseits der sichtbaren trauen mochte, in Zukunft als faunisches Irrlicht durch die verzauberte Landschaft geistern, während seine allseits bedrängte Verlobte Ariel nun vielleicht doch dem Liebeswerben des allzu praktischen Arztes Maxwell nachgibt, der sich im Sommer zuvor an der spröden Adrian zu schaffen gemacht hatte, die wiederum eine neue Lust an ihrem kauzigen Gatten Andrew entdeckt: Irrungen und Wirrungen einer magischen Sommernacht.

Schon zu den Vorspanntiteln von Woody Allens erstem Film seit dem kommerziellen Desaster (und künstlerischen Triumph) von »Stardust Memories« erklingt Mendelssohns »Sommernachtstraum«. Shakespeare ist nie fern bei dieser neuenglischen Landpartie um die Jahrhundertwende, aber zwischen den Barden aus Stratford und den Stadt-Neurotiker aus New York schiebt sich die Erinnerung an einen Film, der sich auch schon von Shakespeares bukolischen Phantasien inspirieren ließ: Ingmar Bergmans »Lächeln einer Sommernacht«, ein erotisches Gesellschafts-Spiel aus dem Jahre 1955.

Aus seiner Bewunderung für Bergman hat Woody Allen nie ein Hehl gemacht, von den frühen Satiren für den *New Yorker* (eine parodiert liebevoll »Das siebente Siegel«) über die Ein-Akter »Gott« und »Tod« bis hin zu »Interiors« (Innenleben), wo ihm das Kunststück gelang, noch düsterere Fragen nach dem Sinn des Daseins vor sich aufzutürmen als Bergman selbst in seiner schwärzesten Periode. In »A Midsummer Night's Sex Comedy« aber geht er weit über die Haltung des Epigonen hinaus, inszeniert endlich wieder auch die Distanz zwischen seinen eigenen Obsessionen und denen seines schwedischen Idols.

Woody Allen selber spielt Andrew, den Gastgeber des ländlichen Wochenendes, einen spleenigen Erfinder, der nicht nur eine Apfelschälmaschine, sondern auch ein fliegendes Fahrrad konstruiert hat, mit dem er sich aus den Niederungen seiner ehelichen Sexprobleme in die milden Lüfte schwingt, um sogleich wieder in einem Tümpel zu landen: ein schmächtiger Schlemihl, aber auch ein Zauberer, ein linkischer Clown, aber auch ein Seher. So unberechenbar wie diese Figur ist oft der ganze Film. Der Reigen der heimlichen Leidenschaften, zu dem sich immer neue Paare finden, wird unterbrochen durch Slapstick-Einlagen und Rüpelspiele: ein sehr amerikanischer Sommernachtstraum.

Am Ende von »Stardust Memories« schien Woody Allen nicht mehr recht zu wissen, ob er in Zukunft Komödien oder »ernste« Filme drehen sollte. »A Midsummer Night's Sex Comedy« gehört zu seiner »rosa Periode«: vom Kameramann Gordon Willis mit dunklen warmen Farben ausgestattet, von Mendelssohn-Musik üppig umschmeichelt, von einem erlesenen Sechs-Personen-Ensemble im Stil einer romantischen Burleske gespielt. José Ferrer als Professor Leopold übernimmt die Rolle von Gunnar Björnstrand aus dem Bergman-Film, Mia Farrow spielt seine Verlobte Ariel, Mary Steenburgen als Adrian entdeckt ihre schlummernden Triebe.

Kein großer Film, gewiß, aber auch keiner, der nur »hübsch« und harmlos ist. Im schließlich sich hektisch überschlagenden Wechselspiel der Beziehungen und Gefühle, die so flüchtig scheinen wie das letzte Licht eines Sommerabends, entdeckt man rasch auch die Ängste des ewigen Melancholikers Woody Allen: vor der Macht der Frauen, die listenreich jene Netze knüpfen, in denen sich hier drei schwache Kasper verfangen. Und selbst der Natur ist nicht zu trauen: Wenn Allen, unterstützt von Mendelssohn, ein rauschhaftes Landschaftsgemälde mit grünen Wiesen, murmelnden Bächen und possierlichen Tieren des Waldes montiert, übertreibt er so gnadenlos, daß die Pastorale alsbald kenntlich wird als ironische Distanz des urbanen Flaneurs, der das Landleben nur als Walt Disney-Traum erträgt. So bleibt Manhattan nah.

Nr. 43 vom 22. 10. 1982

# »Willkommen, Mr. Chance« von Hal Ashby

## Ein Idiot macht Karriere

Auf dem Mittelstreifen der belebten Pennsylvania Avenue in Washington D. C. spaziert gelassen ein mit altmodischer Eleganz gekleideter Herr mittleren Alters. In der einen Hand trägt er einen zusammengerollten Regenschirm, in der anderen einen Koffer. Er wirkt verloren im City-Verkehr, merkwürdig deplaziert vor dem im Hintergrund aufragenden Kapitol. Der Kaspar Hauser des elektronischen Zeitalters hat seine Höhle verlassen. Die Realität wird ihm nichts anhaben.

»Ich kann nicht schreiben«, sagt er sehr viel später, als man ihn längst für einen einflußreichen Berater des amerikanischen Präsidenten hält und ein Verleger ihn zur Publikation seiner politischen Philosophie anstiften will. Er kann tatsächlich nicht schreiben (auch das Lesen hat er nie gelernt), doch der Verleger versteht etwas anderes: »Wer kann heute schon noch schreiben? Natürlich steht Ihnen unser bester Ghostwriter zur Verfügung.«

Die unaufhaltsame Karriere von Chance, dem Gärtner, beruht auf Mißverständnissen. Aus seinem Refugium hinter den Mauern eines alten Patrizierhauses vertrieben, kommt er in eine Welt, die auf einen wie ihn schon lange gewartet zu haben scheint. Sein mildes Wesen, seine abwesende Freundlichkeit, seine bedächtigen Reden über Pflanzen und Bäume weisen ihn sogleich als Gentleman der allerbesten Schule aus. So verwandelt man ihn mühelos von »Chance, the Gardener« in »Chauncey Gardiner«, dem die Dame, mit deren Rolls-Royce er kollidiert, ein verwandtschaftliches Verhältnis mit Basil und Perdita Gardiner zutraut, Stützen der Gesellschaft offensichtlich. Bald hat sich Chance als geschätzter Hausgast bei dem sterbenden Industrie-Tycoon Benjamin Rand niedergelassen, der den enigmatischen Fremden und seine Bemerkungen über die Jahreszeiten und das Wachstum der Pflanzen »sehr erfrischend« findet. Auch der Präsident hält Chance für einen Denker und zitiert seine Gartenweisheiten auf einer Pressekonferenz.

Chance, der sich protestlos Chauncey nennen läßt, weiß nicht, wie ihm geschieht. Sein leeres Lächeln verbirgt nur eins: eine vollkommene Leere. Chance, der Gärtner, ist ein Idiot, ein Geschöpf ohne Gehirn und ohne Leidenschaften, bis auf eine: »I like to watch«, erklärt er bisweilen.

Und meint das Fernsehen, dessen Programme er unermüdlich von morgens bis mitternachts betrachtet. Sein liebstes Spielzeug ist eine Fernbedienung, mit der er zwischen den Kanälen hin und her schaltet. Der polnisch-amerikanische Schriftsteller Jerzy Kosinski hat diesen Chance vor zehn Jahren erfunden: ein tumber Hans im Glück, eine Märchenfigur am Hof des Kaisers Richard Nixon. »Chance« ist eine Geschichte vom unfreiwilligen Triumph des Allerdümmsten über die Dummen. Der Regisseur Hal Ashby hat gemerkt, daß dies eine traurige Geschichte ist. Schadenfreude liegt ihm fern und wäre wohl auch unangebracht: Ein paar Wochen vor den Wahlen bei uns und in den USA kann man sich tagtäglich davon überzeugen, daß dies auch eine aktuelle Geschichte ist. »Wir wollen in Frieden und Freiheit leben«, fordert, mit einer Miene, die man als gebremsten Optimismus interpretieren könnte, Helmut Kohl auf vielen Plakaten. Mit solchen Sätzen bringt man es weit im wirklichen Leben. Davon nicht zuletzt handelt der Film »Willkommen, Mr. Chance« (Originaltitel: »Being There«), an dessen Ende der Gärtner ernsthaft als Präsidentschaftskandidat im Gespräch ist (wie jetzt dieser adrette Cowboy) und ganz selbstverständlich auf dem Wasser wandelt.

Wenn Jerry Lewis sich mit dem Stoff beschäftigt hätte, wäre wohl eine überdrehte Farce dabei herausgekommen. Die Infantilität, die der im Juli gestorbene Peter Sellers in seiner vorletzten Rolle ausstellt, ist von einer anderen, schrecklicheren Art: vollkommen aggressionslos, von der unaufhörlichen Bilderflut des Fernsehens betäubt wie von einer Überdosis Valium. Der Chance von Peter Sellers gleicht einem somnambulen Kleinkind im Körper eines Fünfzigjährigen. Seine Bewegungen sind von zeitlupenhafter Schwere, seine Sprache entwindet sich dem Mund nur zögernd.

Doch in einer Welt, wo jeder auf sein Fortkommen bedacht ist, bewahrt dieses Wesen ohne Vergangenheit und ohne Ehrgeiz eine Art von melancholischer Würde. Alle Zumutungen des Lebens (erotische wie politische) prallen von ihm ab. Er besitzt die Stärke aller Zombies: Wer schon tot ist, den kann man nicht mehr verletzen.

Eine Satire, ein Märchen, ein Horrorfilm: Die Inszenierung des Regisseurs von »Harold und Maud«, »Shampoo« und »Coming Home« ist all dies auf einmal. Schon in der ersten Sequenz wird deutlich, daß dies kein fröhlicher Film sein kann: Das Lever des Gärtners Chance am letzten Morgen vor seiner Vertreibung aus dem Paradies vollzieht sich mit gespensterhafter Präzision. Etwas rekelt sich in der dunklen Matratzengruft, ein Fernsehgerät schaltet sich automatisch ein: Eine unerbittliche Routine wird sichtbar. Chance, so scheint es, lebt in einem komfortablen Zuchthaus: im Fernsehparadies Amerika. Etwas später muß er das Haus verlassen. Und steht in einer Gettowildnis, deren Gefahren er mit seiner Fernbedienung begegnen will. Aber die wilden schwarzen Jungen, die ihn bedrängen, lassen sich nicht einfach ausknipsen.

»Willkommen, Mr. Chance« ist ein Film zum Lachen: nicht über den stoischen Peter Sellers (der ohne seine üblichen Verkleidungen und Masken fast schockierend nackt wirkt), sondern über unsere Bereitschaft, den sanften Idioten mit den temperierten Manieren zum Anführer zu küren. Weil nichts in ihm ist, erregt er keinen Anstoß, ist er für jeden Aufstieg gut: ein monströses Bildschirmbaby, eine Erfindung des Fernsehens, der ideale Bürger des Jahres 1984. So stirbt, von Hollywoods neuem Star-Kameramann Caleb Deschanel in dunklem Prunk gemessen zelebriert, die alte Welt der Melvyn Douglas (der einst Greta Garbo als Ninotschka liebte) und Shirley MacLaine an ihrer Arglosigkeit. Und merkt es nicht einmal.

Nr. 39 vom 19. 9. 1980

# »The Shining«, Stanley Kubricks grandiose Reise in die Innenwelt des Wahnsinns

## Das blutende Haus

> *I run to Death,*
> *and Death meets me as fast,*
> *and all my pleasures are like yesterdays*
> John Donne, »The Holy Sonnets«

Langsam schwenkt die Kamera über das Panorama von Manhattan. Es ist Tag. Die Perspektive verengt sich, ein düsteres, altes Haus kommt ins Bild, das sich gegen den Fortschritt behauptet hat. Dort wohnt der Teufel.

So begann, vor zwölf Jahren, Roman Polanskis Film »Rosemaries Baby«. Eine einzige geniale Einstellung genügte, um die Nachbarschaft des Vertrauten und des Unheimlichen aufzudecken. Die Macht des Bösen erschien in einer unscheinbaren Verkleidung: nicht mehr drapiert mit den Insignien des konventionellen Horrors, sondern im geblümten Hauskleid. Kein transsylvanischer Graf beugt sich lüstern über einen schwanenweißen Hals, doch die satanischen Rituale des Bürgertums hinterließen einen intensiveren Schrecken.

»Rosemaries Baby« stand am Anfang einer gewaltigen Renaissance des Horrorfilms, dessen ehrwürdiges Personal – vom Frankenstein-Monster bis zum Werwolf – niemanden mehr recht das Gruseln lehrte. Exotische Lokalitäten und bizarre Masken hatten längst ihre Faszination verloren, das Publikum einer Epoche der alltäglichen Zukunftsangst hungerte nach anderen Reizen. So kam der Teufel ins Spiel. Sein Triumphzug in einigen der erfolgreichsten Filme der siebziger Jahre (»Der Exorzist«, »Das Omen«) verlief parallel zur Entdeckung der Umweltzerstörung. Und je lauter die Zweifel am offiziellen Fortschrittsglauben wurden, je mehr die Ideologie des Wachstums um jeden Preis ins Zwielicht geriet, desto drastischer gewannen im Kino die okkulten Mächte die Oberhand. Und während in den siebziger Jahren ein fundamental optimistisches Genre wie der Western praktisch verschwand, erlebten apokalyptische Visionen vom Terror in uns und um uns eine ungeahnte Konjunktur.

Fast scheint es, als sei das Mittelalter zurückgekehrt, mit religiösem Fanatismus und unkontrollierbaren Seuchen, mit Mummenschanz und dem absoluten Bösen, das von keiner Wissenschaft erklärt oder gar beseitigt werden kann. Vom Ende der Rationalität, von atavistischem Spuk und von der Rache des Dämonischen an der materiellen Realität handelten in den letzten Jahren Brian de Palmas »Carrie« und »The Fury«, John Carpenters »Halloween« und »The Fog«, George A. Romeros »Dawn of the Dead/Zombie« und Larry Cohens »It's Alive/Die Wiege des Bösen«, Stuart Rosenbergs »The Amityville Horror« und Ridley Scotts »Alien«: fast ausnahmslos riesige Kassenerfolge. »Freitag, der 13.« heißt schlicht eine obskure Billigproduktion, die in diesem Sommer in den USA sensationelle Zuschauerzahlen erreichte. Ein Ende der Horrorwelle ist längst noch nicht in Sicht.

*

Mehr als jede andere Kunstform vermag das Kino unseren Hunger nach dem Übersinnlichen zu befriedigen. Die Beschaffenheit des Mediums selbst, das flüchtige Spiel der Lichter und der Schatten, das sich nie verfestigt, das sich von Augenblick zu Augenblick immer aufs neue auflöst und zu einem anderen Eindruck fügt, zieht den Zuschauer in einen magischen Raum. Die Welt des Okkulten, der Sinnestäuschungen, der fließenden Übergänge zwischen Wahrnehmung und Wahn ist die Welt des Kinos in seiner reinsten Form: vor seinem Zwang zum Geschichtenerzählen. »La zone« heißt bei Jean Cocteau das Zwischenreich der Imagination, in dem Untote und Magier ihre Heimat finden. »Twilight Zone« ist der Titel einer einschlägigen amerikanischen Fernsehserie.

Man betritt die »Zone« mit einer Mischung aus Neugier und Entsetzen. Alles ist möglich, aber nichts ist wirklich: Sendboten des Satans in der Gestalt unschuldiger Kinder, bleiche Gestalten aus alten Gräbern, die sich gegen die Überflußgesellschaft erheben. Die »Zone« ist ein Ort, in dem alle Maßstäbe von Vernünftigkeit außer Kraft sind. So wird sie zu einer Verlockung, so wird das Okkulte zum Zeichen des Aufstands gegen die Zumutungen der sogenannten Wirklichkeit.

Meistens fängt alles ganz harmlos an, wie in »Rosemaries Baby«. Bis das

Grauen sich zeigt, bis die Häuser Blut schwitzen und die Phantome ihr trügerisches Spiel treiben, vergeht eine Zeit der Erwartung. Man weiß, daß es schlimm kommen muß, aber man ist dankbar dafür, daß der Eintritt in die »Zone« sich nicht allzu gewaltsam vollzieht.

Stanley Kubricks neuer Film »The Shining« beginnt mit Aufnahmen aus einem Hubschrauber. Flach jagt er über die glatte Fläche eines Bergsees, überfliegt eine kleine Insel, erhebt sich in der nächsten Einstellung hoch in die Luft. Aus der Vogelperspektive folgt die Kamera einem gelben Volkswagen auf seiner Fahrt durch die herbstbunte Landschaft von Colorado, fliegt an Abgründen vorbei, über Berge hinweg, bis endlich das Ziel der Reise erreicht ist: das isoliert gelegene Overlook Hotel in den Rocky Mountains, ein riesiges Gebäude mit Hunderten von Zimmern, gebaut um die Jahrhundertwende.

Für den Winter sucht das Hotel einen Hausmeister. Es steht einige Monate leer, eingeschneit und abgeschnitten vom Rest der Welt. Jack Torrance stellt sich vor, ein Mann um die vierzig, freundlich und verbindlich. Der Manager warnt vor den Gefahren der Einsamkeit (ein früherer Hausmeister konnte sie nicht ertragen und erschlug seine Frau und seine beiden Kinder), aber Jack sucht die absolute Ruhe, um ein Buch zu schreiben. So nimmt das Unheil seinen Lauf. Auch der naive Zuschauer merkt nach spätestens zwanzig Minuten, welches Spiel sich da anbahnt. Es geht um etwas anderes.

*

Als ich »The Shining« zum erstenmal sah, verliebte ich mich sofort in das Overlook Hotel, in seine verschachtelte Architektur, seine verblichene Eleganz mit Art-deco-Spielereien und wuchtigen amerikanischen Hölzern, in seine grandiose »Colorado Lounge«, in seine endlosen Korridore, in seine altmodische Bar.

Leider kann man nicht hinfahren. Die gesamten Innenräume hat Kubrick in einem Londoner Studio bauen lassen, und es hat wohl noch nie eine Filmdekoration gegeben, die so echt aussah. Die Illusion ist auf perfide Weise vollkommen: das Gefühl von Weiträumigkeit, das den Wunsch erweckt, gemächlich durch diese Pracht zu schlendern. Kubrick hat eine Falle konstruiert: kein *»old dark house«*, wie man es aus Horrorfilmen kennt, sondern den Traum des anspruchsvollen Reisenden.

Aber das Haus lebt. Aus seinen Mauern quillt ein Meer von Blut. Es ist verletzt worden. Das sieht nur Danny, Jacks kleiner Sohn, der über eine Gabe verfügt, die ein anderer, der sie besitzt, der schwarze Küchenchef des Hotels, »Shining« nennt: das zweite Gesicht, eine Ahnung von Dingen, die kein anderer sieht. Aber dies ist auch kein Film über parapsychologischen Hokuspokus (wie er im Horrorkino der letzten Jahre reichlich vorkommt), keine Fortsetzung etwa von Brian de

Palmas »Carrie«, der, wie »The Shining«, nach einem Roman von Stephen King entstand.

*

Es waren oft ferne, fremde Welten, die die Phantasie des Filmemachers Stanley Kubrick stimulierten, Feindesland für die Menschen, die sich ihnen näherten und in ihnen untergingen, Räume voller Schrecken: die unendlichen, walzerdurchfluteten Weiten des Weltraums in »2001«, die das Geheimnis der Wiedergeburt bargen; die verfallenden Stadtlandschaften in »Clockwork Orange«; die kalte Pracht des vorrevolutionären, vielfach zerrissenen 18. Jahrhunderts in »Barry Lyndon«. Für die Figuren gab es kein Entrinnen.

Kubrick ist ein Besessener. Das Geheimnis seiner Filme hat mit seiner Sucht nach dem Noch-nie-Dagewesenen zu tun. Drei Jahre Vorbereitung für ein Projekt sind für ihn normal. Einstellungen, die ein weniger anspruchsvoller Regisseur beiläufig erledigen würde, wiederholt er bis zu neunzigmal, strapaziert seine Schauspieler und Techniker bis zur totalen Erschöpfung. Die seltenen Berichte von Kubrick-Dreharbeiten (der Meister läßt nie Reporter zu und gibt auch kaum Interviews) klingen wie Kassiber aus der Zelle eines fanatischen Mönchs. Kubrick inszeniert jeden Film mit einer Leidenschaft und mit einer Perfektion, die durchaus schon ans Unheimliche grenzen. Diese Qualität findet sich, wie in den besten Filmen von Werner Herzog, in Bildern des puren Wahnsinns auf der Leinwand wieder. Das Ende von »The Shining«, der Amoklauf des rasenden, verrückten, wild eine Axt schwingenden Jack Nicholson durch das tief verschneite Heckenlabyrinth vor dem Hotel, die jagenden Bewegungen der Kamera, die wie entfesselt alle Hindernisse überwindet, entspricht der letzten Einstellung von »Aguirre, der Zorn Gottes«: der endlosen, immer schneller werdenden Kreisbewegung um das Floß auf dem Amazonas.

Bilder wie diese gibt es im Kino kaum je zu sehen, aber nur sie interessieren den Filmemacher Stanley Kubrick. Er erfindet sie in einer künstlichen Zone des Terrors. »The Shining« ist ein Film über die »Zone«.

Wenn Jack Torrance (Jack Nicholson) zum erstenmal das Overlook Hotel betritt, weiß man sofort: Dieses Haus hat auf ihn gewartet wie eine gigantische Spinne auf eine Fliege. Es saugt ihn auf. Die fiebrige Imagination des Eindringlings, der bald schon jeden Kontakt zu seiner naiven, nichtsahnenden Frau (Shelley Duvall) und zu seinem hellsichtigen Sohn verliert, füllt es mit Chimären. Im verödeten Ballsaal sieht er, in warmem Licht, tanzende Paare aus den zwanziger Jahren. Der Barkeeper behandelt ihn mit der allerhöflichsten Herablassung, ein Kellner, der aussieht wie der mörderische Hausmeister von einst, tritt auf und redet Jack ein, auch er sollte seine Familie »züchtigen«.

Die Grenzen zwischen Realität und Alptraum sind für den Zuschauer nicht eindeutig zu erkennen. Ihm geht es wie Wendy, Jacks Frau, die hilflos in den Gespensterreigen gerissen wird, nichts versteht und mit zunehmender Panik reagiert. Woher stammen die Würgemale an Dannys Hals? Welches Geheimnis verbirgt sich in Zimmer 237?

Kubrick legt viele falsche Fährten aus, und hinter jedem Schrecken lauert ein weiterer, noch maßloserer. Mit dem Begriff Horrorfilm läßt sich diese »Symphonie des Grauens«, zu beunruhigenden Klängen von Bartók, Penderecki und Ligeti, nicht fassen. Der wirkliche Horror spielt sich in den Köpfen der Figuren ab. Im furchtbarsten Moment des Films fließt kein Blut, verwandelt sich keine schöne nackte Frau in den Armen von Jack in eine widerliche alte Vettel mit Flecken der Verwesung auf dem Körper, zersplittert keine Tür unter den Schlägen einer Axt. Im furchtbarsten Moment des Films entdeckt Wendy, daß ihr Mann monatelang nur einen einzigen kindischen Satz auf der Maschine getippt hat, in endlosen typographischen Variationen: »All work and no play makes Jack a dull boy.« Hunderte von Blättern sind mit diesen zehn Wörtern gefüllt: Chiffren der Auflösung. Kubrick treibt seine Figuren in extreme Situationen. Erst in der »Zone« enthüllt sich ihr innerer Zustand.

Das beschädigte Haus, auf einer alten indianischen Grabstelle erbaut, schon von Beginn an ein Ort geheimen Frevels, empfängt beschädigte Gäste. Erst mit seinem diabolischen Grinsen, mit seinem tierischen Schrei »Heeere Comes Johnny!« (der in zivilisierter Form eine amerikanische Fernseh-Talkshow einleitet), findet Jack Torrance zu sich selber. Die Gewalt, die immer in ihm war, wird herausgefordert durch die Gewalt des Hauses. So findet eine der bizarrsten Vermählungen der Filmgeschichte statt: zwischen einem Mann und einem Gebäude.

Das Hotel ist ein Irrgarten. Auf seinem roten Dreirad fährt Danny durch die Flure, lautlos über dicke Teppichböden, ratternd über blankes Parkett, dicht gefolgt von der Kamera. Auch ihm stellen sich Erscheinungen in den Weg, zwei bleiche Zwillingsmädchen, wie aus einem viktorianischen Kinderbuch. Gleich liegen sie, gräßlich verstümmelt, in ihrem Blut. Hinter jeder Weggabelung könnte ein neues Phantom lauern. Aber eine Weile bleibt es still.

Wer in ein Labyrinth gerät und die Orientierung verliert, fängt nach einer Weile an zu rennen: Die Angst vor der Einsamkeit zwingt zur Bewegung. Irgendwo muß es einen Ausgang geben, irgendwo müssen andere Menschen hinter den Mauern sein. Das Gartenlabyrinth vor dem Overlook Hotel, den zweiten Irrgarten in »The Shining«, zeigt Kubrick am Anfang von oben, aus einem Winkel von neunzig Grad. Da sieht es aus wie ein abstrakter Entwurf, seltsam und schön. Bei genauerem Hinsehen erkennt man zwei schwarze Punkte, die sich fast unmerklich bewegen: Wendy und Danny.

Diese Einstellung kommt ziemlich am Anfang von »The Shining« vor. Mit ihr offenbart Kubrick sein Stilprinzip, zeigt die Überwältigung der Figuren durch den Raum: nach der »Space Odyssee« nun eine intimere Wanderung in das Nichts. Und, wie damals, in der letzten Einstellung ein letztes Rätsel: eine sehr lange, sehr ruhige Kamerafahrt durch das nun von allen Menschen befreite Gebäude, auf eine Photographie zu, die an einer Wand hängt. Man erkennt eine Ballszene aus den zwanziger Jahren, im Vordergrund einen lächelnden Mann im Smoking: Jack Torrance. Die Inschrift unter dem Bild verrät das genaue Datum: den 14. Juli 1921. Jack war schon immer da. Ein Traum? Die Irritation wirkt über das letzte Bild hinaus.

»I run to Death«, heißt es bei John Donne, dem Mystiker des frühen 17. Jahrhunderts. Diese Reise in den Tod führt durch das Zwielicht der »Zone«. Kubrick, ein Mystiker des ausgehenden zwanzigsten Jahrhunderts, durchmißt die »Zone« mit seiner Kamera. Die ist beweglicher als je zuvor in einem Film. Als erster erkannte Kubrick die revolutionären Möglichkeiten des neuen »Steadycam«-Verfahrens. »Sie können auf mich als Kunden zählen«, kabelte er schon 1974 den Erfindern des tragbaren Gestells, an dem die Kamera befestigt und von einem einzelnen Operateur, langsam gehend oder schnell laufend, vor sich hergetragen wird. Steadycam macht Schienen und schwerfällige Kamerawagen überflüssig, erlaubt Fahrtaufnahmen von großer Präzision, auch und gerade in Räumen, wo die herkömmliche Ausrüstung keinen Platz findet.

Mit Steadycam experimentierten schon Niklaus Schilling und sein Kameramann Wolfgang Dickmann im »Willi Busch Report«, aber erst Kubrick demonstriert den ganzen ästhetischen Reichtum der Erfindung. Wie ein von aller Erdenschwere befreites Auge des Wahnsinns schweift die von Garrett Brown bediente Steadycam durch das innere und durch das äußere Labyrinth. Bewegungen lösen Schwindelgefühle aus. Es sieht aus, als würden sie die Räume verletzen. Das Haus blutet.

Nr. 43 vom 17. 10. 1980

## »Atlantic City USA« von Louis Malle

### Die Stadt der Spieler

Die Zukunft beginnt mit einem Zusammenbruch. Aus der Ferne sieht man, wie einer der prächtigen alten Hotelkästen gesprengt wird; wie er sich noch einmal aufzubäumen scheint und dann ganz sacht in Schutt und Asche sinkt. An den Bauzäunen ringsum prangen stolze Schilder der Stadtverwaltung: »*Atlantic City, you are back on the map. Again.*« Ein Ort vernichtet seine Vergangenheit. In Atlantic City an der nordamerikanischen Atlantik-Küste herrscht Aufbruchstimmung: wie in einem längst verlassenen Goldgräber-Camp, dessen letzte Bewohner unversehens noch einmal auf eine reiche Ader gestoßen sind. Der Rausch von einst, halb schon vergessen, verwandelt die Geisterstadt wieder in eine blühende Gemeinde. Die Glücksritter kommen zurück: *Boom Town*.

Vor drei, vier Jahrzehnten war Atlantic City ein mondäner Badeort, ein nahes Florida für die New Yorker Gesellschaft und Halbwelt: *Fun City* für eine Weile, später langsam sterbend, ein schäbiger Koloß, bizarres Relikt einer kurzen Konjunktur. Im winterlichen Atlantic City drehte Bob Rafelson 1972 seinen Film »The King of Marvin Gardens«. Den nannte er selber einen »kafkaesken Alptraum«, eine Entfremdungs-Studie mit Jack Nicholson, Bruce Dern und Ellen Burstyn. Da war, für die vagabundierenden Verlierer, nichts mehr zu holen in einer Stadt, die einer greisen Hure glich.

Louis Malle, der jetzt in New York lebt, der sich seit »Pretty Baby« (1977) für amerikanische Schauplätze, für bröckelnde amerikanische Träume interessiert, hat ein anderes Atlantic City gefunden. Seit es wieder Konzessionen für Spielcasinos gibt, seit Atlantic City die Chance wittert, das Las Vegas der Ostküste zu werden, sind in der alten Hure neue Lebenskräfte erwacht. Sie läßt sich das verwitterte Gesicht richten, schminkt sich reichlich nach den jüngsten Moden. Neues Spiel, neues Glück. Nur wenige richten sich an einem solchen Ort auf Dauer ein. Solide Existenzen fühlen sich nicht angezogen, höchstens Träumer, Spinner, Diebe, Krüppel. Atlantic City verkauft keine Gewißheiten, sondern Sehnsüchte.

*

Zwei sind noch von früher da: Lou (Burt Lancaster), einst ein Handlanger für die Bosse vom Syndikat, der immer gern ein großer Gangster gewesen wäre, der sie angeblich alle gekannt hat, die Al Capone und Bugsy Siegel; Grace (Kate Reid), seit langem verwelkte Gangsterbraut, bettlägerig und ständig nörgelnd, so grotesk aufgedonnert wie die Stadt, in der die normierte Blonde aus der Provinz vor vierzig Jahren hängengeblieben ist. Lou, weißhaarig und geduldig geworden von seinem langen Abstieg, dient ihr als Botengänger, Gesellschafter, manchmal als Liebhaber. Man hat sich, alles andere als nobel, eingerichtet am Rande des neuen Aufstiegs. Lou und Grace leben in der Vergangenheit. Sie hoffen auf bessere Zeiten.

Zwei wollen mitmachen beim großen Spiel der Verlierer. Sie sind jung. Dave (Robert Joy), der aussieht wie ein Vorstadt-Hippie, aber sein möchte wie die abgeklärten Profis aus der Rauschgift-Szene, kurzhaarig, *cool* und gutgekleidet, kommt mit einem Paket Kokain nach Atlantic City; Chrissie (Hollis McLaren), seine schwangere Freundin, ist auf einem anderen Trip: Sie plappert von Wiedergeburt und anderen fernöstlichen Mysterien.

Eine will weg: Sally (Susan Sarandon), die tagsüber in der Austernbar eines Spielcasinos arbeitet, die sich jeden Abend mit Zitronensaft den

Fischgeruch vom schönen Leib reibt, die sich zur Dealerin ausbilden läßt und schon Französisch lernt für eine Karriere als Herrin über Black Jack und Roulette in Monte Carlo oder Deauville.

Dealer sind sie alle, die fünf Figuren, die Louis Malle an einem Ort flüchtiger, fiebriger Vergnügungen zusammenbringt. »Atlantic City USA« gleicht durchaus dem New Orleans von 1917, dem dekadenten Storyville-Distrikt aus »Pretty Baby«, durch den am Ende die fleißigen Bürger zogen, um die Sünde in ihrer Gemeinde zu vernichten. Eine Epoche geht zu Ende, eine Stadt verändert sich, die neuen Herren geben sich auf unbarmherzige Weise seriös. Wer auf eigene Faust Deals machen will, wer noch hofft, die Karten selber mischen zu können, ist verloren. Sally verliert ihren Job, der alte Lou verliert eine Illusion (und gewinnt eine neue), Dave verliert sein Leben, Grace und Chrissie, beide hilflos und aufeinander angewiesen, verlieren sich gemeinsam in einer hermetisch abgeriegelten Innenwelt.

Wie in »Pretty Baby« betrachtet Louis Malle diese untergehende Welt aus einiger Distanz. Seine Perspektive ist die des gelassenen Voyeurs. In »Pretty Baby« war es der Photograph E. J. Bellocq (Keith Carradine), durch dessen verhalten neugierigen Blick wir an der Geschichte teilnahmen. Und auch in »Atlantic City USA« ist eine Figur Spieler und Zuschauer zugleich. Zu Beginn, wenn man Sallies abendliche Reinigung sieht, ein Ritual von erotischer Intensität, fährt die Kamera langsam zurück aus dem erleuchteten Fenster und enthüllt, hinter der Jalousie in der Wohnung gegenüber, Lou als heimlichen Zeugen. Doch das wollüstige Schauspiel scheint ihn zwar zu faszinieren, aber nicht wirklich zu erregen. Seine Haltung entspricht der des Regisseurs.

Malles Blick ist der eines Fremden. Ihm enthüllt sich, was ein amerikanischer Regisseur wahrscheinlich nicht mehr erkennen könnte. Die heitere Häßlichkeit der Lokalität, die Mischung aus melancholischer Beharrlichkeit und neureicher Protzsucht prägt die Spieler. Alles ist für den Augenblick gemacht in Atlantic City, und keine Stimmung in »Atlantic City USA« bleibt über den Augenblick hinaus bestehen. Einem Genre kann man diesen Film, der bald eine Komödie ist, bald ein Gangsterstück, bald auch eine Liebesgeschichte, nicht zuordnen. »Atlantik City USA« handelt von der Unbeständigkeit der Gefühle, doch die scheinbar so schwerelose Nonchalance, mit der Louis Malle seine Impressionen ausbreitet, verbirgt auch eine Bitterkeit.

Wo eine Nacht lang ein glücklicher Ausgang sich abzeichnet – wenn Lou, der auf kindliche Weise seine spät gewonnene Selbstachtung genießt, zusammen mit Sally die Stadt verlassen hat –, da findet am nächsten Morgen schon wieder ein Verrat statt. Sie zieht, mit der Hälfte der Beute, alleine weiter, er duldet es, halb geschmeichelt, halb verletzt, und kehrt nach Atlantic City zurück. Dort warten Grace und ein letzter, listiger Coup. Die beiden Alten spazieren die Promenade entlang, der Zuschauer entspannt sich, aber in der letzten Einstellung sieht man noch einmal das Schauspiel der Zerstörung. Eine Beton-Birne zertrümmert ein Haus.

Es gibt viele Gründe, diesen Film zu lieben: Burt Lancaster, der den rührenden Möchtegern-Gangster Lou mit der Würde einer Visconti-Figur ausstattet; Susan Sarandon, eine schöne, nie völlig berechenbare Frau, romantisch und kalkulierend, ängstlich und stark. Auf den Bildern des kanadischen Kameramanns Richard Ciupka liegt ein weicher Glanz, der bei aller Schäbigkeit der Schauplätze noch etwas von dem Zauber ahnen läßt, der einmal von Atlantic City ausgegangen sein muß. Louis Malle, der den Zauber und das Spektakel liebt, aber auch die Tristesse, den Katzenjammer, die verspielten und die verlebten Gelegenheiten nicht unterschlägt, hat in diesem Ort etwas gefunden, was ihm schon immer wichtig war: die Korruption der Gefühle (wie in »Lacombe Lucien« oder »Pretty Baby«), den zwielichtigen Charme einer zum Verderben bestimmten Welt.

»Atlantic City USA« ist der Film eines französischen Regisseurs. Mit anderen Gewißheiten kann ich nicht dienen.

Nr. 50 vom 5. 12. 1980

# David Lynch und »Der Elefantenmensch«

## Zum Beispiel John Merrick

Immer noch gibt es Filme, die ganz anders sind als alles andere, was so in den Kinos angeboten wird: die in keine Richtung passen, die sich für keinen »Trend« vereinnahmen lassen, die auf seltsame Art aus der Zeit gefallen scheinen, die Widerstand leisten gegen das Gängige. Manche Filme von Werner Herzog waren so, »Fata Morgana« und, etwas später, »Auch Zwerge haben klein angefangen«. Der handelte von Verwachsungen.

Immer noch gibt es Filme, die sich sperren gegen eine Vereinnahmung durch alte Wörter. Auf den zweiten Film von David Lynch könnten einige verdächtige Adjektive passen: »zärtlich«, »warm«, »menschlich«. Oft mißbraucht, passen die auf überhaupt nichts mehr. »Der Elefantenmensch«, der auch von Verwachsungen handelt, braucht sie nicht. Er ist kein Beitrag zum Jahr der Behinderten. Ihm fehlt die kritische Perspektive. Er klagt niemanden an. Er ist über alle Maßen sentimental und traurig. Er beschreibt ein Unglück, für das niemand verantwortlich gemacht werden kann, nicht einmal »die Gesellschaft«.

Es dauert über eine halbe Stunde, bis man John Merrick zum erstenmal wirklich sieht, bis es der Regisseur David Lynch wagt, diesen ganz und gar deformierten Menschen ohne Maske und ohne den Schutz mildtätiger Schatten zu zeigen: einen von Geschwüren und schwammigem Gewebe übersäten Körper, auf dem ein übergroßer, beulenförmig verunstalteter Kopf sitzt, fast ohne Mund. Nichts ist normal an dieser Gestalt: Der eine Arm, ein unförmiger Stumpen, scheint auf den dreifachen Umfang angeschwollen, die Hüfte sitzt an der falschen Stelle.

Dieser Mensch, der so aussieht wie kein Mensch vor ihm und keiner später, ist 21 Jahre alt, als ihn der Arzt Dr. Frederick Treves 1884 auf einem Londoner Rummelplatz findet, wo er in einer Freak Show als »The Elephant Man« ausgestellt wird. Der Chirurg und Anatomie-Dozent Treves bringt den scheinbar schwachsinnigen Fleischklumpen ins London Hospital, verbirgt ihn in der als Isolierstation ausgestatteten Dachkammer und stellt ihn kurz darauf der Pathologischen Gesellschaft vor. So bleibt der Elefantenmensch eine Sehenswürdigkeit: ein sprachloses Stück Elend, eine schreckliche Laune der Natur, vor der sich die zahlende Kundschaft auf dem Jahrmarkt ebenso mit Grausen wendet wie eine junge hübsche Krankenschwester, die dem geheimnisvollen Patienten des Dr. Treves einen Teller Haferschleim bringen soll.

Das Entsetzen vor dem entsetzlichen Merrick ergreift auch das Kino-Publikum. Ein solches Monster, wie es der Maskenbildner Christopher Tukker geschaffen hat, ist selbst dem mit Horror-Bildern übersättigten Betrachter nicht ohne weiteres erträglich. Doch der erste Schock, den David Lynch so umsichtig vorbereitet hat, dauert nicht lange. Bald merkt der Arzt, bald merken auch wir, daß dieser groteskeste aller Froschkönige in Wirklichkeit ein Prinz ist, daß diesen grausigen Leib eine vornehme Seele belebt.

Der häßlichste Mensch besitzt den größten Hunger nach Schönheit. Merricks kostbarster Besitz ist eine Photographie seiner Mutter, einer Dame von vornehmer Anmut, die, so heißt es, während der Schwangerschaft von einer Elefantenherde angegriffen und so im Innersten erschreckt worden ist, daß sie eine Mißgeburt in die Welt brachte. Mit einer Großaufnahme ihrer Augen beginnt der Film, mit einem geheimnisvollen, halb abstrakten Bilderstrudel, der den unheimlichen Vorfall ins Unerklärliche rückt: eine unscharfe Fieberphantasie, bei der man sich erinnert an den ersten Film des erstaunlichen David Lynch. Der hieß »Eraserhead«, entstand zwischen 1972 und 1976 in der Industrielandschaft des nächtlichen Los Angeles, in verlassenen Fabriken, Röhren-Labyrinthen, Kellergewölben.

»Eraserhead«, eine billige Schwarzweiß-Produktion, ist ein Film wie eine Eiterbeule, aus der sacht eine ekelhafte Flüssigkeit tropft. Einem stumpfen Kleinbürgerpaar wird ein glitschiger, schreiender Kalbsfötus geboren, aus dem Körper der Frau kriechen Würmer, hinter einem Heizungsrohr singt mit zirpendem Stimmchen eine dickliche, im Gesicht entstellte Blondine »In Heaven everything is fine«.

»Eraserhead«, in der Bundesrepublik vom kleinen Nürnberger »Fantasia«-Verleih in die Programmkinos gebracht, war einer der beunruhigendsten Filme der siebziger Jahre: ein Blick in die Hölle, beeinflußt vielleicht von Cocteau und Dali, gewiß von Lynchs Idol Edward Hopper, aber doch etwas Eigenes. Die abgründige Imagination des 1946 in Montana geborenen Filmemachers faszinierte einen Mitarbeiter von Mel Brooks so sehr, daß er Lynch »The Elephant Man« anbot: keine Adaption des gleichnamigen Broadway-Stücks (in dem vor zwei Jahren der Rock-Star David Bowie als Merrick auftrat), sondern die »wahre Geschichte« des Elefantenmenschen, wie sie der Arzt Frederick Treves überliefert hat.

Eine unbestimmte Sehnsucht nach Erlösung, nach einem sanften Ende der unsäglichen Qualen des Erdenlebens, bestimmte schon die sinistre Schattenwelt von »Eraserhead«, einem Film, der mehr mit dem Ingmar Bergman von »Die Stunde des Wolfs« zu tun hatte als mit den modischen Scheußlichkeiten des Horror-Genres. »In Heaven everything is fine«: Diese Tröstung einer bizarren Kreatur aus »Eraserhead« könnte auch dem Elefantenmenschen zuteil werden, der sich am Ende zum Sterben legt. Er, den die feine viktorianische Gesellschaft zu ihrem Lieblingsmonster erkoren hat (selbst die Queen nimmt Anteil an seinem Schicksal), will nicht länger leiden an seinem Anderssein.

John Merrick stirbt glücklich, nach einem Besuch im Theater (seinem ersten), erfüllt vom Zauber des Märchenspiels, in dem Menschen sich als Tiere kostümiert hatten. In seiner Kammer im Krankenhaus räumt er langsam die Kissen vom Bett, auf denen er in sitzender Haltung schlafen muß, weil das Gewicht seines Schädels ihn sonst ersticken würde. Zum erstenmal in seinem Leben schläft er wie ein Mensch. Der Tod ist ihm willkommen. Die Kamera verharrt eine Weile auf der ruhenden Gestalt, streift das von Merrick liebe- und mühevoll aus Pappe gebastelte Modell einer Kirche, erhebt sich aus dem engen Raum und fliegt, so sieht es aus, geradewegs in die Weite des Weltalls, durch Millionen von fernen Sternen.

Dieses Ende ist so provozierend wie der ganze Film. Es ist das Ende einer Passionsgeschichte. Aber gerade deren rücksichtslose Sentimentalität trifft den Zuschauer härter und grausamer als eine dokumentarische Rekonstruktion des Falles. Keine medizinischen Erklärungen, auch keine Schuldzuweisungen erleichtern den Umgang mit Merrick. Wenn man über ihn, wenn man über diesen Film reden will, bekommt man es mit sehr unzeitgemäßen, schwierigen, auch nicht unbelasteten Begriffen zu tun. Die heißen: Unschuld, Reinheit, Gnade, Erlösung. Sie kommen auch vor, wenn von Robert Bresson die Rede ist, von »Mouchette« oder von »Zum Beispiel Balthasar«.

Mit Mouchette und dem Esel Balthasar teilt der Elefantenmensch eine Art von Unschuld und Reinheit. Der Gedanke an Rebellion gegen sein Schicksal ist ihm fremd. Selbst wenn er gequält wird (von seinem »Besitzer«, der ihn aus der Obhut des Arztes entführt und auf den Kontinent verschleppt; von einem Nachtwächter, der heimlich lüsterne Schauwillige in sein Zimmer führt), bleibt er fast reaktionslos. Seine Schwäche ist seine Stärke. An seiner Schutzlosigkeit bricht sich die Welt.

Von diesem John Merrick (dargestellt von John Hurt) geht eine schwer zu beschreibende Faszination aus. Man lernt ihn lieben: seine Zartheiten, sein Staunen, auch seine unendliche Traurigkeit. Wenn er im Salon des Hauses von Dr. Treves versucht, anmutig Konversation zu machen, überwältigt von Rührung, behindert auch durch die Unmöglichkeit, mit seinem zerstörten Mund schön klingende Sätze zu formulieren, wird seine Hoffnungslosigkeit vollends offenbar. Der Film von David Lynch ist da von einer großen Melancholie, die auch jene ergreift, die mit Merrick umgehen. Selbst wenn er ihnen nahe ist, wenn er im Abendanzug erscheint – das Monster als Dandy –, bleibt er ihnen fremd. Ihre Herzlichkeit behält eine Spur von Verlegenheit, bis sich am Ende, im Theater, doch eine Utopie erfüllt: die Versöhnung des Allerhäßlichsten mit dem Allerschönsten. Aber das ist fast schon der Moment des Todes. So ist »The Elephant Man« auch einer der grausamsten Filme der letzten Jahre.

Für David Lynch ist Liebe eine Frage der (Kamera-)Einstellung. Die Sorgfalt, mit der er und sein Kameramann Freddie Francis (ein Veteran jenes Horror-Genres, zu dem dieser Film nicht gehört) in wunderbar komponierten Schwarzweiß- und Breitwand-Bildern das London der Queen Victoria auferstehen lassen, wirkt auch unzeitgemäß, altmodisch. Es ist die Welt von Charles Dickens, in die wir geraten, romanhaft, aber naturalistisch.

Aus den engen, regennassen Gassen quellen, wie aus dem Schlund der Hölle, die Dämpfe der industriellen Revolution. Durch den hohen Saal im Krankenhaus schreiten strenggewandete Schwestern. Es ist eine Welt im Wandel: halb noch mittelalterlich (der Jahrmarkt), halb schon vom Fortschritt der Wissenschaft und Technik ergriffen. John Merrick, der Elefantenmensch, paßt in keine Welt.

Nr. 9 vom 20. 2. 1981

# »Wie ein wilder Stier« von Martin Scorsese

## Zeit der Niederschläge

Der da ist weit weg, ganz am Anfang schon und viel später auch noch. Der da sieht aus wie einer, dem man nicht nahekommen möchte. Der da hält sich die Hoffnung vom Leib. Der da ist ein Verlorener. Das merkt man gleich, auch, als er noch zu gewinnen scheint.

Der Mann heißt Jake La Motta. »Raging Bull« nannten sie ihn damals, den wütenden Stier aus der Bronx, die unbarmherzige Kampfmaschine, die sich nach Schlachten gegen Sugar Ray Robinson, Tony Janiro und Marcel Cerdan 1949 die Weltmeisterschaft im Mittelgewicht eroberte. Zwei Jahre später verlor La Motta den Titel wieder gegen Robinson. Da sah er aus, als sei er unter eine Dampfwalze geraten. In den folgenden Jahren wurde er fett. Er versuchte sich als Nachtklub-Besitzer. Seine Frau verließ ihn. Als Witzereißer trat er in drittklassigen Kaschemmen auf: »Als ich zum ersten Male hier auftrat, fragte ich den Besitzer, wo die Toilette ist. Er sagte: Du stehst mitten drin.«

»Das Herz eines Boxers« besang einst Max Schmeling. Und die meisten der Faustkämpfer-Biographien aus Hollywood erzählen optimistische Geschichten: wie sich einer hochboxt, schließlich den Champion herausfordert und selber den Titel erringt. Das war so in Raoul Walshs »Gentleman Jim« (1942) über James Corbett (Errol Flynn), das war kaum anders in »Somebody Up There Likes Me« (»Die Hölle ist in mir«, 1956) von Robert Wise mit Paul Newman als Rocky Graziano. Diese und ähnliche Filme, zuletzt noch Sylvester Stallones zweiteilige »Rocky«-Saga, verkündeten amerikanische Gewißheiten: daß es für den armen, aber bärenstarken Jungen aus dem Slum eine Chance gibt, wenn er es nur lernt, seine Fäuste in einem von Seilen markierten Viereck wirkungsvoller zu gebrauchen als jeder andere.

Martin Scorsese, 1942 als Sohn italienischer Einwanderer geboren, wuchs im »Little Italy« von New York auf, einer Gegend, die gezeichnet war von der Gewalt auf den Straßen, wo die jungen Männer sich nur vorstellen konnten, Priester zu werden oder Gangster. Oder auch Boxer wie Jake La Motta und Rocky Graziano. Die Boxer wiederum waren von den Gangstern abhängig. Und auch davon handelten Hollywoods Boxer-Filme: »The Set-Up« von Robert Wise, »Body and Soul« von Robert Rossen.

Natürlich hat Martin Scorsese, schon mit acht Jahren von einer unheilbaren Kinomanie geschlagen, alle diese Filme gesehen. Aber »Raging Bull« (Verleihtitel: »Wie ein wilder Stier«) ist doch ganz anders: kein ungebrochenes Aufsteiger-Drama, schon gar kein Thriller, viel mehr die Beschreibung eines Mannes, der eine Art von Krieg führt, gegen die Welt und gegen sich selber. Dieser Jake La Motta ist ein Bruder von Scorseses »Taxi Driver« Travis Bickle: wie jener ein einsamer Wolf, ein kaputter »Macho«, dessen beschädigte Emotionen gelenkt sind auf Gewalt und (Selbst-)Zerstörung.

Er bleibt uns fremd von der ersten Einstellung an. Die Kamera von Michael Chapman beobachtet ihn aus der Ferne bei der Aufwärmearbeit vor einem Kampf. Durch die Ringseile hindurch erkennt man eine in einen Leopardenmantel mit Kapuze gehüllte Figur, die, in Zeitlupe, einen archaischen Kriegstanz aufzuführen scheint. Dahinter eine Wand aus Rauch und Nebel, durch die gelegentlich Blitzlichter dringen. Es ist eine unwirkliche Szenerie. Nicht ein Champion wird da vorgestellt, sondern ein Urwelt-Wesen. Das Schwarz-Weiß-Verfahren, das Scorsese gewiß nicht nur gewählt hat, weil er einen Feldzug gegen Eastman-Kodak und das Ausbleichen älterer Farbkopien führt, verstärkt noch den Eindruck von Distanz.

Es gibt nichts, wofür man ihn lieben könnte, diesen Jake La Motta (der als technischer Berater sogar an dem Film mitwirkte): weder für den Umgang mit seiner Frau, einer stillen blonden Schönheit von träger Sinnlichkeit (Cathy Moriarty in ihrem ersten Film), die vor seiner bewußtlosen Aggressivität und manischen Eifersucht ebenso flieht wie vorher schon sein Bruder Joey (Joe Pesci), der ihn als Manager und Trainingspartner betreute, noch für seinen Kampfstil. Der ist ganz ohne Eleganz und Finessen, erschöpft sich in einer mörderischen Drescherei, unter der die Gegner zusammenbrechen. Nur ein einziges Mal zeigt La Motta so etwas wie Interesse für den Zustand eines seiner Opfer: nach dem Kampf mit Marcel Cerdan, der ihm den Titel einbringt. Da scheint er zu ahnen, wie sich ein Champion benehmen müßte.

Jake La Motta lebt so, wie er meint, daß Männer leben müssen: ohne Zärtlichkeit, nur bestimmt von der Sucht nach der Selbstbestätigung im Ring. Die findet er, in der fürchterlichsten Sequenz von »Raging Bull«, sogar noch in der Niederlage. Mit perverser Genugtuung läßt er sich in seinem letzten Kampf gegen Sugar Ray Robinson von seinem Gegner ohne Gegenwehr mit Schlägen eindecken, die jeden anderen längst von den Beinen gerissen hätten. Und als der Ringrichter das grausame Spektakel endlich abbricht, taumelt Jake mit entstelltem Gesicht auf Robinson zu, bringt durch seine zerplatzten Lippen nur noch einen einzigen Satz hervor: »Ich bin nicht zu Boden gegangen.« So monströs ist Männlichkeitswahn wohl noch nie im Kino gezeigt worden.

Am Ende dieser Sequenz fährt die Kamera an den Ringseilen entlang, bis zu einer Stelle, die sich vom Blut des Verlierers dunkel gefärbt hat. Dieses Detail füllt die Leinwand. Ein Augenblick der Stille, aber er vermittelt beinahe mehr vom atavistischen Ritual des Faustkampfes als die genial montierten Ringschlachten mit den in Zeitlupe aus der Nase schießenden Blutfontänen, mit den zersplitternden Nasenbeinen, mit den in Großaufnahme eine Physiognomie verwüstenden Fäusten. Scorsese, der seine Karriere als Cutter begann (bei »Woodstock«), schneidet diese Momente intensivster Gewalt zu einer fast abstrakten Komposition aus sekundenkurzen Bildfragmenten. Auch hier hilft das Schwarz-Weiß-Format. In Farbe hätten diese Sequenzen nur noch roh und spekulativ gewirkt.

»Obsession« (»Schwarzer Engel«) heißt ein Film von Brian De Palma, dessen Drehbuch Paul Schrader geschrieben hat, derselbe Schrader, der für Scorsese den »Taxi Driver« erfand und der auch in seinen Filmen als Regisseur (»Blue Collar«, »Hard Core« und zumal »American Gigolo«/ Ein Mann für gewisse Stunden) mit dunklen Leidenschaften umgeht. Schrader war auch an dem Drehbuch von »Raging Bull« beteiligt, einem Film, der, wie fast alle von ihm und seinem Freund Scorsese, eine geradezu religiöse Inbrunst besitzt, sogar mit einem Bibelzitat endet. Nur ist die Obsession des Boxers Jake La Motta stumpfer und häßlicher als etwa die des »American Gigolo« Julian, seine Sehnsucht nach Gnade und Erlösung so restlos verschüttet, daß man sie nur ahnen kann.

Erst in der allerletzten Sequenz, wenn sich der fette, unbeweglich gewordene Entertainer in einer tristen Garderobe auf einen Auftritt als Rezitator vorbereitet und seinem Spiegelbild mit unbewegtem Gesicht den Monolog von Marlon Brando aus dem Film »On the Waterfront« (Die Faust im Nacken) vorträgt, geschieht etwas mit ihm, auch mit dem Verhältnis des Zuschauers zu dieser Figur. Über den Umweg der Kunst (der er sich mit jämmerlichen Fähigkeiten, aber mit einer neuen Würde hingibt) findet er eine Annäherung an sein Elend.

Kein anderer Schauspieler kann diese gefährdeten, bei allen Kraftposen so zerbrechlichen Über-Männer darstellen wie Robert De Niro, der seinen eigenen Beruf mit einem ähnlichen neurotischen Fanatismus betreibt wie der »Taxi Driver« seine Wahnsinns-Fahrten durch New York, der »Letzte Tycoon« das Filmemachen, der »Deer Hunter« die Jagd auf Tiere und Menschen, »Raging Bull« die Schlachten im Ring und im Schlafzimmer. Nur De Niro kann eine solche Szene riskieren: sich kurz vor einem wichtigen Kampf von seiner Frau erst locken lassen, sich ihr dann entziehen und im Nebenzimmer Eiswasser über seine Erektion gießen. Über die Verwandlung des ranken Boxers in einen tristen Fettsack, für die De Niro fünfzig Pfund zunahm, ist viel geschrieben worden. Aber man muß das schon selber sehen, die unglaubliche Maßlosigkeit, mit der dieser Schauspieler sich die Figur aneignet.

»Raging Bull« ist ein düsterer Film: das Protokoll einer langsamen Selbstzerstörung, manchmal untermalt von grandioser Schicksalsmusik aus Pietro Mascagnis »Cavalleria Rusticana«. Der veristische Elan von Scorseses Inszenierung, die Milieustudien von den Straßen und Hinterzimmern des »Little Italy« begleiten eine Figur, deren Leben ungelebt bleibt. Paul Schrader schrieb über den »Taxi Driver«, der hätte sich umgebracht, wenn er sein existentielles Elend begriffen hätte. Das ließe sich auch über den Stier aus der Bronx sagen.

Nr. 13 vom 20. 3. 1981

# »King of Comedy«

## Heller Wahn

Der König flaniert durch seine Stadt: leutselig nach allen Seiten grüßend, lässig, selbstbewußt, aber doch auf der Hut. Eine ältere Frau erkennt ihn, und schon soll der König ihrem kranken Neffen Morris ein paar aufmunternde Worte ins Telephon sprechen. Da macht er nun doch nicht mehr mit, bei aller Volksverbundenheit, und sogleich schlägt der Tonfall der Passantin von Bewunderung um in blanken Haß. Der böse Krebs, der an jenem Morris nagt, soll flugs auch den widerspenstigen König holen. So unberechenbar ist die Gunst der Masse. Prominenz macht verwundbar. Jerry Lewis ist Jerry Langford: der König unter den amerikanischen Talk-Show-Gastgebern, ein vereister Veteran des seichten Geplauders, der seinen legendären Entertainer-Charme nur im Fernsehstudio anknipst. Bei anderen Gelegenheiten wirkt er eher wie ein mürrischer Finanzberater. Seine Berühmtheit ist dem Manne lästig. Wer allzu sichtbar ist in New York, gerät leicht ins Fadenkreuz irgendeines *Nobody*, der auch mal in den Nachrichten vorkommen will. So starb Johan Lennon. Was Jerry Langford ist, möchte Rupert Pupkin sein: der »King of Comedy«. In dem feisten, beflissenen Büroboten steckt ein mörderischer *drive*. Der kleine Mann erträumt sich eine große Karriere. Erfolg ist alles in einer Gesellschaft, die ihre Stars vergöttert, die kein Mitleid hat mit den zu kurz Gekommenen. Der Erfolg des Rupert Pupkin (der so namenlos ist, daß ihn die Vorzimmerdamen unweigerlich »Pumkin« oder so ähnlich nennen) führt über Jerry Langford. In seinem Keller, wo Rupert einsam das Witzereißen übt, gelegentlich unterbrochen von der nörgeligen Stimme der unsichtbaren Mutter, hat das Idol schon Platz genommen: als Pappfigur. Robert De Niro ist Rupert Pupkin: ein entfernter Verwandter des »Taxi Driver« Travis Bickle und des »Raging Bull« Jake LaMotta, wie jene Figuren aus früheren Filmen von Martin Scorsese ein neurotischer Einzelgänger, ein Besessener. Dem Lebenskampf auf den Straßen von New York widmen sich Scorseses kaputte Helden, auch schon die italo-amerikanischen Streuner in »Mean Streets« und der Saxophon-Spieler in »New

York, New York«, mit den Taktiken einsamer Stadt-Guerilleros. In Scorsese-Filmen ist immer Krieg. Und Robert De Niro muß ihn führen.

In »Mean Streets« und »Taxi Driver« erschien New York als Hölle auf Erden: ein Ort aus Neon, Nacht und Rauch, eine existentialistische Alptraum-Kulisse. Wer diesen Scorsese-Stil schätzt, könnte von »The King of Comedy« enttäuscht sein. Die Mittel sind zurückhaltender geworden, auch sparsamer eingesetzt, das Klima latenter Gewalt entfaltet sich sehr allmählich. Der Wahn des Rupert Pupkin wirkt, wenigstens auf den ersten Blick, nahezu harmlos. Der junge Mann könnte ein Enkel von James Thurbers Walter Mitty sein, denkt man, jenem furchtsamen Kleinbürger, der sich in seinen ausschweifenden Träumen von gefährlichen Abenteuern für seine rührende Durchschnittlichkeit entschädigte. Aber war nicht auch Norman Bates ein braver Junge, der Motel-Verwalter in »Psycho«?

Auf einem schmalen Grat zwischen Alltags-Beobachtung, Satire und psychologischem Thriller entwickelt Scorsese – nach einem Drehbuch des ehemaligen *Newsweek*-Kritikers Paul D. Zimmermann – eine schwarze Komödie voller Überraschungen. Selbst in den Momenten höchster Dramatik bleibt ein makabrer Humor sichtbar. Als Rupert und seine Komplizin Masha (Sandra Bernhard) den Talk-Master entführt haben – stilecht verkleidet im Mafioso-Look mit Hawaii-Hemd und Sonnenbrille –, lassen sie ihn die Erpressungs-Botschaft von großformatigen »Idioten-Karten« (Cue Cards) ablesen. Aber die sind so dilettantisch vorbereitet, daß der Gekidnappte, stets ein kühler Profi, sogleich die Regie übernehmen muß, um das Schlimmste zu verhüten.

Jerry Langfords Berühmtheit wird ihm fast zum Verhängnis. Als er versucht, seinen Produzenten anzurufen, wimmelt ihn die Sekretärin brüsk ab. Sie hält ihn für einen geschickten Stimmen-Imitator. Die Jerry Langfords dieser Welt sind nie selber am Apparat. Jerry Lewis – in seiner ersten dramatischen Rolle – spielt das mit dem mimischen Aufwand von Buster Keaton: eine versteinerte Charakter-Maske.

Robert De Niro stattet seine Figur mit einem unbarmherzigen Froh- und Biedersinn aus: ein hilfsbereiter Kumpel, zielstrebig in seiner Zuneigung, gänzlich ohne Gespür für Schutzzonen und Intimsphären. Ein Star ist öffentlicher Besitz seiner Fans. Rupert lebt in der Illusion, ein kurzes Gespräch mit Langford habe ihm den Status eines vertrauten Freundes verschafft. Und wenn jener sich in die Floskel flüchtet, Rupert möge doch mal gelegentlich sein Büro anrufen, ruht dieser tumbe Tor nicht eher, bis ihn, nach vielen Anläufen, ein Hausdetektiv vor die Tür setzt.

In einer der besten Sequenzen lassen sich Rupert und eine nichtsahnende Freundin unangemeldet auf dem Landsitz des Stars zum Wochenende nieder. Hilflos sieht der asiatische Butler zu, wie der betriebsame Eindringling das Haus in Besitz nimmt. Und selbst Jerry Langford, der sein Golfspiel unterbrechen muß, scheint für einen Moment verwirrt. Wer so selbstverständlich alle stillschweigenden gesellschaftlichen Übereinkünfte bricht, ist ein Mann, mit dem man rechnen muß.

Wen wundert es da, daß Rupert schließlich am Ziel seiner Träume anlangt? Seine schlechten Witze sind auch nicht schlechter als die von Jerry Langford (oder Johnny Carson oder Merv Griffin), und so winkt ihm am Ende eine eigene Entertainer-Karriere. Diese Pointe wirkt etwas gewaltsam – bis man sich erinnert, was aus den Watergate-Einbrechern und ihren Hintermännern geworden ist. Die verdienen besser denn je: mit Bibelstunden und Kriminalromanen. Scorseses Geschmack an ironisch gebrochenen Märchen-Schlüssen – auch der »Taxi Driver« Travis Bickle sah sich zum Volkshelden befördert – bleibt beängstigend realistisch.

Nr. 11 vom 11. 3. 1983

# Susan Seidelmans »New York City Girl«

## Lebenszeichen aus dem Müll der Stadt

Ein U-Bahn-Schacht. Fahles Licht. Von einer Frauenhand baumelt eine Sonnenbrille mit schwarz-weiß kariertem Rahmen. Ein Mini-Rock, mit dem gleichen Schwarz-Weiß-Muster bedruckt, kommt ins Bild, immer näher. Die Bewegungen sind künstlich verlangsamt, zeitlupenhaft. Dann plötzlich ein kurzer Moment der Gewalt. Die fast abstrakte Szenerie löst sich auf zu einer Momentaufnahme vom alltäglichen New Yorker Straßenkampf: Die Mini-Rock-Trägerin reißt mit einer jähen Geste die Sonnenbrille an sich, läuft rasch davon, verschwindet im unterirdischen Gewimmel.

So begegnen wir Wren, der Streunerin, der Gelegenheitsdiebin, dem 19jährigen Strubbelmädchen aus einem Kaff in New Jersey, das in der großen Stadt auf eine Karriere im Musikgeschäft hofft. Schön ist sie nicht: ein mageres Energiebündel in schwarzen Netzstrümpfen und roten Baseball-Stiefeln, ständig in Bewegung, schrill und schroff, unfreundlich, berechnend, immer auf einen schnellen Vorteil, eine günstige »connection« bedacht. Wren ist ein hartes Mädchen. Sie hat New York den Kampf angesagt. Wenn sie hier nicht nach oben kommt, glaubt sie, muß sie sich erschießen. Nur nicht zurück in den Mief der Provinz!

Wren arbeitet, manchmal, in einem Copy Center. Am liebsten vervielfältigt sie ihr eigenes Bild: einen Reklame-Zettel im schick-häßlichen New Wave-Stil mit der Zeile darunter: »Who is this girl?« Diese rohe Spur ihrer Existenz hinterläßt sie an vielen Mauern, aber niemand in New York scheint wissen zu wollen, wer dieses Mädchen ist. Wrens Lebenszeichen verzieren den Müll der Stadt: Überall hinterläßt sie ihr unerwünschtes Autogramm, mit einer Sprühdose ungelenk und trotzig hingekrakelt.

American Graffiti: keine gemütliche Schrift, aber eine verzweifelt phantasievolle.

»Smithereens« heißt im Original der erste Kino-Film der jungen New Yorkerin Susan Seidelman. Smithereens sind Fetzen, Splitter, die nach einer Explosion übrigbleiben. »Es ist auch ein Wort«, sagt die Regisseurin, »das Kinder häufig in Comics gebrauchen. Ich wollte damit auch einen bissigen Straßen-Comic schaffen.«

»Smithereens« lief 1982 im Wettbewerb der Filmfestspiele von Cannes: ein merkwürdiger Ort für einen Film, der nur ganze 100 000 Dollar gekostet hat, einen winzigen Bruchteil also üblicher Hollywood-Produktionen, die bei einem Produktions-Volumen von vier oder fünf Millionen inzwischen schon als »Low Budget«-Filme gelten. Das durchschnittliche Budget liegt bei elf Millionen Dollar, mit stetig steigender Tendenz.

Armut muß keine Tugend sein, aber dieses »New York City Girl«, inszeniert mit dem rüden Charme der Graffiti-Kunst, ist mehr als ein exotisches Schattengewächs aus dem Treibhaus New York, in dem auch die Talente von Außenseitern wie Amos Poe (»Subway Riders«), der hier eine kleine Rolle spielt, und Jim Jarmusch (»Permanent Vacation«) prächtig gedeihen. Susan Seidelman ist keine Ausbeuterin. Die tristen Reize, die das Milieu des jugendlichen New Yorker Lumpen-Proletariats dem flüchtigen Betrachter bietet, kommen eher am Rande vor. Kein modischer New Wave-Firlefanz verstellt den genauen Blick auf die kleinen Kämpfe am Rande des Chaos, auf die kaputten Träume eines Mädchens, das so schnell lebt, daß es nie zum freien Atmen kommt.

Der Film zeichnet hektische Bewegungen durch eine Stadt-Landschaft nach, die so zerstört aussieht, als sei ein Leben in ihr nur noch auf Abbruch möglich. Niemand will bleiben: weder Paul, der nette Junge aus Montana, der mit seinem bunt bemalten Kleinbus auf einem Trümmergrundstück campiert, noch Eric, der Musiker, der Mädchen so kühl benutzt wie Wren Männer und sich am Ende nach Los Angeles absetzt.

Aber »New York City Girl« wird nie zum melancholischen Requiem auf eine Stadt. Dazu ist Wren, gespielt von der hinreißenden Susan Berman, eine viel zu vitale Figur. Ihr aberwitziger Elan, gegen alle Schwierigkeiten doch noch das Unmögliche zu schaffen: eine Identität inmitten der Gesichtslosigkeit, besitzt nicht nur tragische, sondern oft auch unvermittelt komische Züge.

Den Katastrophen des täglichen Lebens begegnet sie mit einer Mischung aus unverwüstlicher Neugier und lakonischem Witz. »Die sieht sicher noch schärfer aus, wenn sie gelb wird«, sagt sie, als sie eine böse rote Wunde auf ihrem Bein betrachtet. So wird die Verwesung zum ästhetischen Ereignis. Die Blumen mögen längst am Smog erstickt sein, aber aus den Ruinen der Stadt wachsen neue Blüten: die roten, blauen und gelben Schlingpflanzen der Sprühdosen-Kunst.

Nr. 35 vom 26. 8. 1983

# »Koyaanisqatsi« von Godfrey Reggio

## Die schärfste Droge

Es scheint fast unmöglich, über diesen Film zu schreiben. Er selber macht überhaupt keine Worte (jedenfalls kein einziges gesprochenes, nur einige im dunklen Chorgesang einer alten Indianersprache). Und wer viele Worte um »Koyaanisqatsi« (schon beim Schreiben des Titels gerate ich ins Stocken) machen will, muß sich zunächst wohl mit den vollmundigen Adjektiven der Überwältigung behelfen: hinreißend, faszinierend, phantastisch, einmalig. Das sagt nicht viel. Das spricht allein von jenem seltsamen rauschartigen Zustand, den dieser Film, einer Droge gleich, sogar in den Köpfen von Skeptikern auszulösen vermag. Wie schreibt man über einen Trip?

Wenn das allseits mißbrauchte Etikett vom »Kultfilm« je einen Sinn haben könnte: In »Koyaanisqatsi« kommt man ihm auf die Spur. Der Kino-Besuch wird zur kultischen Handlung für die Initiierten, zum Götter-Dienst für die Heiden der Städte. Schade, daß Carlos Castaneda nicht mehr dabeisein kann.

Francis Coppola, der Napoleon des Kinos, hat »Koyaanisqatsi« in den USA herausgebracht: auch er ganz im Banne der monumentalistischen Gebärde, mit der die drei Männer (der Regisseur Godfrey Reggio, der Kameramann Ron Fricke, der Komponist Philip Glass) ein Klagelied auf den endzeitlichen Verfall unserer guten Erde anstimmen. Kein anderer Film paßt so perfekt zur neuesten Stimmung des Westens wie dieser (an dem sieben Jahre lang gearbeitet wurde). Der Titel, aus der Sprache der Hopi-Indianer, hat fünf Bedeutungen: verrücktes Leben; Leben in Aufruhr; Leben in Auflösung; Leben aus dem Gleichgewicht; Leben in einem Zustand, der nach Veränderung ruft.

Nichts gegen die Hopi-Indianer. Sie haben der Welt so kluge Prophezeiungen wie diese geschenkt: »Wenn wir die Schätze der Erde ausgraben, werden wir Verderben heraufbeschwören.« Erhard Eppler sagt nichts anderes. Ich persönlich bin auch gegen den sauren Wald. Ich bin allerdings nicht völlig sicher, ob ich wirklich für »Koyaanisqatsi« bin. Der monumentale Bilderbogen zeichnet sich durch eine gewisse monumentale Schlichtheit aus.

Erst kommt die Schönheit der Natur. Der amerikanische Südwesten in seiner ganzen rotschimmernden Pracht, vom Flugzeug aus mit majestätischen Totalen eingefangen: Manchmal erinnerte mich dieser Anfang fatal an eine Zigarettenreklame (»Ernte 23 zeigt Ihnen die schönsten Flecken der Welt«). Dann geht, nach ungefähr zwanzig Minuten, das Unheil los. Riesige Bagger kommen ins Bild, nagen dämonisch am Idyll, und schon sind wir in den bösen Städten, die bekanntlich nur aus Slums, Gewalt, buntem Plastik-Horror und permanenten Verkehrschaos bestehen.

An den Zeichen der Dekadenz und des Untergangs weidet sich »Koyaanisqatsi« eine gute Stunde lang: fast immer aus der Vogelperspektive (also aus der ungenauesten), ganz selten aus einer Nähe, die mehr erlauben würde als die Reproduktion von – brillant photographierten, rasant montierten – visuellen Schablonen vom unaufhaltsamen Niedergang der Zivilisation. »Koyaanisqatsi« ist ein ziemlich dummer, ziemlich menschenverachtender Film: beliebige Fortschritts-Kritik (die plakativer nicht sein könnte) aus der wolkigen Höhe einer fernen Mythologie.

Das schreibe ich jetzt. Als ich den Film sah, war es auch um mich nach einer Weile geschehen. Mit der Kamera flog mein kleiner Verstand davon. Die unendlich suggestive, gar nicht mehr so minimalistische Musik von Philip Glass versetzte mich in einen Zustand wohligen Schauderns, kosmischer Übereinstimmung mit den unsichtbaren Genies, die meinen Blick fesselten und lenkten. Ich fand es ganz toll, unirdisch, geradezu sakral.

Gehen Sie unbedingt hin. Vielleicht werden Sie einen so tiefen Widerwillen gegen »Koyaanisqatsi« entwickeln wie ich, aber wahrscheinlich werden Sie es erst hinterher merken. Achten Sie aber darauf, daß Ihr Kino ein vernünftiges Dolby-Stereo-System besitzt. Die schärfste Droge, die im Herbst 1983 für weniger als zehn Mark zu haben ist, muß – wenn schon – in vollen Zügen benossen werden. Für Folgeschäden übernehme ich, wie immer, keine Haftung.

Nr. 46 vom 11. 11. 1983

# 3. Antipodische Bilder

Über die Angst in Deutschland (aus der Ferne),
über politische und kulturelle Dinge
in den Antipoden (aus der Nähe) und über
einen amerikanischen Film, der auch damit zu tun hat

## Die letzten Tage des Friedens

Wenn man sich von Deutschland entfernt, sehr weit und länger als für ein
paar Ferienwochen, kann einem auch dies passieren: Im Laden an der
Ecke fragt ein Mann nach einer Zeitschrift. Er weiß nicht, wie sie heißt.
Ja, sagt die Frau hinter dem Tresen, das ist wohl die mit dem Papagei vorn
drauf. Ich stehe dabei, zufällig, und mische mich ein, ohne darüber nachzudenken. Nein, sage ich zu der Frau, das ist kein Papagei. Das war einmal ein Adler. *This used to be an eagle ...*
Der Adler auf dem Titelblatt von *Time* sieht tatsächlich mehr aus wie ein
Papagei: ein trauriger Vogel, ein krankes Wappentier. Die Geschichte
dazu handelt von Deutschland und heißt: *A moment of Angst.* Sie erscheint im August 1981. Ich lese sie in Sydney, Australien. Die Angst
scheint fern, aber nur einen Moment lang.
Im Goethe-Institut in Sydney tauchen immer häufiger Leute aus Deutschland auf, die sich einen Rat (und am liebsten auch eine Tat) erhoffen: ob
sie nicht hierbleiben könnten, irgendwie, Australien, das habe ja noch
Zukunft. Auch beim Generalkonsulat der Bundesrepublik, ein paar Straßen weiter, melden sich gelegentlich Menschen, die gern das Weite suchen würden. Die sind aber nicht nur an der falschen Adresse, sondern
auch im falschen Land.
Jeder siebente der knapp 15 Millionen Australier lebt hart am Existenz-
minimum. Die Armut im Lande verbirgt sich gut, aber sie ist so groß, daß
der *Sydney Morning Herald* (neben dem in Melbourne erscheinenden
*Age* die beste Tageszeitung Australiens) dem um sich greifenden Elend
gerade eine alarmierende dreiteilige Artikelserie widmete. Die Reichen
werden immer reicher (von der Ausbeutung der fast unermeßlichen Bo-
denschätze des Landes profitieren überwiegend multinationale Kon-
zerne), und die Armen werden immer ärmer im Australien des Premier-
ministers Malcolm Fraser, der niemanden so enthusiastisch bewundert

wie Ronald Reagan. »Alle Kraft Ihrem Arm«, rief er in Washington dem Präsidenten zu. So kommt es, daß auch in Australien manche Leute Angst bekommen.

*

Neulich ging ich zu einer Demonstration, die an einem Sonntagmittag am Opernhaus von Sydney stattfinden sollte: dieser phantastischen Konstruktion aus geschwungenen Segeldächern, die selbst jene Menschen in Australien vermuten, die sonst höchstens wissen, daß es hier Tiere mit Beuteltaschen gibt, die boxen können und alle Mathilda heißen. Um Joan Sutherland im Sydney Opera House singen zu hören (in »La Traviata« und in Meyerbeers »Hugenotten«), muß man sechzig Mark bezahlen: für einen schlechten Platz. Ein guter kostet das Dreifache. Oper und Ballett, ein Luxus für die ganz wenigen, die sich solche Preise erlauben können (junge Leute sieht man fast überhaupt nicht in der Oper), verschlingen fast dreißig Prozent der bescheidenen 29,3 Millionen Dollar, die die Fraser-Regierung im nächsten Haushaltsjahr durch den »Australia Council« als Kunst- und Kulturförderung verteilen läßt. Mit Kultur hat der konservative Farmer Fraser so wenig zu schaffen wie sein Idol Reagan. Die Mittel für den »Australia Council« sind, nach Abzug der Inflationsrate, um zehn Prozent gegenüber 1980/81 gekürzt worden.
Aber darum ging es nicht bei der Demonstration am wunderschönen Kulturpalast des dänischen Architekten Jörn Utzorn. Ganz hinten am Bennelong Point, in der Nähe der Parkplätze, kaum bemerkbar für die Touristen, die in der milden Wintersonne Australiens berühmtestes Gebäude bewunderten, hieß die Parole »Protestieren und überleben«. Ein Schiff wurde getauft, die »Pacific Peacemaker«, ein eher winziges Segelboot, das bald nach Seattle im amerikanischen Bundesstaat Washington aufbrechen soll, um ein Monster zu stoppen: das 168 Meter lange, mit 408 nuklearen Sprengköpfen bestückte »Trident«-Super-U-Boot, das erste von 30 geplanten. Auch Schiffe aus anderen Ländern, aus Neuseeland, aus Belau, aus Mikronesien, werden nach Seattle segeln, um für einen atomwaffenfreien Pazifik zu demonstrieren.
Für die Teilnehmer der Demonstration am Bennelong Point lagen ein 168 Meter langes weißes Seil und 408 schwarze Fähnchen bereit. Von der obersten Stufe des Opernhauses fast bis zum benachbarten botanischen Garten sollte sich eine Kette von Menschen bilden, sollte mit den Wimpeln (von denen jeder einen der Sprengköpfe symbolisierte) das schiere Ausmaß des amerikanischen Kolosses angedeutet werden.
Das sah dann nicht sehr eindrucksvoll aus. Es waren viel weniger als 408 Demonstranten erschienen. Die Kette blieb dünn, die Reden, die Lieder, die Grußworte verhallten beinahe ungehört über dem großen Platz. Dabei hielt sogar Cliff Dolan eine Rede, der mächtige Chef der australischen Gewerkschaften, ein gedrungener Mann im offenen Hemd, dessen Er-

scheinung dem Bild sehr nahe kommt, das sich das Publikum von Arbeiterführern macht. Vetter, dachte ich, wo bist du?

Etwas später traf ich einen Reporter der Tageszeitung *The Australian*, die Rupert Murdoch gehört, dem australischen Über-Springer. Ich frage ihn, was er von dieser Demonstration hielte. Er sagte, er habe keine Meinung, schließlich sei er Journalist. O ja, sagte ich, denn diesen Satz kannte ich schon aus dem Fassbinder-Film »Die Ehe der Maria Braun«. Schließlich sagte er, die amerikanische Botschaft sei sehr ungehalten über die Sache. Der amerikanische Botschafter in Canberra ist ein sehr reicher kalifornischer Autohändler, von dem selbst die allerkonservativsten australischen Beoachter annehmen, er habe diesen Posten nur erhalten, weil Nancy Reagan den Schnitt seiner Anzüge schätzt.

*

Protestieren und Überleben: In den Antipoden scheint diese Gleichung vorerst nur wenige Köpfe erreicht zu haben. Dabei besitzt ziviler Ungehorsam eine große Tradition in diesem friedlichen, freundlichen Land. Wer von den englischen Sträflingen abstammt, die vor 193 Jahren mit der »First Fleet« in der Botany Bay von Sydney landeten, ist stolz auf seine Ahnen. Als eines der heroischsten Ereignisse in der australischen Geschichte gilt die »Eureka Stockade« von 1854, der Aufstand der Arbeiter auf den Goldfeldern von Victoria, von dem selbst Karl Marx Notiz nahm. Und unvergessen bleibt der legendäre Bandit Ned Kelly, längst verklärt zum australischen Robin Hood, Objekt unzähliger Balladen, Bücher und einer Bilderserie des berühmtesten australischen Malers Sidney Nolan.

Die Krisen der Welt indessen erreichen diesen menschenarmen Kontinent, wenn überhaupt, nur mit Verspätung. Bis auf diverse Bombardierungen der nordaustralischen Hafenstadt Darwin in den Jahren 1942 und 1943 ist das Land von Kriegen verschont geblieben. Aber auch hier, im »Lucky Country« (und viele Australier vergessen gern, daß dieses bis zum Überdruß zitierte und auch von der Werbung benutzte Etikett von seinem Erfinder Donald Horne durchaus ironisch gemeint war), auch hier also, im Land der zuverlässigen Sonne und der endlosen gepflegten Vorstädte, findet man Kriegerdenkmäler, wird ein »*Remembrance Day*« gefeiert: zu Ehren der »*Anzacs*«, jener naiven, abenteuerlustigen jungen Männer, die, im Dienste der britischen Majestät, am 11. November 1915 in der fernen Türkei am Strand von Gallipoli in die Maschinengewehrgarben eines hoffnungslos überlegenen Feindes liefen. So ist der höchste nationale Feiertag Australiens das Datum einer blutigen, absurden Niederlage.

Und wenn es, in diesem verschlafenen antipodischen Vorfrühling, überhaupt ein kulturelles Ereignis gibt, das die Menschen bewegt (und nicht nur die wenigen Feuilleton-Profis), dann ist es Peter Weirs Film »Gallipoli«: kein Kriegsspektakel, sondern eine Elegie, eine sehr romantische (und in ihrer malerischen Pracht auch sehr bittere) Erinnerung an ein verlorenes Land der weiten Horizonte, dessen ahnungslose Söhne einer Sache geopfert wurden, die sie nicht verstanden, mit der sie auch nichts zu tun hatten. Wer »Gallipoli« sieht (und ganz Australien scheint »Gallipoli« sehen zu wollen, so lang sind die Schlangen, so glücklich die Mienen der Industrieherren), wird vielleicht auch an einen anderen Krieg denken, den in Vietnam, in dem australische Soldaten gestorben sind, weil ihre Regierung den Herren in Washington Waffenhilfe geradezu aufdrängte.

Es kann sein, daß man inzwischen ein wenig klüger geworden ist in Canberra, denn als die Amerikaner ihre australischen Freunde vor ein paar Monaten baten, sich mit einem Armeekontingent an der geplanten Kontrollstreitmacht im Sinai zu beteiligen, zögerten jene so geschickt und ausdauernd, daß sich die Sache inzwischen von selber erledigt zu haben scheint. Und als die »Springboks«, die südafrikanische Rugby-Nationalmannschaft, nach Neuseeland reisten (und dort durch ihr Auftreten fast bürgerkriegsähnliche Zusammenstöße zwischen Anti-Apartheid-Demonstranten und Rugby-Fanatikern provozierten), verweigerte ihnen die australische Regierung die Genehmigung zu einer Zwischenlandung. In den USA werden die »Springboks« bald auftreten.

*

Nachrichten aus Europa dringen nur spärlich nach Australien. Natürlich liest man täglich von den Krisen in Polen und in Irland (wobei eine große Übereinstimmung besteht, daß die Briten in Ulster nichts zu suchen haben), aber der Rest des Kontinents kommt in den australischen Medien kaum vor. So kann den Besucher bisweilen eine Art von trügerischer Sicherheit einlullen, das Gefühl, in einer Windstille zu leben: als ob es das, wovon man nur selten hört, gar nicht gäbe.

In der entlegensten Gegend dieses entlegenen Teils der Welt war ich Gast einer Konferenz von australischen Deutschlehrern: in der Stadt Hobart auf der Insel Tasmanien, von der ich nur wußte, daß Errol Flynn dort zur Welt gekommen ist und daß vor ein paar Jahren der Zusammensturz der Tasman-Brücke über dem Derwent-Fluß in den vermischten Katastrophenmeldungen vorgekommen war.

*Hobart – Treffpunkt Deutsch – 5th National Conference for Teachers of German* stand auf den blaßgelben Namensschildern, die die über hundert Teilnehmer aus allen australischen Bundesstaaten am Revers trugen. Veranstaltet wurde die Konferenz von den beiden vorzüglichen Goethe-Instituten in Melbourne und Sydney, die mit stetig schwindenden finanziellen Mitteln (und um so größerem Enthusiasmus) ein durchaus modernes Deutschland-Bild herstellen wollen. Denn das, was hier als »typisch deutsch« gilt, immer noch und immer wieder, belegt ein Collagen-Wettbewerb, dessen Ergebnisse im Goethe-Institut in Sydney ausgestellt sind:

Maßkrüge und Trachtenhüte, schöne Landschaften, der Kölner Dom, manchmal auch die Mauer, säuberlich ausgeschnitten und zusammengeklebt von Schülern.

Am zweiten Tag der Konferenz, die der deutsche Botschafter Wilhelm Fabricius mit einer Rede von klugem Unterstatement und Broder Carstensen, ein Linguist aus Paderborn, mit einem Festvortrag über englische Einflüsse auf das moderne Deutsch (wie übersetzen Sie übrigens »Understatement«, Herr Professor?) eröffneten, fand ich im »Mercury«, der Zeitung für Hobart, eine kleine Notiz über Demonstrationen in Deutschland: Zehntausende waren wohl auf den Straßen gewesen, in Berlin und in Bremen, um gegen Aufrüstung und Neutronenbombe zu protestieren. Einer der sechzehn Werkstattkurse, zwischen denen die australischen Deutschlehrer wählen konnten, handelte von diesem Deutschland. Er hieß: »Krisenvokabeln: Instandbesetzung, alternatives Leben.«

So drang etwas in diese Konferenz ein, von dem etliche der Versammelten (gerade ältere Lehrer, einst aus Deutschland eingewandert) wahrscheinlich lieber nichts gehört hätten. Abends gab es Eisbein und Schnitzel und ein Gericht mit dem Namen »Rippenspuohr«, das sich alsbald als das gute alte deutsche Kasseler erwies: beim »German Dinner« im »Bavarian Inn«, angerichtet von einem ungarischen Koch für australische Gäste. Eine Trachtengruppe trat auf. Die Lehrer formierten sich zur Polonaise. *Man spricht Deutsch.* Zum ersten Mal fühlte ich mich fremd in diesem fremden Land.

Ein Protest in Berlin und ein tasmanisches Eisbein, in Bier ertränkt: Die Heiterkeit an jenem Abend, die kollektive Sucht nach einem Zustand, den man ja nicht nur in Deutschland »Gemütlichkeit« nennt, schien mir sehr unwirklich. Es war ein Fest der Vorkriegs-Zeit, eine eher verzweifelte Veranstaltung, von dem nur halb wahrgenommenen Wunsch getrieben, einem Land der Adler nahe zu sein und nicht der Heimat der Papageien. Deutschland: weit weg.

*

Deutschland: sehr nah. Aber auf Umwegen. Die Macht der amerikanischen Bilder reicht überall hin. In Hobart, Tasmanien, während einer Deutschlehrer-Konferenz, sah ich einen Film aus Kalifornien, den bald auch viele Menschen in Deutschland sehen werden: den erfolgreichsten Film des Jahres 1981, einen Vorkriegsfilm, einen Reagan-Film. Ich sah, wie ein stoppelbärtiger amerikanischer Held, allein in einer Welt voll Feinden (verräterische Araber, geile Franzosen, sture Deutsche), eine Waffe sucht, mit der man die Welt zerstören könnte: eine Waffe, die Menschen zu Klumpen zerschmilzt. Ich sah, wie dieser neue amerikanische Held (er heißt Indiana Jones) nicht mehr den fairen Kampf sucht, anders als die Gary Cooper und Errol Flynn des alten Hollywood, sondern die möglichst effiziente Vernichtung des Feindes. Einen prächtigen Araber, der sich ihm mit blankem Krummschwert entgegenstellt, schießt er beiläufig über den Haufen: Das war der größte Lacherfolg im Kino.

Und als dieser Held die tödlichste aller Waffen gefunden und für »*God's own country*« gesichert hat, ist er gänzlich verbittert, daß die weichen Bürokraten in Washington sie nicht anwenden wollen und in einer riesigen Lagerhalle verschwinden lassen. Aber gemach: das Jahr ist 1937, der Präsident heißt Franklin Delano Roosevelt. Und der Film »Raiders of the Lost Arc« entläßt uns in der frohen Hoffnung, daß ein mutigerer Mann sich an die Vernichtungsmaschine erinnern wird. Ein Mann namens Reagan.

Wenn je die kriegerischen Reden der Reagan und Caspar Weinberger der Unterstützung von zwei Hollywood-Demagogen bedurft hätten: in George Lucas (Produktion) und Steven Spielberg (Regie) haben sie sich freiwillig gemeldet. Es ist alles zu verkaufen: warum nicht auch das Ende der Welt?

In Hobart, Tasmanien, und in der George Street in Sydney stehen Hunderte Schlange, um »Raiders of the Lost Arc« zu sehen. Bald auch in Hamburg und in München und überall. So nah ist Deutschland.

Nr. 40 vom 25. 9. 1981

# Brief aus Australien

## Ein C. entfernt sich

Als ich sechzehn Jahre alt wurde, damals, 1963, hieß der amerikanische Präsident John F. Kennedy. Und als Kennedy ermordet worden war, kam Lyndon B. Johnson ins Amt, später gefolgt von Richard M. Nixon. Von Fitzgerald Kennedy hörte man so selten wie von Baines Johnson oder von Milhouse Nixon: Amerikanische Präsidenten, nichts anders als viele amerikanische Bürger, schätzen ihr »Middle Initial«. Ein Kürzel als Zeichen einer auf Zweckmäßigkeit bedachten Zivilisation.

Als ich sechzehn Jahre alt war (und den Präsidenten Kennedy bewunderte), entschloß ich mich, meinen Namen zu verändern. Über Nacht verschwand ein Bindestrich und ein Christoph schrumpfte zum C. So fühlte ich mich jenen näher, mit deren Musik, mit deren Büchern, mit deren Filmen ich aufwuchs. Und gab und gibt es nicht viele Intellektuelle, die dieser Gewohnheit in Deutschland einen guten Namen gaben – von Theodor W. Adorno und Johannes R. Becher bis zu »ZEIT«-Feuilletonchefs, die sich Dieter E. Zimmer und Fritz J. Raddatz nennen?

Lange Zeit schien es mir ganz selbstverständlich, mich mit einem »Middle Initial« zu schmücken. Ich kannte sogar Leute, die, mangels eines passenden eigenen zweiten Vornamens, irgendeinen beliebigen Buchstaben hinter ihren Friedrich oder Wilhelm klemmten, um der neuesten Mode des Westens Genüge zu tun. Und ich lernte es, mit dem launigen Verdacht zu leben, hinter meinem C. könnte sich eine so extravagante elterliche Kreation wie Casimir oder Caesar verbergen. Adorno mochte schon gewußt haben, warum er sich seines Wiesengrundes schämte.

Das alles ist aber nun schon viele Jahre her. Irgendwann bemerkte ich, daß diese in Deutschland so populär gewordene amerikanische Gewohnheit in den anderen Ländern Westeuropas viel weniger Freunde gefunden hatte. Roland S. (für »Signe«) Barthes? Ingmar G. Bergmann? Alberto L. Moravia? Pablo B. Picasso? Unmöglich. Jean-Luc Godard, ein großer Bewunderer des amerikanischen Kinos, hätte nie daran gedacht, sich mit einem L. zu bescheiden.

Nun mag ich also nicht mehr. Aber warum jetzt, warum nicht neulich, warum nicht übermorgen? Es wird wohl damit zu tun haben, denke ich, daß ich, auch und gerade in Kleinigkeiten, ein wenig Abstand gewinnen möchte zum neuen häßlichen Amerika der Ronald N. (»Nuclear«) Reagan und Caspar F. (»First-strike-capacity«) Weinberger. Es hat auch damit zu tun, daß die Kolonie in meinem Kopf mir immer unheimlicher geworden ist. Und vielleicht auch damit, daß Romain Rollands »Jean-Christophe« ein Roman des Friedens ist.

Das sei nun furchtbar albern? Aber gewiß doch, wenn es Ihnen so lieber ist. Warum darf ich nicht albern sein, wenn andere Leute davon reden, daß sie einen Atomkrieg gewinnen könnten? Und warum ich Sie überhaupt damit belästige? Weil kleine Schritte immer wichtiger werden, selbst solche der, wenn Sie wollen, albernen Sorte.

Ich schreibe dies fern von Deutschland, in der roten Mitte Australiens, in einem Ort, der Alice Springs heißt. Nicht weit von Alice Springs, in der Wüste, liegt der sehr geheimnisvolle amerikanische Militärstützpunkt Pine Gap. Die Leute von Alice Springs sind des Lobes voll über das höfliche, bescheidene Auftreten ihrer amerikanischen Gäste. Australien ist kein Land für Bombenleger. Vor ein paar Tagen las ich in einer australischen Zeitung von einem Bombenanschlag gegen einen amerikanischen Militärstützpunkt in Deutschland. Und wußte, daß es in Deutschland immer noch Leute gibt, die nichts begriffen haben.

Neulich traf ich in der Stadt Melbourne, im grauen Proletarier-Viertel Collingwood auf der falschen Seite des Yarra-Flusses, den Autor des erfolgreichsten, des umstrittensten Romans der australischen Literaturgeschichte, viel einfluß- und erfolgreicher als der berühmtere, mit dem Nobelpreis geehrte Patrick White. Dieser Autor heißt Frank Hardy, und das Buch, das 1950 die enge australische Gesellschaft auseinanderriß, heißt »Power without Glory«: das kaum verschlüsselte epische Porträt eines mächtigen Politikers, Manipulators, Gangsters, eines australischen »Paten« vor dem »Paten«, ohne den polierten Glanz einer Bestseller-Maschine, geprägt von der realistischen Erzählkunst Balzacs. Für dieses Buch, dem inzwischen niemand mehr den Rang eines Klassikers abstreitet, ist Frank Hardy vor 31 Jahren in Melbourne verhaftet und eingesperrt worden.

Lesend, schreibend, mitunter die Schattenmuster der Jalousie auf meinem von der Sonne des Northern Territory geröteten Körper betrachtend, fand ich, wie zufällig, ein Lysander zugeschriebenes Zitat, das Frank Hardy einem Kapitel von »Power without Glory« vorangestellt hat: »New conditions call for new rules and a new policy.« Da fiel mir wieder ein, daß ich Lust bekommen hatte, mich meines Namens zu versichern.

Bitte glauben Sie mir, daß dieser Brief kein Beitrag zum sogenannten Anti-Amerikanismus ist. Muß ich versichern (wie es einst ähnlich die vermeintlichen Philosemiten taten), daß einige meiner besten Freunde Amerikaner sind? Daß zwei von ihnen sogar in Washington D. C. wohnen, drei Blocks hinter dem Capitol? Daß ich nicht dazu aufrufe, keine Hamburger der Marken McDonalds oder Burger King zu verzehren. Obwohl ...

Auch fordere ich die G.s und die E.s und die W.s des deutschen Geisteslebens nicht ultimativ dazu auf, abzuschwören und ihr Mittelinitial ohne weiteren Verzug und unter der Androhung weiterer verschärfter Polemik verschwinden zu lassen. Auch will ich heimkehren und wieder unter meinesgleichen sein.

Andererseits bitte ich die verbliebenen Stalinisten, darüber nachzudenken, ob sie nicht die Unsitte einstellen wollen, den Leuten überhaupt ihre Vornamen zu rauben. Von H. Schmidt und H. Böll, selbst von K. Marx will ich nichts mehr hören.

So bekommt vielleicht, durch diesen Winkelzug, der Brief eines Reisenden in Alice Springs, Northern Territory (18000 Einwohner), doch noch jenes Aroma von »Ausgewogenheit«, wie es die Leser dieser Wochenzeitung (zumal die Leser der vorderen Teile) mit Recht zu schätzen wissen. In diesem (aber nicht nur in diesem) Sinne grüßt aus einem fernen Land der in seinem grünen Reisepaß (»Eigentum der Bundesrepublik Deutschland«) als solcher ausgewiesene:                Hans-Christoph Blumenberg

Unveröffentlicht, geschrieben im September 1981

# Filme aus Neuseeland

## Die letzte Insel

In dem Theaterstück »Das Kind oder Die Vernichtung von Neuseeland« von Bodo Kirchhoff gräbt ein Junge, der allgemein als wunderlich gilt, ein Loch. Wer in Deutschland ein sehr tiefes Loch gräbt, gelangt nach Neuseeland. Neuseeland liegt am anderen Ende der Welt. So einfach ist das. »In Neuseeland«, glaubt das Kind, »ist alles so, wie ich es will.« In Neuseeland, glaubt das Kind, warten seine Freunde, die Monster. Das kann schon sein.

Je düsterer unser Himmel erscheint, desto verführerischer kommen uns entlegene Fremden vor. Wir träumen von sicheren Inseln. Aus der Entfernung sieht jede Insel sicherer aus als das Tanzdeck der »Titanic«. Die Insulaner sehen das anders. Es kann sein, daß sie die Schiffbrüchigen nicht aufnehmen wollen. Es kann auch sein, daß sie sich selber insgeheim schon längst für Schiffbrüchige halten.

Neuseeland ist ein klarer Fall für den Reiseteil. Wer überhaupt schon mal etwas über Neuseeland gehört hat, darf sicher sein, daß es dort sehr schön ist. Sogar Lord Snowdon hat neuseeländische Landschaften photographiert. Die meisten Bilder sehen so aus, als seien sie in Schottland aufgenommen worden. Außerdem weiß man, daß in Neuseeland Englisch gesprochen wird. Neuseeland liegt in der Nähe des Südpols.

Im Feuilleton hat Neuseeland nichts zu suchen. Neuseeländische Künstler haben Neuseeland immer rasch verlassen. Die durchaus weltberühmte Sängerin Kiri Te Kanawa will in ihrer Heimat nicht auftreten, bis man dort ein Opernhaus gebaut hat. Die verstorbene Kriminalschriftstellerin Dame Ngaio Marsh sagte: »Wenn ich weg bin, habe ich kein Heimweh nach Neuseeland. Aber ich vermisse London, wenn ich in Neuseeland bin.«

Den drei Millionen Neuseeländern stehen vierundsechzig Millionen Schafe gegenüber. Als George Bernard Shaw vor vielen Jahren das Inselreich besuchte, prägten sich ihm in erster Linie dessen vierbeinige Bewohner ein. Bei seiner Abreise fragte ihn ein junger Reporter, wie es ihm in Neuseeland gefallen habe. Die Antwort war kurz: »Schafe. Insgesamt zu viele Schafe.«

Die dunkelhäutigen Ureinwohner der Region, die Maoris, nannten die Doppelinsel am Rande der Welt mit pazifischer Poesie das Land der langen weißen Wolke. Die weißen Kolonisatoren, die es im Gefolge von Abel Tasman und James Cook in Besitz nahmen, pflegten mit angelsächsischer Sturheit die Kunst von Ackerbau und Viehzucht. Im Gegensatz zu Kiwi-Früchten und Schafswolle war Poesie noch nie ein einträglicher

Exportartikel. So hörte man selten vom geistigen Leben in Neuseeland.

In letzter Zeit aber gab es Meldungen, die die empfindliche Katastro-
phenphantasie mitteleuropäischer Zeitungsleser auf das ferne Paradies
der Schafe lenkten. Im Falle des dritten Weltkriegs, den im Gegensatz
zu Ronald Reagans Strategen manche Leute doch nicht recht für ge-
winnbar halten, gilt Neuseeland als bombensicher. »Während die Län-
der auf der nördlichen Halbkugel dem sicheren Tod entgegengehen,
werden fast alle Neuseeländer am Leben bleiben, keinen Hunger leiden,
sich durch eine scharfe Einwanderungskontrolle vor den Flüchtlings-
fluten schützen können und als geeinte, starke und unabhängige Nation
hervorgehen. Das Schlimmste, was passieren könnte, wäre der Verlust
von Handelspartnern.« Zu diesem beruhigenden Schluß kam eine aus
fünf Wissenschaftlern bestehende neuseeländische Regierungskommis-
sion.

Sollten wir dann nicht alle bald an dieses letzte Ufer fliehen und von der
Insel der Seligen aus dem Weltuntergang gelassen entgegensehen? Für
Speisen und Getränke wird auch nach dem großen Knall gesorgt sein.
Und ein Volk ohne Raum sind die Neuseeländer auch nicht: Die 3,2 Millionen Einwohner verlieren sich auf einer Fläche, die der von Großbri-
tannien entspricht. Vielleicht wird, bis es soweit ist, das von Walter
Scheel den überraschten Eingeborenen geschenkte Goethe-Institut in
Wellington sogar über eine eigene Bibliothek verfügen, die den kunstsinnigen Überlebenden wertvolle Erinnerungen an ihre atomisierte Heimat gestatten würde. Vorerst wirtschaftet die rege Filiale in kargen Räumen.

Auch muß Peter Hubrich, Goethes kluger Statthalter im Land der langen weißen Wolke, immer wieder feststellen, daß in neuseeländischen
Regierungskreisen die bloße Erwähnung des Wortes Kultur eine gewisse
mitleidige Heiterkeit auslöst.

Immer häufiger tauchen in Neuseeland deutsche Menschen aus der
alternativen Szene auf, bleiche Turnschuhträger und kräftige Sozialpäd-
agoginnen in lila Latzhosen, die die gesunde Luft loben und Töpferkurse
absolvieren. Die Angst reist mit. Viele wollen dableiben. Nachdem ja
längst jeder Hinz und Kunz nach Australien fährt und Orte wie Sydney
und Melbourne im Kriegsfall als akut gefährdet gelten, treibt es die Aus-
steiger viertausend Kilometer weiter in den rauhen Süden.

Was aber will der Mensch, wenn er mehr als überleben will? Inseln mögen sicher sein im Sturm, doch denen, die auf ihnen existieren müssen,
erscheinen sie leicht als Gefängnisse. Der natürliche Bewegungsdrang
findet seine Grenze rascher als anderswo. Abenteuerlustigen Naturen
geht es wie dem Hamster in der Trommel. Sie kommen nicht von der
Stelle, aber sie geben nicht auf. Wo der einzige Weg zum Festland über
einige tausend Kilometer Ozean führt, muß der kurze Lauf die wirkliche

Veränderung ersetzen. Die berühmtesten Neuseeländer sind Läufer: Peter Snell und John Walker. Der Kiwi, den sie auf ihrem schwarzen Trikot tragen, ist ein Vogel, der nicht fliegen kann.

Die totale Sicherheit bedeutet schließlich den totalen Stillstand. Wenn man den Stillstand nicht ertragen kann, verwandelt sich der Traum vom geschützten Leben allmählich in einen Alptraum der Erstarrung. Fluchtbewegungen enden zwangsläufig an der nahen Küste: So bekommen sie die Qualität von Amokläufen.

Neuseeland ist ein Land von auffälliger Behäbigkeit. Die Städte Auckland und Wellington wirken wie englische Provinzorte vor dreißig Jahren: sehr schläfrig, überdurchschnittlich häßlich. Christchurch, die einzige wichtige Stadt auf der Südinsel, sieht aus wie eine nicht sehr gelungene Kopie von Oxford. Die Insulaner schätzen eine beklemmende Gemütlichkeit. Sonst würde ihnen die Entfernung, die sie von ihren britischen Vorfahren trennt, allzu unheimlich werden. Das Paradies trägt Spitzendeckchen.

Von Neuseeland aus kann man sich leicht vorstellen, daß Churchill und Adenauer noch im Amt sind. So wenig bedeuten die Veränderungen der Welt in einem Land, dessen kollektives Gemüt sich allenfalls an der Tournee eines südafrikanischen Rugby-Teams erhitzt, das sich im letzten Jahr unter bösen Tumulten mit den einheimischen »All Blacks« maß, die als die eigentlichen Nationalhelden Neuseelands angesehen werden müssen. Die Rugby-Stars verkörpern jene ungebrochenen Männlichkeitsideale, die am Rand der Welt ohne Tränen überdauern.

Der berühmteste neuseeländische Roman, Pflichtlektüre in der Schule, heißt »Man Alone«. Man hält auf rauhbeinigen Individualismus und wählt einen Mann zum Premierminister, der selbst hierzulande höchstens Landvogt von Passau werden könnte: den Abgeordneten für Tamaki, Robert Muldoon, einundsechzig Jahre alt, einen martialischen Nußknacker, der seit 1975 im Amt ist und schon einige Palastrevolten mit tatkräftiger Bauernschläue überstanden hat. In Neuseeland wird dieser Politiker allgemein »Piggy« genannt. Wenn der Rest der Welt sich im Megatonnenrausch auflöst, müßte »Piggy« Muldoon in Neuseeland wahrscheinlich nicht einmal den Notstand ausrufen.

Aber selbst er hat seine Not mit der Verwaltung der letzten Insel. Die Arbeitslosigkeit ist hoch, die Inflationsrate nähert sich zwanzig Prozent. Hunderttausend junge Neuseeländer haben es in den letzten Jahren vorgezogen, die wirklich prächtigen Naturschönheiten ihrer unverwüstbaren Heimat zugunsten einer eher unsicheren Existenz in Australien aufzugeben.

So verpaßten sie die einzige Entwicklung in Neuseeland, von der nach anfänglichem Unglauben der Rest der Welt Notiz nahm. Vor fünf Jahren begann, zunächst fast unbemerkt, eine rege Filmproduktion im Land der langen weißen Wolke.

Bei den hohen Produktionskosten, die auf dem kleinen einheimischen Markt kaum wieder einzuspielen sind, mag eine solche Anstrengung, die seit 1977 rund zwanzig abendfüllende Kinofilme hervorgebracht hat, auf den ersten Blick wie eine Manifestation nationalen Größenwahns erscheinen. Andererseits lassen sich englischsprachige Filme, wenn sie nur halbwegs professionell hergestellt und geschickt vertrieben werden, auf dem riesigen anglo-amerikanischen Kinomarkt unterbringen, wo man Filme in der eigenen Sprache untertitelten Originalfassungen und ungewohnten Synchronisationen schon immer vorzog.

Die »New Zealand Film Commission« fühlte sich von dem auch kommerziell erfolgreichen australischen Beispiel ermutigt. Zudem spart man Geld, wenn man die teuren Hollywood-Importe zum Teil durch eigene Ware ersetzen kann. Die Autarkie, die Neuseeland nach dem nächsten Krieg das Überleben sichern soll, bezieht sich nun auch auf die Vergnügungsindustrie. Dieser Gedanke muß »Piggy« Muldoon eingeleuchtet haben.

Der neue neuseeländische Film: In München oder Rom klingt das vermutlich wie ein schlechter Witz. Daß sich das Hinschauen lohnt, muß keine Behauptung bleiben. In den nächsten drei Monaten zeigt das ZDF sieben neuseeländische Spielfilme, einige darunter von erheblicher Qualität, dazu ein »Filmforum« des entdeckungsfreudigen Redakteurs Hans Peter Kochenrath.

Man kann vieles lernen aus neuseeländischen Filmen: über Flucht und Verzweiflung, über Insel-Koller und Verfolgungswahn, über Risse im Paradies.

Natürlich geben sich neuseeländische Regisseure große Mühe, die vielfältigen Postkartenschönheiten ihrer Heimat ins Bild zu bringen. Das Auge könnte lange auf Schneealpen und pazifischen Küstenlandschaften verweilen, wenn die Figuren nicht rasch aus einer Traumkulisse in die nächste fliehen würden: getrieben von einem Bewegungsdrang, der erst in einem gewaltsamen Ende eine grimmige Befriedigung findet. Neuseeländische Filme handeln von trügerischen Idyllen, von Leidenschaften, die sich als stärker erweisen als der Stillstand. Im Land der totalen Sicherheit geht es nicht sicherer zu als auf der »Titanic«.

Bilder prägen sich ein, die stets wiederkehren, die die Identität des neuseeländischen Films definieren, jene Nähe von äußerer Harmonie und innerer Zerrissenheit, die auf dem hermetischen Spielfeld einer abgelegenen Insel explosive Spannungen erzeugt. Leute brechen aus, verabschieden sich von ihrer stabilen bürgerlichen Existenz. Wer nicht erstarren will, muß laufen. Neuseeländische Filme handeln von Läufern. Aber ihre Bewegungen sind nicht sanft und harmonisch, sondern wild und unberechenbar.

»Mach's gut, Pork Pie« von Geoff Murphy erzählt die Geschichte einer Zufallsreise quer durch Neuseeland, die sich immer mehr zu einer Amokfahrt entwickelt. Ein jugendlicher Streuner und ein gerade von seiner Frau verlassener Mann in mittleren Jahren geraten, von der Polizei gehetzt, in einen Rauschzustand, entfernen sich immer weiter aus der Normalität der Insel.

Auch die beiden Filme von Roger Donaldson, dem besten neuseeländischen Regisseur, der vor vielen Jahren als Fahnenflüchtling vor der australischen Vietnam-Politik nach Neuseeland kam, handeln von neurotischen Fluchtbewegungen: »Schlafende Hunde« zeigt Neuseeland als bis zu den Zähnen gerüsteten Polizeistaat, in dem sich ein Einzelgänger zwischen der autoritären Ordnungsmacht und einer militärischen Widerstandsbewegung aufreibt.

»Smash Palace«, der bei weitem beste Film der Serie, handelt von der großen Wut eines Schrottplatzbesitzers und ehemaligen Rennfahrers, der die eigene kleine Tochter entführt und vor der Polizei in die Wildnis flieht: ein Anarchist des Alltags, einer, der die Realität der Insel nicht akzeptiert. Doch schließlich holt die ihn, wie die Figuren der anderen neuseeländischen Filme, immer wieder ein; auch die nicht mehr ganz junge Masseurin Sandra, die in »Hautnah« von Geoff Steven aus einer großen in eine kleine Stadt zieht und mit der provinziellen Doppelmoral zu tun bekommt.

In fast allen neuseeländischen Filmen wird die Polizei nicht als Freund, sondern als natürlicher Gegner des Bürgers gezeigt: In der Enge der Insel stellen die Agenten der Ordnung eine zusätzliche Herausforderung an den ohnehin schon begrenzten Aktionsradius der Läufer dar. In »Ohne jeden Zweifel« von John Laing, der halbdokumentarischen Rekonstruktion des berühmtesten neuseeländischen Kriminalfalls, behindert ein karrieresüchtiger Polizeibeamter sogar die Klärung des Verbrechens.

Gutes Handwerk zeichnet alle neuseeländischen Filme aus. Und mindestens Roger Donaldson, der sich in »Smash Palace« als sensibler Bruder von Sam Peckinpah erweist, ist ein Talent von der Sorte, wie es auch in Deutschland kaum welche gibt.

Muß man neuseeländische Filme sehen? Wer von ferneren Inseln träumt, sollte ihre Verwüstungen kennen. Niemand ist eine Insel. Also sind auch Inseln nicht sicher. Der Traum von der Insel ist ein falscher Traum. Und vielleicht kommt ja diesmal selbst die »Titanic« davon.

Nr. 36 vom 3. 9. 1982

# Kino, Sport und Krieg: Peter Weirs »Gallipoli«, Hugh Hudsons »Die Stunde des Siegers«

## Das Imperium schlägt zurück

Auf der anderen Seite der Erdkugel, viele tausend Kilometer von der Heimat entfernt, ist ein Krieg ausgebrochen: ein »gerechter« Krieg, wie es scheint. Junge Männer rüsten sich zur langen Fahrt in ein fernes Land. Über den Rekrutierungsbüros weht der Union Jack. Ein patriotischer Taumel hat die Menschen erfaßt.

Klingt das vertraut? Aber nicht vom britischen Abenteuer bei den Falkland-Inseln (oder den Islas Malvinas) ist die Rede, sondern vom Präludium zu einem anderen, einem historischen Desaster. Der Schauplatz: eine türkische Steilküste an den Dardanellen, April 1915. Die Opfer: 26000 australische und 7500 neuseeländische Soldaten, gefallen zum Ruhme eines Königs in London. Der Film: »Gallipoli« von Peter Weir, 1981 in Australien gedreht.

*

Die nationalistische Begeisterung kennt keine Grenzen. Jeden Tag beschwören die Londoner Massenblätter die auferstandene Glorie des Empire. Die Hoffnungen der Nation richten sich auf die Kraft und die Schnelligkeit ihrer Jugend. Ein Mitglied der königlichen Familie schaltet sich persönlich in den bevorstehenden Kampf ein.

Klingt das ebenfalls vertraut? Und wieder geht es nicht um die Versenkung eines argentinischen Kreuzers, um Englands Rachefeldzug im kalten Süden, sondern um einen athletischen Wettbewerb.

Der Schauplatz: die Olympischen Spiele in Paris, 1924. Die Helden: zwei englische Läufer, Sieger über einhundert und vierhundert Meter. Der Film: »Chariots of Fire« (Deutscher Titel: »Die Stunde des Siegers«) von Hugh Hudson, 1981 in England gedreht.

Vorbei die Glanzzeit des Imperiums, vergangen die Macht einer Nation, deren Bewohner sich als »die Römer des 19. Jahrhunderts« (Premierminister Palmerston) fühlten. Undenkbar geworden ein Satz wie dieser des räuberischen Pfeffersacks Sir Cecil Rhodes: »Wir sind das überlegenste Volk, je mehr uns von der Welt gehört, um so besser für die menschliche Rasse.«

Statt dessen nun also das aberwitzige Duell zwischen einer martialischen Kleinbürgerin in der Downing Street und einem Operetten-Nero in Buenos Aires. *Oh what a lovely war!* Ein paar hundert Menschen sind schon am Einsatz dieses grotesk gemischten Doppels gestorben. Die heiligsten Güter der lange gedemütigten britischen Nation stehen auf dem Spiel. Zur Zerstreuung der arbeitslosen Untertanen wird gegeben: ein Krieg.

Als die Engländer schon längst die meisten ihrer einstmals 64 Kolonien und vier Dominien verloren hatten (und sich immer noch im Glanze des untergangenen Imperiums sonnten), sagte ihnen Arthur Koestler nach, sie lebten »in der stillen Überzeugung, daß Realität ein ärgerliches, vermutlich von Ausländern erfundenes Wort« sei. Der gegenwärtige Krieg scheint diesen Satz ebenso zu bestätigen wie der erfolgreichste englische Film seit vielen Jahren.

Vor zwei Monaten, in Los Angeles, als viele Briten noch nie etwas von den Falkland-Inseln gehört hatten, stürzten zwei Herren im Smoking auf die Bühne des Dorothy Chandler Pavillon und riefen im Freudentaumel: *»The British are coming, the British are coming.«* Etwas war geschehen, womit niemand gerechnet hatte: daß keins der superteuren amerikanischen Spektakel wie »Reds« oder »Jäger des verlorenen Schatzes« den Oscar für den »besten Film des Jahres« gewonnen hatte, sondern der krasse englische Außenseiter »Chariots of Fire«.

So unerwartet dieser Triumph auch kam, so merkwürdig angemessen schien er für einen Film, der mit großem Pathos das hohe Lied vom beinahe aussichtslosen Kampf und endlichen Sieg zweier englischer Sportler singt: der Kurzstreckenläufer Harold Abrahams und Eric Liddell, die bei der Pariser Olympiade ihren amerikanischen Konkurrenten den sicher gewähnten Sieg entrissen. »Die Stunde des Siegers«: das ist nicht einmal ein schlechter Titel für eine filmische Weihestunde, die 1978 bei der Beerdigungsfeier für Abrahams beginnt. »Laßt uns preisen berühmte Männer«, heißt der erste Satz, der in »Chariots of Fire« zu hören ist.

Sodann blenden der Regisseur Hugh Hudson (der zuvor überwiegend Reklamespots fürs Fernsehen gedreht hat) und sein Autor Collin Welland zurück nach Cambridge im Jahre 1919. Unter den Studenten der ersten Nachkriegsgeneration befindet sich der junge Jude Harold Abrahams: der rennt nicht nur gegen seine Gegner, sondern auch gegen Vorurteile. Mit jedem Sieg kommt er, der auch die studentische Gilbert & Sullivan-Gesellschaft mit seinem Bariton bereichert, dem Ziel näher, ein perfekter britischer Gentleman zu werden. Die versteinerten alten Männer des Trinity College (hervorragend: Sir John Gielgud und der Regisseur Lindsay Anderson) beobachten den Aufstieg des dunkelhaarigen Athleten mit einem gewissen Mißvergnügen. Eigentlich gehört er ja doch nicht so ganz dazu. Und außerdem leistet er sich, unerhört, einen professionellen Trainer.

Eric Liddell läuft für den lieben Gott. Und so weigert sich der Sohn eines schottischen Missionars, der schon entschlossen ist, die Arbeit seines Vaters in China fortzusetzen, bei der Olympiade an seinem 100-Meter-Vorlauf teilzunehmen. Der wird an einem Sonntag ausgetragen, und den widmet der blonde Athlet allein dem Dienst am Herrn. Auch dem Prinzen von Wales, der die Spiele besucht, gelingt es nicht, Liddell umzustimmen.

Im letzten Moment bietet ein Team-Gefährte dem unglücklichen Läufer seinen Platz im 400-Meter-Rennen an. Und so triumphieren unter den Augen des wohlwollenden Thronfolgers nicht nur Harold Abrahams und Eric Liddell, sondern auch die Kameradschaft, der Sportgeist. Und England.

*

Ich sah »Chariots of Fire« vor einigen Monaten in Auckland, Neuseeland, fern von England, in einem Land indessen, das seine britischen Traditionen hartnäckig pflegt. Christchurch zum Beispiel, die drittgrößte Stadt Neuseelands, sieht aus wie eine ans Ende der Welt verpflanzte Kopie einer alten englischen Universitätsstadt. Zur Morgen-Vorstellung von »Chariots of Fire« waren ganze Schulklassen abkommandiert worden. In dem riesigen Kino machten sich alsbald Rührung und Ergriffenheit bemerkbar: soviel Tapferkeit, soviel *Fair play* im Zeichen des Union Jack. Wenn die jungen Männer im Morgengrauen in Zeitlupe einen verlassenen Strand entlanglaufen, begleitet von einer wuchtigen Melodie (für die Vangelis ebenfalls einen Oscar erhielt), überträgt sich verführerisch leicht ein Gefühl von Erhabenheit und Heroismus ins Parkett.

Peter Hubrich, der das junge, sehr gute Goethe-Institut in Neuseeland leitet (das sogar schon eine Aufführung von »Groß und klein« von Botho Strauß in Wellington zustande brachte), betrachtete den Film mit den Augen eines Sportlers: Er trainiert seine Söhne für die neuseeländische Ski-Nationalmannschaft. Die großen Gefühle der fernen Söhne Britanniens an jenem Morgen in Auckland blieben ihm (und mir) suspekt: weil der Film eben nur von Gefühlen handelt, aber nie von den Entbehrungen, der Askese, der extremen athletischen Anstrengung. »Chariots of Fire« ist ein englischer Traum. Weiches Licht und sanfte Pastellfarben, dazu immer wieder Zeitlupen-Aufnahmen, rücken selbst die Konflikte der Außenseiter Abrahams und Liddell in einen harmonischen Zusammenhang nationaler Rückschau, nationaler Selbstfeier. So schön war England.

*

So schrecklich war England. Während die australischen und neuseeländischen Soldaten des nach Europa entsandten Expeditionskorps ANZAC in den Gräben von Gallipoli ins Sperrfeuer türkischer Maschinengewehre laufen, trinken die britischen Offiziere seelenruhig Tee am Strand. Die »Aussies« und »Kiwis«, die 1915 einem inkompetenten Plan des Londoner Kriegsministeriums geopfert wurden, waren in den Augen der Engländer höchstens Kanonenfutter: tumbe Bauernjungen aus einer unwirtlichen Gegend, die man einst als Sträflingskolonie eingerichtet hatte.

Gallipoli: Im australischen Selbstverständnis bezeichnet dieser Name eine düstere Legende. Zum erstenmal in der Geschichte des 1788 von Captain Arthur Philip offiziell für die britische Krone in Besitz genommenen Kontinents fühlten sich die Australier vom Mutterland verraten. Nach dem Blutbad von Gallipoli, als die Australier in zwei Volksabstimmungen gegen die weitere Entsendung von Truppen nach Europa votierten, entwickelte sich allmählich ein eigenständiges Nationalbewußtsein. Gallipoli, das war, auf schreckliche Weise, die Geburt einer Nation. Bis heute ist der 25. April, der Tag der Landung der ANZACs in Gallipoli, der höchste weltliche Feiertag in Australien.

In Gallipoli selber spielt nun das letzte Drittel des Films von Peter Weir, des neben Phil Noyce (»Nachrichtenkrieg«) und Bruce Beresford (»Breaker Morant«) bedeutendsten australischen Filmemachers. Wie »Chariots of Fire« folgt »Gallipoli« der Entwicklung von zwei kontrastierenden Figuren. Die Parallelen zwischen den beiden Filmen sind verblüffend. Denn auch die beiden jungen Männer in »Gallipoli« stellen sich als Athleten, als Läufer vor. Sie begegnen sich bei einem Buschrennen. Der Blonde (Mark Lee) gewinnt gegen den Dunkelhaarigen (Mel Gibson). So entsteht eine Freundschaft.

Nur dem Tod können sie nicht davonlaufen. Peter Weir und sein Autor David Williamson (der bekannteste australische Dramatiker) konfrontieren die individuelle athletische Anstrengung mit dem kollektiven Delirium des Krieges, das alle Regeln des *Fair play* außer Kraft setzt. Im Schützengraben, wenige Sekunden vor dem Angriff auf ein türkisches Maschinengewehrnest, erinnert sich der blonde Läufer an die Trainingsanweisung seines Großvaters. Er läuft das schnellste Rennen seines Lebens. Und wird im vollen Lauf erschossen, die Arme emporgerissen, fast schon in der Pose des Siegers. Das Bild friert ein. Es erinnert sehr deutlich an ein berühmtes Photo aus dem Vietnam-Krieg.

\*

»Chariots of Fire« und »Gallipoli« sind Filme über Leute, die um ihr Leben laufen. Die einen, die Kolonisatoren, siegen in einem Rausch, die anderen, die Kolonisierten, können niemals schnell genug sein. Wenn Mark Lee am Anfang von »Gallipoli« barfuß über Stock und Stein quer durch den Busch rennt, zeigt Peter Weir danach seine blutenden Füße. Ein solches Bild könnte es in »Chariots of Fire« nicht geben. So kommentiert, ungewollt, der australische Film den englischen.

Peter Weir entwirft kein episches Schlachtengemälde. Er erzählt, mit allen Zartheiten einer Liebesgeschichte, wie sich zwei Jungen gegenseitig zu einem großen Abenteuer verführen, das dann doch nur ein Gemetzel wird. Auf dem Weg nach Perth, zur Musterung und zur Einschiffung nach Ägypten, ins Basislager der ANZAC-Soldaten, begegnen die beiden mitten in der Wüste einem alten Mann. Der weiß nichts von einem Krieg, der war in seinem ganzen Leben noch nicht einmal in Perth. Mark Lee versucht ihm zu erklären, wer da gegen wen kämpft, und warum, und wenn es schlecht ausginge, würden die Deutschen eines Tages in Astralien landen. Der Blick des Alten schweift über die menschenfeindliche, von der Sonne verbrannte Wüste. »*They are welcome to it*«, sagt er im Original, »Sollen sie doch kommen« in der deutschen Fassung.

In dieser Szene wird in aller Beiläufigkeit die Absurdität des Krieges deutlich. Die Kinder Australiens starben in Gallipoli für eine Sache, die nicht die ihre war, die sie nicht einmal verstanden: im Dienst der Firma »King & Country« (so hieß ein Film von Joseph Losey, der auch im Ersten Weltkrieg spielt). Und wie weit ist ihr Schicksal eigentlich von dem jener englischen Matrosen entfernt, die mit der »Sheffield« zugrunde gingen?

Peter Weir ist ein Surrealist des Kinos. Wie in seinen früheren Filmen »Picknick at Hanging Rock« und »The Last Wave« (»Die letzte Flut«) durchsetzt er die Geschichte von »Gallipoli« (die keine Chronik der historischen Abläufe zu sein vorgibt) mit seltsamen unwirklichen Bildern. Die Landung der ANZACs an jenem türkischen Strand zeigt er als Eindringen in einen gespenstischen Rummelplatz des Todes. Bunte Lichterketten illuminieren schwach die dunklen Boote. Nebelschwaden ziehen durchs Bild. Aus der Ferne kommt Musik.

*

So offensichtlich »Chariots of Fire« auf das dumpfe emotionale Einverständnis des Zuschauers spekuliert (und wer möchte nicht selber so edel, hilfreich und gut sein wie jene britischen Modellathleten), so geheimnisvoll und verschlossen bleibt »Gallipoli« bis zum Ende. Ein rechter »Anti-Kriegs-Film« ist das nicht geworden (weil Weir sich weigert, die romantische Naivität seiner Figuren mit der Hoffart der Nachgeborenen wortreich zu denunzieren). Aber wenn Krieg bedeutet, sterben zu müssen, dann zeigt Peter Weir voller Bitterkeit, wie es aussieht, in Schönheit zu sterben. Im Laufen.

Nr. 20 vom 14. 5. 1982

# Über Peter Weir und seinen neuen Film
## »Ein Jahr in der Hölle«

## Die Kunst des Schattenspiels

Junge Mädchen in hellen Sommerkleidern, ein heiterer Tag, tuschelnde Vorfreude auf ein Abenteuer. In Mrs. Appleyards Pensionat für Töchter aus gehobenen Kreisen rüstet man sich, am Valentinstag des Jahres 1900, in der australischen Provinz, zu einem Picknick am hängenden Felsen. Eine seltsame Spannung liegt in der Luft, eine unter den Prüderien der viktorianischen Epoche, unter den hochgeschlossenen Gewändern verborgene sexuelle Erregung. Ein Mädchen berauscht sich an Poe: »*All that we see or seem / is but a dream within a dream.*« Ein geheimnisvoller, ein tödlicher Traum: Am Hanging Rock, mitten am hellichten Tage, verschwinden zwei Schülerinnen und eine Lehrerin – ohne Spuren, ohne kriminelle Motive, verschluckt von einer archaischen Landschaft, die sich gegen die Eindringlinge zu wehren scheint.

»*Wie wenn Hitchcock ein Gedicht von Oscar Wilde verfilmt hätte*«: So pries die *Neue Zürcher Zeitung* den Film »Picnic at Hanging Rock« (Picknick am Valentinstag), der 1975 die internationale Reputation des australischen Regisseurs Peter Weir (und zugleich auch die des neuen australischen Kinos) begründete. Ein Horror-Film ohne Horror, entworfen in den sanftesten Pastellfarben, begleitet von einer Pan-Flöte.

Das Unerklärliche, der Einbruch magischer Kräfte in eine nur scheinbar stabile westliche, weiße Welt ist Peter Weirs Thema geblieben. Sein zweiter bedeutender Film, »The Last Wave« (Die letzte Flut, 1977), beginnt mit einem Bild vor aller Zivilisation: mit der rituellen Andacht eines australischen Ureinwohners – eine steinzeitliche Erscheinung im Zwielicht einer Wüstendämmerung –, der kurz darauf eine Felsenhöhle mit den Zeichen und Symbolen seines Stammes ausmalt. Welche Kraft von dieser zum Aussterben verurteilten Kultur noch immer ausgeht, erfährt ein junger Rechtsanwalt in Sydney, der, wie unter einem Zwang, immer tiefer in das Traum- und Schattenreich der Aboriginals eindringt, ohne es je wirklich verstehen zu können. Er spürt eine heilige Kultstätte unter der Stadt auf, nahe dem Abwassersystem, das ihn am Ende wieder ausspeit in wirkliche Zustände. Aber als er die Augen schließt, übermannt ihn eine Vision: von der Sintflut.

»Ein Traum«, sagt einer der verschlossenen schwarzen Männer mit den platten Nasen und dem krausen Haar, »ist ein Schatten – von etwas Wirklichem.« Aber nichts Greifbares, nichts Vernünftiges, nichts, was in das Bild einer Ordnung passen würde, die sich ihrer selbst bis zur vollständigen Erstarrung sicher ist. Die Filme von Peter Weir sind Schattenspiele:

weiche, fließende, fragile Schöpfungen, in denen die Grenzen zwischen dem Sichtbaren und der Halluzination so seltsam verschwimmen wie die Konturen der Stadt Sydney im milchigen Dauerregen von »The Last Wave«. Selbst in dem Kriegsfilm »Gallipoli«, der Peter Weir 1981 einen weltweiten Erfolg bescherte, erscheint das Übersetzen der australischen Truppen an jene türkische Steilküste, auf deren Höhen sie 1915 heroisch-sinnlos verbluteten, wie das Eintauchen einer Geisterarmee in ein antikes Totenreich.

Peter Weir lebt in Palm Beach, nicht weit von Sydney, aber doch entfernt genug von der Drei-Millionen-Stadt, um eine enge Beziehung zur üppig wuchernden, oft schillernd giftigen Natur des Landes zu bewahren. Von seinem Arbeitsraum aus, den er in einen felsigen Garten gebaut hat, schaut er auf das Meer. Der blonde, lange, schlanke Mann, 1945 geboren, aber immer noch begabt mit der stillen Natur eines jungen Studenten, gilt unter seinesgleichen in Australien als schwierig: wohl weil er sich gern und lange von der Betriebsamkeit der Branche zurückzieht, wenig besitzt von jener nicht selten lauten Herzlichkeit, die viele Australier auszeichnet. Das Filmemachen hat er sich selber beigebracht, ein Autodidakt wie Werner Herzog (mit dem er sich, wenn auch entfernt, verwandt fühlt). Und bis vor vier Jahren hat er kaum Filme anderer Regisseure gesehen, aus Furcht, die Bekanntschaft mit den Werken der Meister würde ihn nur lähmen.

Als wir uns kennenlernten, im Herbst 1981 in Sydney, bereitete Peter Weir sein größtes, sein teuerstes Projekt vor: die Verfilmung von C. J. Kochs Roman »The Year of Living Dangerously«, die jetzt unter dem arg knalligen Titel »Ein Jahr in der Hölle« in unsere Kinos gelangt. Fünf Millionen Dollar, zu viel Geld für eine rein australische Produktion, hat dieser Film gekostet. So schaltete sich, in der Gestalt von Freddie Fields, Hollywood ein, als Financier und internationaler Vertriebsagent: in der Hoffnung gewiß, Peter Weir werde nun auch ein handfestes Entertainment liefern.

Diese Rechnung ist wohl aufgegangen, aber nicht ganz. In der Inszenierung einer dramatischen Romanze, die 1965 zwischen einem australischen Rundfunkreporter und einer attraktiven Dame von der englischen Botschaft in Indonesien ausbricht, während der letzten, stürmischen Tage des Sukarno-Regimes, zeigt Weir, daß er sich auf die Kunst der melodramatischen Kolportage nicht weniger versteht als auf die des subtilen Schattenspiels. Jenes, von asiatischen Marionetten zelebriert, im fernen Feuerschein der sich ankündigenden Revolution, wird von der ersten Einstellung an zum optischen Leitmotiv dieser unglücklichen Begegnung zweier Kulturen.

Indonesische Schattenspiel-Motive schmücken auch, von den Trinkern unbeachtet, die Wände jener Hotelbar, in der sich die westlichen Korrespondenten bevorzugt aufhalten. Zu ihnen stößt Guy Hamilton (den

»Mad Max« Mel Gibson mit dem linkischen Charme des ganz jungen Clark Gable spielt), zum ersten Mal mit einem Auslandsauftrag bedacht von einer Radiostation in Sydney. Es brodelt in Djakarta. Kommunisten wie militante Moslems sind angetreten, um den autokratischen Herrscher Sukarno zu stürzen. Die Suggestion des Personenkults, die auch die riesigen Slumviertel mit überdimensionalen Plakaten und Transparenten beherrscht, beginnt zu bröckeln. Ein Bürgerkrieg droht.

Der Reporter Guy Hamilton ist ein Außenseiter, noch nicht abgebrüht genug in seinem Gewerbe, um das allseits sichtbare Elend der Massen so gleichgültig hinzunehmen wie seine älteren Kollegen, die sich auf den interessanteren Kriegsschauplatz Vietnam sehnen. So findet er das Wohlwollen eines chinesisch-australischen Zwerges namens Billy Kwan (wunderbar gespielt von einer Frau: Linda Hunt), der das Land und seine komplizierten Verhältnisse seit langem kennt. Der weise Gnom, traurig und verzweifelt über die Armut unten und die Korruption oben, arbeitet als Kameramann und Photograph. Er wird das Auge des Fremden, er führt ihn durch das von bläulichen Nebelschwaden verhangene Chaos, das Djakarta heißt. Und er denkt ihm eine Rolle zu, die der Reporter nicht ausfüllen kann. In den privaten Schattenspielen des Billy Kwan, die er dem neuen Freund aus Australien mit seinen eigenen Figuren vorführt, soll jener den Part der großen weißen Hoffnung übernehmen: als Prinz und Retter.

Die Inszenierung mißlingt, der Fremde mißversteht die Subtilitäten des Spiels, richtet, als er sich sicherer fühlt, einen tödlichen Schaden an: aus Ignoranz. Die Verhältnisse geraten aus der Balance, nicht zuletzt durch eine heftige Liebe zwischen dem Australier und der Engländerin (Sigourney Weaver). Der Reporter verliert sein »Auge« (der Zwerg wird von Sukarnos Polizisten aus dem Fenster gestürzt), und bald darauf verliert er wirklich ein Auge. Verblendet, geblendet dämmert er hilflos dem sicheren Untergang entgegen, vor dem ihn nur Hollywoods Sucht nach glücklichen Ausgängen bewahrt.

Peter Weir hat dieses vermeintliche »Happy-End« mit subversiver Ironie inszeniert: so wie der ganze Film listenreich alle Konventionen des melodramatischen Spektakels erfüllt und sie zugleich ad absurdum führt. Seinen professionellen Stolz hat der Reporter mit seinem Tonbandgerät (nach dem Auge ist auch das Ohr verloren) bei der Zollkontrolle am Flughafen zurückgelassen. Ein Krüppel taumelt der rettenden Maschine entgegen, kein Held. So kläglich endete lange keine Liebesgeschichte mehr.

»Ein Jahr in der Hölle« ist handfester, kompakter, konventioneller als die früheren Filme von Peter Weir: wenigstens auf den ersten Blick. Wer genauer hinschaut, entdeckt hinter, vor und neben den Versatzstücken einer Kolportage von trügerischem Glanz jene alle Gewißheiten zersetzende

Bilderwelt der rätselhaften Schatten und der dunklen Träume, die die Eigenart von Peter Weirs Kunst bestimmt: in den nächtlichen Gängen durch die höllengleichen, dampfenden Slums, in mannigfaltigen Erscheinungen der Verwesung, im zarten Gesicht eines Zwerges. Das bleibt noch eine Weile vor den Augen.

Nr. 23 vom 3. 6. 1983

# 4. Begegnungen, Gespräche

# Der japanische Meisterregisseur Akira Kurosawa und sein neuer Film »Kagemusha«: ein Interview, ein Porträt, eine Kritik

## Die Götterdämmerung der Samurai

Hokkaido, am 20. Oktober 1979. Durch das weite, wilde Land der nördlichsten der japanischen Inseln zieht eine Geisterarmee. Über vierhundert Jahre nach ihrer Vernichtung in der Schlacht von Nagashino im April 1575 sammeln sich die Truppen des unbesiegbaren Takeda-Clans zu ihrem allerletzten Gefecht. Die Wimpel mit den kunstvoll gemalten Emblemen der Samurai-Krieger wehen über den drei Kampfformationen. Die Kavallerie trägt schwarze Rüstungen, die Lanzenträger prunken in dunklem Rot, grün sind die Brustpanzer der Infanterie. Zweihundert Reiter führen die diszipliniert marschierenden Kolonnen an.

Es muß ein überwältigender Anblick gewesen sein an jenem Herbsttag des letzten Jahres, als der Glanz des Hauses Takeda, die Pracht des japanischen Mittelalters aus einer langen Vergessenheit gerissen wurden: nicht zu Ehren eines toten Herrschers, sondern zur Erfüllung eines kühnen Traums. Ein großgewachsener Japaner in Arbeitsstiefeln, verwaschenen Bluejeans und Lederjacke befehligt die Takeda-Armee von 1979. Er trägt, wie immer, eine dunkle Brille und eine Schirmmütze. Er ist fast siebzig Jahre alt, aber man könnte ihn für einen athletischen Mittfünfziger halten. Und auch er stammt aus einer Epoche, die man längst vergangen wähnte: aus der glorreichen Zeit des japanischen Kinos, als er, vor 25 Jahren, mit Kenji Mizoguchi und Yasujiro Ozu ein Triumvirat bildete, dessen künstlerischer Reichtum auf der Welt seinesgleichen nicht fand. Er ist Akira Kurosawa. Er ist heimgekehrt.

*»Es ist schlimm, daß es keine Nachfolger für Mizoguchi und Ozu gab. Als sie verschwanden, war niemand da, der ihre Arbeit fortsetzen konnte. Das war eine große Tragödie. Niemand beschäftigte sich mit der Ausbildung neuer Regisseure. Die Produktionsgesellschaften wollen nicht in erster Linie große Filme machen, sie denken nur ans Geld. Früher bestand*

das einzige Ziel der Regisseure darin, etwas Schönes, Starkes, Phantastisches zu schaffen. Dann übernahmen die Leute aus den Kommerzabteilungen die Macht. Jetzt gibt es keine guten Filme in Japan mehr.«

Selbst Akira Kurosawa wurde von dieser Entwicklung betroffen. Selbst er, der 1951 in Venedig mit »Rashomon« dem Westen die Augen geöffnet hatte für das japanische Kino, dessen Meisterwerke überall auf der Welt Bewunderer, Nachahmer und auch schlicht Plagiatoren fanden, selbst jener Mann also, den sie in den Studios von Tokio den »Tenno« nennen, fand immer weniger Unterstützung für seine Projekte. 1971, nach dem Mißerfolg von »Dodeska-den« (über das Leben in einer Slumsiedlung am Rand einer modernen Metropole), unternahm er einen Selbstmordversuch. Man sieht noch die feinen Narben an seinem Handgelenk. Er ging in die Sowjetunion, um in der Einsamkeit am Ussuri-Fluß »Dersu Uzala« zu drehen, ein schwelgerisches Naturgedicht von der Verlassenheit des Menschen in der Wildnis, die Geschichte der Freundschaft zwischen einem alten asiatischen Kundschafter und einem russischen Forschungsreisenden im Jahre 1902, in jeder Einstellung auch eine Anklage gegen die Verwüstung der Natur in Japan.

Das neue Japan nach dem Zweiten Weltkrieg, das Land, das seine kulturellen Traditionen einem gigantischen ökonomischen Aufschwung opferte, ist nicht Akira Kurosawas Japan. Seine Krankheiten hat er in Filmen wie »Der betrunkene Engel«, »Bericht eines lebenden Wesens« und »Die Schlechten schlafen gut« beschrieben. Aber kritische Gegenwartsstoffe haben inzwischen kaum noch eine Chance.

»In der modernen japanischen Gesellschaft stimmt nichts. Die Krankheit fängt bei den Politikern an, betrifft die Bürokratie ebenso wie die großen Finanzclans, die die japanische Wirtschaft dominieren. Ich würde gern wieder einen Gegenwartsfilm machen. Sie stellen sich vielleicht vor, daß es in Japan Meinungsfreiheit gibt. In bestimmter Weise existiert Freiheit für Filme, die von Gewalt oder von Pornographie handeln, um von den wirklichen Problemen abzulenken. Aber wenn man die wirklichen Probleme darstellen will, dann ist das nicht möglich.

Man kann das wohl nicht direkt Zensur nennen, aber ich weiß, daß andere Leute solche Stoffe hatten: auf die eine oder andere Weise sind sie alle gestoppt worden.«

So kehrte Akira Kurosawa im Oktober 1979 nicht in das neue Japan zurück, sondern in das 16. Jahrhundert, die Zeit der Bürgerkriege, eine Epoche von Heldentum und Verrat, legendären Kriegern, Schurken und Schlachten. Kurosawa liebt das 16. Jahrhundert, die Ära dramatischer Fehden zwischen den War-Lords der vom fernen Kaiser in Kyoto und vom machtlosen Shogun (Oberbefehlshaber) unabhängigen Provinzen. Das Ende der Anarchie leiteten drei Feldherren ein: Nobunaga Oda, Fürst der westlichen Provinzen, sein Nachfolger Hideyoshi, ein genialer

Emporkömmling aus dem Bauerntum, und Ieyasu Tokugawa, dessen Geschlecht über zweihundert Jahre lang das geeinte japanische Reich beherrschte. Während der Tokugawa-Restauration isolierte sich Japan völlig vom Rest der Welt.

*»Ich liebe das 16. Jahrhundert. Das war eine Epoche der Freiheit, im Gegensatz zu der darauf folgenden Tokugawa-Periode. Um das Haus der Tokugawa zu schützen, mußten eine sehr strikte Moral, ein rigides Kontrollsystem errichtet werden. Vorher, in der Zeit der Bürgerkriege, gab es viel freiere Ausdrucksmöglichkeiten. Zum Beispiel unterscheidet sich der Samurai-Code (Bushido) der Bürgerkriegsepoche völlig von dem der Tokugawa-Zeit, der gänzlich starr, sinnentleert und bedeutungslos war, während der alte Bushido den Kriegern ein großes Maß an Selbstverwirklichung erlaubte. Es gab noch keine strengen Klassenschranken, jeder war frei in der Wahl seines Schicksals. Ein Bauer konnte der Herrscher von Japan werden. Ich liebe diese Zeit der Freiheit und des freien Ausdrucks.«*

Immer wieder in seiner langen Karriere ist Kurosawa, am 23. März 1910 als Sproß einer alten Samurai-Familie geboren, auf das 16. Jahrhundert zurückgekommen: in »Die sieben Samurai«, in »Die verborgene Festung«, in seiner »Macbeth«-Adaption »Das Schloß im Spinnwebwald«, in »Yojimbo – Der Leibwächter«. Das waren auch die Filme, die seinen Ruhm im Westen verbreiteten, die amerikanische (»Die glorreichen Sieben« von John Sturges) und europäische (»Für eine Handvoll Dollar«, Sergio Leones Plagiat von »Yojimbo«) Imitationen hervorbrachten. Kurosawa war es, der zum erstenmal Actionsequenzen in Zeitlupe filmte, ohne den es weder »Bonnie und Clyde« noch »The Wild Bunch« gegeben hätte. Lange galt er als der westlichste unter den drei Großen des japanischen Films: auch wegen seiner Vorliebe für russische Literatur – er drehte japanische Versionen von Dostojewskis »Idiot« und von Gorkis »Nachtasyl« – und seiner Nähe von Shakespeare.

*»Das 16. Jahrhundert in Japan war eine Epoche Shakespearescher Emotionen. Einerseits ist es ein Zufall, daß Shakespeare zu derselben Zeit lebte und schrieb, doch es gab im Japan des 16. Janhunderts eine historische Figur, die Macbeth sehr ähnelte. Es war eine gewalttätige, außergewöhnliche Epoche.«*

Aber nichts ist Akira Kurosawa weniger als ein westlicher Regisseur. Der Mann, der im Oktober 1979 auf Hokkaido mit den Dreharbeiten zu seinem 27. Film begann, hat westliche Einflüsse zwar oft aufgenommen (zum Beispiel auch die des deutschen Architekten Bruno Taut, über den er vor 35 Jahren einen Film drehen wollte), sie aber immer der japanischen Kultur anverwandelt. Seinen neuen Film bereitete er jahrelang mit der Sorgfalt eines Historikers vor, studierte das Quellenmaterial aus dem 16. Jahrhundert, ließ sich von der Malerei jener Zeit zu äußerster

Authentizität bei Farben und Kostümen anregen. Zur Ironie der Geschichte gehört es, daß sich dieses epische Panorama aus der japanischen Vergangenheit nur mit amerikanischer Unterstützung realisieren ließ. Als die »Toho«-Gesellschaft vor Kurosawas Sieben-Millionen-Dollar-Budget zurückschreckte, überredeten Francis Coppola und George Lucas, schon lange Bewunderer des Regisseurs, die »Twentieth Century-Fox« dazu, vorab die Weltrechte zu kaufen, um so die Finanzierung zu sichern. Coppola und Lucas fühlten sich Kurosawa verpflichtet, dessen Einfluß in »Apocalypse Now!« ebenso spürbar ist wie im »Krieg der Sterne«, wo Lucas die beiden beliebten Roboter nach dem Vorbild von zwei Soldaten in Kurosawas »Verborgener Festung« schuf.

Akira Kurosawas 27. Film heißt »Kagemusha – Der Schatten des Kriegers«. Er könnte auch heißen: »Götterdämmerung«. Oder auch: »Apocalypse Now«. Er endet mit jener Schlacht von Nagashino im April 1575, die das Ende einer Epoche einleitete. Die Elite-Truppen des Fürsten Shingen Takeda, des letzten großen Widersachers der neuen Herren Nobunaga und Tokugawa, laufen stoisch ins Verderben: Den »Wind« (die Kavallerie), den »Wald« (die Lanzenträger) und das »Feuer« (die Infantrie) empfängt das Sperrfeuer aus den Musketen der perfekt gedrillten Schützen Nobunagas. Die Samurai-Krieger, stolz auf ihre tödliche Geschicklichkeit im Umgang mit den traditionellen Waffen, werden aus sicherer Entfernung hingemetzelt. Mit ihnen sterben ihre Generäle.

Es sind Bilder einer betörenden, zutiefst perversen Schönheit, die Kurosawa hier erfindet: vergleichbar höchstens dem Kinderfeldzug gegen die Yankees in John Fords Bürgerkriegs-Western »The Horse Soldiers« und dem Angriff der polnischen Kavallerie auf deutsche Panzer in Andrzej Wajdas »Lotna«. Nie war die Absurdität, aber auch die schreckliche Faszination eines Krieges so gegenwärtig wie in dieser Sequenz. Im sinnlosen Anrennen gegen eine überlegene neue Technik der Kriegsführung beweisen sich noch einmal die verlorenen Tugenden der Samurai, ihr Mut und ihre Loyalität. Und werden zugleich erkennbar als Formen des höchsten Wahnsinns.

Kurosawa erspart uns den Anblick des Blutbades, doch seine Kamera verharrt lange auf dem Schlachtfeld, wenn längst alles vorbei ist, schweift in Zeitlupe über zuckende, sich ein letztes Mal aufbäumende Pferdekörper, über grotesk verrenkte Gestalten: ein Ballett des Todes. Der Takeda-Clan ist ausgelöscht, und mit ihm stirbt ein Zeitalter.

*»Ich bedaure es, daß es die glanzvollen Samurai aus dieser Epoche nicht mehr gibt, daß Männer wie Shingen oder Nobunaga nicht mehr existieren. Machmal wünsche ich mir für das Japan von heute, daß sie wieder auftauchen würden, Leute wie sie, die eine Kultur prägen können. Zur*

*Zeit von ›Kagemusha‹ gab es ein ästhetisches Gefühl. Sogar die Krieger wetteiferten um die prächtigsten Uniformen. In der Tokugawa-Periode sucht man vergebens nach Politikern und Feldherren von ähnlichem Format, Männern, die die Kraft gehabt hätten, eine ganze Kultur zu schaffen.«*

Dennoch bleibt Kurosawas Verhältnis zum Fall des Hauses Takeda zwiespältig. Ganz am Ende, als alles Leben schon erloschen ist, springt eine zerlumpte Gestalt aus einem Gebüsch am Rande der Walstatt, taumelt wie irre über die Leichenberge, bis auch sie von einer Kugel gefällt wird. Sie rafft sich noch einmal auf, schleppt sich zum nahegelegenen Fluß und stürzt in das vom Blut der vielen Opfer weithin rot gefärbte Wasser. In der letzten Einstellung des 159 Minuten langen Films sieht man, von oben, die Leiche wegtreiben. So stirbt der »Kagemusha«, der Schatten des Kriegers, Shingen Takedas Doppelgänger.

Der Schatten ist die zentrale Gestalt des Films: ein armseliger Dieb, der seiner Hinrichtung nur entgeht, weil man seine verblüffende Ähnlichkeit mit dem Fürsten Shingen Takeda entdeckt. Er soll sein »Kagemusha« werden: der Doppelgänger als japanische Kriegslist, die die Feinde verwirrt und den Herrscher vor Attentaten schützt. Der Dieb weigert sich, die Rolle zu übernehmen. Shingen ist von seiner Impertinenz so angetan, daß er ihm die Freiheit schenkt. Wenig später wird der Feldherr von einem Pfeil aus dem Hinterhalt schwer verletzt. Er stirbt in einer Sänfte auf der Spitze eines Berges, unterwegs zu seiner Residenz. An einem nebeligen Tag wird seine Leiche in aller Heimlichkeit in einem See versenkt. Es ist ein Tag der Trauer für den Takeda-Clan. In würdevoller Erstarrung sehen die Männer zu, wie die mannshohe Urne im Wasser verschwindet. Drei Jahre lang soll nach dem letzten Willen des Fürsten sein Tod ein Geheimnis bleiben. Da taucht der Schatten wieder auf. Nun will er dem Clan als Doppelgänger dienen, das Gesetz des Gehorsams nach den Regeln des »Bushido« erfüllen.

Mit der Hilfe von Shingens Bruder Nubukado (der ebenfalls dem Toten sehr ähnlich sieht) wächst der Doppelgänger langsam in seine Rolle hinein. Seine Entwicklung gleicht der des Söldner-Haufens in den »Sieben Samurai«: Dem eher widerwilligen Entschluß, die armen Reisbauern gegen die Überfälle von Banditen zu verteidigen, folgt ein langsamer Prozeß des Lernens und des Verstehens. Am Ende stirbt der Sohn eines Bauern als Samurai-Krieger für die Bauern. Das ist »Bushido«. Aber schon damals, 1954, wußte Kurosawa, daß der heroische Code der Samurai keine Zukunft haben würde. »Und wieder verlieren wir«, sagt der Anführer, »diese Bauern hier sind die wahren Gewinner.« Da ist die Schlacht geschlagen, sind die Banditen vertrieben, stecken vier Schwerter auf dem einfachen Grabhügel.

In einer der bewegendsten Sequenzen in »Sieben Samurai« sieht man nur, wie Reis angebaut wird. Kurosawa ist kein martialischer Prophet der Vergangenheit, deren Glorie er gleichwohl so unnachahmlich beschwört. Er zeigt den Zusammenhang zwischen den Taten der Krieger und dem einfachen Leben, das sie bewahren sollen. Die Bauern sind nicht weniger wichtig als die Samurai. Ihre Stärke wird dauerhafter sein.

Auch »Kagemusha« handelt vom allmählichen Lernen und Verstehen. Aber dennoch bleibt der Doppelgänger ein Fremder in dieser kriegerischen Welt. Einmal ist er ganz hingerissen vom Charisma des toten Feldherren, das die müden Truppen von »Wind«, »Wald« und »Feuer« aus ihrer Lethargie reißt, das nun er als unerkannter Stellvertreter ausstrahlt. Ein anderes Mal jedoch, während einer nächtlichen Schlacht, die er von einem Hügel aus verfolgt, wo nichts mehr zu erkennen ist außer einem gespenstischen Feuerschein, wo nichts mehr zu hören ist als dumpfer Schlachtenlärm, da spiegelt sich nacktes Entsetzen auf seinem Gesicht, da fällt er jäh aus der Rolle, die ihm eine Bürde geworden ist. So wird er schließlich entlarvt und, nutzlos geworden, davongejagt. Shingen Takedas ehrgeiziger Sohn hält sich nicht an das Vermächtnis und führt die Truppen in die letzte Schlacht.

»Kagemusha« markiert, nach 18 Jahren, Kurosawas Rückkehr zum »Jidai-Geki«, zum Kostümfilm. Er rekonstruiert, mit all ihren Schönheiten und Schrecknissen, eine verlorene Welt. Kurosawa beraubt sie nicht ihres verführerischen heroischen Glanzes, doch zusammen mit dem Schatten des Kriegers erfahren wir auch von ihrer Grausamkeit.

*»Ein Film ist für mich wie ein Kristall, das man aus verschiedenen Blickwinkeln betrachten kann. Je nach der Perspektive verändern sich die Eindrücke. Darin besteht die Schönheit eines Films: daß ihn intellektuelle Zuschauer ganz anders erleben können als etwa Jugendliche. Man muß alle Facetten des Kristalls benutzen. Die meisten jungen Regisseure heute suchen sich ein Thema, ein Problem, aber sie denken nicht darüber nach, wie man die Mittel einsetzt, die überhaupt erst das Kino ausmachen. Es gibt eine Ästhetik des Films: Eindrücke, die sich nur durch den Film herstellen lassen.«*

Einen Film wie »Kagemusha« gibt es nur alle zehn Jahre. Sein epischer Reichtum, die Vielfalt seiner Formen hat amerikanische Kritiker an David Wark Griffith' »Birth of a Nation« und Sergej Eisensteins »Alexander Newski« erinnert. Das ist kein unangemessener Vergleich. Viele Bilder wird man nie wieder vergessen: die Totalen des Krieges, chaotische Fetzen aus Rot und Grün und Schwarz, sowenig wie die sanfte Bewegung des Schilfs an einem Seeufer, den wüsten Alptraum des Doppelgängers von der Heimsuchung durch den toten Fürsten sowenig wie den Fluß aus Blut am Ende.

Oft habe ich an John Ford gedacht, an seine bittere Sehnsucht nach einem Westen, den es niemals gab. Da gleichen sich die Bilder, da läßt Kurosawa Reiterkolonnen am Horizont vorbeiziehen, da wehen die Standarten der Samurai wie die der Kavallerie von Ulysses Simpson Grant.

*»Wenn ich einen Film von John Ford sehe, fühle ich, daß dieser Mann in einem Film geboren worden ist. John Ford ist Film. Mehr kann ich dazu nicht sagen.«*

Vor ein paar Wochen kam Akira Kurosawa nach Paris, zur Eröffnung einer Retrospektive seines Werkes, die die Cinémathèque Française anläßlich von »Kagemusha« veranstaltete. Parallel dazu konnte man, im Ausstellungszentrum von Pierre Cardin, viele der Zeichnungen sehen, die Kurosawa für »Kagemusha« gemacht hat: rohe Entwürfe von Helmen und Uniformteilen ebenso wie sorgfältige Tuschzeichnungen von Figuren, Dekorationen, Szenenabläufen. Ein ganzer Film aus Papier. Kurosawa hat diese Arbeit getan, weil er fürchtete, er würde »Kagemusha« nicht realisieren können. So sollte wenigstens etwas von seiner Mühe übrigbleiben.

Im »Espace Cardin«, begleitet von dem wieseligen Mode-Menschen, belagert von lauter neugierigen Vernissage-Gästen, wirkte Kurosawa freundlich und gelassen, doch man merkte, wie wenig ihn der Rummel berührte. Interviews und Pressekonferenzen findet er überflüssig, findet sich sehr selten zu ihnen bereit.

*»Das sollte nicht notwendig sein. Ich mag es nicht. Ich tue mein Bestes, weil es manchmal doch sein muß. Um einen neuen Film zu machen, ist es für mich notwendig, den vorhergehenden zu vergessen. Und wenn ich fortfahre, den letzten Film zu diskutieren, kann ich keine neue Seite aufschlagen und mit dem nächsten Film beginnen.«*

Das sagte er am nächsten Morgen, lächelnd, als wir schon eine Weile miteinander geredet hatten. Da wollte ich ihm keine Fragen mehr stellen.

Am Ende erzählte er doch von seinem nächsten Film, von seiner Rückkehr zu Shakespeare, dessen Lust an Verwandlungen und Verkleidungen auch in »Kagemusha« zu spüren ist. Nach einem japanischen »Macbeth« soll es einen japanischen »King Lear« geben.

*»Das Drehbuch habe ich schon vor ›Kagemusha‹ geschrieben. Etliche Japaner und Ausländer haben es gelesen und fanden es sehr gut. Es spielt wieder im Japan des 16. Jahrhunderts. In jener Zeit ereignete sich eine Geschichte, die der des King Lear sehr verwandt ist. Also wird sie, wie ›Kagemusha‹, im kulturellen Kontext der Epoche stehen. Ich habe aus ›King Lear‹ eine völlig japanische Geschichte gemacht. Und ich habe sie auch entsprechend verändert. Zum Beispiel wäre es im Japan des 16. Jahrhunderts unmöglich gewesen, daß die Frauen eine solche Macht besitzen wie in ›King Lear‹. Also wird er an Stelle von drei Töchtern drei*

*Söhne haben. Eine japanische Version. Aber natürlich werden die Söhne*
*Frauen im Hintergrund haben, und die üben einen beträchtlichen Einfluß*
*aus.«*
Beim Abschied fallen mir noch einmal die Narben an Kurosawas Handgelenk auf. Auch an diesem Morgen sind seine Augen hinter dunklen
Gläsern verborgen. Vielleicht wird »Kagemusha« sein letzter Film bleiben. Akira Kurosawa ist siebzig Jahre alt.

Nr. 44 vom 24. 10. 1980

# Francis Coppola über seinen neuen Film »Einer mit Herz« und über die Krise des amerikanischen Kinos

## Geld macht kaputt

Für das Naheliegende hat sich Francis Coppola noch nie interessiert.
Der Mann, der mit der epischen Saga vom »Paten« ein Vermögen ver-
diente und für seine Vietnam-Vision »Apocalypse Now« alle Reichtü-
mer wieder aufs Spiel setzte, führt einen einsamen Kampf gegen die
Mittelmäßigkeiten der Kino-Branche: als Produzent (Wim Wenders'
»Hammett«), als Verleiher (von Abel Gances stummem »Napoleon«
bis Syberbergs »Hitler«), als Besitzer eines eigenen Filmstudios, als Erfinder elektronischer Produktionsmethoden, als Autor und Regisseur.
Francis Coppola, 43 Jahre alt, Mogul und Mäzen, genialer Filmemacher und Hasardeur aus Leidenschaft, hat seine jüngste Schlacht vorerst verloren: »Einer mit Herz« (One from the Heart), ein 25-Millio-
nen-Dollar-Experiment mit den Möglichkeiten des synthetischen Kinos, fand in den USA nur wenige Zuschauer und kostete Coppola die
Kontrolle über sein mit modernster Video-Technik ausgestattetes
»Zoetrope«-Studio.
Vielleicht ist »Einer mit Herz«, jetzt bei uns angelaufen, kein makello-
ses Meisterwerk, aber gewiß einer der faszinierendsten Filme des Jahres: In einer theatralischen Szenerie von hermetischer Künstlichkeit
finden sich vier Figuren zu einem Reigen bunter Lügen. Coppola, der
die Kulissenwelt von Las Vegas in seinem Studio nachbauen ließ, entwirft ein vielschichtiges Spektakel aus Farben, Musik und Dekorationen: die Illusion als Stilprinzip einer Gesellschaft, in der weder die Gefühle echt sind noch die zur totalen Show stilisierten Erscheinungen der
Natur.
Beim Gespräch, das in München stattfand, wirkt Coppola so enthusiastisch wie eh und je. Zwar pflegt auch er seine Rückzugs- und Aussteiger-

Träume, aber Krisen scheinen ihn letztlich zu beflügeln. Das Kino hat noch viel von ihm zu erwarten.

*ZEIT:* Nach »Apocalypse Now« wollten Sie sich mit Goethes »Wahlverwandtschaften« beschäftigen. Was ist daraus geworden?

*Coppola:* Meine »Wahlverwandtschaften« sollten aus einer ganzen Gruppe von Filmen bestehen, ausgehend von Goethes Roman, aber doch etwas Eigenständiges: die Erforschung und Darstellung von Liebe nach den Prinzipien von Chemie und Physik, angesiedelt in verschiedenen Kulturen. Etwas davon ist auch in »Einer mit Herz« zu sehen. In gewisser Weise kann man diesen Film als Skizze, als Vorstudie für das größere Projekt verstehen.

Ich war damals in Japan. »Apocalypse Now« war abgedreht, ich war völlig allein, mit meinem ehelichen Trauma beschäftigt, als ich dieses Drehbuch bekam: eine kleine einfältige Trennungsgeschichte, wie sie vor ein paar Jahren mit Schauspielern wie Jill Clayburgh und Burt Reynolds gedreht wurden. Die Handlung spielte in Chikago. Ich entschloß mich, sie nach Las Vegas zu verlegen. In Tokio sah ich täglich, wie die Japaner alle falschen Dinge von den Amerikanern übernommen hatten. Die Ginza glich Las Vegas. Und Las Vegas erschien mir als ein Ort, in dem Realität und Illusion einander durchdringen: eine Metapher für die Liebe selber, die lockt und alles verspricht. Doch dann bekommt man einen Tritt, endet betrunken und verzweifelt. Außerdem vernahm ich in der Geschichte von »Einer mit Herz« das Echo der »Wahlverwandtschaften«: wie sich Paare finden und verlieren, die Austauschbarkeit.

*ZEIT:* Der Stil Ihres Films ist sehr ungewöhnlich, eine radikale Abkehr vom üblichen Naturalismus.

*Coppola:* Dieser naturalistische Erzählstil, wie er heute das Kino beherrscht, begann mich zu langweilen: psychologische Schauspielerführung, naturalistische Dekors. Ich wollte ein Experiment wagen: ganz und gar gewöhnliche Personen mit ihren kleinen Problemen in eine phantastische, theatralische Szenerie stecken. Nach meiner Rückkehr in die USA fiel mir auf, daß die Fernseh-Werbung, an der man ja den Zustand eines Landes am genauesten erkennt, inzwischen nach diesen Prinzipien arbeitete.

Der Traum von einem Film in einem Stil von absoluter Künstlichkeit führte direkt zur Einrichtung eines eigenen Studios. Plötzlich war ich auf mich selber gestellt. Die Geldgeber, die einen naturalistischen Film wollten, sprangen ab. Die äußeren Bedingungen der Produktion waren sehr schwierig, und als der Film dann fertig war, umgaben ihn derart viele Gerüchte, daß die Kritiker über der Frage, ob ich mein Studio verlieren würde, seine neuartigen Elemente übersahen.

*ZEIT:* Könnte es sein, daß die Figuren einfach zu klein für die grandiose Kulisse sind, daß sie untergehen?

*Coppola:* In Japan entwickelte ich mein Interesse für das Kabuki-Theater, wo Tanz, Gesang und Dekoration gleichberechtigte Elemente neben den Schauspielern sind. Das Kino konzentriert sich gewöhnlich allzu einseitig auf die Geschichte und die Schauspieler. Ich habe versucht, Stil-Elemente aus anderen Künsten mit denen des Films zu verbinden: Theater, Musik, Malerei. Ich weiß natürlich, wie man naturalistisches Kino inszenieren kann, aber es interessiert mich nicht, so etwas wie »Der Pate – Teil drei« zu machen, auch wenn das ökonomisch vernünftiger wäre.

*ZEIT:* »Einer mit Herz« sieht so aus, als sei er im Labor eines Zauberers hergestellt worden, extrem künstlich, fast abstrakt.

*Coppola:* Vielleicht wäre es für den Zuschauer einfacher gewesen, wenn ich den Film mit Stars in der Kategorie von Barbra Streisand besetzt hätte und nicht mit völlig unbekannten Schauspielern. Vielleicht hätte man den Film dann weniger seltsam gefunden. Ich habe »Einer mit Herz« aus verschiedenen Schichten zusammengestellt, wie ein Stück moderner Musik. Und dadurch, daß ich die Darsteller wie im Theater agieren lasse, also in sehr langen Einstellungen, ohne viel Schnitte, die die Emotionen unterstreichen würden, entsteht eine Entfernung. Ich schaue diesen Film lieber an als meine früheren, die man sozusagen betreten konnte. »Einer mit Herz« ist mehr ein Ding. Man bleibt draußen. Die Emotion soll auch nicht durch die Handlung entstehen, sondern durch das Material selber: wie in einem Bild von Jackson Pollock. Das macht diesen Film so ungewöhnlich.

*ZEIT*: Das amerikanische Publikum hat »Einer mit Herz« nicht angenommen. Sie mußten Ihr Studio »American Zoetrope« verkaufen ...

*Coppola:* Ich habe es nicht verkauft. Die Operationen ruhen nur. Ich will den Film in einigen Monaten noch einmal starten. Ich weiß, daß die Leute etwas Ungewöhnliches von mir erwarten. Wenn sich die ganze Aufregung gelegt hat, wird man den Film mit anderen Augen sehen. Ich habe unterdessen zwei Filme mit Kindern gedreht, in nur sechs Monaten, unter enormem Druck, weil ich auch den Banken beweisen mußte, daß ich Budgets und Drehzeiten einhalten kann. Beide Filme basieren auf Büchern von S. E. Stinton: »The Outsiders«, eine ziemlich konventionelle Kindergeschichte, ein sehr schöner klassischer Film wie der »Pate«, und »Rumble Fish«, ein Experiment im Stil des deutschen Expressionismus, in Schwarz-Weiß gedreht, eine Art »Peter und der Wolf« für das Kino. Im Lauf des Films werden für die Kinder alle Möglichkeiten des Mediums demonstriert.

*ZEIT:* Also doch schon wieder ein sehr ungewöhnliches Projekt.

*Coppola:* Ich könnte nie zwei »normale« Filme hintereinander drehen. Ich muß natürlich leben, also auch immer wieder beweisen, daß ich im klassischen Stil – den ich ja durchaus schätze – arbeiten kann, aber ich versuche immer wieder etwas Neues.

*ZEIT:* Das ist eine Einstellung, die man im konservativen neuen Hollywood wohl sehr selten findet. Wie haben sich eigentlich reiche Kollegen wie George Lucas verhalten, als Sie in finanzielle Schwierigkeiten mit ihrem Studio kamen?

*Coppola:* Leute wie George Lucas und Steven Spielberg sind sehr freundlich und hilfreich. Aber wenn es um Geld geht, sieht die Sache anders aus. Ich hatte als Kind ein Jahr lang Kinderlähmung. Die anderen Kinder besuchten mich nie, weil sie sich vor einer Ansteckung fürchteten. So ähnlich war meine Situation nach »One from the Heart« in Hollywood. Die Leute dort haben eine tödliche Angst vor dem Mißerfolg.

*Zeit:* Das künstlerische Niveau des amerikanischen Kinos scheint zur Zeit sehr niedrig zu sein.

*Coppola:* Das finde ich auch. Martin Scorsese ist für mich der einzige Regisseur, der immer wieder etwas Neues und Aufregendes versucht. Ich gehe kaum noch ins Kino. Die Filme mit »Inhalt« lassen sich ihre Inhalte von der Presse oder den Studio-Bossen oder der Regierung diktieren. Das ist Kino aus Plastik. Wer erinnert sich heute noch an »Kramer gegen Kramer«, einen dieser Filme mit vom Establishment abgesegnetem »Inhalt«?

Ich versuche einen anderen Weg zu gehen. Schon in »Apocalypse Now« gab es am Ende nicht das typische Anti-Kriegs-Statement. Man muß den Mut zur Herstellung einer eigenen Welt haben. Es gibt heute vier oder fünf Arten von Filmen, die man machen darf, mehr nicht. Ich konnte es mir erlauben, gegen die Regeln zu verstoßen, weil ich sehr reich war und die Bereitschaft besaß, meinen Reichtum aufs Spiel zu setzen. Was ist denn der Unterschied zwischen dem sowjetischen System des Filmemachens und dem amerikanischen System? Hier wie dort sitzen Herren in Anzügen, die man um Erlaubnis fragen muß. Es ist der Unterschied zwischen Bürokraten und Bürokraten. Das Kino ist nirgendwo auf der Welt eine freie Kunstform, es sei denn, man hat sehr viel Geld. Und wenn man, wie ich, Geld hat und es riskiert, dann ist man es auch sehr schnell los ...

Leute wie George Lucas und Steven Spielberg machen die Filme, die sie selber als Kinder gerne gesehen haben. Sie verdienen sehr viel Geld. Sie könnten auch persönlichere Filme machen, aber im Moment interessieren sie sich ausschließlich für Geld. Und solange sie die gigantischen Profite einfahren, sehen sie keinen Grund, sich an der Darstellung schwierigerer menschlicher Probleme zu versuchen. Die gehen lieber zur Bank.

*ZEIT:* Und wenn man sich dem Druck der riesigen Budgets, die ja auch die Ästhetik der Filme bestimmen, entzieht? Sind kleine, billige Produktionen da nicht fast der einzige Ausweg?

*Coppola:* Das ist richtig. Genau diese Überlegung hat mich dazu geführt, meine beiden letzten Filme auf eine sehr spartanische Weise zu produzieren. Jedermann arbeitete für weniger Geld als üblich, wir drehten nur sieben, acht Wochen lang, aber dennoch kosteten »The Outsiders« und »Rumble Fish« je zehn Millionen Dollar. Billiger geht es kaum, wenn man innerhalb des üblichen Gewerkschaftssystems arbeitet. Die einzige Art, diesem ökonomischen Druck, der immer nur Konformität erzeugt, auszuweichen, besteht darin, auf Video zu arbeiten. Ich sehe mir inzwischen viel lieber alte Filme an als neue. Ich habe kaum Zeit, warum soll ich sie verschwenden?

*ZEIT:* Wie könnte sich das amerikanische Kino aus seiner gegenwärtigen künstlerischen Krise befreien?

*Coppola:* Ich glaube an den enormen Einfluß, den die elektronischen Medien und Video ausüben werden. Durch Video werden Kameras in die Hände von Menschen gelangen, die sonst nie eine Chance bekommen hätten. Ich kann mir vorstellen, daß in ein paar Jahren ein neunzehnjähriger Junge in Düsseldorf einen Film machen wird, der auf der ganzen Welt eine halbe Milliarde Dollar einspielt, bei Herstellungskosten von sechzehn Dollar. Wenn der Film auf diese Weise geöffnet wird, werden überall neue Produktionsstätten entstehen.

*ZEIT:* Im Moment sieht Hollywood allerdings noch mehr wie ein altmodischer Rummelplatz aus.

*Coppola:* Hollywood ist Disneyland. Die Leute dort bewundern niemanden so sehr wie Walt Disney. Und George Lucas versucht ja auch, seine eigene Produktionsgesellschaft nach dem Vorbild von Disney aufzuziehen.

*ZEIT:* Und was halten Sie von Disney?

*Coppola:* Wenn ich ein Vorbild auf dem Gebiet der populären Unterhaltung nennen müßte, würde ich mich als Produzent mehr auf Alexander Korda berufen. Als ich mein Studio hatte, habe ich Filme wie »Hammett« und »Der schwarze Hengst« nach Qualitätsvorstellungen produziert, die denen Kordas ähnlich waren. Aber das ist meine konventionelle Seite. Ich neige dazu, mich immer wieder auf Experimente einzulassen. Dabei will sie ja letztlich niemand. Die Verleiher wollen keine Experimente, weil sie in jedem Fall einen Störfaktor darstellen: wenn es daneben geht, sind sie übel dran, und wenn es gutgeht, sieht ihre sonstige Arbeit schwach aus. Die amerikanischen Kritiker wollen übrigens auch keine Experimente. Was sie vielleicht Truffaut zugestehen, erlauben sie amerikanischen Regisseuren nicht. Wenn sie wenigstens sagen würden: Das ist vielleicht nicht gelungen, aber es war wenigstens ein starker Versuch in jene Richtung, die wir brauchen.

*ZEIT:* Sehen Sie einen Zusammenhang zwischen den Filmen, die das konservative neue Hollywood herstellt, und jenem politischen Klima, das die gegenwärtige amerikanische Regierung prägt?

*Coppola:* Soweit ich das gegenwärtige politische Klima bei uns verstehe, sehe ich, daß in unserem Land allmählich alles ausgelöscht wird, was nicht mit den herrschenden Ideen von wirtschaftlicher Stabilität und konserva-

172

tivem Verhalten im Einklang steht. Niemand wird mehr ermutigt, nach den Sternen zu greifen.

*ZEIT:* Macht Ihnen das angst?

*Coppola:* Nein. Ich glaube, daß eine »Armee des Ungewöhnlichen« diese Entwicklung leicht durchbrechen könnte. Was Amerika braucht, ist eine Design-Revolution. Die herrschende Klasse der Buchhalter und Rechtsanwälte zerstört unsere Kultur und unsere Welt. Wer soll dagegen kämpfen? Für mich müssen das die Künstler, die Designer, die Ingenieure, die Architekten, die Autoren, die Schauspieler tun: Die Klasse der Künstler muß kämpfen.

*ZEIT:* Ist das nicht ein allzu idealistisches Konzept?

*Coppola:* Das ist auch ein praktisches Konzept. Stellen Sie sich einen Kampf zwischen den Buchhaltern und Marketing-Männern auf der einen und den Wissenschaftlern und Künstlern auf der anderen Seite vor. Wer hat die Kraft zu gewinnen? Mich interessiert, wo diese neue herrschende Klasse herkommt. Ich würde gerne wissen, wie sich die Zahl der Anwälte in der Regierung und in der Industrie seit 1950 vermehrt hat. Wahrscheinlich enorm. Diese Leute leisten einfache Dienste. Sie produzieren nichts. Die Klasse der Bürokraten, die nichts produziert, ist zu groß geworden. Aber wenn die Krise immer schärfer wird, werden sich jene Talente zusammenfinden, die mit der Zukunft fertig werden können.

*ZEIT:* Aber im amerikanischen Film sehen Sie im Moment außer Scorsese keine Verbündeten?

*Coppola:* Vielleicht könnte Spielberg einer werden. Er ist sehr intelligent, sehr sympathisch, sehr jung. Lucas dagegen ist konservativer, er gleicht mehr den Leuten, gegen die es zu kämpfen gilt, obwohl auch er wunderbare Seiten hat. Natürlich besteht das Problem darin, daß die Angehörigen dieser Design-Klasse (ich weiß noch nicht, wie man sie sonst nennen könnte) höchst eitle, eigenbrötlerische, schwierige Leute sind. Anwälte und Buchhalter treten in Gruppen auf. Wenn die Design-Klasse das lernen würde, könnte sie die Welt beherrschen, oder, besser gesagt, mit Ideen anleiten.

*ZEIT*: Wie sieht inzwischen Ihr Verhältnis zu Wim Wenders und »Hammett« aus?

*Coppola:* Wir mochten Wim sehr, ohne allerdings seine Eigenarten als Regisseur analysiert zu haben. Als sich die Sache dann in die Länge zog, als ein Drehbuch nach dem anderen unbefriedigend geriet, hätten wir vielleicht früher sagen müssen: Laß uns die Sache stoppen und ein anderes Projekt finden. Wir wußten, daß europäische Regisseure nicht so sehr vom Drehbuch ausgehen, aber gerade ein Genre-Film wie »Hammett« braucht ein sorgfältiges Drehbuch. Bei einem klassischen Detektiv-Film kann man nicht improvisieren. Vielleicht habe ich Wim keinen Gefallen getan, als ich ihn immer weiter arbeiten ließ. Der ganze zeitliche Aufwand hat sich weder für ihn noch für mich gelohnt. Ich sage das, obwohl ich »Hammett« sehr mag. Ich bin stolz auf den Film, auch darauf, daß Wim es geschafft hat, ihn zu Ende zu bringen.

*ZEIT:* Hat das Kino überhaupt noch eine Zukunft?

*Coppola:* Im Moment finde ich die Frage wichtig, ob Filme mit einem so riesigen Budget gedreht werden müssen, daß die Regisseure zu Marionetten werden, daß die Logik des Geldes sie kontrolliert. Man kann auf zwei Arten sehr reich sein: indem man extrem reich ist oder indem man extrem arm ist. Ich glaube, daß in unserem Beruf die Armut eine größere Chance zur Freiheit bedeutet. Den amerikanischen Regisseuren hat man inzwischen ausgetrieben, eine persönliche Arbeit zu leisten. Vielleicht könnten sie es auch überhaupt nicht mehr. Ihre Tage bestehen aus Magengeschwüren und Angst. Und sie werden nicht nur von den Studio-Bossen verfolgt, sondern zunehmend auch von ihren eigenen Gewerkschaften. Auf der ganzen Welt sehen wir, wie die Agenten der Durchschnittlichkeit das Außergewöhnliche tyrannisieren. So verschwindet das Außergewöhnliche allmählich.

*ZEIT:* Wird es im Jahr 2000 noch Kinos geben?

*Coppola:* Es wird riesige elektronische Opernhäuser in den Dimensionen der Radio City Music Hall geben, ausgestattet mit ungeahnter optischer und akustischer Qualität. Daneben wird es in jedem Haus, in jedem Büro, in jeder Schule individuelle Medien-Zentren geben, allesamt elektronisch. Das Filmemachen wird sehr viel billiger werden, aber es wird auch teure Formen geben: holographische Spektakel, eben jene großen Abende, die die Leute doch noch aus dem Hause locken.

Nr. 41 vom 8. 10. 1982

## Über Maigret, die »Intimen Memoiren« und einen Chabrol-Film

### Die Fantome des Georges Simenon

»Mein ganzes Leben lang war ich auf alles neugierig, nicht nur auf den Menschen, den ich überall auf der Welt beobachtet habe, auf die Frau, die ich fast schmerzhaft verfolgt habe, so quälend wurde manchmal das Bedürfnis, mich mit ihr zu vereinigen; ich war neugierig auf das Meer und das Land, das ich respektiere, wie ein Gläubiger seinen Gott respektiert und verehrt, auf die Bäume, auf die kleinsten Insekten, auf das kleinste, noch gestaltlose Wesen, das in der Luft oder im Wasser lebt.«

*Georges Simenon, »Intime Memoiren«, 1981*

Die Neugier ist ein mächtiger Trieb. Niemand, auch er selber nicht, weiß genau, wie viele Romane Georges Simenon zwischen 1920 (»Au pont des arches«) und 1972 (»Maigret et Monsieur Charles«) geschrieben hat. 214 sind unter seinem Namen erschienen, mindestens 250 weitere dürften in den zwanziger Jahren unter Pseudonymen wie Christian Brulls oder Jean du Perry publiziert worden sein. Schon damals war Simenon für seine Schreib-Geschwindigkeit berühmt. 1927 bot der Verleger dem jungen Mann aus Lüttich 50 000 Francs an, wenn er bereit wäre, in einem gläsernen Käfig auf der Terrasse des Moulin Rouge einen Roman in aller Öffentlichkeit zu schreiben: an einem einzigen Tag, nach spontanen Anregungen der zahlreich erwarteten Zuschauer. Das Experiment kam nur deshalb nicht zustande, weil der Verleger pleite ging.

Eine andere Chiffre der Neugier gab Simenon 1977 in einem Gespräch mit Federico Fellini über dessen »Casanova«-Film preis: eine Zahl, die nicht minder monströs (und obskur) wirkt als die seiner Bücher. »Vor ein oder zwei Jahren habe ich eine Rechnung aufgemacht. Ich habe 10 000 Frauen gehabt, seit ich dreizehneinhalb war. Das war überhaupt kein Laster. Ich habe kein sexuelles Laster, aber ich habe das Bedürfnis zu kommunizieren. Und selbst die 8000 Prostituierten unter den 10 000 waren menschliche Wesen, weibliche menschliche Wesen. Ich hätte gern alle Frauen gekannt. Unglücklicherweise, wegen meiner Heiraten, konnte ich keine wirklichen Abenteuer haben.«

Spricht so »der Goethe der schweigenden Mehrheit«, »der Balzac des 20. Jahrhunderts«, der am meisten gelesene lebende Schriftsteller der Welt, verbreitet in rund 300 Millionen Exemplaren, bewundert von Henry Miller und André Gide, François Mauriac und Jean Cocteau? Je mehr ich von und über Georges Simenon las – das »Wunder Simenon« (François Bondy) wie den »Mann mit dem goldenen Penis« (als den ihn seine verbitterte Ex-Gattin Denise in einem Schmuddel-Buch darstellte), desto rätselhafter, gar unmöglicher erschien mir diese Figur.

»Ich konnte nie glauben, daß Simenon wirklich existiert. Seine ungeheure Produktion, das immer neue Staunen über die Vollkommenheit seiner Erzählungen, die psychologische Genauigkeit seiner unendlich vielen Figuren, die Eindrücklichkeit der Landschaftsbeschreibungen vermittelten mir stets das Bild eines hinreißenden Schriftstellers, das aber so ungreifbar und unbestimmt blieb wie etwa das Bild des Frühlings, des Meeres, das Bild von Weihnachten, das Bild von Erscheinungen , Wesenheiten, Naturelementen, Umständen, Konventionen, das man mit Vergnügen und unbewußtem Wohlgefühl in sich aufnimmt und erlebt, ohne daß es imstande wäre, die Begriffe in ihrer Dinghaftigkeit und Identität zu verkörpern.« (Federico Fellini)

*

Vom Bahnhof in Lausanne aus geht man eine Weile einen Hügel hinunter, durch ein stilles, freundliches Viertel, bis man die breite Avenue des Figuiers erreicht. Das letzte Domizil von Georges Simenon liegt nicht direkt an der lauten »Straße der Feigenbäume«, sondern halb versteckt in einem abgeschirmten Innenhof von bäuerlichem Aussehen. Aber dahinter ragt ein Hochhaus.

Teresa öffnet die Tür, Simenons italienische Lebensgefährtin. Später, beim Gespräch wird sie seine gelegentlichen Gedächtnislücken mit ihrem harten, gutturalen Französisch auffüllen. In einem großen, hellen Zimmer im Erdgeschoß sitzt der alte Mann zum Gespräch bereit. Georges Simenon, der im Februar achtzig Jahre alt wird, trägt zur braunen Hose ein weißes Hemd, um den Hals eine jener roten Kordeln, mit denen sich am Sonntag die Cowboys schmückten: vielleicht eine Erinnerung an seine langen Jahre in Amerika. Simenon lächelt. Wache Augen hinter einer hellen Hornbrille, zwischen den Zähnen eine seiner vielen Pfeifen. Man könnte meinen, man säße dem pensionierten Kommissar Maigret gegenüber, der berühmtesten seiner Gestalten. Ein aufmerksamer älterer Herr. Auf der Hut.

Simenon, einst selber Reporter bei der *Gazette de Liège*, mag sie nicht mehr: die »selbstgefälligen Journalisten, die glauben, alles zu wissen, über alles urteilen zu können, alle Fragen anschneiden zu dürfen. Sie kommen zu einem Autor, von dem sie früher mal einige Bücher gelesen haben, oder von dem sie vielleicht im Zug oder im Flugzeug schnell eins angesehen haben ... Ich beantworte Fragen, stets die gleichen. Und am Schluß bin ich angewidert.

Wie fällt Ihnen die Idee zu einem Roman ein? ... Was machen Sie dann? ... Zu welcher Tageszeit schreiben Sie? ... Mit der Maschine oder mit der Hand? ... Wieviel Stunden täglich? ... Wieviel Tage? ... Seit dreißig Jahren, seit der Veröffentlichung der Maigrets, gebe ich immer die gleichen Antworten ... Wenn ich plötzlich erklären würde, daß ich (was nicht wahr ist) um Mitternacht zu schreiben begonnen habe... so würde man dennoch immer die alten Antworten drucken.

... Die Namen aus den Telephonbüchern ... Die Karten ... Der Plan auf einem gelben Umschlag ... Der Kaffee, den ich mir in der Küche koche ...«

Diese Sätze stehen in Simenons Tagebuch-Band »Als ich alt war«. Seit ich sie gelesen hatte, stellte ich mir ein Interview mit Simenon noch schwieriger vor. Worüber soll man mit jemandem sprechen, der 500 Romane geschrieben und mit 10000 Frauen geschlafen hat und Journalisten nicht mag? Über die Literatur? Über die Sexualität? Über den Journalismus? Warum eigentlich nicht über das Kino?

*

*Neulich hat Sie Claude Chabrol besucht, der Ihren Roman »Die Fantome des Hutmachers« verfilmt hat. Wie fanden Sie den Film?*
*Simenon:* Ich habe ihn nicht gesehen. Ich gehe nie in Simenon-Filme, aus

einem einfachen Grund: In meinem Kopf existieren meine Figuren als festumrissene Gestalten. Ich sehe alles: ihre Gesichter, ihre Gesten, ihre Kleider. Kein Regisseur oder Schauspieler kann dieser Vorstellung gerecht werden. Wenn ich mir anschaue, was sie machen, komme ich mir vor wie auf einem Karneval. Wenn Sie sich vorstellen, Ihre Tochter ließe sich von einem Kosmetik-Chirurgen behandeln und käme mit einem völlig neuen Gesicht zurück, wäre das ein ähnliches Gefühl. Aber ich lese alle Kritiken. Daher weiß ich, daß Chabrol mir sehr gerecht geworden ist.

*Aber bei der ersten Maigret-Verfilmung, Jean Renoirs »La nuit du carrefour«, haben Sie doch sogar am Drehbuch mitgeschrieben.*

Simenon: Ja, die drei ersten Maigret-Filme, die 1932 und 1933 herauskamen, habe ich mir noch angeschaut. Als mein enger Freund Renoir, der wie mein Bruder war, »La nuit du carrefour« drehte, geriet er an einen der vielen betrügerischen Produzenten, die es damals gab. Der stellte alle Zahlungen schon vor dem Ende der Dreharbeiten ein. So war der Film sehr schön, aber völlig unverständlich. Der Produzent bot mir 50 000 Francs für einen Auftritt zu Beginn des Films an, bei dem ich die Handlung erklären sollte. Auch zwischendurch sollte ich auf der Leinwand erscheinen und erklären, was jetzt gerade passiert.

*1966 wurde in Delfzijl, wo 1929 der erste Maigret-Roman »Pietr-le-Letton« entstand, ein Maigret-Standbild errichtet. Zur Feier erschienen auch etliche berühmte Maigret-Darsteller. Was war das für Sie für ein Gefühl?*

Simenon: Es waren nur sieben der 28 Maigrets da. Allein in Rußland gibt es drei, und sogar Japan hat seinen eigenen Maigret. Der beste war übrigens der erste: Pierre Renoir, der Bruder von Renoir. Er hat verstanden, daß Maigret ein Beamter ist. Mit Jean Gabin war ich befreundet, aber er war viel zu flamboyant für die Rolle. Gino Cervi war gut, aber sein Maigret sang Opern-Arien im Badezimmer. Eben ein Italiener. Rühmann ist vielleicht ein guter Theater-Schauspieler, aber kein Filmschauspieler. Er besaß nicht die Statur von Maigret. Er war zu mager und zu klein.

*Maurice de Vlaminck hat schon 1939 geschrieben, daß der heutige Film Simenon sehr viel verdankt: »Die Regisseure haben ihm die Atmosphäre seiner Bücher abgeguckt, die Farbe des modernen Lebens, die er auf so unmittelbare, kraftvolle Art wiedergibt.« Was halten Sie von dieser Bemerkung?*

Simenon: Ich bin kein bewußter Schriftsteller. Ich bin kein Intellektueller. Ich schreibe, weil ich schreiben muß. Ich denke nie darüber nach, wie ich schreibe.

Ich war zum ersten Mal 1912 im Kino, in Lüttich. Ich sah Max Linder und italienische Monumentalfilme. Mit 20 Jahren, als ich nach Paris kam, gab es dort nur ein einziges Avantgarde-Kino, das Studio des Ursulines. Da lernte ich Jean Renoir, René Clair, Jean Epstein, Alberto Cavalcanti kennen. Wir sahen die ersten expressionistischen Filme. »Caligari« war eine außerordentliche Sache. Wir stritten uns nach den Vorführungen so heftig, daß wir manchmal gegen Mitternacht auf einer Polizeiwache landeten. Das war die heroische Zeit des Kinos. Besonders bewundere ich die Filme von Murnau.

*

Eine Provinz-Stadt im Herbst. Auf dem Kopfstein-Pflaster der engen Gassen glänzt der Regen. Der Ort heißt La Rochelle. Simenon hat eine Weile in der Nähe gewohnt. La Rochelle ist der Schauplatz eines Romans, der 1949 weit von Frankreich entfernt entstand, in Arizona. Lakonisches Notat in den »Intimen Memoiren«: »Im Stud Barn schrieb ich noch: ›La première enquête de Maigret‹, ›Les fantômes du chapelier‹, ›Mon ami Maigret‹.«
Ich frage Simenon, der Tee aus einem gläsernen Bierseidel trinkt, ob die enorme Distanz zum Ort der Handlung das Schreiben seiner in Amerika entstandenen Romane wie »Les fantômes du chapelier« (Die Fantome des Hutmachers) beeinflußt habe.
*Simenon:* Ich fühle mich überall zu Hause. Die Menschen und ihre Probleme sind überall die gleichen. Nur die Adressen und die Kleidungen verändern sich.
*Erinnern Sie sich eigentlich bei den vielen Romanen, die Sie geschrieben haben, noch an einzelne Handlungen?*
*Simenon:* Hier gibt es keines meiner Bücher. Die befinden sich in meinem Büro am anderen Ende der Stadt. Ich erinnere mich an keine der Geschichten, die ich geschrieben habe. Ich glaube nicht an Geschichten. Ich glaube an Menschen. Wenn ich einen Roman anfange, kenne ich nur meine zwei oder drei Hauptfiguren. Die Handlung interessiert mich nicht. Selbst in den Maigret-Romanen gibt es keine guten Geschichten. Das sind keine richtigen Kriminalromane.

*

»Die Fantome des Hutmachers« gehören nicht zur Maigret-Serie, auf die Simenon weniger stolz ist als auf die »Non-Maigrets«. Aber in allen seinen Romanen, auch in den »Maigrets«, verzichtet er auf die mechanischen Mittel der Thriller-Spannung. Von Anfang an steht fest, daß kein anderer als Monsieur Labbé, der angesehene Hutmacher mittleren Alters, eine Serie von Morden an Frauen begeht. Er erwürgt sie mit einer Cello-Saite und legt in Briefen an das Lokal-Blatt Wert auf seine Normalität. Nur einer kennt sein Geheimnis: sein Nachbar, der schüchterne jüdische Schneider Kachoudas. Aber Kachoudas geht nicht zur Polizei. Er beginnt den Hutmacher zu verfolgen, gerät widerwillig in den Bann des Bösen. Als Kachoudas an einer Erkältung stirbt, fühlt sich Labbé, der mit den vielen Morden einen ersten (den an seiner tyrannischen Frau) vertuschen will, ein einziges Mal schuldig: »Merkwürdigerweise hatte er das Gefühl, daß der kleine Schneider durch seine Schuld krank geworden war, und er war darüber bekümmert. Er hätte gern gewußt, wie es ihm ging. Was hinderte ihn eigentlich daran, am nächsten Tag nachzufragen?«

Claude Chabrol, wie Simenon an den Abgründen der bürgerlichen Psyche interessiert, wollte »Die Fantome des Hutmachers« schon lange verfilmen. Er benutzt den Roman fast wie ein Drehbuch. Simenon kann man nicht umschreiben. Und wie der Autor zeigt Chabrol keine Monster, sondern Menschen, die, jäh aus ihrer Normalität gerissen (Labbé durch die erste Tat im Affekt , Kachoudas durch die zufällige Entdeckung des Mörders), immer tiefer in einen Strudel aus Angst, Selbstekel und heimlicher gegenseitiger Anziehung geraten.

»Die Fantome des Hutmachers«, Buch (detebe 21001, Diogenes, Zürich, 1982; 229 S., 9.80 DM) wie Film, sind ein Meisterstück des psychologischen Realismus. Man erlebt, wie Labbé, dieser ewig gequälte Biedermann, seinen Ruf als unheimlicher Würger auf tänzelnde Weise fast zu genießen beginnt, bis er jämmerlich zusammenbricht. Man sieht, wie Kachoudas, der furchtsame Schneider, trotz seiner Angst auf seltsame Weise am perversen Ruhm seines Nachbarn partizipiert. Und man erlebt, wie so oft in Simenon-Verfilmungen, zwei große schauspielerische Leistungen: Michel Serrault als Labbé, Charles Aznavour als Kachoudas.

Das Kino hat Simenon stets mehr geliebt als Simenon das Kino, dem er doch verbunden bleibt. Wer Verfilmungs-Rechte von ihm kaufen will, muß ihm auch ein Veto-Recht bei der Besetzung der Hauptrollen einräumen. Für die jetzt geplante »Tante Jeanne«, erzählt er, kommt für ihn nur Simone Signoret in Frage, die schon in drei Simenon-Filmen von Pierre-Granier-Deferre zu sehen war: »Die Katze« (1970), »Der Sträfling und die Witwe« (1971) und »Le Train« (1973).

Eine doppelte Hommage an »le cinéma selon Simenon« hat Chabrol in »Die Fantome des Hutmachers« eingeschmuggelt. Im Kino von La Rochelle läßt er »Carrefour« mit Charles Vanel laufen, keinen Simenon-Film, aber eine Verbeugung vor dem ersten Maigret-Film »La nuit du carrefour« von Jean Renoir und vor Jean-Pierre Melvilles grandioser Simenon-Verfilmung »L'Aîné des Ferchaux« (Die Millionen eines Gehetzten), in der der alte Charles Vanel neben Belmondo die Hauptrolle spielt. Melvilles Meisterwerk – eine Flucht aus Paris in den tiefen amerikanischen Süden, auf der ein Bankier und ein Boxer die Grenzen ihrer Moral finden – läuft zur Zeit wieder in den Programm-Kinos.

\*

Simenons »Intime Memoiren und das Buch von Marie-Jo« (gerade in der vorzüglichen Simenon-Edition bei Diogenes in Zürich erschienen: 1083 Seiten, 48,– DM) sind das einzigartige Dokument eines besessenen Lebens. So kühl, als gehe es um eine andere Person, notiert Simenon seine

Süchte, seinen Beziehungs-Hunger, seine rastlose Existenz. 1978 erschoß sich seine 25jährige Tochter Marie-Jo in Paris: zerstört von einer unmöglichen Annäherung an den fernen Über-Vater. Simenon hat, erbarmungslos gegen sich selber, ihre Briefe am Ende der »Intimen Memoiren« veröffentlicht. Die Fantome von Marie-Jo, anrührend und gespenstisch zugleich, lassen »Die Fantome des Hutmachers« (gewiß einen seiner besten Romane) fast verblassen.

*Müssen nicht die »Intimen Memoiren« Ihr letztes Buch bleiben?*

*Simenon:* Ich werde nichts mehr veröffentlichen. Ich werde weiter schreiben, aber diese Texte sollen erst Jahre nach meinem Tod publiziert werden. Sie werden noch intimer sein als die »Intimen Memoiren«. Ich versuche immer tiefer in die Menschen einzudringen. Ich bin jetzt fast achtzig, ich habe so viele Leben, so viele Paare, so viele Karrieren gesehen. Und je mehr ich sah, desto mehr wurde ich zum Anarchisten.

*Ein Anarchist?*

*Simenon:* Ich bin ein friedlicher, nicht-gewalttätiger Anarchist. Mein Herz ist mit den kleinen Leuten. Ich bin kein Bourgeois. Ich glaube nicht ans Geld.

Der heutige Roman ersetzt die klassische Tragödie, von Sophokles bis Racine. Ich beschreibe Menschen im Moment der Krise. Ich schreibe Krisen-Romane. Ich nehme einen gewöhnlichen Mann von der Straße. Ich beobachte ihn. Ich frage mich, was mit ihm geschehen würde, wenn seine Frau bei einem Bus-Unglück ums Leben käme. Das ist der Moment der Krise. So fängt auch die Tragödie an.

Das Individuum ist niemals schuldig, egal was es tut. Ich folge sehr genau den neuen biologischen Forschungen. Wenn ein Mensch zu gefährlich für die anderen wird, muß man ihn sicher unterbringen, aber nicht in einem Gefängnis unter unmenschlichen Bedingungen.

*Seit zehn Jahren schreiben Sie keine Romane mehr, sondern diktieren Erinnerungen aufs Tonband. Warum haben Sie die Arbeit an Ihrem letzten Roman »Oscar« abgebrochen?*

*Simenon:* Ich ging, wie üblich, mit dem gelben Umschlag in mein Büro. Plötzlich fühlte ich mich zu alt für die Konzentration, sieben Tage lang in die Haut dieser Figur zu schlüpfen. Während des Schreibens agiere ich wie meine Figuren, ich trage sogar ihr Gesicht.

*Wer war »Oscar«?*

*Simenon:* Ich weiß es nicht mehr. Er war vielleicht ein zehnjähriger Junge. Ich wußte plötzlich, daß es für mich zu spät war, Romane zu schreiben.

\*

Der alte Mann verläßt nur noch selten das Haus in der Avenue des Figuiers. Er macht kurze Spaziergänge mit Teresa. Eine Weile schon meidet er Theater, Konzertsäle und Kinos. Er fürchtet klaustrophobische Anfälle.

Aber sein Schreibzwang, diese »Krankheit«, ist ihm geblieben. Er diktiert. Er zählt sich zu jenen Autoren, die schreiben müssen: »so wie van Gogh malen mußte. Der hat sich nicht gefragt, ob er vielleicht so oder so malen sollte, weil das vielleicht moderner wäre.« Es gibt, für ihn, drei andere Kategorien von Schriftstellern: die Ästheten (oder Formalisten), die Intellektuellen (oder Moralisten), die Handwerker (oder Fabrikanten).

Georges Simenon hat nie eine Wahl gehabt. Am Ende des langen Nachmittags in Lausanne erscheint mir der freundliche Greis mysteriöser denn je. Die tausend Fantome des Georges Simenon haben viele Gestalten angenommen. Sie heißen Maigret, der Kommissar (der alles versteht und nichts verurteilt), sie heißen auch Labbé und Kachoudas. Vor vielen Jahren, in der Hitze von Arizona, hat Simenon eine Woche lang das Unglück des Hutmachers und des Schneiders gelebt. Aber hinter jeder Maske enthüllt sich eine weitere.

*Wer ist Georges Simenon?*
*Simenon:* »Ich bin ein Pessimist, aber ich glaube an Menschen. Ich mag Menschen, aber sie sind klein und schwach. Jede Grille weiß mehr als die Menschen.«

Die Zeit ist um. Der alte Mann steht auf, gibt mir die Hand, erinnert sich noch an einen Besuch in Hamburg, in den dreißiger Jahren, als er einem der Hagenbecks bei einer Raubtier-Dressur zuschaute. Und ganz am Ende sagt er, nebenbei, einen fürchterlichen Satz, der mir noch in den Ohren klingt, als ich das Haus in der Avenue des Figuiers längst verlassen habe: »Ich bin nicht mehr neugierig.«

Nr. 46 vom 12. 11. 1982


Volksheld und Kino-Poet:
Über den türkischen Regisseur Yilmaz Güney

## Ein König im Exil

Aus der Ferne sieht das alte Kloster nicht ungewöhnlich aus. Doch hinter den klobigen mittelalterlichen Mauern erwartet den Besucher eine seltsame Szenerie. Die ehrwürdige Abtei, irgendwo in Westeuropa, ist für ein paar Wochen in ein türkisches Gefängnis verwandelt worden. Im weiträumigen Innenhof weht die rote Fahne mit weißem Halbmond und Stern, an allen Mauern prangen türkische Plakate und Schilder. Das Gelände, diskret bewacht von schnauzbärtigen dunkelhaarigen Männern mit Walkie-Talkies, birgt einen kostbaren Gast: Yilmaz Güney, Volksheld im Exil, 1981 nach sieben Jahren aus einem türkischen Gefängnis geflohen, vor wenigen Wochen von der faschistischen türkischen Militärjunta ausgebürgert, dreht unter großer Geheimhaltung einen neuen Film.

In der Türkei nannten sie ihn den »häßlichen König«. Seine Star-Postkarten aus den sechziger Jahren zieren noch immer die Stände der Schuhputzer in Ankara wie der Hirten in Anatolien. Er war der populärste Schauspieler des türkischen Kinos: ein edler Desperado, ein Brigant mit Herz, halb Robin Hood, halb Clint Eastwood. Allein für das Jahr 1965 weist seine Filmographie siebzehn Titel auf. So wurde Yilmaz Güney, 1937 in einem anatolischen Dorf geboren und mit jenem »anatolischen Lächeln« gesegnet, das sein großes Vorbild Elia Kazan dort fand, ein reicher Mann. Irgendwann reichte ihm das nicht mehr.

Das Idol politisierte sich. Güney, der Superstar des kommerziellen Kinos, begann 1968 seine eigenen Filme zu drehen, abseits des Betriebs, mit bescheidenem Aufwand, geprägt von einem scharfen Blick auf soziale Mißstände, Elend und Unterdrückung. Die Filme von Yilmaz Güney haben einfache Titel: »Hoffnung«, »Schmerz«, »Elegie«, »Der Vater«, »Der Freund«, »Angst«, »Die Armen«, »Die Herde«, »Der Feind« und, zuletzt, »Der Weg« (Yol), jener Film, der 1982 in Cannes, zusammen mit »Missing« von Costa-Gavras, die »Goldene Palme« gewann.

Gewalttätige Balladen, archaische Melodramen in verkarsteten Mondlandschaften: Yilmaz Güney ist der Pasolini des türkischen Films, ein bildmächtiger Poet und Surrealist, aber auch sein Sergio Leone, ein Epiker des Terrors. In »Schmerz« (Aci, 1971), einem seiner besten Filme, spielt er einen blinden Bauern, der nach dem Geräusch von Glocken schießen lernt und in einem furiosen Showdown seine ehemaligen Gangsterfreunde zur Strecke bringt. In »Elegie« (Agit), seinem zweiten Meisterwerk von 1971, stellt er einen kurdischen Schmuggler dar, einen verlorenen Rebellen gegen die Armut. Viele Sequenzen aus diesem Film bleiben unvergeßlich: der Marsch der von großen weißen Sonnenschirmen geschützten Banditen durch eine weite Ebene, die mitten in einem Steinschlag ausgeführte Notoperation einer jungen Ärztin an dem verwundeten Anführer.

Mit seinen politischen Aktivitäten machte sich der »häßliche König« zunehmend unbeliebt. 1972 wurde er zum erstenmal zu einer längeren Gefängnisstrafe verurteilt, kam aber im Mai 1974 wieder frei. Fünf Monate später starb bei einer Schießerei in einem Lokal in Adana ein Staatsanwalt. Nach einem höchst dubiosen Indizienprozeß, dessen Rechtmäßigkeit nicht nur von Güneys politischen Freunden angezweifelt wurde, fiel ein hartes Urteil über den unbotmäßigen Filmemacher: 19 Jahre Gefängnis. Aber auch in der Haft blieb Güney aktiv: Er schrieb Drehbücher, die von Mitarbeitern wie Zeki Ökten (»Die Herde«, »Der Feind«) und Serif Gören (»Der Weg«/Yol) nach genauen Anweisungen des Regisseurs verfilmt wurden. Im Oktober 1981 gelang Güney die Flucht in die Schweiz. Die einen Monat zuvor an die Macht gelangte Militär-Junta läßt ihn immer noch durch Interpol suchen.

So dient das Kloster dem »häßlichen König« im Exil auch als Fluchtburg. In einigen westeuropäischen Ländern kann er sich einigermaßen sicher fühlen, aber er fürchtet einen Anschlag von türkischen Mordkommandos. Das Gespräch, argwöhnisch beobachtet von einem Leibwächter, findet in einem zu einer türkischen Gefängniszelle umgebauten Klostergewölbe statt. Ein Assistent schafft den unvermeidlichen Tee herbei, ein anderer dolmetscht. In der Nacht zuvor hat Güney, silberhaarig, intensiv und leise, bis zwei Uhr morgens gedreht. Aber er wirkt nicht erschöpft.

Der neue Film, den Güney fast ausschließlich mit Amateuren (vor und hinter der Kamera) gestaltet, soll heißen: »Schlagt die Scheiben ein, damit die Vögel wegfliegen können«. Die Insassen eines Gefängnisses träumen von einem anderen, besseren Kerker, aber als sie es tatsächlich geschafft haben, verlegt zu werden, wird alles nur noch schlimmer, und sie sehnen sich in ihr altes Gefängnis zurück. »Die ganze Türkei ist ein Gefängnis«, sagt Yilmaz Güney, »deshalb drehe ich diesen Film über ein Gefängnis.« Nicht von ungefähr erinnert der Raum mit den ärmlichen Pritschen an das Gefängnis aus »Yol«, bis hin zu dem in einem hölzernen Käfig gehaltenen Kanarienvogel, dessen durchdringendes Gepiepse eine bizarre Begleitmusik zu unserem Gespräch liefert.

Güney spricht über den Bruch, den er nach seiner Flucht empfindet, über das Trauma des Exilanten: »In der Türkei, selbst in der Gefangenschaft, kannte ich die Mitarbeiter, die Motive, die Verhältnisse. Alles war da. Das wahre Gefängnis ist hier.« Daß die Faschisten ihn ausgebürgert haben, stört ihn nicht: »Das ist nur eine formelle Änderung.« Aber daß der neue Film, so wenig wie der in Cannes preisgekrönte »Yol«, in seiner Heimat auf lange Sicht wohl nie aufgeführt werden darf: das schmerzt. Für die neuen Machthaber in der Türkei hat Güney nur Verachtung. Ihr Verfassungsreferendum hält er für eine Farce: »Diese Verfassung richtet sich deutlich gegen die Arbeiterklasse und auch gegen die Kurden.« Wird man stilistische Unterschiede sehen können zwischen diesem Film und den letzten, deren Realisierung er seinen Freunden überlassen mußte? Yilmaz Güney zögert für einen Augenblick. Er spricht nicht gern über ästhetische Fragen. Gerade im Exil scheint ihm sein Handwerk mehr der Ausdruck eines politischen als eines künstlerischen Kampfes. Aber dann redet er doch von den Unterschieden zwischen der »Herde« und »Yol« (den er nach seiner Flucht in der Schweiz wenigstens selber schneiden konnte): eine kompaktere Montage, eine dynamische Erzählweise.

Der »häßliche König« – ein Mann mit einem ungewöhnlich schönen Gesicht und einem melancholischen Lächeln – hat wenig Zeit. In seinem riesigen Gefängnis bleibt er ein unberechenbarer Häftling, der zum Aufruhr drängt. Die Arbeit muß weitergehen. An der Klostermauer steht frierend ein junger Türke in einem weiten Mantel. Er hält ein Walkie-Talkie in der Hand. Er sieht wachsam aus.

Nr. 49 vom 3. 12. 1982

# Eine Begegnung mit dem Regisseur
# Fred Zinnemann

## Das Phänomen des Gewissens

Das Hotel Lancaster liegt in einer Seitenstraße der Champs-Elysées: kein Prachtbau wie das Crillon oder das Georges V, sondern eine eher unauffällige Adresse. Seit über zwanzig Jahren steigt der ältere Herr mit der fast zierlichen Statur und dem feingeschnittenen Gesicht hier ab. Er schätzt den diskreten, etwas altmodischen Charme und den individuellen Charakter des Lancaster. Das Hotel paßt zu ihm.

Nach Hollywood (wo er seine größten Triumphe feierte) reist er nur noch selten. Längst ist er wieder nach Europa übergesiedelt. Er hat eine Wohnung in London, aber oft findet man ihn in den Schweizer Bergen. Vor bald 76 Jahren wurde er in Wien geboren. Mit zwanzig ging er, seines Jura-Studiums überdrüssig, nach Paris und schrieb sich an der »Ecole Technique de Photographie et Cinématographie« ein. Ein Jahr später, 1928, arbeitete er als Kamera-Assistent bei einem Film mit, der Geschichte machen sollte: »Menschen am Sonntag«, in Berlin gedreht von Robert Siodmak (Regie), Edgar Ulmer (Co-Regie) und Billy Wilder (Drehbuch). Einige Jahre später trafen sie sich alle in Hollywood wieder.

Siodmak und Ulmer sind längst gestorben, Billy Wilder hat seit etlichen Jahren keinen erfolgreichen Film mehr gedreht. Nur der Kamera-Assistent und Stativ-Träger von damals hat die Wechselfälle der launischen Kino-Industrie ohne Niederlage überstanden: Fred Zinnemann, mit vier Regie-Oscars dekoriert (für zwei Kurzfilme, für »Verdammt in alle Ewigkeit« und für »Ein Mann zu jeder Jahreszeit«), Regisseur auch so berühmter Filme wie »Zwölf Uhr mittags« (mit Gary Cooper und Grace Kelly), »Die Geschichte einer Nonne« (mit Audrey Hepburn) und »Julia« (mit Jane Fonda und Vanessa Redgrave). Er hat, 1944 in Hollywood, »Das siebte Kreuz« von Anna Seghers verfilmt, er hat Montgomery Clift (»The Search«, 1947) und Marlon Brando (»The Men«, 1950) durch harte, halbdokumentarische Geschichten über Kriegswaisen und Kriegsversehrte geführt. Sein Werk ist schmal geblieben (nur 21 Spielfilme in 40 Jahren), aber man erinnert sich an fast jeden Titel.

Im rororo-Filmlexikon (einer ohnehin reichlich dummen und schlampigen Unternehmung) heißt es über Fred Zinnemann: ». . . ein mißverstandener Kunstanspruch, der das Kino in erster Linie als Tribüne ambitionierter philosophischer Auseinandersetzungen betrachtet und den Bedürfnissen des Mediums nur durch eine peinliche Sorgfalt bei der Inszenierung, nicht aber durch eine visuelle Konzeption Rechnung trägt.«

Auch manche amerikanische Kritiker (die das intelligenter formulieren können) bemängeln an Zinnemanns Filmen einen Mangel an persönlicher Handschrift. Ein »Auteur« ist er gewiß nicht, aber er will auch keiner sein: »Ich führe nicht gern mein Ego spazieren. Der Stil wird vom Drehbuch bestimmt. Ich will keinen persönlichen Stil haben, weil ich mich nicht wiederholen will. Ich bin nicht der Autor, sondern der Interpret. Ich finde diese Autoren-Theorie saudumm.«

Ein so drastisches Wort wie »saudumm« fällt fast nie in einer Unterhaltung mit Fred Zinnemann. Kaum ein anderer Regisseur von seiner Reputation ist so leise, liebenswürdig und nachdenklich. Zinnemann, der sich nach über fünfzig Jahren in der Fremde immer noch seinen weichen wienerischen Akzent bewahrt hat, scheint aus einer anderen Epoche zu stammen: kein lautstarker Showman wie sein Landsmann Otto Preminger, kein kalter Dompteur wie der große Fritz Lang (der auch aus Wien stammt), sondern ein »Herr« in der schönen altmodischen, fast verlorenen Bedeutung dieses Wortes. Man kann sich nicht vorstellen, ihn »Fred« zu nennen.

Auf der Suche nach einem »Zinnemann Touch« (ein Ausdruck, den er nicht mag) stößt man alsbald auf einen Begriff, der in vielen Ohren wohl ebenfalls auffällig altmodisch klingt: »Ich interessiere mich für das psychologische Phänomen des Gewissens. Oft geht es in meinen Filmen um Gewissensfragen: für den Sheriff in ›Zwölf Uhr mittags‹, für die Nonne in ›Geschichte einer Nonne‹, für Sir Thomas More in ›Ein Mann zu jeder Jahreszeit‹. Diese und andere Figuren besitzen eine gewisse Konsequenz in der Verteidigung ihres Gewissens. Das ist ein zeitloses Problem. Letzten Endes ist das wohl auch der Grund, warum diese Filme nicht veraltet sind. Das hat sehr wenig mit Qualität zu tun. Selbst wenn diese Filme viel primitiver wären, wären sie trotzdem aktuell. Auch wenn viele Leute nicht an so etwas wie Gewissen glauben, wissen wir, daß es das gibt. Woher wissen wir, was recht ist und was nicht recht ist? Sehr viele Leute werden sehr verlegen, wenn man überhaupt über Gewissen spricht oder über Disziplin oder Verpflichtungen. Im Moment ist das alles im Untergang. Aber das ist nur zeitweise so.«

Als einen »Moralprediger« will sich der konservative Humanist Fred Zinnemann nicht abstempeln lassen. Er hat nichts dagegen, ein »Entertainer«, ein Erzähler spannender Geschichten zu sein. Das ist sein Metier. »Mit meiner Art von Filmen habe ich heutzutage ein verhältnismäßig kleines Publikum. Meine einzige Ambition besteht darin, daß die Finanziers ihr Geld nicht verlieren. Aber ob sie fünf Millionen Dollar Profit machen oder zwanzig Millionen, ist mir egal.«

Jene Integrität, die so viele von Zinnemanns Figuren auszeichnet – von den KZ-Häftlingen im »Siebten Kreuz« der Anna Seghers bis zur antifaschistischen Widerstandskämpferin »Julia« (erfunden von Lillian Hellman) –, bestimmt auch seine eigene Produktionsweise. Jeder Film wird mindestens zwei Jahre lang vorbereitet, die Besetzung mit unendlicher Sorgfalt bis zur letzten Nebenrolle zusammengestellt, der Kameramann schon sehr früh in die Gestaltung einbezogen. Fast drei Jahre arbeitete Zinnemann an seinem ehrgeizigsten Projekt, der Verfilmung von André Malraux' »La condition humaine«. Einen Tag vor Drehbeginn stoppte das (wieder einmal neue) Management der MGM den Film. Zinnemann probte mit seinen Schauspielern – darunter Max von Sydow und die damals noch unbekannte Liv Ullmann – trotzdem noch zwei Wochen weiter. Der Film ist nie gedreht worden.

Fred Zinnemanns neuer Film heißt »Am Rande des Abgrunds«: die Geschichte einer tragischen, obsessiven Liebe zwischen einem alternden Mann (Sean Connery) und seiner jungen Nichte (Betsy Brantley), die in den frühen dreißiger Jahren in den Schweizer Alpen durch die Begegnung des Paares mit einem Bergführer (Lambert Wilson) ihr unheilvolles Ende findet.

Wie in fast allen Zinnemann-Filmen geht es auch in diesem melancholischen Melodram um moralische Entscheidungen, um Gewissenskonflikte: »In Amerika langweile ich die Leute sehr. Sie sehen nur auf die äußere Handlung und verstehen die innere Spannung nicht, weil sie vom Fernsehen schon so verdorben sind: Instant Sex, Instant Violence. Das ist denen genug: Bettgeschichten und Schießereien. Irgendwie finde ich das primitiv. Ich bin zu alt, um auf diese primitive Art zu arbeiten. Ich mag keine entmenschlichten Filme, wie sie jetzt in Amerika gedreht werden. Manche der jungen Regisseure haben viel Talent, wie Steven Spielberg, aber vieles ist furchtbar. Die Leute werden immer mechanischer, wie Schafe, weil einfach keine menschliche Handlung mehr da ist. Und die Filme werden immer infantiler.«

In der schönsten Sequenz von »Am Rande des Abgrunds« finden die Dörfler in einer Gletscherspalte den Körper eines Mannes, der vor vierzig Jahren verschwunden war. Eine uralte Frau in Schwarz wird herbeigeholt. Stumm, regungslos steht sie vor dem Leichnam ihres Bräutigams, den das Eis in seiner jungenhaften Männlichkeit konserviert hat.

Der Film wirkt sehr ähnlich: wie aufgetaut aus einer früheren, unschuldigeren Zeit des Kinos, von Fellinis Kameramann Giuseppe Rotunno mit sehr hellem, klarem Licht photographiert. Zinnemann verabscheut explizite Sex-Szenen. Im Moment der höchsten Leidenschaft sieht man, wie eine Perlenkette zerbricht. »Am Rande des Abgrunds« ist ein merkwürdig anrührendes Fundstück aus dem »musée sentimental« des Kinos, ganz »unzeitgemäß« und schon deshalb eine willkommene Oase in der Wüste der mechanischen Monster. Sean Connery, einer der wenigen großen Filmschauspieler, die es noch gibt, vollbringt unter Zinnemanns Regie seine vielleicht beste Leistung: zerrissen zwischen seiner Obsession und seinem Gefühl für Würde, aufbegehrend gegen das Alter, halb schon resigniert, sehr zärtlich und sehr allein.

Die wichtigen Filme des Jahres 1983 sehen anders aus als diese behutsame Reise des alten Bergsteigers Fred Zinnemann in die Landschaft seiner Jugend. Aber was macht das schon? In Zinnemanns Film geht ein altmodischer Zauber um, der länger nachwirkt als manche aktuelle Mode-Sensation. Man kann sich das gut ansehen.

Nr. 9 vom 25. 2. 1983

# Zwei oder drei Dinge über eine Legende: ein Interview, das nicht stattfand; der letzte und der nächste Film; ein Tag in Paris; die Musik

## Warten auf Godard

*1. Sequenz: Die Verachtung*

*Ich bin jemand, der ein deplaziertes Kino macht. Ich interessiere mich wirklich mehr für Außenseiter. Ich fühle mich den displaced persons näher, ob es nun von den Juden vertriebene Araber sind oder von den Deutschen vertriebene Juden oder von Ärzten vertriebene Kranke, deplazierte Verrückte – also mache ich ein deplaziertes Kino, und deshalb ist es oft da, wo man es sieht, nicht am richtigen Platz.*
Jean-Luc Godard, »Einführung in eine wahre Geschichte des Kinos«, 1980

Vom Meer her treibt ein dichter Nebel über die winterliche Küste der Normandie. Die Häuser von Deauville sind von einer undurchdringlichen weißen Watte verhüllt. Das Hotel Normandy scheint es nicht mehr zu geben. Als wir es endlich gefunden haben, erwartet uns in der riesigen Halle ein seltsames Bild. In dem von Gästen nicht behelligten Prunkdekor aus Gold, Marmor und Stuck posiert ein einsames Mannequin für die Kamera eines Modephotographen. Eine melancholische Totale, wie aus einem Film von Alain Resnais oder Michelangelo Antonioni. Letztes Jahr in Deauville ...
Die Szenerie steht bereit für ein absurdes Drei-Personen-Stück. *En attendant Godard.* Warten auf Godard. Die Hauptfigur hat die Bühne noch nicht betreten. Die deplazierten Statisten – Laurence Gavron, Mitarbeiterin von *Libération* und *Cahiers du Cinéma,* und ich – sind nach Deauville gereist, um mit dem »größten Regisseur, der heute im Kino arbeitet« (Susan Sontag), ein Interview zu führen. In und um Deauville dreht Jean-Luc Godard einige Szenen seines 34. langen Films seit 1959.

187

Das Gespräch war lange vorher verabredet, der Termin mehrmals telephonisch bestätigt worden. Wir wußten, daß Godard als schwierig gilt, auch als launenhaft, aber wir zweifelten nicht daran, daß er uns empfangen würde. Wir waren darauf vorbereitet, daß das Interview nicht leicht sein würde. Godard liebt es, sich in Rätseln und Widersprüchen auszudrücken. Den Diskurs schätzt er weniger als das überraschende Wortspiel.

Wir hatten eine Nachricht an der Rezeption erwartet. Sie ist nicht da. Keine Spur von Godard und seinem Team. Niemand weiß, wo heute gedreht wird. Einige Stunden vergehen. Gegen siebzehn Uhr fährt ein blaues Auto mit Schweizer Nummernschild auf den Parkplatz vor dem Hotel. Jean-Luc Godard betritt die Halle. Er ist am 3. Dezember 52 Jahre alt geworden. Er hinkt ein wenig. Er wirkt krank, erschöpft. Sein Äußeres hat sich seit den frühen Jahren der *Nouvelle Vague* kaum verändert: die dunkle Brille; die dichten Bartstoppeln; die Zigarre zwischen den Zähnen; die widerspenstigen, nie gebändigten Haare, spärlicher geworden.

Godard setzt sich allein an einen kleinen Ecktisch. Er beugt sich über sein mit Diagrammen und Zeichnungen gefülltes Regiebuch und schreibt. Mir fällt ein Satz seiner ersten Frau (und achtmaligen Hauptdarstellerin) Anna Karina ein: »Godard trägt seine dunkle Brille nicht, weil er schlechte Augen, sondern weil er eine übermächtige Vision hat.« Das vereinbarte Interview? Godard erinnert sich an nichts. Er spricht leise, mit einer Kälte, die uns erschreckt. Er schimpft auf seinen deutschen Verleiher (der das Gespräch vermittelt hatte). Er ist brüsk.

Ratlos ziehen wir uns zurück. Der Sohn des Produzenten von Godard taucht auf, gefolgt von dem Produktionsleiter und einer Assistentin. Alle wissen, daß wir erwartet wurden, daß Godard das Interview zugesagt hatte. Die Situation ist ihnen peinlich. Jemand schlägt vor, wir sollten einen kurzen Brief an Godard schreiben. Es könnte sein, daß es sich der Unberechenbare noch einmal anders überlegt. Der Brief kommt nach zwei Minuten zurück, ungelesen. Etwas später geht Godard an unserem Tisch vorbei, auf dem Weg zur Mustervorführung. Unvermittelt beginnt er wieder zu schimpfen, diesmal auf uns. Auf seinen bleichen Wangen bilden sich hektische rote Flecken. Wir sagen kein Wort. Jean-Luc Godard verläßt das Hotel.

Wir sind benommen, danach zornig: nicht so sehr, weil Godard das Interview verweigert hat (vielleicht fühlte er sich elend, vielleicht hatte er einfach keine Lust mehr, das hätten wir verstanden), sondern wegen seiner verletzenden, demütigenden Art. Das Desaster von Deauville scheint besiegelt.

## 2. Sequenz: Vorname Carmen

*Der Regisseur ist jemand, der eine wirkliche körperliche Macht über die
Leute hat. Ein Händler kann zu einer Kundin, die ein Pfund Sauerkraut
kaufen kommt, nicht einfach sagen:* »*Madame, Achtung! Knien Sie auf
den Boden. Ziehen Sie sich aus. Sagen Sie, ich liebe dich! Jetzt gehen Sie
hinaus.*« *Der Regisseur ist jemand, der das anderen menschlichen Wesen
sagen kann ... Und ich glaube, daß so viele Leute Lust haben, Filme zu
machen, weil sie dann über diese Macht verfügen können.*

Jean-Luc Godard, 1978

In der Halle des Hotels Normandy stehen, wie verloren und deutlich miß-
mutig, zehn oder zwölf Menschen herum: die Mitglieder von Godards
Produktionsequipe, auch die Schauspieler. Sie reden kaum miteinander.
Eine Art Lähmung scheint sie befallen zu haben. Wir erkennen einen
weißhaarigen, rundlichen, etwas gebeugten Mann von bäuerlichem Aus-
sehen: Raoul Coutard, Godards ersten und nun auch vorerst letzten
Chefkameramann. Die Dreharbeiten des Films »Prénom Carmen« (Vor-
name Carmen) gehen in die elfte Woche. Sie hätten schon vor über einem
Monat beendet sein sollen, aber nach den ersten drei Wochen war Isabelle
Adjani, der einzige Star in der Besetzungliste, vor den bösen Launen des
Regisseurs geflohen. Seitdem ging die Arbeit nur noch stockend voran.
Eilig wurde eine neue Hauptdarstellerin, eine völlig unbekannte junge
Holländerin namens Maruschka Detmers, engagiert.
Langsam zerstreut sich die kleine Gruppe. Einige bleiben, setzen sich zu
uns, versuchen uns zu trösten. Das Genie Godard zeigt sich ihnen täglich
auch als das Monster Godard: ein menschenscheuer, depressiver Sonderling, der seine Mitarbeiter bis aufs Blut demütigt, selbst den Treuesten der
Treuen, Raoul Coutard, der als einziger unter den großen Kameramän-
nern Frankreichs noch bereit ist, mit Godard zu arbeiten. In seinem
neuen Film verzichtet Godard auf jedes künstliche Licht. Wenn Coutard
darauf hinweist, daß die Lichtverhältnisse eine bestimmte Einstellung
nicht zulassen, herrscht der Regisseur ihn an, er solle sie gefälligst dennoch drehen. Und fällt am nächsten Abend wütend über ihn her, wenn
tatsächlich nichts zu sehen ist.
Die Dreharbeiten sind zu einem Alptraum geworden. Godard ist ein
kranker Mann, sagen seine Mitarbeiter. Das Team mußte ständig verkleinert werden, weil er keine Menschen mehr um sich herum erträgt. Er will
zu seinen Anfängen zurückkehren. Er ist rücksichtslos. Nur die Schauspieler erfahren eine gewisse Schonung, auch wenn der junge Hauptdarsteller Jacques Bonnaffé, der abends in Lille Theater spielt, selbst an seinen drehfreien Tagen um fünf Uhr morgens zum Drehort fahren muß,
weil Godard mit ihm über seine Rolle sprechen will. Was dann nie
geschieht.

»Prénom Carmen« ist Godards Version von Prosper Mérimeés 1845 er-
schienener Novelle, aus der Georges Bizet eine Oper (1875), Ernst Lubitsch (1918), Christian-Jaque (1944) und Otto Preminger (1954) auch
schon Filme gemacht haben. Godards Interesse an dem hitzigen Melodram einer verhängnisvollen Leidenschaft entstand eher zufällig. Als der
Produzent Alain Sarde ihm erzählte, er habe Isabelle Adjani für einen
weiteren Film unter Vertrag, aber keinen Stoff, stieß Godard im Pariser
Flughafen auf eine Reklame für eine Mérimée-Neuausgabe. In der zweiten Jahreshälfte 1982 entwickelte er zusammen mit Anne-Marie Miéville
eine visuelle und musikalische Konzeption.
Größer als der Name Godard steht auf dem Titelblatt des höchst geheimen Arbeitspapiers zum Carmen-Projekt (das uns ein freundliches
Mitglied des Teams überließ) der Name Beethoven. Fünf der
achtzehn Streichquartette von Ludwig van Beethoven (zwei aus der mittleren, drei aus der späten Phase) gliedern den Film. Oft sind die Musiker bei ihrer Arbeit zu sehen, greifen gelegentlich als Figuren des Dra-
mas auch in die Handlung ein. Aus der stolzen spanischen Zigeunerin
Carmen ist eine junge Pariser Bankräuberin aus besseren Kreisen
geworden. Und der baskische Corporal Don José hat sich in den Arbeitslosen Joseph verwandelt, der eine Anstellung als Hilfspolizist findet.
Aber es gibt noch eine dritte Hauptfigur in »Prénom Carmen«: den Onkel
der Titelheldin, einen kranken, ehemals berühmten Filmregisseur namens JLG. Zum erstenmal spielt Jean-Luc Godard eine Hauptrolle in
einem Film von Jean-Luc Godard: sich selber.

*3. Sequenz: Rette sich, wer kann (das Leben)*

*Fritz, das ist wundervoll für Sie und mich, aber glauben Sie, daß das Publi-
kum es verstehen wird?*

»Die Verachtung«, 1963

*Als Velasquez fünfzig Jahre alt war, malte er keine bestimmten Gegen-
stände mehr. Er umkreiste die Gegenstände mit der Luft und mit der Dämmerung; er spürte im Schatten und in durchsichtigen Hintergründen die
farbigen Regungen auf, die er zum unsichtbaren Zentrum seiner schweigenden Symphonie machte ... Der Raum regiert ...*

»Pierrot Le Fou«, 1965

Als Jean-Luc Godard fünfzig Jahre alt war, kehrte er zu einer Ausdrucks-
form zurück, von der er sich dreizehn Jahre zuvor, Ende 1967, kategorisch
verabschiedet hatte: »Fin de Cinéma« (Ende des Kinos) hieß der Schluß-
titel von »Week-End«. Während Truffaut, Chabrol und die anderen
Kampfgefährten aus der glorreichen Frühzeit der Neuen Welle die Exi-

stenz bürgerlicher Künstler wählten, radikalisierte sich Godard. Es reichte ihm nicht mehr, mit seinen neuartigen Montage- und Collage-Techniken, überraschenden und erhellenden Kombinationen aus Bildern und Tönen, Schriften und Titeln, das Kino zu einem Ort der poetischen und der politischen Recherche zu machen, nach einem Motto, das als Wandspruch in »La Chinoise« (1967) vorkommt: *»Il faut confronter des idées vagues avec des images claires«* (Man muß undeutliche Ideen mit deutlichen Bildern konfrontieren). Nach 16 Filmen in und am Rande der Industrie drängte es ihn zu direkten Aktionen, zum kollektiven Kino-Kampf. Nicht zuletzt war er verbittert über eine der Parolen des Pariser Mai '68: »Nieder mit Godard, dem dümmsten aller Schweizer China-Freunde.«

Der neue Godard schloß sich der »Gruppe Dziga Vertov« an (die hauptsächlich aus ihm und Jean-Pierre Gorin bestand) und drehte nun höchst sonderbare Pamphlete mit amerikanischen Black Panthers, palästinensichen Freiheitskämpfern, britischen Arbeitslosen: esoterische Wochenschauen mit Titeln wie »British Sounds«, »Pravda« und »Kämpfe in Italien«. Godard wollte nicht nur politische Filme machen, er wollte Filme politisch machen, aber weder erreichte er sein altes bürgerliches Publikum noch ein neues, proletarisch-revolutionäres.

In den siebziger Jahren zog er sich vollends zurück. Die nächste Phase seiner Entfernung vom Kino sah ihn in Grenoble, wieder auf der Suche nach neuen Formen, diesmal mit Video. Aber dann, kaum noch erwartet, zeigte Jean-Luc Godard 1980, 21 Jahre nach »Außer Atem«, seinen »zweiten Ersten Film«: »Rette sich, wer kann (das Leben)«, gedreht im 35-Millimeter-Kino-Format, besetzt mit den Kino-Stars Isabelle Huppert, Nathalie Baye und Jacques Dutronc. Doch kein verlorener Sohn war da, in der vierten und vorerst letzten Phase seiner Cinéasten-Karriere, in den Schoß der Industrie zurückgekommen. Es meldete sich eine zögernde Stimme aus dem Exil: Mutmaßungen über die zunehmende Zersplitterung des Lebens, als dessen Metapher (wie schon früher so oft bei Godard) die Prostitution erscheint, Reflexionen über die Herstellung von Bildern und Tönen, die sich zu scharfen Augenblicken, aber nie zu Geschichten fügen.

Jacques Dutronc stellt einen Regisseur namens Godard dar, der am Schluß bei einem Autounfall stibt (Godard war 1971 bei einem Motorradunfall in Paris schwer verletzt worden). Der ist ein Mensch in einer vehementen Krise: verzweifelt, ohne Orientierung, isoliert, von seiner Familie verlassen. Der »zweite Erste Film« von Jean-Luc Godard ist, auch, ein autobiographischer Essay.

## 4. Sequenz: Außer Atem

*Er kommt zur Arbeit an einem großen Film. Man dreht so etwas wie berühmte Superproduktionen, berühmte Gemälde. Und da soll Jerzy arbeiten wollen. Er ist im Exil oder Ausländer, wie ich, Fremder wie ich und Wim im internationalen Kino, wie Wim und Chantal, Chantal und Anne-Marie, wie ich und Jacques. In der Fremde. In der Fremde.*

Szenario zum Film »Passion«, 1982

In der knapp 60 Minuten langen Video-Arbeit »Scénario du Film ›Passion‹« (die WDR III am 27. März im Rahmen einer sehr guten zwölfteiligen Retrospektive zeigt, der ersten Godard-Werkschau im Fernsehen seit 1971, welch eine Schande!) sitzt der Regisseur allein am Kontrollpult seiner Video-Anlage und denkt über das Wesen seiner Arbeit nach: »Du hast eine Seite vor dir, eine weiße Seite, einen weißen Strand. Aber wie, wenn du vor dir ... Aber das Meer ist nicht da. Kein Meer. Jetzt könntest du es erfinden, du erfindest die Wellen, ich erfinde die Wellen. Erst nur ein Murmeln. Das ist ... eine Welle. Du hast nur eine vage Idee, aber sie ist schon Bewegung.«

Langsam tastet sich Godard vor, von den Ideen zu den Bildern, von den Gesten der Arbeit zu den Gesten der Liebe, von den Eindrücken zu den Ausdrücken und deren Verknüpfungen. Irgendwann sagt er den Satz: »Ich muß mir mit den Bildern die Augen verbrennen, um zu sehen.«

In den späteren Filmen von Jean-Luc Godard ist eine große Verzweiflung: auch in »Passion« (dem zweiten Zweiten Film, der gerade bei uns anläuft). »Prénom Carmen« wird der »zweite Dritte Film« sein. Zusammen mit »Rette sich, wer kann (das Leben)« könnten sie vielleicht eine Trilogie bilden: über den Zerfall der Welt, über die Ängste eines Filmemachers, der den fertigen Panoramen so wenig traut, daß er sich mit der Anfertigung genialer Skizzen bescheidet. Und über die wunderbare Macht der Musik.

»Passion« oder Der Stillstand. Nichts geht mehr. In der Fabrik wird gestreikt. Der Direktor hustet. Die Arbeiterin stottert. Ihnen fehlen die Worte. Im Film-Atelier ruht die Arbeit. Der Regisseur findet nicht das richtige Licht zum Nachstellen berühmter Gemälde von Rembrandt, El Greco, Goya, Delacroix und Ingrès. Ihm fehlen die Bilder. Im Augenblick des Stillstands kommen zwei Welten – die Arbeit und die Kunst – miteinander in Berührung. So entsteht eine neue Bewegung: eine chaotische Schlängellinie. Der Regisseur bestellt Walfisch mit Tomatensoße. Die Kellnerin nimmt die Bestellung auf, während sie einen akrobatischen Kopfstand macht. Der Wahnsinn ist überall. Im Filmstudio machen sich die Reitersmänner von Delacroix selbständig und jagen ein halbnacktes Mädchen, das in ein anderes Gemälde gehört. Nichts geht mehr. Also geht alles.

»Godard filmt, wie er atmet«, hat vor vielen Jahren sein einstiger Freund François Truffaut geschrieben (den er inzwischen ebenso verachtet wie Chabrol und all die anderen, mit der Ausnahme von Jacques Rivette, den er nur manchmal beschimpft, den er neben Wim Wenders, der Belgierin Chantal Akerman und seiner Gefährtin Anne-Marie Miéville immerhin zu den Verbündeten des Exils zählt). Der Godard von fünfzig Jahren ist wieder einmal außer Atem. Er fühlt sich krank (und hält die Welt für krank). Er macht Filme über Krankheiten. Er bekommt kaum noch Luft. Die Erstickungsanfälle, die Michel Piccoli als Fabrikdirektor in »Passion« so virtuos simuliert, sind seine eigenen.

Der nächste Film, »Prénom Carmen«, wird im Pariser Hospital Pasteur beginnen. Der Patient JLG soll entlassen werden. Er verspricht, wieder krank zu werden und zurückzukommen. Auch der polnische Regisseur Jerzy – dargestellt von Jerzy Radziwilowicz, der wie ein Bruder von Jacques Dutronc/Godard in »Rette sich, wer kann (das Leben)« aussieht – ist, in »Passion«, ein Alter ego von Godard: ein zutiefst zerrissener Mensch, schroff bis zur Feindseligkeit, auf einer unmöglichen Suche nach einem utopischen Schönen, das hier die nicht zu rekonstruierenden Meisterwerke der großen Maler bedeuten. Aber aus seinem Leiden wächst ihm – und Godard – eine dunkle, wilde Kraft.

Wie im Tanztheater der Pina Bausch (deren Arbeit Godard so bewundert, daß er sie in seinen Regie-Anweisungen zu »Prénom Carmen« mehrmals zitiert) und in der Musik von Laurie Anderson (die in »Big Science« deutlich auf »Rette sich, wer kann [das Leben]« anspielt) geht in seinen neuen Filmen ein anarchischer, apokalyptischer Witz um: ein Lachen vor dem Wahnsinn.


## 5. Sequenz: Tout va bien = Alles wird gut

*Die Musik. Und die Musik kann mir helfen. Ich bin blind. Ich sehe nichts. Und die Musik ist meine kleine Antigone.*

Szenario zum Film »Passion«, 1982

Ein anderer Tag. Der nächste Morgen. Paris, Champs-Elysées, gegen neun. Damals, in »Außer Atem«, hat Jean Seberg hier die *Herald Tribune* verkauft. Und Belmondo hatte noch ein freches Gesicht und einen federnden Gang. Jetzt grinst er mich blöd und überlebensgroß als »As der Asse« an. In meinem *»Walkman«* zersägt die »Dolmen Music« von Meredith Monk die fürchterlichen Hemden von Pierre Cardin, die in allen Schaufenstern sind.

Eine halbe Stunde später habe ich eine andere Musik im Ohr: Beethovens Streichquartette. Bei einem konspirativen Treffen gab mir ein Mitarbeiter jene Kassette, die Godard vor Beginn der Dreharbeiten zu »Prénom Carmen« besprochen und mit der Musik zum Film bespielt hatte. In der

Métro höre ich zu, wie Godard in seinem langsamen, bedächtigen schweizerischen Französisch die Szenen entwickelt, wie Beethovens Musik den Rhythmus der Erzählung bestimmt, wie die Klänge schließlich die Bilder überwältigen.

Schon in »Rette sich, wer kann (das Leben)« hieß der letzte Teil »La musique«. Und in »Passion« stellt die Musik von Mozart, Beethoven, Dvorak und Fauré das einzige Element von Stabilität und Harmonie in einer fragmentierten Welt dar. Und jetzt also, nach »Eine verheiratete Frau« (1964), noch einmal die Streichquartette von Beethoven. Eine helle Hoffnung. Godard glaubt an nichts mehr. Aber er glaubt an die Musik.

Sonst ist wenig geblieben. Ich verbringe den Rest des Tages in dunklen Sälen des Quartier Latin. Die alten Krankheiten ... Ich sehe, hintereinander, vier neue französische Filme. Sie alle stoßen mich auf Godard, den Giganten unter lauter Zwergen. Ich sehe Gesichter, die ich aus seinen Filmen kenne. Juliet Berto in ihrem eigenen, zusammen mit Jean-Henri Roger inszenierten Hochglanz-Krimi »Cap Canaille«. In Godards »La Chinoise« hockt sie einmal, in Kriegsbemalung und mit einer Spielzeug-MP im Anschlag, in der Öffnung einer Barrikade aus unglaublich roten Mao-Bibeln. Jetzt ist sie ein richtig langweiliger Star. Ihr Co-Regisseur hat mal zur »Gruppe Dziga Vertov« gehört. Der könnte heute jeden Alain-Delon-Thriller inszenieren.

Anne Wiazemsky, der zweiten Frau von Godard, begegne ich in Philippe Garrels »L'Enfant secret«, einem spröden, spartanischen Schwarzweiß-Film über ein autistisches Paar. In »La Chinoise« hörte Anne Wiazemsky wenigstens noch Radio Peking. Jetzt hört sie überhaupt nichts mehr. Aber sie ist sehr schön in diesem geheimnisvollen Film von Garrel. Mir fällt ein, daß Godard mit Romy Schneider »Alice im Wunderland« drehen wollte.

Nathalie Baye in »La Balance« von Bob Swaim: ein wirklich origineller, rasanter Räuber-und-Gendarm-Film. Aber ich möchte sie lieber noch einmal in »Rette sich, wer kann (das Leben)« sehen. Und »L'Africain« mit Philippe Noiret und Catherine Deneuve, eine schrecklich spießige Version von »African Queen«. Der Regisseur dieser tristen Komödie war einmal ein enger Freund von Godard. In »Außer Atem« hat er einen kurzen Auftritt als Hotelportier. Er heißt Philippe de Broca. Da gibt es nichts mehr zu retten.

Jean-Luc Godard hat gesagt: »Ich muß wohl wie jemand wirken, der die Idee nicht aufgegeben hat, wie soll ich sagen, sein Leben auf ehrliche Weise zu verdienen oder auf interessantere Weise, interessanter als in einer Fabrik oder in der Armee oder als Lehrer, einer, der macht, nicht, was er möchte, sondern was er kann, und seine Wünsche hineintut in das, was er kann. Ich suche andere Leute, die es genauso machen, egal ob bei einem Streik, da fühle ich mich immer ermutigt, wenn ich sehe, wie mit

Erfolg gestreikt wird, oder wenn in gewissen Ländern ein Teil der Bevöl-
kerung den anderen stürzt, dann fühle ich mich ermutigt und sage mir:
Sieh mal, da sind noch andere Godards.«
Wir haben nicht genug davon. Wir brauchen ihn noch.

Nr. 12 vom 18.3.1983

## Über Chantal Akerman und »Eine ganze Nacht«

### Brüssel kann sehr kalt sein

Brüssel ist eine häßliche Stadt. Die Repräsentations-Sucht der Eurokra-
ten hat viele Wunden hinterlassen. Ein Ort fast schon ohne Gesicht, kaum
weniger krank und zerstört als Frankfurt, eine Metropole nur noch für
Banken und Behörden. In den wenigen alten Gassen nistet eine falsche
Gemütlichkeit. Die Wahrzeichen von Brüssel sind längst die unzähligen
Baustellen.
Der Quai du Commerce liegt im kleinbürgerlichen Norden der Stadt. Am
»Ufer des Handels« leben unauffällige Leute. Nach Jeanne Dielman, die
ihre Wohnung im Haus mit der Nummer 23 hat, sieht sich auf der Straße
niemand um. Sie ist Witwe, um die vierzig, erbarmungslos adrett frisiert
(wenn auch nur eine ihrer mit Haarspray angeschweißten Locken ver-
rutscht, bemerkt das sogar ihr fünfzehnjähriger Sohn, der sich sonst kaum
für seine Mutter zu interessieren scheint), sie wirkt so ordentlich und
adrett wie ihre Behausung.
Drei Tage aus dem Leben der Jeanne Dielman, minuziös in dreieinhalb
Stunden beobachtet. Szenen aus dem Alltag einer Frau, die sich und ihre
Existenz vollkommen unter Kontrolle hat: eine klaglose Soldatin der be-
triebsamen Monotonie, in der es keine Minute der Ruhe gibt. Jeanne
Dielman macht sich ständig zu schaffen. Sie räumt auf, wäscht ab, kauft
ein, bereitet das Essen, hütet das Kind der (stets unsichtbaren) Nachbarin. Sie beherrscht das einsame Handwerk der Hausfrau mit einer be-
ängstigenden Perfektion.
Zur Routine ihrer Tage gehören Herrenbesuche. Jeweils am Nachmittag
erscheint ein wortkarger Mann und wird ins Schlafzimmer geführt. Im
Flur geht das Licht aus. Kurz darauf verabschiedet Jeanne Dielman den
Kunden, reicht ihm Hut und Mantel, bekommt Geld, steckt die Scheine
in die Suppenterrine im Wohnzimmer, macht im Schlafzimmer das Fenster auf, räumt das über das Bett gebreitete Handtuch weg (nur daran,
daß es jetzt etwas verrutscht ist, erkennt man die Natur des Handels),
steigt in die Badewanne, wäscht sich gründlich. Am nächsten Tag kommt
ein anderer Mann.

195

Ganz allmählich schleichen sich winzige Irritationen in das bis zum Exzeß geordnete Leben der Haufrau und Gelegenheits-Prostituierten Jeanne Dielman ein. Am Abend des zweiten Tages verkochen die Kartoffeln. Am Morgen darauf steht sie eine Stunde zu früh auf. Alles ist anders: die Arbeit vor der üblichen Stunde getan, eine fremde Kellnerin im Stamm-Café, eine andere Frau an Jeannes bevorzugtem Tisch. Unmerklich fast gerät sie aus dem Gleichgewicht. Sie sitzt reglos im Wohnzimmer. Sie funktioniert nicht mehr. Als der Kunde des Tages klingelt, denkt sie nicht daran, eine Schere wegzuräumen. Schwer liegt der Mann auf ihr. Danach ruht er sich aus. Jeanne Dielman zieht sich an. Sie nimmt die Schere und sticht ihn in den Hals. Am Ende sitzt sie wieder am Tisch im Wohnzimmer. Es ist dunkel geworden. Sie rührt sich nicht.

»Jeanne Dielman, 23 Quai du Commerce, 1080 Bruxelles«: Chantal Akerman, geboren und aufgewachsen in Brüssel, war erst 25 Jahre alt, als sie 1975 diesen intimsten und leisesten aller Horrorfilme drehte: eine 225 Minuten lange Studie über den Wahnsinn, der sich in der Normalität verbirgt. »Jeanne Dielman« ist ein Meisterwerk von asketischer Schönheit: ohne eine einzige Kamerabewegung, ohne eine einzige Großaufnahme, ohne Musik (außer solcher, die aus dem Radio kommt, selten genug), mit äußerster Disziplin dargestellt von Delphine Seyrig, die so elegant und geheimnisvoll war, »letztes Jahr in Marienbad«, und der man hier mit atemloser Spannung beim Panieren von zwei Schnitzeln zuschaut. Plötzlich gab es einen neuen Blick im europäischen Kino: aber einen vom Rande, ohne den leichten Glanz des Zerstreuungs-Gewerbes, sehr streng und sehr konzentriert – den Blick einer jungen Frau.

\*

Brüssel, an einem kalten, regnerischen Morgen im März. Vor dem Gare du Midi sind Polizeiwagen aufgefahren. Mit gezogenen Pistolen laufen uniformierte Männer in die Bahnhofshalle. Terroristenalarm. Bald quält sich das Taxi durch den von zahlreichen Baugruben behinderten Verkehr. In Brüssel entsteht eine Untergrundbahn.

Die Rue de Florence ist eine stille Seitenstraße im Süden der Stadt, unweit der Avenue Louise. Die Firma Paradise Films hat ihr karges Büro im ersten Stock des alten, innen ansehnlich holzgetäfelten Bürgerhauses mit der Nummer 13. Marilyn Watelet, seit »Jeanne Dielman« Produzentin und gelegentliche Regieassistentin von Chantal Akerman, steckt mitten in den Vorbereitungen zu einem neuen Film: »Die goldenen achtziger Jahre«, mit großen Stars besetzt, sollen »ein Musical über Liebe und Geschäft« werden. Unablässig klingelt das Telephon.

An den Wänden hängen die Plakate von Chantal Akermans Filmen: »Jeanne Dielman«, »News from Home« (1977), »Les Rendez-vous d'Anna« (1978) und »Toute une nuit« (Eine ganze Nacht, 1982), der jetzt bei uns in die Kinos kommt: dank der Initiative eines neuen Münchner Klein-Verleihs mit dem zeitgemäßen Namen »endfilm«. Endlich könnte das deutsche Kino-Publikum Chantal Akerman für sich entdecken. »Jeanne Dielman« ist zwar im Verleih der Freunde der deutschen Kinemathek in Berlin, wird aber wohl wegen der abschreckenden Länge allzu selten von den Programm- und Kommunalkinos gespielt. Die beiden anderen Filme, von der nie genug zu lobenden Redaktion »Kleines Fernsehspiel« mitfinanziert, liefen zu später Stunde im ZDF: »News from Home« (Briefe von zu Haus), starre, seltsam poetische Bilder aus New York, unterlegt mit Briefen einer fernen, besorgten Mutter, die manchmal im Straßenlärm untergehen; »Les Rendez-vous d'Anna«, die Reise einer Filmemacherin (Aurore Clément) vom Ruhrgebiet über Köln und Brüssel nach Paris, monologische Bekenntnisse eines von Schuldkomplexen verfolgten Deutschen, von zwei Müttern, einem Geliebten, die sich, vielleicht, zum Mosaik eines komplizierten Lebens fügen.

Chantal Akerman ist krank. Gelegentliche Hustenanfälle unterbrechen unser Gespräch. Aber selbst eine heftige Grippe behindert den Elan der eher schmächtigen Kettenraucherin mit einem schmalen blassen Gesicht und kurzen dunklen Haaren kaum. Chantal Akerman, die im Juni 33 Jahre alt wird, ist eine lebhafte, intensive, mitunter auch aggressive Person, ganz ohne jene Behäbigkeit, die nicht wenige Belgier auszeichnet. Sie stammt aus einer polnisch-jüdischen Familie, die Ende der dreißiger Jahre nach Brüssel kam. Ihre Großeltern starben in einem deutschen Konzentrationslager.

Als sie fünfzehn war, veränderte ein Kinobesuch ihr Leben. Sie sah Jean-Luc Godards »Pierrot le Fou«: »Das war der erste Film, der mehr als ein Jahrmarkts-Vergnügen für mich war. Er drückte etwas aus, was ich selber fühlte. Von diesem Tag an wollte ich Filme machen.« Mit achtzehn drehte sie ihren ersten Kinofilm, praktisch ohne Geld, mit geborgten Geräten. »Wenn ich auf irgendeine Unterstützung gewartet hätte, wären sicher noch 24 Jahre vergangen, bis ich etwas erreicht hätte. Ich habe Piraten-Filme gemacht.«

Eine Piratin des Kinos nennt sie sich immer noch. Ihre Kunst ist eine der radikalen Reduktion, vergleichbar höchstens noch der von Carl Theodor Dreyer, Robert Bresson und Yasujiro Ozu (deren Werk sie bewundert). Es ist eine Kunst ohne Kompromisse, ohne Arabesken. Jede Einstellung erscheint notwendig, jeder Bildausschnitt zwingend. So entstehen, unberührt von den Konventionen des Erzählens, magische Augenblicke der Wahrheit. Eine ähnliche Radikalität herrscht in der Theaterarbeit von Pina Bausch. Chantal Akerman liebt »Bandoneon« und »Kontakthof«. Godard zählt sie, mit Wim Wenders (den sie überhaupt nicht mag) und Jacques Rivette, zu den *»Exilés du cinéma«:* zu den Widerstandskämpfern gegen das Kino der Gefälligkeit. »Das Kino«, sagt Chantal Akerman, »ist ein gefährliches Handwerk.«

*

Eine schwüle Sommernacht in Brüssel. *Toute une nuit.* Eine ganze Nacht, vom Einbruch der Dämmerung bis zum Morgen danach. Paare, Passanten. Begegnungen, Trennungen. Leidenschaft, Stillstand. Warten, Aufbrechen. Einsamkeit, Glück. Ein endloser Reigen kurzer Momente, ein Stück für achtzig Figuren.
Eine Frau rennt in die Nacht. Eine andere weint. Eine andere wartet. Eine andere packt still den Koffer. Ein Mann sitzt am Fenster. Ein anderer fährt weg. Ein anderer tanzt mit einem kleinen Mädchen. Ein Paar sitzt stumm in einer Kneipe, springt plötzlich auf, stößt die Biergläser um, verschwindet in der Dunkelheit. Ein anderes umarmt sich wortlos, verzweifelt. Ein anderes, sehr junges stiehlt sich heimlich in die Nacht.
Eine Frau trägt ein weißes Seidenkleid, das in der Dunkelheit glänzt. Eine andere sieht man in einem tief ausgeschnittenen Kleid von einem unvergeßlichen Rot. Manchmal durchglühen die Bremslichter von Taxis (immer wieder Taxis: *»les signes de la romance«*) die Finsternis. Bleiche Sirenen und Männer von rätselhafter Düsternis bevölkern die Nacht. Wenn sie einander begegnen, entsteht eine eilige Reibungshitze. Dann wird es wieder dunkel. Am Morgen kehrt die Frau, die den Koffer gepackt hat, die durch die verlassenen Straßen geirrt ist, die in einem Hotel Zuflucht suchte, in ihr Ehebett zurück. Der Mann schläft noch. Er hat nichts bemerkt. Kurz darauf klingelt der Wecker. Die Frau steht auf und bereitet das Frühstück. Es ist nichts geschehen. Aber nichts ist mehr, wie es war.
»Eine ganze Nacht«: keine Geschichte, sondern lauter Miniaturen. Es wird kaum geredet: »Einen wie ihn habe ich noch nie geliebt . . . Ich hätte verreisen sollen . . . Komm . . . Nein, heute abend nicht.« Die Kamera von Caroline Champetier hält Abstand. Selten ein Schwenk, nie eine Großaufnahme. Eine seltsame Trance lastet über dieser Nacht der Aufbrüche, Ausbrüche und Zusammenbrüche: eine hypnotische Stille, die einen schreienden Kontrast herstellt zum Aufruhr der Gefühle.
Die Wirkung dieses Films läßt sich nur schwer beschreiben. Sie gleicht der einer sanften geheimnisvollen Musik. Phil Glass (den Chantal Akerman lange geliebt hat) schreibt solche Musik: »Islands« und »Facades« heißen zwei Stücke auf der Platte »Glassworks«. Inseln und Fassaden: Chiffren auch der Kunst von Chantal Akerman. Einen schöneren Film als »Toute une nuit« gibt es im Kino nicht zu sehen. »Ich habe nicht versucht zu verstehen, was die Figuren gesagt haben. Die Musik produziert einen physischen Effekt, und das interessiert mich am Kino. Danach hatte ich Lust, auf der Straße in die Luft zu springen.« Diese Sätze sagte Chantal

Akerman, in einem von *Le Monde* veröffentlichten Dialog mit Wim Wenders, über Godards »Passion«. Sie beschreiben auch ihren eigenen Film.

*

»*It's a fantasy movie*«, sagt Chantal Akerman. Wir sitzen in einem arabischen Restaurant in Brüssel und unterhalten uns auf englisch. Sie hat fast zwei Jahre in New York gelebt, wohnt jetzt in Paris und kehrt doch immer wieder nach Belgien zurück. »Brüssel ist der Abfalleimer Europas, aber ich meine das in einem positiven Sinn. Es gibt keine Kultur der französischsprachigen Belgier, keine Tradition wie die flämische. Aber es gibt auch nicht den Druck, den eine solche Tradition erzeugen würde. Es ist eine Situation der Freiheit.«
Chantal Akerman nimmt sich alle Freiheiten, auch die, sich von Bewegungen nicht vereinnahmen zu lassen: »Das ist komisch. Von einer Musik verlangt man nicht, sie müsse feministisch oder links sein.« Frauen-Filme? »Es ist zu früh, um über einen weiblichen Stil zu reden. Wir werden das später sehen, im Moment ist das für mich keine wichtige Frage. Wenn man Schnitzlers ›Fräulein Else‹ liest, könnte man meinen, das sei von einer Frau geschrieben. Und wenn man Marguerite Yourcenars Buch über Kaiser Hadrian liest, könnte man annehmen, das sei von einem Mann. Ich mache meine Filme. Und niemand anders könnte sie so machen wie ich.«
Vier Jahre sind vergangen zwischen »Les Rendez-vous d'Anna« und »Toute une nuit«. Chantal Akerman muß für ihr Kino kämpfen. »Toute une nuit« kostete weniger als 100 000 Mark. Aber auf die Dauer, sagt sie, kann das so nicht weitergehen: »Ich kann nicht ewig von meinen Freunden verlangen, daß sie umsonst arbeiten. Ich muß ein größeres Publikum finden.« Aber wie? »Die goldenen achtziger Jahre«, ihre erste Annäherung an ein populäres Genre, sollen ein Budget von drei Millionen Dollar haben, doch ein konventionelles Glamour-Musical ist gewiß nicht zu erwarten. Sie spricht nicht gern über ihr größtes Projekt, aber sie ist zuversichtlicher denn je. »Im Moment«, sagt Chantal Akerman, »habe ich das Gefühl, daß ich alles machen kann.«

Nr. 14 vom 1. 4. 1983

# Der große Filmregisseur Robert Bresson und sein neues Werk »Das Geld«

## Es geht immer um alles

Schüsse. Schreie in der Nacht. Der Held ist tödlich getroffen. Sein letzter Blick gilt dem Bild der Geliebten, das er stöhnend aus dem blutverschmierten Hemd zieht. Ein Augenblick stummer Andacht. Dann brechen die Augen. Und der Film ist aus. Im Kinosaal schauen sich zwei Frauen an. Die Jüngere sagt: »Mama, wir sind in eine Falle gegangen.«
Robert Bresson hat diese Falle gestellt, vor dreizehn Jahren, in seinem Film »Vier Nächte eines Träumers«. Da inszenierte er, mit einem bösen Blick auf das gewöhnliche Kino, ein kurzes, in seiner konzentrierten Melodramatik auch komisches Gangster-Stück: einen Film im Film, der alle Spannungs- und Rührungs-Effekte der gefälligen Handelsware spöttisch herbeizitierte. Bresson weiß: Wenn alles gezeigt wird, gibt es nichts mehr zu sehen.
In dem Film »Das Geld« von Robert Bresson kommt ein Banküberfall vor. Die dramatischen Gesten des Kinos bleiben ausgespart. Man sieht die Reaktionen der Passanten. Das reicht. In Bressons Buch »Noten zum Kinematographen«, 1980 bei Hanser erschienen, heißt es: »Die Dinge aus der Gewohnheit ziehen, sie entchloroformieren.« Ein anderer Satz, abgeleitet aus einer Spielanweisung von Antonio Vivaldi: »Wenn eine Geige genügt, nicht zwei verwenden.«
Das Kino liebt die großen Orchester, Robert Bresson macht Filme gegen das Kino. Mit dem üblichen »Ciné« oder gar »Cinoche« hat seine Kunst nicht einmal den Namen gemein. Er spielt, allein gegen alle, auf einem Instrument, das er »Cinématographe« nennt. Dessen Klänge sind leise und geheimnisvoll. »Der Film«, sagt Bresson, »ist kein Schauspiel, sondern eine Schrift.«
Man weiß wenig über den Regisseur von »Tagebuch eines Landpfarrers« (1950), »Ein zum Tode Verurteilter ist entflohen« (1956), »Pickpocket« (1959), »Der Prozeß der Jeanne d'Arc« (1961), »Zum Beispiel Balthasar« (1965), »Mouchette« (1966), »Die Sanfte« (1969), »Vier Nächte eines Träumers« (1970), »Lancelot du Lac« (1973), »Der Teufel möglicherweise« (1976) und »Das Geld« (1983). Nur dreizehn Filme in vierzig Jahren, wobei die frühen Arbeiten »Les Anges du Péché« (1943) und »Les Dames du Bois de Boulogne« (1945), noch mit professionellen Schauspielern gedreht, seinen Exegeten wichtiger sind als ihm selber.
Über sein Werk gibt Bresson selten Auskunft (und dann meist nur in kargen Worten), über sein Leben schweigt er gründlich. Selbst sein Geburtsjahr (1901, 1902 oder 1907) gilt als umstritten. Man weiß, daß er in der

Auvergne zur Welt kam, daß seine erste Liebe der Malerei gehörte, daß er sich in den frühen dreißiger Jahren dem Film zuwandte: als Drehbuchautor und als Regisseur einer nicht mehr auffindbaren Satire mit dem Titel »Les affaires publiques« (1934).

Vielleicht war er damals tatsächlich noch ein »Regisseur«. Inzwischen haßt er die Bezeichnung *»metteur en scène«*. Sie erinnert ihn an die schlechten Traditionen des Theaters des 19. Jahrhunderts, von denen er den Film verseucht sieht. Er hat notiert: »Keine Heirat von Theater und Kinematographie ohne Vernichtung beider.« Robert Bresson nennt sich einen *»réalisateur«*.

\*

Der alte Mann mit den langen weißen Haaren geht leicht gebeugt. Er ist mit nachlässiger Eleganz gekleidet: helle Hose, graues Jackett, modisch gestreiftes Hemd, locker gebundene Krawatte. Er sieht jünger aus, als er sein kann. Als Robert Bresson das Restaurant »Prunier« im Zentrum von Paris betritt, wenden sich ihm keine bewundernden Blicke zu. Unter den großen Cinéasten Frankreichs ist er der unsichtbarste. Die Kellner behandeln ihn mit der Aufmerksamkeit, die einem Stammgast gebührt.

Bressons Stimme klingt sanft, aber es ist auch eine seltsame Unerbittlichkeit in ihr, die keinen Widerspruch duldet. Wenn er über das Kino der anderen spricht, von dem es heißt, er ignoriere es schon seit vielen Jahren, mischt sich ein Ton tiefer Verachtung in seine Rede. Der neue Film von Truffaut? Der sehe so aus, als habe Duvivier ihn vor vierzig Jahren gedreht. Uninteressant. Auch sonst findet Bresson keine freundlichen Worte für jene »Regisseure«, die er als Kollegen nicht anerkennt. Sehr viel später in unserem ersten mittäglichen Gespräch gibt es eine Überraschung. Der vorletzte James-Bond-Film (»For your Eyes Only«) hat ihm gefallen, besonders die Eröffnungssequenz, in der Bond, nach einer wilden Hubschrauber-Jagd, den Erzschurken Blofeld in einen hohen Fabrikschornstein kippt: »Das war fast abstrakter Film, reine Bewegung, brillant montiert. Ich habe gemerkt, daß der Regisseur ein ehemaliger Cutter war.«

So spricht kein »Asket« (als der Bresson oft gefeiert wurde), so spricht aber jemand, der den Film als eine eigenständige, von aller falschen Theatralik befreite Kunst betrachtet. Bresson neigt durchaus zu kinematographischen Exzessen, doch er zieht es vor, die Momente des Rausches, der Leidenschaft, des Wahnsinns auf ihren puren Ausdruck zu komprimieren. Man erinnert sich an die tänzerisch leichte Fingerfertigkeit der Taschendiebe in »Pickpocket«, deren Arbeit im Gare de Lyon Bresson in einer raschen Folge von Großaufnahmen zu einer geradezu überirdischen Zauberei steigert.

Wo andere mit trägen Totalen den Dingen ihr Geheimnis nehmen, findet Bresson deren wahre Natur im Detail. Kein einziges Panorama gestattet in »Lancelot du Lac« einen leichten Blick, der über das Turnier der Ritter schweifen könnte. Erst eine Folge von Großaufnahmen (verknüpft mit Tönen von splitternden Lanzen, scheppernden Rüstungen) offenbart die mörderische Wucht des höfischen Rituals. Die kinematographische Welt des Robert Bresson setzt sich zusammen aus Fragmentierungen, aus vermeintlichen Auslassungen.

Bressons Kunst ist die Kunst der Ellipse. Was nicht wichtig ist für die innere Wahrheit einer Sequenz, muß der Kinematograph nicht aufzeichnen. Kein einziges Bild, kein einziger Ton (und oft ersetzen bei Bresson die Töne die Bilder) darf überflüssig sein. Es geht immer um alles. Bresson liebt einen Satz von Paul Cézanne: »Bei jedem Strich riskiere ich mein Leben.«

*

Es ist nicht leicht, von Robert Bresson empfangen zu werden. Seine Abneigung gegen Interviews hat sich im Lauf der Jahre noch verstärkt. Bei unseren Gesprächen – ein zweites fand einen Tag später überraschend in seiner Wohnung statt – durfte kein Tonband laufen, durfte ich mir nicht einmal Notizen machen. Bresson, ein Genauigkeits-Fanatiker, wenn es je einen gab, mißtraut seinen eigenen gesprochenen Worten. Am liebsten möchte er sie wieder und wieder umschreiben, jener äußersten Klarheit wegen, die er mit dem Kinematographen sucht. Wer ihm – wie Paul Schrader, wie Karsten Witte – Tonband-Protokolle von Interviews nachträglich zur Genehmigung vorlegt, muß damit rechnen, daß Bresson sie drastisch verändert oder ihre Veröffentlichung ganz verbietet.

Bresson ist freundlich, aber selbst wenn er die Himbeertorte des Hauses Prunier lobt, mit dem Lächeln eines Mannes, der gerne gut ißt (und verschwörerisch vom Hummersalat, einer in seinen kennerischen Augen beklagenswert mißlungenen Kreation, abrät) – selbst dann also, wenn er sich den profanen Genüssen des Lebens hingibt, hat man eine Ahnung, wie schwierig es sein muß, mit diesem Mann zu arbeiten.

Nach den herkömmlichen Maßstäben der Industrie sind Bresson-Filme der schiere Irrsinn. Bresson, dem sein Arzt vor vielen Jahren das Malen verbot, weil ihn die Anstrengung aufzuzehren drohte, hält es mit dem Satz eines anderen Malers, Corot: »Man muß nicht suchen, man muß warten.« An jedem Drehtag läßt er sich, als sei es der allererste, von seinen Darstellern und Schauplätzen inspirieren: immer hoffend auf jenen kurzen kostbaren Moment der Wahrheit, der sich durch die unbestechliche Maschine, den Kinematographen, in eine Emotion verwandelt. Auf diese Weise dauerten die Dreharbeiten zu seinem dreizehnten Film »L'Argent« (Das Geld) 25 Wochen. Ein normaler Kino-Regisseur, selbst ein sehr guter und sorgfältiger, hätte die an äußerer Handlung nicht eben reiche Geschichte bequem in einem Drittel der Zeit inszenieren können. Aber wie leicht hätte »L'Argent« eine mittelmäßige Ganoven-Story mit fadenscheiniger Moral werden können: Junger Arbeiter gerät zufällig in den Besitz einer falschen 500-Francs-Note, kommt unschuldig ins Gefängnis und rächt sich später an der bösen Gesellschaft durch eine Serie von brutalen Morden an völlig Unbeteiligten.

Das ist nicht »L'Argent« (nach einer Novelle von Tolstoi). Mit einer radikalen Kälte (die eben auch nicht asketisch ist, sondern durchaus monumental) entwirft Bresson noch einmal, wie so oft in seinen Filmen, die Welt als ein lichtloses Gefängnis, gegen dessen unsichtbare, erbarmungslose Mechanik sich ein Individuum zur Wehr setzt. In mancher Hinsicht ist der junge Arbeiter Yvon in »L'Argent« ein jüngerer Bruder des im Fort Montluc von den Deutschen zum Tode verurteilten Widerstandskämpfers Fontaine, des Taschendiebs Michel, sogar des Mädchens Mouchette: wie jene einer Einsamkeit ausgesetzt, an der schon der kleine Landpfarrer von Ambricourt zugrundeging, die aber auch eine ferne Gnade und Erlösung verheißt.

Bressons Filme vertragen viele theologische Interpretationen. Katholische Akademien beißen sich an ihnen die Zähne aus. Ihre Einzigartigkeit liegt indessen nicht in Bressons philosophischer Haltung, die er selber als fröhlichen Pessimismus bezeichnet hat.

Bresson predigt nicht, er zeigt. Er macht der Welt den Prozeß. Überall Versteinerungen, Leere. Türen öffnen sich, Türen schließen sich. Keine Aktionen, sondern Zustände. Die Bilder zwischen den Bildern: nicht der Selbstmordversuch, sondern das rote Licht des Rettungswagens danach, nicht der Mord, sondern eine Lampe, die zittert. Hermetische Bildausschnitte: immer seltener ganze Figuren, nur noch Torsi. Matte Farben, aber von äußerster Delikatesse. Der Kinematograph duldet keine falschen Bilder.

*

Seit dem »Tagebuch eines Landpfarrers« erscheinen keine professionellen Schauspieler mehr vor Bressons Kamera. Bresson hat notiert: »Schauspieler. ›Das Wechseln der Rollenmaske vor seiner Natur‹ zwingt das Publikum, das Talent auf seinem Gesicht zu suchen, anstatt das jedem lebenden Wesen eigentümliche Rätsel.« Seine Darsteller nennt Bresson »Modelle«. Er bevorzugt junge schmale Männer mit dunklen Haaren, feinen Gliedern und melancholischen Mienen. Das »Modell«, das in »L'Argent« den Mörder Yvon darstellt, studiert Architektur: Madame Bresson wurde auf Christian Patey aufmerksam, als er sich bei ihr einen Flaschenöffner borgte.

Ein anderes Modell ist Caroline Lang, die Tochter des französischen Kulturministers: eine Besetzung, die einige Pariser Zeitungen Bresson übel ankreideten, weil Jack Lang höchstpersönlich dafür gesorgt hatte, daß »L'Argent« (mit Produktionskosten von über 13 Millionen Francs kein billiger Film) in den Genuß staatlicher Förderungsmittel kam. Bresson ist zwar berühmt, aber nicht allseits beliebt. Alberne Verdächtigungen interessieren ihn nicht, doch die Pfiffe, die die Uraufführung von »L'Argent« in Cannes im Mai 1983 begleiteten, taten selbst ihm weh. Bei der Pressekonferenz trat er schroff und feindselig auf.

Nach zwei langen Gesprächen (die doch zu einem Interview sich nicht fügen wollten) schlug Bresson vor, ich sollte ihm einige Fragen schriftlich stellen. So erkundigte ich mich nach den Modellen. Wie findet er sie?

*»Durch Freunde und Freunde von Freunden, und auch durch meine ehemaligen Modelle. Manchmal finde ich sie zufällig beim Spazierengehen.«*

Wenn seine Modelle, deren schauspielerische Unschuld ihm doch so wichtig ist (nur keine Nachahmung der Natur), später Karriere machen, fühlt er sich verraten: von Dominique Sanda (»Die Sanfte«), von Anne Wiazemsky (»Zum Beispiel Balthasar«), zuletzt von Isabelle Weingarten (»Vier Nächte eines Träumers«). Dominique Sanda, die er auf einem Zeitungsphoto entdeckt hatte und die nach ihrem Debut bei Bresson die Aufmerksamkeit von Regisseuren wie Bertolucci und Fellini fand, sah er in einem amerikanischen Film. Sie gefiel ihm nicht mehr.

*»Ich habe meine Modelle nach ihrer moralischen Ähnlichkeit mit meinen Figuren ausgesucht. Aber es gibt in den Lebewesen so viele Widersprüche und Seltsamkeiten (Dostojewski hat daraus fast ein System gemacht), daß ich es heute vorziehe, meiner Intuition zu vertrauen und mit Unbekannten zu arbeiten, von denen ich mich überraschen lasse. Ich verlange von ihnen nur, daß sie sich nicht beobachten, daß sie sich ›nicht denken‹, daß sie sich nicht für etwas halten, was sie nicht sind. Ich bin von meinen Modellen nie enttäuscht worden. Ich finde in ihnen immer etwas, was ich mir nicht hätte vorstellen können, unvergleichbar der üblichen Psychologie, die sich mit Wörtern erklärt; etwas Neues, das meinen Absichten dient und den Film bereichert.«*

Die Mühe lohnt sich. Mit seinen Darstellern, denen er eine strenge Disziplin nicht erspart (Christian Patey erzählte von Szenen, die vierzigmal wiederholt wurden), findet er Haltungen, die das Kino sonst nicht mehr kennt. In »L'Argent« ist Patey ein zorniger Somnambuler, der sich einer verlorenen Wut hilflos zu entledigen trachtet: still und unheimlich und rührend. Keine routinierten Gesten, statt dessen die langsame Entdeckung einer Figur, an der die Zuschauer teilnehmen. Bresson, auch er gewiß kein Mann ohne Eitelkeiten, erzählte mir von einem Treffen mit Michel Piccoli. Der hätte gerne manchmal ein unbekanntes Gesicht: um von Robert Bresson für einen Film genommen zu werden.

\*

Ein großer heller Raum mit kahlen weißen Wänden, sparsam möbliert. Viele Bücher, auffällig eine Vorliebe für Brief-Bände. Victor Hugo. André Gide. Auf einem Tisch lehnt eine Collage von Max Ernst. Neben dem Plattenspieler, einem älteren Modell, steht eine Kassette mit Mozarts »Don Giovanni«.

Es ist ein kühler Herbsttag, aber die Fenster sind weit geöffnet. Der Raum ist erfüllt vom heftigen Geräusch, das der Wind in den Bäumen am nahen Fluß erzeugt. Der alte Mann trägt ausgebleichte Jeans und einen groben alten Pullover. Die Atmosphäre hat sich verändert. Am zweiten Tag sind wir (François Duplat, der deutsche Verleiher von »L'Argent«, und ich) vielleicht etwas weniger verdächtig. Bresson geht großzügig um mit seiner Zeit. Wir waren ein wenig beklommen in das schmale Haus mit der düsteren engen Stiege am Quai des Bourbons auf der Ile St. Louis eingetreten. Bresson spürt unsere Verlegenheit. Er kommt uns entgegen. Ich stehe eine Weile am Fenster und schaue auf die Seine. Wenn es Nacht wäre in Paris, könnte man die gläsernen Schiffe sehen, die als Chiffren einer lautlosen Sehnsucht die »Vier Nächte eines Träumers« begleiten.

Bresson erzählt von seiner Malerei. Er vermißt sie. Er sagt: »Jetzt male ich mit den Augen.« In den dreißiger Jahren hat er alle seine Bilder an einen Berliner Juden namens Levy verkauft. Als er vor einigen Jahren in Berlin war, versuchte er, die Spur dieses Mannes zu finden, natürlich vergeblich. Er hätte gerne wenigstens einige Photographien seiner Bilder. Wie er denn gemalt habe? Gegenständlich, Figuren, Landschaften. Er sagt: »Heute kann man nicht mehr malen.«

Wird es noch einen letzten Film geben von Robert Bresson? Sein größtes Projekt wartet seit mehr als zwanzig Jahren auf die Realisierung. Damals interessierte sich Dino de Laurentiis für Bressons »Genesis«, aber dann wurde doch nur John Hustons »Bibel« daraus. Aber er will sie erzählen, seine Version von der Erschaffung der Welt, vom Paradies bis zum Turmbau zu Babel. Tausend Tiere (echte natürlich, keine Trick-Wesen) sollen sich auf einer Wiese versammeln, und jedes einzelne soll sich erheben, wenn Gott ihm einen Namen gibt. Welcher Produzent könnte es sich erlauben, einen solchen Film zu machen? Und könnte Bresson, der Langsame, die Dreharbeiten zur »Genesis« überhaupt beenden, bevor uns alle die Apokalypse heimsucht?

»Die Welt«, sagt Bresson an jenem Herbsttag, »kann nur durch ein unerwartetes Wunder gerettet werden.« Aber sein Glauben beruht nicht auf Wundern. Den Jüngsten Tag möchte er nicht mehr erleben.

Und die Raketen? Robert Bresson überrascht uns ein letztes Mal. Ein Künstler für den faulen Frieden (mit dem Betrieb, der die Kunst verwaltet) war er nie. Er liebt die russische Literatur (zwei Filme nach Vorlagen von Dostojewski, jetzt einen nach Tolstoi), aber gegen die Sowjet-Macht (die er haßt) möchte er sich bis an die Zähne bewaffnen. Später schreibt er mir, auf meine Frage, ob er Angst vor einem Krieg in Europa habe: »Keine Angst. Man muß sich auf den Tag vorbereiten, wo wir die Wahl haben werden zwischen dem Krieg und der Sklaverei.«

Ein unmöglicher Satz, denke ich. Wer mag sich da zeigen? Der Teufel möglicherweise. Aus den Filmen von Robert Bresson kann man lernen, daß nichts unmöglich ist.

(Interview-Teile aus dem Französischen von Ann Schröer)

Nr. 50 vom 9.12.1983

# Ein Gespräch mit Alain Resnais

## Das Kino – ein Laboratorium

Den geläufigen Vorstellungen, die über Filmregisseure kursieren, entspricht Alain Resnais weder auf den ersten noch auf den zweiten Blick. Er spricht, ziemlich leise, ziemlich rasch und absolut druckreif, wie ein geduldiger Privatlehrer, der es in langen Jahren gelernt hat, auch die begriffsstutzigsten seiner Schüler mit freundlichem Gleichmut zu ertragen. Er sieht aus, wie ich mir den Aufsichtsratsvorsitzenden von Citroen vorstelle: mit perfekter, aber äußerst diskreter Eleganz gekleidet, makellos frisiert, wohltemperiert bis in die von italienischem Schuhwerk umschmeichelten Zehenspitzen.

Alain Resnais ist ein Intellektueller, ein Wissenschaftler des Kinos. Seine großen Filme – von »Letztes Jahr in Marienbad« (1961) und »Hiroshima mon amour« (1959) bis »Providence« (1977) und »Mein Onkel aus Amerika« (1979) – gleichen ebenso scharfsinnigen wie auf seltsame Weise unterhaltsamen Laborversuchen über die Natur der menschlichen Phantasie und des menschlichen Gedächtnisses. Unser Gespräch fand im November 1983 in Paris statt. Resnais, ein Mann von erlesener Höflichkeit, der es versteht, eine gewisse, durchaus nicht unfreundliche Kühle um sich zu verbreiten, empfing mich in einem Produktionsbüro im Zentrum der Stadt. Wir sprachen zunächst über seinen jüngsten Film »Das Leben ist ein Roman«, aber dann konzentrierte sich das Interview auf Fragen von allgemeinerem Interesse.

»DIE ZEIT« hat nur kurze Ausschnitte veröffentlicht. Hier erscheint das – gerade in bezug auf Resnais' Themen und seine Arbeit mit Schauspielern sehr aufschlußreiche – Interview zum erstenmal in einer ausführlichen Version.

*Hans-Christoph Blumberg:* Ich möchte über »La vie est un roman« sprechen. Könnte man sagen, daß es sich dabei gewissermaßen um ein Musical handelt?

*Alain Resnais:* Ich habe eigentlich versucht, etwas anderes zu machen als ein Musical. Es gibt sehr gute Musicals, aber sie stammen aus einer anderen Zeit oder hatten andere Mittel zur Verfügung – was mich interessiert hat, war eigentlich mehr der Versuch, die Musik immer nur dann einzusetzen, wenn ich Lust dazu verspürte und wenn das Drehbuch es erforderlich machte, um auf diese Weise dem Publikum etwas schneller und besser begreiflich zu machen, als es durch gesprochene Szenen möglich gewesen wäre. Ich hatte dabei die Idee, daß ich mit einem Lied in zwei Minuten mehr über eine Person aussagen könne als mit einer langen Diskussion. Ich glaubte auch, das Publikum so emotionaler ansprechen zu können als durch eine Diskussion zwischen Schauspielern. Ich wollte also die Sprache und den Gesang simultan, das heißt natürlich auch nacheinander einsetzen und damit spielerisch umgehen. Wenn eine Person singt, dann bedeutet das nicht unbedingt, daß die anderen auch singen müssen. Ich wollte vielmehr Gefühle über die Sprache der Musik ausdrücken. Das war meine Absicht, denn ich bewundere sehr Leute wie Jacques Demy, der Filmopern gemacht hat, oder Minnelli und Donen, die Operetten gemacht haben, aber ich möchte mich auf keinen Fall mit ihnen vergleichen, ich wollte etwas anderes.

*HCB:* Das habe ich verstanden. Aber manchmal habe ich doch den Eindruck, daß Sie die Musik auch als Mittel für Ironie oder Verfremdung eingesetzt haben. Das Lied »Bonheur, bonheur, bonheur« ist doch ironisch gemeint?

*A. R.:* Ja, sicher, denn der ganze Film wechselt andauernd die Ebenen, manchmal sogar innerhalb eines einzigen Satzes. Das heißt, es gibt zwar die Ironie, aber gleichzeitig – so hoffe ich wenigstens – auch Mitgefühl. Jean Gruault und ich wollten uns nicht nur über die anderen, sondern auch über uns selbst lustig machen. Alles, was die Personen sagen, hätten auch wir sagen können. Wir wollen keineswegs überheblich sein, und die Ironie gilt daher auch uns selbst. Man kann den Lauf des Lebens sowohl tragisch als auch ironisch sehen, es ist ein Abenteuer, das sowohl erschütternd wie auch absurd ist, und manchmal ist es beides. Die menschliche Existenz kann tragisch und lächerlich gleichzeitig sein. Natürlich ist es sehr gewagt, wenn man versucht, all diese Widersprüche in einem Film unterzubringen. Aber gerade das hat uns interessiert, das war für uns eine Herausforderung, wir wollten einen Film machen, der aus diesen Widersprüchen besteht.

*HCB:* In dem Film gibt es ein Kolloquium mit dem Titel: »L'éducation de l'imagination«. Ist das so etwas wie ein roter Faden, der sich durch alle Ihre Filme zieht?

*A. R.:* Daran habe ich nicht gedacht, aber Ihre Idee gefällt mir. Man hört es ja immer gern, wenn einem gesagt wird, daß es eine Beziehung zwischen den einzelnen Filmen gibt. Wenn wir die Filme machen, dann versuchen wir jedoch immer, etwas Neues entstehen zu lassen und den jeweils vorigen Film zu vergessen. Wenn es trotzdem gewisse Gemeinsamkeiten gibt, dann wäre das ein gutes Zeichen. Ich mache mir nicht so viele Gedanken über die

Zusammenhänge zwischen meinen Filmen, ich halte mich nicht für einen Autor oder einen Architekten, der ein Haus baut, indem er einen Stein auf den anderen setzt, nein, ich halte mich für einen Regisseur, und das ist schon Arbeit genug, ich möchte nicht weiter gehen – aber ich bin natürlich ein Mensch wie alle anderen auch, und wie alle anderen habe auch ich meine Zwangsvorstellungen.

Sicherlich möchte ich in vielen meiner Filme etwas aussagen über die Bedeutung des Traums, das heißt für mich, daß der Traum nichts Unwirkliches oder Nutzloses ist, sondern daß er ein Teil von uns selbst ist und daß man unsere Handlungen und unser Schicksal nicht trennen kann von den Bildern, die unser Gehirn pausenlos produziert. Es ist wie ein Fluß, der unaufhaltsam fließt, etwas ganz und gar Verwirrendes. In unseren Träumen und Phantasien stellen wir uns oft die Zukunft vor, deswegen liebe ich das Wort Gedächtnis nicht besonders, denn im Grunde glaubt man dauernd vorauszusehen, was man tun wird – und das ist zweifellos geprägt von unseren Erinnerungen, man glaubt etwas vorauszusehen, weil man bestimmte Erfahrungen bereits gemacht hat – wir haben ständig Projektionen in unserem Kopf, und diese Projektionen können sowohl völlig schizophren als auch völlig logisch sein. In der Realität werden dann diese Probleme völlig anders gelöst. Aber warum sollen wir diese Phantasien nicht als Bilder in einem Film zeigen, wenn wir dazu Lust haben? Es gibt Filme, in denen ich die Gedanken einer Person zeige, und es gibt Filme, in denen ich völlig außerhalb der Personen bleibe und in denen der Traum nur noch in den Dialogen vorkommt. Dies ist ein vorherrschender Gedanke in meinen Filmen.

Zum Beispiel – ich halte Ihnen jetzt eine lange Rede, aber Sie können daraus vielleicht einige Stellen entnehmen – wenn ich in einem Bild von Picasso einen Apfel sehe, dann erscheint er mir ebenso lebendig wie der Apfel, der an einem Baum hängt, das heißt also, daß Picasso mit dem Pinsel einen Apfel geschaffen hat, genauso wie der Apfelbaum einen Apfel hervorgebracht hat, beides ist gleichermaßen lebendig. Natürlich kann ich aus dem Apfel von Picasso kein Apfelmus machen – aber in beiden Fällen sehe ich ein natürliches Phänomen, und ich verstehe sehr gut das Vorgehen von Picasso, wenn er ein Porträt malt, denn für ihn sind das Porträt und die Person, die er malt, zwei reale Elemente. Damit will ich Ihnen eigentlich nur sagen, daß ich die Phantasie ernst nehme.

*HCB:* Das gilt doch wohl besonders für Filme wie »Letztes Jahr in Marienbad« und »Je t'aime, je t'aime« ...

*A. R.:* Ja, in »Marienbad« zeigen wir immer die Gedanken der Personen. Es war nur ein Spiel, die Personen bewegten sich nur in ihren Träumen. Dieser Film zeigte nur die Gefühle, und es gab immer mindestens zwei Lösungen – nicht hundert, wie man geschrieben hat, das stimmt nicht –, aber die Bilder hatten immer eine doppelte Bedeutung. Man war niemals sicher, ob sich die Figuren in ihrer Phantasie in der Vergangenheit, der

Zukunft oder der Realität bewegten, und die Realität hatte immer zwei Ebenen, das war das Spiel.

*HCB:* So war es auch in »Providence«?

*A. R.:* In »Providence« war es sehr viel leichter für den Zuschauer, die geträumten und die realen Szenen auseinanderzuhalten. Es handelt sich hier um einen Schriftsteller, der sich im Angesicht seines Todes die Szenen eines zukünftigen Romans vorstellt, die er vielleicht am nächsten Morgen aufschreiben wird. Er benutzt dafür die Personen seiner Familie, die er gut kennt, und unter dem Einfluß von sehr viel Weißwein und Beruhigungsmitteln und im Fieberwahn vermischen sich in seiner Phantasie Gefühle wie Angst, Liebe, Haß, die durch den Traum verwandelt werden.

*HCB:* Sie haben als Dokumentarfilmer begonnen, und Sie haben berühmte Dokumentarfilme gemacht wie »Nuit et brouillard« und »Toute la mémoire du monde«. Aber in Ihren Spielfilmen scheinen Sie doch immer ein großes Mißtrauen gegenüber der Kamera auszudrücken im Hinblick auf ihre Fähigkeit, die dokumentarische Realität wiederzugeben, so beispielsweise der Film im Film in »Hiroshima mon amour«... Das scheint Sie sehr zu beschäftigen.

*A. R.:* Ich glaube, ich verstehe, was Sie sagen wollen. Es gibt hier zwei Aspekte. Einmal den negativen, wenn Bilder etwas aufzeigen wollen, dann können sie die Realität doch nur sehr ungenügend ausdrücken. Besonders im Dokumentarfilm entspricht das Bild oft nicht dem, was man in der Realität ausdrücken will. In der Fiktion dagegen nimmt dieser Aspekt eine andere Form an. Ich möchte dem Zuschauer immer sagen: »Achtung, wir sind im Kino, wir haben das Licht ausgemacht, Sie sitzen im Sessel vor einer Leinwand, und ich bin nicht so boshaft und so ausgekocht, um Sie glauben zu machen, daß das, was ich Ihnen zeige, etwas anderes ist als eine Widerspiegelung der Realität.« Das halte ich für den positiven Aspekt. Was sich im Dokumentarfilm negativ auswirkt, wird in der Fiktion zum positiven Element, wenn man den Zuschauer miteinbezieht in das Spiel, ihn um Verständnis bittet und ihm klarmacht, daß es sich um Schauspieler handelt, die etwas spielen, einen Text aufsagen. Ich möchte es fast eine Bitte um Aufrichtigkeit nennen. Ich glaube, das ist der Grund, warum meine Filme geschätzt werden und warum es Menschen gibt, die davon sehr berührt sind, und warum andere wiederum sie heftig ablehnen, weil sie das Spiel nicht akzeptieren wollen, sondern immer nur die alltägliche Realität suchen. Ich akzeptiere ihre Meinung, aber ich muß sagen, daß ich dann absichtlich das Gegenteil mache. Das macht mich zufriedener. Ich will nicht versuchen, den Leuten einzureden, daß meine Fiktionen Realität sind.

*HCB:* Es geht immer um die Erschaffung einer völlig künstlichen Welt, beispielsweise hier der Traum von Forbek... Sie sagen, daß Sie kein Autor sind, und ich verstehe, was Sie sagen wollen, aber andererseits, wenn man Ihre Filme sieht...

*A. R.:* Für mich ist der Autor nicht so wichtig. Das ist einer, der in seinem Film selbst mitspielt, er ist gleichzeitig Kameramann, Ausstatter, er macht eigentlich alles. Im Kino nimmt sich das sehr merkwürdig aus, hier muß man teilen können mit vielen anderen. Für mich sind die Schauspieler als kreative Künstler auch gleichzeitig die Autoren, der Drehbuchschreiber ist ein Autor, der Kameramann ist ein Autor, der Ausstatter ist ein Autor, Kino wird von vielen Leuten gemacht. Ich halte allerdings Bresson für einen wirklichen Autor, er ist ein Mensch mit einem außerordentlich starken Willen, beispielsweise bei der Auswahl seiner Laiendarsteller, bei der Formulierung seiner Texte. Aber nicht jeder kann Bresson sein.

*HCB:* Aber offensichtlich besetzen Sie Ihre Filme doch auch gern mit verschiedenen Darstellern aus verschiedenen Ländern. Können Sie darüber etwas sagen?

*A. R.:* Das ist auch für mich verblüffend. Aber, es stimmt ... nein vielmehr, wenn ich die Rollen besetze, dann denke ich ebensosehr an die Stimme und den Tonfall der Darsteller wie an ihr Aussehen. Was mich interessiert, da ist nicht der ideale Darsteller für eine Rolle, sondern das Zusammenspiel von mehreren Schauspielern. Die Zeit der Rollenbesetzung ist für mich ziemlich anstrengend, denn ich denke drei oder vier Tage lang darüber nach – ich spiele den Film in meinem Kopf ab und schließe mich dabei in meinem Zimmer ein, ohne irgend jemanden in dieser Zeit zu sehen – ich versuche, die Schausspieler in meiner Vorstellung zu hören und zu sehen, und treffe danach eine Entscheidung über die Besetzung. Alle Regisseure machen das mehr oder weniger so, sicherlich, aber für mich ist es ganz besonders wichtig, auf die verschiedenen Sprechweisen zu hören, die verschiedenen Sprachklänge, die in meinem Kopf dann ein Funkeln, eine Erregung, eine Resonanz auslösen. Ich beschäftige mich sehr lange damit vor einer Entscheidung. Und dann ist es auch so, daß die Schauspieler, die einen ausländischen Akzent haben oder eine ausländische Phrasierung, sehr verführerisch auf mich wirken. Vittorio Gassmann beispielsweise, von dem wir vorhin gesprochen haben, hat eine Art französisch zu sprechen, die ich faszinierend finde. Das war ausschlaggebend, als ich ihn bat, die Rolle von Guarini zu übernehmen.

*HCB:* Das gilt auch für Geraldine Chaplin?

*A. R.:* Ja, das gilt auch für sie. In allen meinen Filmen, ob nun mit Delphine Seyrig oder Emmanuelle Riva, üben die Stimmen eine große Faszination auf mich aus.

*HCB:* Sie machen sich in Ihrem Kopf ein Konzept von den Schauspielern, die Sie gerne haben möchten. Können Sie sie auch immer bekommen, oder müssen Sie manchmal Kompromisse schließen?

*A. R.:* Nein, das ist fast schon wie ein Wunder, ich mußte noch niemals in meinem Leben meine gewünschte Besetzung ändern. Ich habe immer die Schauspieler bekommen, die ich haben wollte. Wir haben uns immer arrangiert, wir haben auch schon mal den Beginn eines Filmes verschoben, das schon, das ist vielleicht auch der Grund, weshalb ich nicht viele Filme mache, ich glaube, das ist jetzt der neunte oder zehnte. Es gab Filme, die ich nicht gedreht habe, weil ich nicht die von mir gewünschten Schauspieler bekommen konnte. Ich kann mir nicht vorstellen, einen Film mit einem anderen Schauspieler zu drehen als mit dem, den ich mir in den Kopf gesetzt habe. Ich könnte einem anderen Schauspieler keine Bewunderung, kein Vertrauen entgegenbringen, das wäre mir nicht möglich. Die Vorbereitung eines Films ist sehr schwierig, ja quälend, auch für den Drehbuchautor ist sie nicht gerade lustig. Es ist oft eine regelrechte Leidensphase. Bei der Herstellung eines Films ist man von Ängsten gejagt, man geht in die Vorführung, um die Muster zu sehen, und stellt dann fest, daß sie nicht gut sind. Man fängt von vorne an, und so steht man ständig unter Spannung. Die Herstellung eines Films besteht aus Qualen. Was bleibt, ist das Drehen. Das Drehen muß unbedingt angenehm sein. Es gibt zwar beim Drehen andere Qualen, wie beispielsweise die Sonne, den Regen, die Kälte und all das, was passieren kann, wenn man Außenaufnahmen macht. Dann muß die Stimmung zur Crew und zu den Schauspielern gut sein, und deshalb wäre es ein absoluter Wahnsinn, wenn ich mit einem Techniker oder Schauspieler arbeiten würde, den ich nicht mag.

*HCB:* Sprechen Sie vor Drehbeginn viel mit den Schauspielern, oder ziehen Sie die Improvisation vor?

*A. R.:* Beides. Ich spreche nicht allzu viel, denn ich finde, daß man eine Rolle nicht vorher mit Sätzen überladen soll. Aber so etwa ein oder zwei Monate vor Drehbeginn spreche ich immer mit jedem Schauspieler über seine Rolle und auch über den Film. Es interessiert mich sehr, was ein Schauspieler von bestimmten Szenen denkt, auch von solchen, in denen er nicht auftritt. Und es ist noch niemals vorgekommen, daß mir ein Schauspieler nichts Nützliches gesagt hätte. Es kann dann auch immer vorkommen, daß wir zusammen mit dem Drehbuchautor noch einige Sätze ändern, aber das passiert alles ein oder zwei Monate vor Drehbeginn. Wenn wir anfangen zu drehen, dann sind alle Dialoge und Motivationen der Personen so weit wie möglich geklärt zwischen dem Regisseur und dem Schauspieler. Denn beim Drehen ist es zu spät, sich noch auf Diskussionen über den Text oder andere wichtige Entscheidungen einzulassen. Wenn man dagegen rechtzeitig vorher ausführlich darüber gesprochen hat, dann kann man auch improvisieren. Aber ich kann nicht improvisieren, wenn ich nicht zwei Monate vorher diese – nennen wir es einmal – »theoretische« Improvisation gemacht habe, auf die ich dann beim Drehen zurückgreifen kann. Sicher brauche ich einen bestimmten Arbeitsplan, es gibt auch technische Gründe – aber natürlich würde es mir gefallen, mit einem unvollständigen Text zu beginnen, an dem wir dann alle zusammen arbeiten könnten. Aber dafür bräuchte ich sechs Monate Drehzeit. Es wäre sicherlich interessant, und es würde dann auch Tage geben, an denen wir gar nicht drehen, wir würden alle zusammen versuchen, aus einem Entwurf einen Film zu machen, aber dieser Film würde 60 Millionen Francs kosten. Das ist nicht möglich.

*HCB:* Ich glaube, der einzige Regisseur, der so arbeitet, ist Jacques Rivette.

*A. R.:* Ja, und auch Jean-Luc Godard, aber das sind zwei Genies. Es ist eine ganz andere Art zu arbeiten, und Jacques Rivette gelingt dies.

*HCB:* Erzählen Sie in »La vie est un roman« drei Geschichten, oder ist es eine Geschichte mit drei Aspekten?«

*A. R.:* Ich glaube, es ist eher eine Geschichte mit drei Aspekten. Wenn man es mit der Musik vergleichen würde, könnte man von einem doppelten Kontrapunkt sprechen. Das Thema wird immer wieder aufgenommen. Das Grundthema ist das menschliche Glück, das wie ein Ostinato den Film durchzieht, darüber liegen drei Geschichten, die mit verschiedenen Geschwindigkeiten erzählt werden und die ineinander übergreifen. Da ist einmal das Thema der kindlichen Träume, das man so ähnlich in allen Märchen, Legenden und auch in der Bibel findet. Es ist die Geschichte der kleinen Waise, die versucht, das Glück wiederzuerlangen. Dies ist ganz bezeichnend für die kindliche Phantasie, und es erlaubt den Kindern zu überleben, trotz der Frustrationen, die sie von den Erwachsenen erfahren, beispielsweise wenn sie nicht gehorchen oder nicht essen wollen. Natürlich müssen sie, um zu überleben, auch gehorchen, aber es ist andererseits ganz wichtig für sie, sich in ihren Träumen auszumalen, wie sie mit den Erwachsenen umgehen würden, wenn sie – die Kinder – machen dürften, was sie wollen. Und da sich diese Glücksvorstellung in einer Zeit entwickelt, wo sich auch das menschliche Gehirn noch entwickkelt, hinterläßt sie eine Spur in unserem Kopf, von der unsere Gefühle ein Leben lang beeinflußt werden.

Auch Forbek ist auf der Suche nach Glück, aber es ist seine eigene Vorstellung von Glück, das ist immer das Problem. Wie soll man die anderen glücklich machen, wenn man ihnen dabei die eigene Glücksvorstellung aufzwingen will? Das beginnt bei den Paaren und endet bei der Regierung. Der Film ist eine Variation dieser Themen, ich spreche jetzt ganz ernsthaft darüber, aber ich muß dabei unbedingt unterstreichen, daß wir eine Komödie machen wollten – mit ernsten Themen natürlich. Wenn wir einen Film über die Entstehung des Glaubens hätten machen wollen – auch ein Thema des Films –, dann hätten wir das anders gemacht.

*HCB:* Welcher Ihrer Filme hat den größten kommerziellen Erfolg gehabt?

*A. R.:* Mein größter kommerzieller Erfolg – und das war wirklich nicht vorhersehbar – war »Mon oncle d'Amérique«. Das war für meine Produzenten und mich eine große Überraschung, denn wir hatten eigentlich gedacht, daß dieser Film nur für ein ganz kleines Publikum gemacht worden sei. Danach kommt »Stavisky«, sicherlich wegen Jean-Paul (Belmondo), und nach »Stavisky« kam dann wohl »Hiroshima mon amour«.

*HCB:* Für die Leute, die Ihre Filme lieben, war die Verbindung von Jean-Paul Belmondo und Alain Resnais wohl etwas merkwürdig.

*A. R.:* Ja, ich weiß, aber für mich war es das nicht. Ich habe Belmondo immer bewundert, und es hat mir großen Spaß gemacht, mit ihm zu arbeiten. Das war ein Grund. Der zweite Grund war wohl der, daß wir für die Person von Stavisky, so wie ich sie mir vorgestellt hatte, einen Schauspieler brauchten, dem man nichts übelnehmen kann, und es gibt nicht viele Schauspieler, auf die das zutrifft. Wir brauchten jemand, der sehr sympathisch wirkt. Für mich war »Stavisky« so etwas wie der Bericht über einen Mythos, ich wollte keineswegs einen historischen Film machen. Er war für mich ein Mensch, der besessen war ... von der Angst vor dem Altwerden, der immer alles gleich ausgeben wollte und der durch Hochstapelei zu Geld kommen wollte. Der Titel des Films hat sicherlich dazu beigetragen, daß man ihn für einen Dokumentarfilm hielt. Für mich war Jean-Paul der ideale Schauspieler für diese Rolle. Ich wußte im übrigen nicht, daß er auch zu achtzig Prozent an der Produktion des Films beteiligt war. Er war so feinfühlig, daß er darauf bestanden hatte, daß ich es nicht erfahre. Und er sagte: »Wenn Resnais erfährt, daß ich Geld in dem Film habe, dann wird er mich ablehnen. Er darf es also auf keinen Fall erfahren.« Und es ist ihm gelungen, es vor mir während der größten Zeit der Dreharbeiten zu verbergen. Niemals haben wir darüber geredet, und niemals hatte ich das Gefühl, daß Jean-Paul gleichzeitig Produzent und Schauspieler des Films war. Wir haben mit dem größten Einverständnis und mit großer Harmonie zusammengearbeitet, und ich glaube, daß es für uns beide eine schöne Erinnerung ist.

*HCB:* In »La vie est un roman« benutzen Sie auch Elemente des Comics. Können Sie darüber etwas sagen?

*A. R.:* Dazu muß ich sagen, daß ich in »La vie un roman« keine Elemente des Comics verwandt habe. In den Comics kommt es in erster Linie auf den Ablauf, das Aufeinanderfolgen der Bilder an, und der Aufbau eines Comics hat nichts mit der Montage eines Films zu tun. Einige Zeichner von Comics arbeiten allerdings ähnlich wie beim Schnitt eines Films, aber dann wird ihre Arbeit immer sehr akademisch und sehr kalt. Wenn ich also bei den Kinder-Träumen das Verfahren der Comics hätte anwenden wollen, dann hätte ich mehrere Pläne für den Schnitt gemacht oder ich hätte den Schnitt der Comics imitiert. Das wäre ein absoluter Gegensatz zu dem üblichen Filmschnitt gewesen. Denn da gehören die verschiedenen Einstellungen immer zusammen und beziehen sich auf die Illustration, die Märchen, die Kinderbücher usw. Das wollte ich etwas allgemeiner ausdrücken, als es die Comics tun, die doch eine ziemlich junge Erfindung sind. Eigentlich kann man ja sagen, daß der wirkliche Comic, der auch einen gewissen Einfluß ausübte, um 1930 herum entstanden ist. Ich dagegen habe meinen Traum in einen früheren Zeitpunkt gelegt, so etwa 1900/1915, wobei ich versucht habe, die verschiedenen Stilelemente zu vermischen. So, als ob die Kinder auf ihrem Speicher, also dem Speicher von Forbek, Bücher gefunden hätten. Bücher die Forbek gehört hatten.

*HCB:* Als ich gestern nacht über das Interview mit Ihnen nachdachte, fiel mir ein Bild ein aus »Mon oncle d'Amérique«, ein Laboratorium. Das scheint mir auch ein Bild zu sein, das auf Sie zutreffen könnte: ein Mann, der in seinem Laboratorium Phantasien erschafft, ein Wissenschaftler des Kinos. Glauben Sie, daß daran etwas Wahres sein könnte?

*A. R.:* Ja, man könnte wohl sagen, daß man einen Film immer nach gewissen Erfahrungen macht. Man findet eine Hypothese für eine Fiktion, und man bittet das Publikum zu prüfen, ob diese Hypothese stimmt. Wie ein Wissenschaftler, der eine wissenschaftliche Hypothese für ein neues Produkt oder eine neue Idee über die Funktionen unseres Körpers entwickelt hat, dies an Ratten oder an Menschen ausprobiert. Ich will damit sagen, daß es bei einem Film viele Wege gibt, wie man feststellen kann, ob eine Hypothese richtig ist.

*HCB:* Haben Sie selbst für einige Ihrer Filme gewisse Vorlieben. Kann man sagen, daß einige Filme Ihnen näherstehen als andere?

*A. R.:* Es ist eigentlich so, daß ich immer versuche, nicht zu viel darüber nachzudenken. Ich denke nicht gern über meine alten Filme nach, die ich im übrigen auch nie wieder ansehe, nur so kann ich die Energie für den nächsten Film in mir aufrechterhalten. Andererseits muß ich sagen, daß keiner meiner Filme mich zufriedenstellt, ich behalte immer das, was falsch gelaufen ist, das Unvollkommene, in Erinnerung, und in jedem Film gibt es vielleicht eine halbe Stunde, die mir sehr gefällt. Sicherlich nicht mehr, es sind immer nur Augenblicke. Manchmal möchte ich gern einen Film aus all diesen schönen Stellen machen. Ich habe in jedem Film eine Stelle, die ich besonders liebe, aber ich habe keinen Lieblingsfilm.

*HCB:* Eine letzte Frage – haben Sie im französischen Film Verbündete, das heißt Leute, die so ähnlich arbeiten wie Sie, oder sehen Sie sich in einer sehr isolierten Stellung?

*A. R.:* Ja, manchmal nennt man mich den Cecil B. de Mille des Außenseiterkinos. Ich habe oft den Eindruck, daß ich mich auf einem schmalen, seltsamen Weg befinde, und es gelingt mir nicht sehr gut, mich selbst zu definieren. Sie fragen mich, ob ich Unterstützung finde für meine Arbeit: Ja, die Produzenten und Kollegen bringen mir viel Sympathie und menschliche Wärme entgegen – im allgemeinen jedenfalls. Ich fühle mich keinesfalls als mißverstandener Regisseur. Ich habe zwar Schwierigkeiten, aber ich bin keinesfalls ein Märtyrer.

(Aus dem Französischen von Ann Schröer)

# 5. Marktplätze

# Filmfestspiele Cannes 1980:
Godard, Hopper, Fuller, Fellini, Resnais

## Die Stunde der Veteranen

Das Kino der sechziger Jahre begann 1959: mit Jean-Luc Godards »Außer Atem«. Ein neues Gesicht (Belmondo), ein neuer Stil (Improvisation auf der Straße), ein neues Klima: Anarchie in den Metropolen.
Das Kino der siebziger Jahre begann 1969: mit Dennis Hoppers »Easy Rider«. Neue Typen, nicht mehr Rebellen, sondern Vagabunden und Verlierer (Jack Nicholson, Peter Fonda, Hopper selber), neue Geräusche (Rockmusik, Motorenlärm), neue Befindlichkeiten: Fluchtbewegungen durch ein weites, leeres Land.
Godard veränderte das Kino, zehn Jahre lang, dann zog er sich zurück, experimentierte fast nur noch mit Video: ein Eremit im Exil fern von Paris, erst in Grenoble, dann in der Schweiz.
Dennis Hopper veränderte das Kino nicht, aber auch er blieb eine Kult-Figur, unvergessen durch den kurzen Triumph von »Easy Rider«. Sein zweiter Film, 1971, hieß »The Last Movie«. Das hätte fast gestimmt. In den letzten Jahren verdingte sich Hopper als Darsteller bei anderen Regisseuren: bei Wim Wenders (»Der amerikanische Freund«) und Francis Coppola (»Apocalypse Now«).
Das Kino der achtziger Jahre muß wieder mit ihnen rechnen: Für Jean-Luc Godard und Dennis Hopper ist die Zeit des Schweigens vorbei, vorerst wenigstens. Sie haben nicht gelernt, mit den Kompromissen der Industrie zu leben. Sie sind nicht mehr jung, aber sie beweisen eine neue Stärke. In Cannes wurden sie beide ausgepfiffen. Das soll ein gutes Zeichen sein.
Jean-Luc Godard stellt ungebrochen einen genialen Hochmut aus. Belmondo, seinem ersten Star, hat er in Cannes den Krieg erklärt. Mit den Amerikanern geht er schonungslos um: Bob Fosse, der für sein aufgeblähtes, verschmocktes Herzinfarkt-Musical »All that Jazz« zusammen mit Akira Kurosawa (»Kagemusha«) in Cannes die Goldene Palme gewann, hätte lieber zweiter Choreographie-Assistent bei Stanley Donen bleiben sollen, sagte Godard auf seiner überfüllten Pressekonferenz. Das immerhin sei ein Job gewesen, für den er ausreichende Qualifikationen besitze. Auch Hal Ashby, der Regisseur von »Being there« (»Willkom-

men, Mister Chance«), einer durchaus reizvollen Satire auf die Leere in den Köpfen der Geschöpfe des Fernseh-Zeitalters (nach einem Roman von Jerzy Kosinski), bekam Prügel von Godard: »Being there‹ ist kein Film von Hal Ashby, sondern ein Film von Lorimar.« Lorimar ist eine Hollywood-Firma.

»Sauve qui peut (la vie)« mit dem englischen Titel »Slow Motion« ist dagegen unzweifelhaft ein Film von Jean-Luc Godard. Er bedient sich mancher bekannter Stilmittel (der Gliederung in Kapitel, des ironisch-lehrhaften Duldens vieler Dialoge) und Themen (Prostitution als Metapher für den Kapitalismus) aus den sechziger Jahren, aber er gehört mit jeder Einstellung zu einem neuen Kino der Rätsel, des wilden Denkens und der geheimnisvollen Bilder. Auf seine Deutlichkeiten ist kein Verlaß. Jacques Dutronc, ein Star neben zwei anderen (Isabelle Huppert, Natalie Baye), die Godard auch nicht als Stars einsetzt, spielt eine Figur namens Paul Godard. Dieser Godard wird am Ende von einem Auto angefahren. Er glaubt nicht, daß er sterben wird, weil im Moment des Todes, einer Übereinkunft gemäß, das ganze Leben wie ein Film noch einmal vorüberzieht. Er fühlt nichts, also lebt er. Das ist der Augenblick des Todes. Dieses, das vierte und letzte Kapitel von »Slow Motion«, heißt: »Die Musik«. Das leuchtet überhaupt nicht ein.

Man kann »Slow Motion« mit »Zeitlupe« übersetzen, oder auch, einfacher, mit »Langsame Bewegung«. Godard führt drei Bewegungen vor: »Das Imaginäre« (ein Mädchen gibt ihren Ferienjob auf und zieht aufs Land), »Die Angst« (Paul Godard auf der Flucht), »Der Kommerz« (Isabelle Huppert als geduldige Hure von Zufalls-Job zu Zufalls-Job). Die drei Linien kreuzen sich, aber sie ergeben nie ein klares geometrisches Muster. Die einzelnen Einstellungen dagegen besitzen eine große Strenge: graphische Kompositionen, gelegentlich unvermittelt verlangsamt (Slow Motion), fast zum Stillstand gebracht. Der Plan hinter diesem Spiel mit vielen Zufällen bleibt undeutlich. Godard sagt: »Für mich ist die Leinwand ein Röntgen-Gerät, mit dem man seine Gesundheit oder seine Krankheit aufzeichnen kann. Als ein kranker Mann bin ich selten mit den Ärzten (Kritikern) einig. Man kann seine Röntgenaufnahmen anderen zeigen, oder deren Aufnahmen wieder anderen. Bilder sind nichts als die Musik des Lebens, das ›und Co.‹ jeder Gesellschaft. Ich lebe in Gesellschaft.«

Krankheitsbilder, nicht immer scharf. »Slow Motion« ist der Film eines Genesenden, der sich zu orientieren versucht. In Cannes löste er Feindseligkeit, aber auch produktive Verwirrung aus. Godard bleibt unheimlich, ebenso wie Hopper, der sich elf Jahre nach »Easy Rider« als unberechenbarer Desperado vorstellt. Sein neuer Film heißt »Out of the Blue« (Aus heiterem Himmel), nach einem Lied von Neil Young, dessen zweite Zeile lautet: »Into the Black.« Nicht mehr Reisende auf der Suche nach Amerika sind Hoppers Helden, sondern Leute, die nur noch gegen den

Stillstand wüten. Cindy Barnes, genannt CeBe (Linda Manz), die halb-wüchsige Hauptfigur von »Out of the Blue«, hat wenig zu hoffen. Der Vater sitzt im Gefängnis, die Mutter schießt Heroin. CeBe betet Elvis Presley an und führt sich auf als Punk. Sie rennt, stolpert, rafft sich auf. Der Ausbruch endet als Amoklauf. CeBe sprengt sich und die Urheber ihres Elends in die Luft. Die Lunte glimmt schon, aber die Mutter will es nicht wahrhaben. »Das ist nur eine Punk-Geste«, sagt CeBe. Sekunden später folgt die Explosion.

»Out of the Blue«, ein krudes amerikanisches Gegenstück zu Frießners »Das Ende des Regenbogens«, ist so dissonant wie die Musik einer Punk-Gruppe, eine höhnische Parodie aller Sozialschnulzen, als deren Vertre-ter der dicke Raymond Burr (»Perry Mason«, »Ironside«) in der Verklei-dung eines verständnisvollen Anwalts bemüht wird. Hopper entwickelt seine Geschichte in viele Richtungen, lockt den Betrachter immer wieder auf falsche Fährten: mal mit traumatischen Rückblenden (der Unfall des Vaters, der ihn ins Gefängnis brachte), die ein psychologisches Kammer-spiel verheißen, mal mit idyllischen Familienbildern, hinter denen sofort wieder kaputte Verhältnisse sichtbar werden. »Out of the Blue« war der ungemütlichste Film in Cannes: American Graffiti.

Noch ein Kult-Regisseur, von dem man lange nichts gehört hat: Samuel Fuller, ein alter Hollywood-Rebell, in Frankreich einst als bedeutender Cinéast entdeckt, Regisseur von exzentrischen Western wie »Vierzig Ge-wehre« und unbarmherzigen Kriegsfilmen wie »Merrill's Marauders«. Sowohl Godard als auch Hopper ließen ihn in ihren Filmen vorkommen: In »Pierrot le Fou« und »The Last Movie« spielte Fuller sich selber: einen Propheten der Anarchie. »Film ist wie ein Schlachtfeld«, ließ ihn Godard in »Pierrot le Fou« dozieren.

Vor acht Jahren drehte Fuller in Köln für den WDR seinen letzten Film: den Tatort-Krimi »Tote Taube in der Beethoven-Straße«. Jetzt, mit bald siebzig Jahren, feierte er in Cannes ein Comeback, das ihm die französi-sche Kritik mit hymnischen Rezensionen dankte. Doch anders als bei Go-dard und Hopper, die den Stillstand nicht lieben und entsprechende Schwierigkeiten bekamen, muß bei Fuller ein gehöriges Maß von Nostal-gie im Spiel gewesen sein. Die Kritiker bekamen einen Film zu sehen, von dem man hätte meinen können, er sei in der Ära Eisenhower entstan-den.

In »The Big Red One«, Fullers autobiographischem Lieblingsprojekt seit vielen Jahren, rekapituliert der Regisseur seine Erlebnisse als Infanterie-Soldat im Zweiten Weltkrieg. Es beginnt mit der Landung der Alliierten in Nordafrika und endet mit der Befreiung eines Konzentrationslagers in der Tschechoslowakei. Zwischendurch eilen Lee Marvin als grimmiger, gleichwohl väterlicher Sergeant und seine vier jungen Schützlinge von Schlacht zu Schlacht. Zwar spart Fuller nicht mit bizarren Details (eine Entbindung in einem gerade eroberten deutschen Panzer, Stephane Au-

dran als Widerstandskämpferin in einem belgischen Irrenhaus), aber die
im schlichtesten »und dann«-Stil erzählte Mär von den unbeirrbar guten
Amerikanern weckt den Eindruck, als habe es zum Beispiel Vietnam nie
gegeben. Fuller blättert in einem bunten Landser-Heft aus den fünfziger
Jahren. Damals hätte wohl Audie Murphy mitgespielt, der meistdeko-
rierte amerikanische Soldat des Zweiten Weltkriegs, heute wirkt die Geschichte auf fatale Weise platt und falsch.

Einen alten Traum erfüllte sich auch Federico Fellini. Er geriet ähnlich
fragwürdig. In »La Citta delle Donne« (»Die Stadt der Frauen«) verliert
sich der Regisseur von »La Dolce Vita« und »Achteinhalb« noch einmal
in seinem intimen Poesie-Album erotischer Obsessionen, zitiert noch einmal jene Bilderwelt monströser Weiber und furchtsamer Männlein herbei, durch die uns, wie früher schon, Marcello Mastroianni als Cicerone
geleitet.

Aber nicht, daß Fellini den Feminismus (welchen Feminismus?) nur als
grelles, bedrohliches Chaos zu begreifen imstande ist, macht die Schwäche dieser Arbeit aus, sondern der Umstand, daß er seine ausschweifende
Phantasie auf unverständliche Weise reglementiert. Erst im zweiten Teil,
als der alpträumende Snaporaz (Mastroianni) auf das Lustschloß eines
Super-Erotomanen namens Katzone (Ettore Manni) gerät, kommt die
luxuriöse Achterbahn, in die Fellini uns lädt, wirklich in Fahrt. Das ei-
fernde Scheingefecht mit feministischen Thesen, das den Film lange dominiert, ist von ähnlicher Naivität wie Fullers Heldengedenktag in »The
Big Red One.«

Aber natürlich scheitert Fellini auf einem Niveau, das Lust macht immerhin auf eine zweite Begegnung mit seinem Film. Wirklich schlechte Filme
gab es erstaunlich wenige im offiziellen Programm von Cannes, während
die »Quinzaine des Réalisateurs« allmählich ihren Charakter als »moder-
neres« Gegen-Festival einzubüßen droht. Hier dominierten, wohl nicht
nur zahlenmäßig, die deutschen Beiträge: Von Alexander Kluge (»Die
Patriotin«), Robert Van Ackeren (»Die Reinheit des Herzens«), Sohrab
Shahid Saless (»Ordnung«) und Michael Verhoeven (»Sonntagskinder«),
wobei zusätzlich noch der englische Beitrag (»Radio On« von Chris Petit)
von Wim Wenders coproduziert und von Martin Schäfer photographiert
war und im italienischen »Oggetti Smarriti« vom jüngeren Bertolucci-
Bruder Guiseppe (leider kein Talent) Bruno Ganz die Hauptrolle
spielte.

Das Hauptprogramm aber gehörte, endlich einmal wieder, den Franzosen (auch wenn der Godard-Film unter schweizerischer Flagge lief). Und
es gehörte einem Schauspieler, der den Darstellerpreis mehr verdient
hätte als Michel Piccoli, der in Marco Bellochios italienischem »Sprung
ins Leere« einen seiner morbiden Großbürger-Parts zelebriert: Gérard
Depardieu, der in Alain Resnais' »Mein Onkel aus Amerika« einen
schwerblütigen, steifen Karriere-Macher aus der Provinz spielt und in

Maurice Pialats »Loulou« einen zärtlichen, jähzornigen Streuner in Paris. Der gebückte Spießer (mit heimlichen Sehnsüchten) und der proletarische Liebhaber (mit heimlichen Ängsten): Unterschiedlichere Rollen sind kaum vorstellbar, aber Depardieu bewegt sich in beiden Welten, beiden Körpern mit einer schier unheimlichen Selbstverständlichkeit. Einen aufregenderen Schauspieler gibt es im europäischen Kino zur Zeit nicht.

Resnais und Pialat: der intellektuelle Laborversuch des Regisseurs von »Letztes Jahr in Marienbad« und »Muriel« und das Kino der »Neuen Natürlichkeit« eines Filmemachers, den zwar Fassbinder und Godard (ja, selbst Godard) verehren, der dem deutschen Publikum aber fast noch unbekannt ist (nur »Wir werden nicht zusammen alt«, einer von Fassbinders Lieblingsfilmen, lief bei uns wenigstens im Fernsehen). Das sind zwei Möglichkeiten von Kino, die auch auf den zweiten Blick nichts miteinander zu tun haben, die indessen beide höchst stimulierende Ergebnisse haben können.

Resnais illustriert die Thesen des Verhaltensforschers Henri Laborit: biologischer Determinismus, vorgeführt am Beispiel von drei Figuren (zwei Männern, einer Frau), deren zwangsläufige Entwicklung mit einer wissenschaftlichen Akribie vorgeführt wird, die Resnais schließlich ins Absurde steigert. Erst sieht man Menschen und Laborratten, schließlich Menschen mit Rattenköpfen und Ratten, die durch Miniaturwohnungen huschen: ein behavioristischer Diskurs von überraschendem Witz, ein Film von abgründiger Klugheit. Die Erkenntnisse von Laborit und Resnais in »Mon Oncle d'Amérique« sind wohl nicht neu, aber auf eine Weise formuliert, die das Erzählkino um eine experimentelle Dimension bereichert.

Resnais betrachtet seine Figuren aus der Distanz, Pialat rückt ihnen zärtlich auf den Leib. »Loulou« ist ein Film der Kleinigkeiten, der Tragödien der alltäglichen Existenz. Lieben, geliebt werden, verlassen, verlassen werden: einfache Geschichten, so einfach, daß nur ein großer Regisseur sie erzählen kann. Pialat könnte das Erbe von Jean Renoir antreten.

Man müßte noch über viele Filme reden, über »Le Soleil en Face« von Pierre Kast (einem der vergessenen Väter der Nouvelle Vague), über das brasilianische Meisterwerk »Byebye Brasil« von Carlos Diegues, über den amerikanischen Dokumentarfilm »Best Boy« von Ira Wohl, über diesen Italiener und jenen Polen. Nach dem deprimierenden Festival von Berlin hat Cannes wieder Lust auf Kino gemacht. Es war (noch nicht) die Zeit der Entdeckungen (kaum neue Namen), sondern es war die glorreiche Stunde der Veteranen, der alten, jungen Männer wie Jean-Luc Godard und Dennis Hopper. Mit ihnen hat das Kino der achtziger Jahre begonnen.

Nr. 23 vom 30. 5. 1980

221

# Filmfestspiele Venedig 1980:
Mutmaßungen über das Kino der Zukunft – Neues von Antonioni, Malle, Cassavetes und Angelopoulos

## Märchen der Gewalt, Untergänge ohne Trauer

Öfter als noch vor ein paar Jahren ist jetzt von der Zukunft des Kinos die Rede. Die erscheint ungewisser denn je, trotz der langsam wieder gestiegenen Besucherzahlen überall auf der Welt. Das Geschäft floriert, die Zweifel bleiben. »Die Artisten in der Zirkuskuppel: ratlos« hieß Alexander Kluges Film, der 1968 bei der »Mostra internazionale del cinema« von Venedig mit dem letzten »Leone d'oro di San Marco« geschmückt wurde: ein Essay über den Zirkus als Kunst und über die Kunst des Vergnügens. Es geht um einen Traum: um die Aussöhnung zwischen Ambition und Kommerz, Kopf und Bauch, Phantasie und Industrie. Im September 1980, bei der wiederauferstandenen Film-Biennale von Venedig, konnte man den Eindruck gewinnen, daß die Gräben tiefer geworden sind.

Wenn Francis Coppola von der Zukunft des Kinos spricht, meint er Video. In zehn Jahren soll kein herkömmliches Filmmaterial mehr verwendet werden, sondern Video-Bänder, sollen die alten 35-Millimeter-Kameras durch technisch vollkommene elektronische Aufnahmegeräte ersetzt worden sein, die, billiger denn je, Bilder und Töne von ungeahnter Qualität liefern können.

Wenn Coppolas Freund und gelegentlicher Geschäftspartner George Lucas von der Zukunft des Kinos spricht, meint er die 23. Fortsetzung des »Kriegs der Sterne«, dessen zweiter Teil (»The Empire Strikes Back«) gerade in Venedig lief: Kino als gigantischer Luna-Park, sehr laut und sehr simpel, kaum mehr als ein Betäubungsmittel.

Wenn Theo Angelopoulos, Rainer Werner Fassbinder oder Glauber Rocha von der Zukunft des Kinos reden, meinen sie Sperrgut, Selbstversuche mit ungewissem Ausgang, neue Dimensionen weniger technologischer als ästhetisch-politischer Natur. Für die Filmindustrie sind sie keine Partner (außer Fassbinder natürlich, dem Undurchsichtigen, der sich auf viele Arten des Kinos versteht). Verbündete finden sie dort, wo man eher die Vernichter des Films vermutet. In Italien gibt es praktisch keinen halbwegs anspruchsvollen Film mehr, in dessen Nachspann nicht die RAI (das staatliche italienische Fernsehen) als Co-Produzent auftaucht, in der Bundesrepublik geht fast nichts mehr ohne WDR und ZDF (um nur die beiden wichtigsten Häuser zu nennen).

Die Grenze zwischen den beiden Medien wird von Jahr zu Jahr unsichtbarer. Im Katalog der Film-Biennale taucht Fassbinders 15 und eine halbe Stunde lange Fernseh-Serie »Berlin Alexanderplatz« (die in Portionen von je zwei Folgen vorgeführt wurde) nicht etwa als »*Special Television Event*« auf, sondern gemeinsam mit Kino-Filmen. Daß dann in der »Salla Grande« des im wuchtigen Mussolini-Stil gebauten Festival-Palastes (Fassungsvermögen: 1500 Zuschauer) auf der Leinwand nicht mehr viel zu sehen und zu hören war, störte kaum jemanden. Fassbinders Kunst, in Venedig hingerichtet durch eine viel zu dunkle und flaue Projektion (mehr gibt das 16-Millimeter-Format des Fernsehens höchstens in einem winzigen Raum her), gehört diesmal wirklich nur auf den Bildschirm, allerdings keineswegs auf den Termin am späteren Abend, wo sie der WDR verstecken will. Alles andere ist ein ärgerlicher Etikettenschwindel.

Kino: Das ist, gerade für Fernseh-Menschen, die ihre Minderwertigkeitskomplexe so hingebungsvoll pflegen wie andere Leute ihren Kleingarten, noch immer ein magisches Wort. Und wenn ein großer Kino-Regisseur wie Michelangelo Antonioni sich zum ersten Mal auf die Mittel des Fernsehens einläßt (also nicht nur für die RAI arbeitet, sondern auch mit dem elektronischen Gerät der RAI), dann scheint die Vermählung der beiden Medien ganz nah, Coppolas Traum fast schon erfüllt. Und ein Herr Massimo Fichera wirft sich stolz in die Brust und verkündet »*a new way of production*«.

Ein neuer Weg vielleicht, doch vorerst sicher auch ein Holzweg. Was Antonioni in »Il Mistero di Oberwald« (nicht sonderlich frei nach Jean Cocteaus Drama »L'Aigle à deux têtes«) mit dem elektronischen Apparat anstellt, bleibt erheblich hinter jenen Experimenten zurück, die er 1964 (»Rote Wüste«) und 1966 (»Blow Up«) mit konventionellen Mitteln veranstaltete. Es waren Farb-Verfremdungen, die den Stil jener Filme prägten, Verwandlungen vertrauter Lokalitäten in Orte einer fremden Künstlichkeit. Nicht die Dialoge, sondern die Farben beschrieben Verlorenheit und Angst der Monica Vitti in »Rote Wüste«. Falsche Farben spiegelten psychische Defekte.

Durch die Elektronik ist Antonionis Methode zwar umweltfreundlicher geworden (damals mußte er Wiesen blau und Bäume rot einfärben lassen), aber nicht wesentlich anders. Bei »Il Mistero di Oberwald« saß er an einem Kontrollpult und konnte die Farben nach Belieben manipulieren, manchmal bis zur Monochromität zurücknehmen, ein unwirkliches Blau für einen Szenen-Hintergrund benutzen, dem Schurken der Geschichte ein ungesundes Violett um den Körper legen.

Antonioni ging mit seinem neuen Spielzeug viel vorsichtiger um als die Elektronik-Freaks unter den deutschen Show-Regisseuren (die eine Amanda Lear in die bizarrsten Farb-Soßen tauchen), doch für den Zuschauer, der den unzulänglich von Video auf 35-Millimeter-Kino-Material umkopierten Film auf einer riesigen Leinwand sieht, erschöpft sich der Reiz nach einer Weile. Allzu willkürlich wirkt das Spiel mit den Farbeffekten (vielleicht ergäbe die Besichtigung auf dem Monitor ein anderes,

223

besseres Bild), und so konzentriert man sich bald auf die phantastische Monica Vitti, die als lebensmüde Königin leidenschaftliche Liebes- und Todes-Dialoge mit ihrem jungen anarchistischen Mörder führt.

Gerade ein wortverliebtes Melodram wie Cocteaus »Doppeladler« eignet sich kaum für Antonionis Verfremdungskünste. Die Falschheiten, die er elektronisch herstellt, verdoppeln nur die konventionellen Falschheiten von Cocteaus Dramaturgie. Dabei hatte es ursprünglich nicht einmal »Der Doppeladler« sein sollen. Auf der Suche nach einem geeigneten Vehikel für seine einstige Lebensgefährtin Monica Vitti stieß Antonioni zunächst auf Cocteaus One-Woman-Show »La voix humaine«, die aber schon Roberto Rossellini mit Anna Magnani inszeniert hatte. Eine neue Verfilmung fand Antonioni pietätlos. So kam er auf den Adler. An die unbegrenzten Möglichkeiten des elektronischen Mediums glaubt er mehr denn je: »Ich kann sagen, daß das Magnetband definitiv alle Charakteristika besitzt, die notwendig sind, um den traditionellen Film zu ersetzen. Innerhalb eines Jahrzehnts wird das geschehen sein, zum größeren Vorteil für jedermann, sowohl finanziell als auch künstlerisch. Auf keinem anderen Gebiet als auf dem der Elektronik marschieren Poesie und Technik zusammen, Hand in Hand.«

\*

Sehr viel Technik und überhaupt keine Poesie gab es in »The Empire Strikes Back« (produziert von Georges Lucas, inszeniert von Irving Kershner) zu sehen. Das ist nun wirklich authentisches Kino-Kino, eine rasante Materialschlacht, in der es kaum um die weiteren Abenteuer von Luke Skywalker, Han Solo und ihrer schönen Prinzessin Leia im Krieg der Sterne geht, viel mehr um einen Wettkampf der Special-Effects-Techniker: eine luxuriöse Verpackung ohne jeden Inhalt, ohne Figuren, die irgendein Interesse beanspruchen könnten, öde und langweilig. Die Produzenten sind sich ihrer suggestiven Mittel viel zu sicher, um noch einen Gedanken an die Geschichte zu verschwenden. So geht der alte Geist von Hollywood grandios zugrunde: Die Computer-Ingenieure haben die Erzähler verdrängt.

Oder doch noch nicht ganz? Die Erneuerung des amerikanischen Kinos, die Verbindung einer klassischen Erzähltradition mit einem unkonventionellen Blick vom Rande der Industrie her, deutet sich in zwei Filmen an, die gemeinsam mit dem »Goldenen Löwen« für den besten Autorenfilm (eine fragwürdige Kategorie) bedacht wurden: Der Preis bedeutet nicht den einzigen Berührungspunkt zwischen »Atlantic City USA« von Louis Malle und »Gloria« von John Cassavetes. Fern aller Hollywood-Routine nehmen sich zwei Regisseure, der eine aus Paris, der andere aus New York, ein ehrwürdiges amerikanisches Kino-Genre vor: den Gangster-Film.

Louis Malle, der schon »Pretty Baby« in Amerika drehte und inzwischen in New York wohnt, entwirft in »Atlantic City USA« das Porträt einer verwüsteten Spieler-Stadt, die von ihrer Wiedergeburt träumt. Und schon die erste Einstellung nach dem Vorspann macht deutlich, daß hier ein europäischer Regisseur am Werk ist, einer, der Amerika liebt (auch seine Absurditäten), dem das Land dennoch unheimlich geblieben ist. Warmes Abendlicht: Eine junge schöne Frau steht am Fenster und reibt genußvoll ihren nackten Oberkörper mit einer Zitrone ein. Die Kamera fährt zurück, und man merkt, daß hinter dem Fenster gegenüber jemand heimlich das erotische Tableau beobachtet. Sofort ist ein Moment von Gefahr und Irritation da. Lauert dort ein Triebtäter, wird gleich ein Schuß fallen?

Malles Film besteht aus vielen solchen Irritationen, falschen Sicherheiten und falschen Fährten, die sich erst allmählich zu einer Geschichte fügen: zum letzten Gefecht des alten Gangsters Lou (Burt Lancaster), der nie zu den Großen seines Gewerbes gehörte (»He used to run numbers for the dinosaurs«, heißt es einmal mitleidig über ihn) und der durch allerlei kunstvoll entwickelte Zufälle in eine Rauschgift-Szene gerät. Das klingt recht üblich, aber Malle, einer der neugierigsten Regisseure überhaupt, findet Schauplätze (zum Beispiel eine von Michel Piccoli geleitete Schule für Croupiers) und ständig wechselnde Personenkonstellationen, die das Gangster-Genre nicht noch einmal wehmütig beschwören, sondern ein sehr aktuelles Klima beschreiben. »Atlantic City USA« ist ein Film über den Verlust der Mythen, ein Film über den Verrat als Lebensform und zugleich ein ironisches Märchen über den Stolz eines alten Mannes, den Burt Lancaster halb als eine Hemingway- und halb als eine Visconti-Figur darstellt.

Auch John Cassavetes, der Regisseur von »Husbands« und »Eine Frau unter Einfluß«, eigentlich ein Spezialist für episodisch ausufernde All-tagsgeschichten, für Improvisationen und melodramatisch zugespitztes Cinéma Vérité, bedient sich aus dem Fundus des Gangsterfilms: In »Gloria« ist es eine alternde Gangsterbraut (dargestellt von Cassavetes' Ehe-frau und Star Gena Rowlands), die nach einem Massenmord des »Syndikats«, mit dem sie nichts zu tun hat, plötzlich die Verantwortung für einen siebenjährigen puertorikanischen Jungen übernehmen muß. Eigentlich mag Gloria keine Kinder (und die ihrer ermordeten Nachbarin schon gar nicht), aber den Killern will sie den kleinen Phil auch nicht ausliefern. Ein anderer Regisseur als Cassavetes hätte aus dieser Konstellation leicht ein Rührstück machen können, aber die Beziehung zwischen Gloria und Phil, der verblüffenden »Gun Moll« und dem aufsässigen Kind, das mit altklugen Straßen-Weisheiten seine Angst überspielt, ist fern aller Süß-lichkeit. Mehr und mehr entwickelt sich »Gloria« zu einem Film über die Stadt New York, durch die die beiden merkwürdigen Flüchtlinge von ei-nem Versteck zum nächsten eilen. Wie Burt Lancaster bei Louis Malle erlebt Gena Rowlands bei Cassavetes noch einmal einen großen Auftritt im Namen der alten amerikanischen Moral. Aber auch hier wendet sich die Handlung ins Märchenhafte: Gloria stirbt, von Dutzenden von Kugeln zerfetzt, in einem Fahrstuhl, aber in der letzten Sequenz (auf einem Friedhof in Cincinnati, wo Phil auf sie wartet) taucht sie auf wundersame Weise wieder auf. Cassavetes und Malle inszenieren Untergänge ohne Trauer, realistische Märchen über Gewalt und Widerstand. »Atlantic City USA« und »Gloria« sind zwei sehr schöne, sehr kunstvolle und zugleich sehr amerikanische Filme.

\*

Der venezianischen Jury (in der für die Bundesrepublik Margarethe von Trotta saß) gebührt ein seltenes Lob: Sie hat tatsächlich die besten Filme der »Mostra« mit den Löwen beschert (was bei internationalen Festivals so gut wie nie vorkommt), und sie besaß sogar den Mut, einen »*Leone d'Oro*« für Theo Angelopoulos zu reservieren (»für besondere künstlerische oder technische Neuerungen«), jenen griechischen Cinéasten, der seit »O Thiassos« (Die Wanderschauspieler, 1974/75) und »I Kynighi« (Die Jäger, 1976/77) zu den großen Regisseuren der Welt zählt. Der venezianische Löwe könnte ihm endlich die Aufmerksamkeit verschaffen, die er längst verdient.

Angelopoulos macht es den Zuschauern nicht leicht. Schon sein dritter Film »Die Wanderschauspieler« dauerte 230 Minuten (mit 165 Minuten wirkten »Die Jäger« dagegen fast wie ein Kurzfilm), und auch in Venedig, wo sein Opus Nr. 5 mit dem Titel »Megalexandros« (Alexander der Große) zum erstenmal zu sehen war, mußte man äußerste Konzentration aufbringen, um wiederum 230 Minuten lang einer epischen Fabel aus der griechischen Geschichte zu folgen.

Mit dem Welteneroberer Alexander aus Makedonien hat die Titelfigur des Films den Flügelhelm und gelegentliche epileptische Anfälle gemein. »Megalexandros« beginnt in der Silvesternacht des Jahres 1899 und erzählt eine Geschichte, die man auch in neunzig Minuten als Action-Thriller aufbereiten könnte. Der berühmte Bandit Alexandros, der sich mit den Insignien des antiken Kaisers schmückt, entführt fünf englische Griechenland-Schwärmer in ein abgelegenes Gebirgsdorf, das von einer bäuerlichen Kommune regiert wird. Dort haben auch einige italienische Anarchisten Zuflucht gefunden. Das Militär greift in die Kidnapping-Affäre ein, die mit einem Blutbad, dem Tod der Entführten und dem von Alexandros endet.

Dem Film wird eine solche Inhaltsangabe überhaupt nicht gerecht. Die gesamte Handlung vollzieht sich mit ritueller Langsamkeit. Es wird sehr wenig geredet. In Einstellungen, die bis zu zehn Minuten lang sind und aus extrem komplizierten Kamerafahrten und Schwenks bestehen, choreographiert Angelopoulos ein filmisches Ballett über Größenwahn, Isolation und Macht. Er muß seine Studie eines sich revolutionär gebärenden Briganten, der mehr und mehr den Kontakt zur Realität verliert, nicht mühsam verbal begründen. Durch das Arrangement der ideologisch zerfallenen Gruppe, durch die Art, wie die Kamera sich langsam von der einen entfernt, eine andere umkreist, um schließlich eine dritte zu streifen, bleiben Begriffe wie Distanz und Isolation nicht bloß Behauptungen, sondern werden zum Gegenstand des Films. Die scheinbar endlos gedehnte Zeit, in der die Kamera durch den filmischen Raum fährt, in dem nichts herrscht als spannungsgeladene Leere, ist die Zeit der Reflexion. Wenn Max Ophüls eine von Brecht bearbeitete griechische Tragödie gedreht hätte, könnte dieser Film so aussehen wie »Alexander der Große« von Theo Angelopoulos. Alles ist da: das artifzielle Kalkül eines Meisters der Kamerabewegungen, das politische Lehrstück, der mythologische Bezug zu griechischen Landschaften und Gesichtern.

»Megalexandros« war der Höhepunkt eines an Höhepunkten noch nicht sehr reichen Festivals. Aber in Venedig hat man ja auch gerade erst wieder angefangen. Und für Angelopoulos, der sein Budget vom ZDF und von der RAI bekam (und trotzdem eine Kino-Chance verdient), lohnt sich auch eine lange Reise. Einen aufregenderen Film hat es lange nicht mehr gegeben. Das Kino der Zukunft, konnte man in Venedig sehen, hat mehr Möglichkeiten, als man sich in Hollywood träumen läßt.

Nr. 38 vom 12. 9. 1980

## Filmfestspiele Cannes 1982: Über »Hammett« – und über Filme von Antonioni, Costa-Gavras, Skolimowski, Susan Seidelman, Anderson und den Brüdern Taviani

### Hammett kam nur bis Hollywood

Am Anfang war die Ware. Die Ware schuf sich einen Markt. Jede Ware bekommt den Markt, den sie verdient. Der Markt der Ware Film heißt Cannes.

Die Ware Film ist leicht verderblich. Man rechnet mit geplantem Verschleiß. Die Geschäfte mögen nicht glänzend gehen, immerhin gehen sie schnell. Die Inszenierung des Marktes Cannes ändert sich nie. Sie besitzt eine Künstlichkeit, gegen die reale Zustände keine Chance haben. Blonde Mädchen unter blauem Himmel, bleiche Amerikaner auf sonnigen Terrassen vor teuren Getränken, Smokingnächte und Katerfrühstücke, Phototermine und Pressekonferenzen. Die deutschen Kritiker sitzen immer noch in der Majestic-Bar. Nach Mitternacht kommt Fassbin-

227

der vorbei. Die Rollen sind längst verteilt: hier die Vampire (wenige), dort die Zombies (viele). Und ein paar andere. Wer jetzt allein ist, wird es lange bleiben. Die letzte Meldung vom Markt: Kokain soll schon wieder teurer geworden sein.

Wo alles gleich bleibt, dürfen auch die Filme sich nicht ändern. Der Markt verträgt keine Störungen. Weiterhin gefragt bleiben erprobte Markenartikel. So verkommt die Kunst zum Design. Michelangelo Antonionis Film »Identifikation einer Frau« sieht so aus, als sei er von Olivetti, Armani und anderen erlesenen Vertretern der italienischen Konsumgüterindustrie für den besonderen Geschmack hergestellt worden. So kühl, so schick, so teuer. Antonioni tut so, als kämen in diesem Arrangement auch Figuren vor (ein Filmregisseur und eine schöne Frau, die verschwindet), glaubt aber wohl am Ende auch nicht so recht daran. Die Geheimnisse, die uns aus Filmen wie »Die Nacht« und »Rote Wüste« im Gedächtnis geblieben sind, verkleinern sich hier auf eine aparte verbale Duftnote. Antonioni: »Das ist eine sehr italienische Geschichte, die aber trotzdem universelle Themen behandelt. Das eine ist Liebe, ein Thema so alt wie die Welt. Dazu etwas Neues, Aktuelles in den und um die Personen. Ich hoffe jedenfalls, daß es so ist.«

Costa-Gavras, der Grieche in Paris, reist in politischen Flugschriften schon fast so lange wie Antonioni in halbgefrorenen Beziehungsschmerzen. Der Mann ist wendig und redlich. Von diesem Vertreter würde ich bedenkenlos einen Gebrauchtwagen kaufen. Costa-Gavras weiß, was er will: in »Z« hat er uns damals erzählt, wie Griechenland unter der Militärdiktatur litt. In »Missing« enthüllt er jetzt, wie die Amerikaner am Coup gegen Allende beteiligt waren. Wer das schon weiß (also jeder, sogar die Kundschaft der konservativen Presse), kann sich zum Trost am Spiel von Jack Lemmon erfreuen, der in Chile seinen verschwundenen Sohn sucht und auch allmählich merkt, was der Zuschauer als Gewißheit bereits mit ins Kino nimmt. Ich stelle mir vor, daß Costa-Gavras für »Missing« in Cannes einen Preis gewinnen wird. Seine Art von Militanz setzt sich immer durch. Dafür wird schon der amerikanische Konzern sorgen, der »Missing« weltweit vertreibt.

Was die Griechen können, können die Deutschen schon lange: den Amerikanern in Hollywood ein Auto zu verkaufen, das mindestens so amerikanisch aussieht wie ein Chevrolet, mit einem Motor indessen, der höchstens die Leistung eines VW-Käfers bringt. Die Tragödie des Handlungsreisenden Wim Wenders besteht aber darin, daß er nach vier Jahren und kurz vor der Geschäftsaufgabe im fernen Kalifornien erstens merkte, daß die Amerikaner sein Produkt überhaupt nicht kaufen wollten, und zweitens, daß er ihnen den teuren Schrott höchstens mit schlechtem Gewissen andrehen mochte. Darüber hat er dann in Portugal einen Film gedreht. Der heißt: »Der Stand der Dinge«. Den möchte ich gerne sehen.

In Cannes war aber nur »Hammett« zu sehen, ein aufgetakelter Oldtimer aus dem Hollywood-Museum der vierziger Jahre. Das war für mich das bislang traurigste Angebot auf dem Markt von Cannes: wie einer partout beweisen will, daß er etwas kann, was zu können sich überhaupt nicht lohnt; wie ein Sonntagsmaler, der sich unendlich lange vor einer Landschaft von Caspar David Friedrich müht und doch nicht mehr zustande bringt als eine seelenlose Kopie. In »Hammett« zeigt Wim Wenders, handwerklich natürlich ohne Makel, daß er alle Lektionen der Warner Brothers begriffen hat: als sei das irgendwie wichtig. »Hammett« ist so kalt, so tot, so perfekt wie zuletzt Fassbinders »Die Sehnsucht der Veronika Voss«: ein Stil auf der Suche nach einem Anlaß, der sich dann nicht einstellt. Ich mag auch allmählich keine Filme mehr sehen über melancholische Privatdetektive, die gelbliche Flüssigkeiten trinken und von gelblichen Frauen bedrängt werden.

Ich finde es spannender, die Arbeit von Leuten zu beobachten, die auf dem Markt von Cannes nicht auf einem teuren Stand aus Chrom und Plastik residieren, sondern in einer Notunterkunft am Rande, die auch in der Fremde nicht so tun, als seien sie da mehr zu Hause als die Einheimischen (der verzweifelte Amerikanismus des Über-Amerikaners Wim Wenders). Da gibt es den Film eines Polen – Jerzy Skolimowski –, der lange vergessen zu haben schien, daß er ein Pole ist. Jetzt, wo er im Sinne der polnischen Junta ein Pole nicht mehr sein darf, hat er seinen polnischsten Film seit zwanzig Jahren gemacht: in London.

Der Film heißt »Moonlighting«, was man für einen poetischen Titel halten könnte, wenn man nicht weiß, daß das der Slang-Ausdruck für Schwarzarbeit ist. Am Anfang weiß man auch überhaupt nicht, worum es geht. Da kommen, im Dezember 1981, vier Polen mit verdächtig schwerem Gepäck auf dem Flughafen von London an. Sie begeben sich unverzüglich in ein verkommenes Reihenhaus und beginnen mit umfangreichen Renovierungsarbeiten. Allmählich erfährt man, daß sie für einen Parteibonzen in Warschau arbeiten, der lieber vier Landsleute zur Herrichtung seiner Fluchtburg nach England schickt, als kostbare Devisen in die unzuverlässigen Dienste britischer Handwerker zu investieren.

In Polen wird unterdessen das Kriegsrecht erklärt. Die Verbindung zur Heimat reißt ab. Der Anführer der vier Arbeiter, der einzige in der Gruppe, der englisch spricht, hält die Ereignisse vor seinen Kameraden geheim. Warum sie beunruhigen, wenn sich die Lage vielleicht demnächst wieder verändert? Bald wird das Geld knapp. Und es beginnt, mitten in London, ein tragkomisches Abenteuer.

Man merkt »Moonlighting« an, wie schnell Skolimowski gedreht hat. Aber gerade der Zwang zur Improvisation, zur Einfachheit gibt dem Film eine Spontaneität und Lebendigkeit, die man allzu lange in internationalen Großproduktionen wie »The Shout« vermißt hatte. Eine der vier Hauptrollen spielt übrigens ein polnischer Tourist, der tatsächlich im vergangenen Dezember in London strandete und Skolimowski zufällig auf der Straße kennenlernte.

Die besten Stücke bringt auf den Markt, wer sich um die Gesetzes des Marktes nicht kümmert. Da kann es einem aber passieren, daß man selbst als Spielverderber noch vereinnahmt wird: wie die neunundzwanzigjährige New Yorkerin Susan Seidelman, die mit einem Film, der weniger gekostet hat als einige der aufwendigeren Gala-Empfänge in Cannes (nämlich ganze 85 000 Dollar), zu ihrer eigenen Überraschung im Wettbewerb gelandet ist. In der Umgebung von »Hammett« und »Missing« nimmt sich »Smithereens« aus wie eine streunende Straßenkatze inmitten von fetten faulen bengalischen Zootigern: das Porträt eines Mädchens, das durch New York vagabundiert, ein rascher Blick auf den Unterleib der Stadt, ohne Glamour, ohne sentimentale Kinogesten. Das ist nicht sehr viel, will auch nicht viel sein, aber auf dem Markt ist man für jedes Produkt dankbar, das mehr ist als seine eigene Verpackung.

Die einen verkaufen ihr Talent überall, wo der Markt es zuläßt (am liebsten natürlich in Hollywood), die anderen stellen immer noch etwas her, dessen Herkunft nicht erst an den Nachspanntiteln ablesbar ist. Für die ist ihre Provinz die ganze Welt, und Hollywood höchstens Provinz.

Der neue Film von Lindsay Anderson, der nur wenige Filme gemacht hat, an die man sich aber lange erinnert (»If«, »Oh Lucky Man«), heißt »Britannia Hospital«. Da macht Anderson etwas, was man eigentlich nicht machen darf, weil es auch schon seit einer Weile niemand mehr macht: eine epische Satire in der Form einer Allegorie. »Britannia Hospital« ist nichts anderes als das Krankenhaus England. Das muß man auch wörtlich verstehen. Denn der einzige Schauplatz von Andersons Film ist ein riesiges altes Krankenhaus in London. Das Personal streikt, die Patienten sterben, ein Mitglied der königlichen Familie wird zur Jubiläumsvisite erwartet, draußen vor der Tür drängen sich Tausende von Demonstranten, weil das Hospital auch einen blutrünstigen afrikanischen Diktator in der Tradition von Idi Amin beherbergt. Und der Chefarzt bereitet eine sensationelle Operation in der Art des seligen Doktors Frankenstein vor.

Was in dieser gerafften Zusammenfassung vielleicht wie eine Addition von mehr oder weniger gelungenen Kabarettscherzen klingt, ist viel mehr als das: nämlich ein an Swift und Defoe orientiertes Panorama kranker Zustände, ein Film, dessen schwarze Wut höchstens noch von seiner analytischen Intelligenz übertroffen wird. Vielleicht hat England keinen so genialen Film wie »Britannia Hospital« verdient, vielleicht demonstriert Andersons Kraftakt aber auch eine ferne Möglichkeit, mit einer radikalen Operation den moribunden Patienten doch noch zu retten.

Und dann gibt es noch die Tavianis, Paolo und Vittorio. Die machen ihre Filme für das italienische Fernsehen, aber wenn man sich an »Padre Padrone« erinnert, möchte man sie nur auf einer Leinwand sehen. Sie sprengen alle Erwartungen, alle Formate, alle Gesetze des Marktes. Der neue Taviani-Film heißt »Die Nacht von San Lorenzo« und spielt im Sommer 1944 in der Toscana. Die Deutschen sind schon abgezogen, die Amerikaner sind noch nicht da. Das Land blutet in einem Krieg aller gegen alle. Eine Gruppe von Flüchtlingen versucht, sich in Sicherheit zu bringen. Aber es gibt nirgends eine Sicherheit.

»Die Nacht von San Lorenzo« ist so schwer zu beschreiben wie »Padre Padrone«. Denn die Taviani-Brüder erzählen ihre Geschichte zwischen dem Krieg, der noch nicht vorbei ist, und dem Frieden, der noch nicht begonnen hat, auf viele Weisen: als grausame Widerstandsballade, als lyrisches Märchen, als dokumentarische Rekonstruktion, als schweren Traum. Keines dieser Etikette stimmt wirklich, aber weil das so ist, kann sich jeder, der sehen kann, selber ein Bild machen. Etwas Besseres läßt sich über einen Film nicht sagen.

Nr. 22 vom 28. 5. 1982

Filmfestspiele Venedig 1982: Das Comeback
des Wim Wenders / Fades von Losey, Hübsches
von Woody Allen / Ein »Sturm« mit Gena Rowlands /
Die besten Filme von Venedig / Jacques Rivette
und Peter Greenaway / Und Fassbinder?

## Die Lehrjahre der Zauberer

Manchmal ist das Kino eine tödliche Erfahrung. Der deutsche Regisseur Friedrich, der mit amerikanischem Geld in Portugal einen Science-fiction-Film dreht, reist nach Hollywood, um seinen Produzenten zu suchen. Der hat sich abgesetzt, ist untergetaucht, hat das Team im fernen Europa ohne Material und finanzielle Mittel zurückgelassen. Friedrich entdeckt Zusammenhänge, die ihn nichts angehen. Am Ende ist er tot. Sein Film wird unvollendet bleiben.

Das ist »Der Stand der Dinge«, der neue Film von Wim Wenders, eine Annäherung an jene traumatischen Erlebnisse, die dem Regisseur von »Im Lauf der Zeit« und »Der amerikanische Freund« während seiner vierjährigen Zusammenarbeit mit Francis Coppola in Kalifornien widerfuhren. In dieser Zeit entstand »Hammett«, nur noch die bunte Ruine eines Films, weit entfernt von den ursprünglichen Absichten des Filmemachers, der mit den amerikanischen Produktionsmethoden nicht zurecht kam. In »Stand der Dinge« geht es um den Traum vom Kino als

231

persönliche Vision, einen Traum, der an den Regeln des Marktes zerbricht.

»Der Stand der Dinge« ist der Stillstand. Mit jener distanzierten Zärtlichkeit, die seine besten Arbeiten auszeichnet, beschreibt Wenders in diesem ruhigen Schwarzweißfilm die einsamen Verrücktheiten des Filmemachens. Jedes Mitglied des in Portugal gestrandeten Teams, von dem alten amerikanischen Kameramann, den der mit Wenders befreundete Regisseur Samuel Fuller spielt, bis zu dem jungen exzentrischen Drehbuchautor (Paul Getty III., der ohne Ohr), der seine Geschichten in einem Computer aufbewahrt, gerät in einem langen Moment der erzwungenen Passivität in eine Krise. Der Film, dessen Bilder sich erst im letzten Viertel, das in Hollywood spielt, zu einer Art Geschichte fügen, wird zu einer existentiellen Herausforderung.

## Isabelle Huppert, fehlbesetzt

»Der Stand der Dinge« handelt von dem Zwang, Geschichten erfinden zu müssen für das Kino, während das Leben selten die bündige Form einer Anekdote annimmt: von dem Widerspruch also zwischen amerikanischen Erzähltechniken und europäischer Sensibilität, den Wenders selber in »Hammett« nicht lösen konnte. Mit dem »Stand der Dinge«, 1981 noch vor den letzten Dreharbeiten zu »Hammett« rasch und ohne den Aufwand des Hollywood-Kinos produziert, hat er sich aus diesem Dilemma befreit.

Höhepunkte wie das große Comeback des Wim Wenders waren selten im Programm der Film-Biennale am Lido in Venedig, die 1982 mit einigem Pomp und einer ärgerlich chaotischen Organisation ihren fünfzigsten Geburtstag feierte. Auch an großen Namen fehlte es nicht, aber gerade einige berühmte Regisseure zeigten in Venedig kaum mehr als gefällige Konfektion: allen voran Joseph Losey, der 1964 am Lido mit seinem grauen Antikriegsfilm »König & Vaterland« überzeugte und diesmal nur noch ein gehobenes Boulevardstück für den vom französischen Gaumont-Konzern deutlich dominierten Euro-Markt lieferte.

Isabelle Huppert spielt »Die Forelle«, ein berechnendes Mädchen aus der Provinz, das kühl und clever den Sprung von der dörflichen Bowlingbahn in die Welt der internationalen Hochfinanz schafft. Es mag sein, daß Losey zeigen wollte, wie man sich prostituieren kann, ohne sich wirklich zu verkaufen, aber seine mit parfümierter Routine inszenierte Hochglanzkolportage leidet nicht nur unter den aufdringlich versammelten Versatzstücken der einschlägigen Luxusreklame, sondern auch unter der Fehlbesetzung der Titelrolle. Natürlich ist Isabelle Huppert selbst hier eine vorzügliche Schauspielerin, aber daß ausgerechnet ihretwegen zwei ausgekochte Finanzhaie restlos den Kopf verlieren, leuchtet wirklich nicht ein: In der Welt des Harold Robbins wirkt die spröde »Spitzenklöpplerin« arg verloren.

»Der Stand der Dinge«: Wenders' Film handelt von den Risiken des Kinos, von den Schwierigkeiten des Geschichtenerzählens. In Venedig dominierte ein anderes Kino, reich und geschmackvoll, glatt und leer. Aber erst wenn die alten Geschichten nicht mehr aufgehen, wenn die Abläufe und die Bilder ein Geheimnis behalten, zeigt sich die abgründige Natur des Mediums. Als Kunstform ist das Kino der Zauberei näher als der Literatur. Und es sind nicht die schlechtesten Filme, die von den Lehrjahren der Zauberer handeln: auch von ihrem Erschrecken vor den Bodenlosigkeiten ihres Gewerbes.

Das kann so freundlich und anmutig geschehen wie in Woody Allens neuem Film »A Midsummer Night's Sex Comedy«. Im heimlichen Lächeln einer Sommernacht finden sich, zu Beginn dieses Jahrhunderts, drei Paare zu neuen Gruppierungen. Die Liebe, zeigt Woody Allen, ist so flüchtig wie das letzte Licht des Abends. Man täuscht sich leicht über die wahre Natur der Gefühle, und als alles schon restlos verwirrt scheint, hilft eine magische Kugel. Die melancholische Komödie über die Lust des Augenblicks und die Täuschungen der Sinne verwandelt sich in ein Zauberspiel. »A Midsummer Night's Sex Comedy«, vielleicht eine Spur zu hübsch, handelt vom Schwebezustand zwischen Traum und Leben: also vom Wesen des Kinos.

Die Amerikaner sind gutmütige Kino-Zauberer. Sie gestatten ihren Figuren am Ende ein sanftes Erwachen in einer Realität ohne Abgründe. Shakespeares »Sturm«, auf den sich Paul Mazurskys neuer Film »The Tempest« nach allerlei Umwegen zubewegt, erweist sich als folgenloses Tiefdruckgebiet, aus dem sich eine geläuterte Familie zum idyllischen Ende wieder nach New York absetzt. Aber weil so phantastische Schauspieler wie John Cassavetes, Gena Rowlands und Susan Sarandon in einem solchen »Sturm« nicht untergehen, findet sich auch der Zuschauer leicht mit dem faulen Zauber ab, der aus Shakespeares Insel einen Robinson-Club für vorübergehend zivilisationsmüde Stadtmenschen macht.

Manchmal indessen lernen die Zauberlehrlinge des Kinos vor allem das Fürchten: wenn ihre Kunst, wie im »Stand der Dinge«, gegen den Geschmack und die Interessen der Mächtigen verstößt. Davon handeln die beiden besten Filme von Venedig, eine große Entdeckung der eine, das jüngste Meisterwerk eines alterslosen Zauberers der andere: Peter Greenaways »Der Vertrag des Zeichners« und Jacques Rivettes »Die Brücke des Nordens«.


*Jeder Blick eine Täuschung*

Jeder Leser von Kriminalromanen weiß genau, daß auf den gepflegtesten englischen Rasenflächen die allertückischsten Intrigen sich begeben. Im Park des Herrenhauses finden Hercule Poirot und Miß Marple die Spuren, die schließlich zur Wiederherstellung der alten Ordnung führen. Der britische Filmemacher Peter Greenaway, geboren 1942, bislang nur einem kleinen Publikum für seine strukturalistischen Experimente bekannt, spielt in »Der Vertrag des Zeichners« mit den Bauformen des klassischen »Mystery«-Genres und integriert sie auf überraschende Weise in eine Geschichte, die nur aus Täuschungen besteht: eine Geschichte über das Kino vor der Erfindung des Kinos.

England 1695. Auf dem wunderschönen Landsitz der Familie Herbert findet sich ein junger Künstler ein. Im Auftrag der Dame des Hauses, die ihren in Liebesdingen nach Southampton gereisten Gatten bei seiner Rückkehr mit einem kostbaren Versöhnungsgeschenk zu überraschen wünscht, soll er zwölf Zeichnungen der Gebäude und Gärten herstellen. Für seine Dienste fordert und bekommt der als Landschaftsmaler weit und breit geschätzte Mr. Neville sexuelle Dienstleistungen von Mrs. Herbert. Die Arbeit beginnt. Die Zeichnungen indessen scheinen Hinweise auf einen geheimnisvollen Skandal zu enthalten. Mr. Neville zeichnet nur, was er sieht, aber was er sieht (zum Beispiel eine Leiter, die am falschen Fenster lehnt), war vielleicht überhaupt nicht da.

Die Merkwürdigkeiten und Rätsel häufen sich. Mit dem Zeichner verliert auch bald der Zuschauer den Überblick. Was ist wirklich, was ist erfunden? Wessen Augen kann man trauen? Mrs. Herberts Tochter schaltet sich ein, zieht den Künstler in ihr Bett und zugleich neue Fäden in einer Intrige, hinter der sich stets eine neue Intrige auftut. Irgendwann findet man die Leiche des Hausherrn. Nach getaner Arbeit kehrt der Zeichner, der nichts mehr versteht, noch einmal zurück, um ein letztes, dreizehntes Blatt herzustellen. Daran stirbt er.

»Der Vertrag des Zeichners« ist ein Avantgarde-Thriller, eine Lektion über das Sehen, die mit formalistischer Strenge beginnt (der Vertrag, die minuziöse Reproduktion des Sichtbaren) und sich allmählich zu einer labyrinthischen Suche nach jenen konkreten Zeichen der Realität ausweitet, die sich stets nur als Chimären entpuppen. In seinem vom British Film Institute billig produzierten ersten Versuch mit dem traditionellen Erzählkino verwandelt Peter Greenaway die Welt von »Barry Lyndon« und »Tom Jones« mit schwarzer Ironie in eine einzige gigantische Falle. Im Kino ist jeder Garten auch ein Dschungel, jeder Blick auch eine Täuschung.

Auch bei Jacques Rivette ist die Wirklichkeit nie wirklich. Und jener Ort, den er seit zwanzig Jahren als Spielfläche für sein Kino benutzt, heißt zwar Paris, hat aber mit der gleichnamigen Stadt, wie wir sie kennen, wenig gemein. Das Paris von Jacques Rivette ist ein Ort der Verschwörungen und Geheimnisse. In »Die Brücke des Nordens« gibt es Leute, die »Maxe« heißen. Die tauchen überall und ohne rechte Begründung auf. Den Maxen ist nicht zu trauen, so wenig wie wohl Marie und Baptiste, die auf den Spuren von Céline und Julie einen Weg durch die fremde, vertraute Stadt suchen. Irgendwie kommen die beiden Frauen, die sich so oft

über den Weg laufen, daß sie es für Schicksal halten und sich zusammen-
tun, in den Besitz einer Karte von Paris, die in Planquadrate eingeteilt ist.
Doch die vermeintliche Ordnung erweist sich als trügerisch. Aus dem
Dickicht der Stadt mit ihren steinernen Monumenten von Löwen, für die
sich Baptiste so auffällig interessiert, führt kein Weg mehr zurück in die
übersichtliche Logik einer Geschichte.

Wovon Wim Wenders sein alter ego Friedrich im »Stand der Dinge« träumen läßt, vom Erzählen ohne die Zwänge einer sich dramatisch zuspit-
zenden Handlung, das gelingt Rivette und seinen beiden Schauspielerin-
nen, Co-Autorinnen und Komplizinnen Bulle Ogier und Pascale Ogier
mit spielerischer Phantasie. Marie, die gerade aus dem Gefängnis entlassen worden ist, hat Angst vor geschlossenen Räumen. So übernachtet sie
im Freien. Rivette mag keine geschlossenen Geschichten. So erfindet er
dem Kino neue Freiheiten.


*Kalte Leidenschaften*

Manchmal aber überrascht auch das alte Kino noch durch eine Leichtig-
keit, die die Schwerfälligkeit des Apparates, der die Bilder und Töne in-
dustriell fertigt, für eine Weile vergessen läßt. In Venedig war, um Mitternacht, die beste Hollywood-Komödie seit den großen Tagen von Ernst
Lubitsch, Preston Sturges und Billy Wilder zu sehen: »Victor/Victoria«
von Blake Edwards, das Remake eines frühen deutschen Tonfilms von
Reinhold Schünzel. Und auch hier, in einem künstlichen Kulissen-Paris,
wie es so liebevoll seit »Irma la Douce« nicht mehr gebaut worden ist,
herrscht ein schöner Mangel an Eindeutigkeit. Aus Victoria, der erfolglo-
sen Opernsängerin, wird Victor, der Superstar der Transvestiten-Shows:
Eine Frau verkleidet sich als Mann, der sich als Frau verkleidet. Das
schafft glamouröse Irritationen, besonders bei einem betont heterosexu-
ellen Nachtclubbesitzer aus Chicago. Im Reigen der Vieldeutigkeiten,
angeführt von Julie Andrews und James Garner, gehen geschlechtsspezi-
fische Zuordnungen bald unter. Die alte deutsche Schlagerweisheit, daß
die Liebe ein seltsames Spiel ist, fand kaum je eine ironischere Interpreta-
tion im Kino.

Und Fassbinder? Sein einundvierzigster und letzter Film »Querelle« fand
in Venedig eine sehr zwiespältige Aufnahme. Kalte Leidenschaften in einer artifiziellen, in Farben der Verwesung getauchten Studiolandschaft:
hermetisches Kino, eine Hommage an Jean Genet, letzte Bilder aus einer
großen Entfernung. Am Freitag nächster Woche läuft »Querelle« in den
deutschen Kinos an. Dann mehr über den Film.

Nr. 37 vom 10.9.1982

# Cannes 1983: Neue Filme von Tarkowski, Güney, Chéreau, Bresson

## In der Fremde

Kann man Marcel Proust verfilmen? Ein deutscher Regisseur (Volker Schlöndorff) versucht es mit Stars aus England (Jeremy Irons als Swann), Italien (Ornella Muti als Odette) und Frankreich (Alain Delon als Baron de Charlus). Die Kamera führt der große Schwede Sven Nykvist, die Musik schreibt Hans-Werner Henze: ein wahrhaft internationales Unternehmen. Im Mai 1983 warben in Cannes schon Plakate für den Film »Un Amour de Swann«, der gerade erst gedreht wird, der in Frankreich zu Weihnachten in die Kinos kommen soll.

Wer bleibt noch im Lande und nährt sich redlich (aber kärglich)? Erfolg gebiert Wanderlust, und es sind nicht die schlechtesten Filmemacher und Schauspieler, die auf den Spuren des fahrenden Zirkus-Volkes von Land zu Land ziehen. So kommen, in den kunstvollsten Kreationen des Euro-Films, die merkwürdigsten Kombinationen zustande. In der »Geschichte der Piera« des Italieners Marco Ferreri spielt Hanna Schygulla (die in Deutschland offenbar kaum noch Rollen findet) die Mutter von Isabelle Huppert (die sie in Wirklichkeit nie und nimmer sein könnte) und die Ehefrau von Marcello Mastroianni: den fragilsten Teil einer von inzestuösen Konflikten beschädigten Kleinfamilie, eine *Frau unter Einfluß,* gefährdet schon früh in ihrer vagabundierenden Lust an kurzen Affären, zerstört vom Anpassungsdruck, von der Tochter am Ende in einer schwesterlichen Umarmung berührt.

Das ist ein rätselhaftes, bisweilen lähmendes langsames Stück, dessen rituelle Düsternis immerhin illuminiert wird von Hanna Schygullas Sinnlichkeit, die einer Selbstverbrennung immer ähnlicher sieht. In so künstlichen Kino-Räumen wie denen von Marco Ferreri können sich Schauspieler wohl auch außerhalb aller nationalen Zusammenhänge entfalten. Hanna Schygulla bekam den Preis als beste Darstellerin.

Der Verdacht indessen bleibt, daß nicht selten nur kommerzielle Rezepte gesucht werden gegen das übermächtige Zutaten-Kino der Amerikaner. Barbara Sukowa, noch eine strahlende Fassbinder-Witwe, geht als *femme fatale* am schwülen, vor lauter Aufregung schwitzenden »Äquator« des Franzosen Serge Gainsbourg auf nahezu tragikomische Weise unter: eine Luxus-Gefangene des neuen europäischen Star-Systems, Lola in einem »Saustall« für den deftigen Geschmack, auffällig unvorteilhaft photographiert, nur noch eine willige Ikone modischer Spekulation.

Armin Mueller-Stahl, ihrem Parter aus »Lola«, begegnen wir in einer kleineren Rolle in Patrice Chéreaus drittem Kino-Film »L'Homme blessé«

(Der Verwundete): ein schwacher Kleinbürger, dessen halbwüchsiger Sohn in heißen Sommernächten einen unwiderstehlichen Drang zu flüchtigen, gewalttätigen homosexuellen Begegnungen auf einem Pariser Bahnhof folgt. Ein Streuner, plötzlich ein Fremder, Gezeichneter in der eigenen Stadt, die zu einer bedrohlichen Wildnis wird. Das seltsam keusche Spiel übermächtiger Begierden steigert Chéreau zu einer von Ekel, Faszination und Sucht nach Zärtlichkeit getriebenen Liebegeschichte zwischen dem Jungen und einem manisch-depressiven Stricher (dem Italiener Vittorio Mezzogiorno): das reiche Porträt eines sexuellen Erwachens, eines tödlichen Rausches, von dem Schweizer Kameramann Renato Berta mit brutalen, geheimnisvollen Nachtbildern ausgestattet. Mueller-Stahl hat wenig zu tun, zu wenig für einen Schauspieler seines Ranges. Mag sein, daß es ihm reicht, für Chéreau arbeiten zu können: im zweiten Glied des Euro-Films.

Was aber ist mit jenen, die nicht freiwillig die Grenzen wechseln, des Ruhmes oder der höheren Gagen wegen? Die nicht, wie die anpassungsfähigen Star-Regisseure des nun auch schon wieder verblühten australischen Film-Wunders, die Verwandlung in tüchtige Hollywood-Gastarbeiter vollziehen wollen oder können (wie es anstrengungslos Bruce Beresford mit der melancholischen texanischen Country & Western-Ballade »Tender Mercies« und Fred Schepisi mit dem sarkastischen Western »Barbarossa« gelang). In seinen letzten Tagen stand das Festival von Cannes im Bann von drei großen »*displaced persons*« des Kinos: einem türkischen Flüchtling, einem russischen Abweichler, einem französischen Häretiker, der sich, seitdem er Filme macht, in einer inneren Emigration von beispielloser Einsamkeit befindet.

Die Bundesrepublik nach der »Wende« darf Yilmaz Güney nicht betreten. Er müßte – daran lassen unsere demokratischen Zimmermänner keinen Zweifel – mit seiner Auslieferung an das nicht ganz so demokratische türkische Militärregime rechnen, aus dessen Gefängnissen er vor zwei Jahren mit knapper Not entronn. »Yol«, 1982 in Cannes mit einer »Goldenen Palme« ausgezeichnet, war noch ein Kassiber aus der Haft, von Freunden nach Güneys Anweisungen realisiert. Nun ist er frei, darf in Frankreich unbehelligt leben und schleppt den fernen Kerker als sichtbare Bürde weiter durch die Emigration.

Sein neuer Film, »Die Mauer«, entstand in einem Kloster in der Nähe von Paris, das als türkisches Gefängnis verkleidet wurde. Güney tut so, muß vielleicht so tun, als würde er noch immer türkische Filme in der Türkei drehen: über den alltäglichen Terror in einer von prügelnden Bütteln bewachten geschlossenen Anstalt, die als Mikrokosmos eines ganzen Landes erkennbar wird.

Güneys Zorn über die Zustände in der verlorenen Heimat findet seinen Ausdruck in einer fast enzyklopädischen Schilderung unmenschlicher Zustände: Folterungen, Grausamkeiten, Erniedrigungen, zerschossene

Hoffnungen. Bilder aus einem Konzentrationslager. Das bleibt natürlich nicht ohne Wirkung auf den zunehmend schockierten Betrachter, doch fehlt diesem Film die unmittelbare Kraft der früheren türkischen Arbeiten des Regisseurs. Alles ist penibel arrangiert, jede Einstellung eine Anklage, aber dann stellt sich, so furchtbar das klingen mag, eine gewisse Ermüdung ein. Was Güney zu sagen hat, sagt er in endlosen Variationen und Wiederholungen: nie ein Flüstern, immer nur Schreie eines bedeutenden Filmemachers, der es schwer haben wird, im Exil eine neue Identität zu finden.

Schwieriger, diffuser ist der Fall des sowjetischen Regisseurs Andrej Tarkowski. Er hat, von kleinlichen Schikanen der Kultur-Bürokratie behindert, seine dunklen, labyrinthischen Schatten-Wüsten und Licht-Meere in der UdSSR erfinden dürfen. In den Westen fanden seine gewaltigen Werke (»Andrej Rublow«, »Solaris«, »Die Spiegel«, Stalker«) oft erst mit jahrelanger Verspätung. In seiner Heimat, deren Funktionäre die Kunst des Rätsels verachten, blieb er ein mißtrauisch beobachteter Außenseiter, geschützt wohl in erster Linie durch seinen internationalen Ruf.

Zum erstenmal hat Tarkowski jetzt einen Film fern von Moskau realisiert, in einem verhangenen, verregneten Italien, in monumentalen Alptraum-Landschaften, die ein russischer Intellektueller zeitlupenhaft durchmißt, auf der Suche nach einem Landsmann, Komponist des 19. Jahrhunderts, der das Leben in der Fremde nicht ertrug. »Nostalghia« heißt dieser Film: ein Titel, der nicht nur Sehnsucht und Heimweh ausdrückt, sondern auch eine tiefe Zerrissenheit.

Sehr langsam, in Einstellungen, die überwiegend mehrere Minuten dauern, gleitet Tarkowskis Kamera durch leere, gespensterhaft beleuchtete Räume, in denen nichts zu nisten scheint als stummes Entsetzen. Lange ruht der Blick auf zwei Flaschen, einer braunen und einer grünen, die im ewigen Regen ausharren wie die letzten Soldaten eines längst verlorenen Krieges. Ein Verrückter verkündet das Ende der Welt und steckt sich in Brand. Die Heimat ist verloren, das Leben erstarrt. In der letzten Einstellung scheint der Wanderer zurückgefunden zu haben in sein russisches Dorf, aber dann fährt die Kamera feierlich zurück, enthüllt eine weitere Kulisse in dieser Welt, die nur aus Sinnestäuschungen besteht. Das Dorf ist ein Spielzeug-Modell, der Mann befindet sich, winzig klein, in einer mächtigen Ruine.

Von Tarkowskis apokalyptischer Phantasie geht ein unheimlicher Zauber aus: ein von aller Schwerkraft befreites Kino-Erlebnis, wie es Stanley Kubrick mit »2001 – Odyssee im Weltraum« gelang. Filme wie »Nostalghia« darf es nur alle zehn Jahre geben: sonst würde der Kopf zerplatzen.

So unerbittlich, so radikal wie das Meisterwerk von Tarkowski war nur noch ein anderer Film in Cannes, der doch mit ganz anderen Mitteln arbeitet. Nichts von der schwarzen, ausladenden Feierlichkeit, dafür die äußerste Reduktion, keine endlosen Fahrten durch vermintes Gelände, sondern minimalistische Zeichen. Nach der gigantischen Ausschweifung die gigantische Aussparung: »Das Geld« von Robert Bresson, einem wahrhaft zornigen alten Mann, der die »Regisseure« (er nennt sich einen *»réalisateur«*) allesamt für Betrüger hält.

Bressons Cinematograph ist ein Filter: undurchlässig für alle Arabesken des Handwerks, alle Eitelkeiten, alle Umwege. Die Unbedingtheit seiner Passions-Geschichten steht in einem direkten Zusammenhang mit der Reinheit der Form. Bei Bresson, wie bei Güney, ist die Welt ein Gefängnis, aber kein naturalistisches: bevölkert von bleichen Schemen, Schuldlos-Schuldigen, die auf keine Erlösung mehr hoffen dürfen. Der Teufel geht um, möglicherweise, auch im reduzierten Leben eines jungen Mannes, der durch die zufällige Berührung mit falschem Geld zum Kriminellen, endlich zum Mörder wird: eine Revolte, die ins Nichts führt. Am Ende sieht man einen leeren, dunklen Raum: ein schwarzes Loch, begafft von Passanten.

Mit der Hoffnung verschwinden auch die Menschen aus Bressons Film: nur noch Torsi, Figuren ohne Köpfe und Beine, Krüppel. »Papa, ist das das Ende der Welt?« fragt irgendwann ein Kind in Tarkowskis »Nostalghia«. Bei Bresson kann man sich selbst diesen Satz nicht mehr vorstellen. Alle Antworten sind schon gegeben.

Tarkowski und Bresson teilten sich in Cannes einen »Großen Preis für das schöpferische Kino«, der statt der üblichen Regie-Auszeichnung vergeben wurde: die verlegene Geste einer Jury, die gespürt haben mag, daß dem einsamen Genie dieser beiden Männer (die immer Fremde geblieben sind gegenüber dem üblichen Kino der Betrüger) ein wohlfeiler Lorbeer-Kranz so wenig zu Gesicht stünde wie der Venus von Milo eine Pudelmütze.

*

Die »Goldene Palme« der 36. Filmfestspiele in Cannes bekam, zur allgemeinen Überraschung, der japanische Beitrag »Die Ballade von Narayama« von Shohei Imamura: die Geschichte einer alten Frau, die sich zum Sterben auf einen Berg zurückzieht. Mit einem großen Spezial-Preis der Jury bedacht wurde »Monty Python – Der Unsinn des Lebens« von Terry Jones aus England. Der Darstellerpreis ging an den Italiener Gian Maria Volonté für seine Leistung in Claude Gorettas »Der Tod des Mario Ricci«. Unverhofft nahm auch die Bundesrepublik an dem üppigen Preissegen teil: mit einer Kurzfilm-Auszeichnung für Charly Wellers Ulk »Die einzige vergessene Einstellung von Casablanca«, der davon handelt, wie Humphrey Bogart einen legendären Film um ein entscheidendes Bild bereichert.

Nr. 22 vom 27. 5. 1983

Venedig 1983:
Neues von Woody Allen, Alain Resnais und anderen

## Jedes Bild eine Fälschung

Leonard Zelig ist ein Mann ohne Eigenschaften, ein Verwandlungskünstler, ein menschliches Chamäleon. In der Gegenwart eines dicken Mannes verwandelt er sich sogleich in einen Fettkloß. Wenn er einen Schwarzen trifft, nimmt er augenblicklich dessen Hautfarbe an. Und noch auf der Psychiatercouch, auf der das Genie der totalen Anpassung unweigerlich landet, verblüfft Zelig die Ärztin mit seinen Fachkenntnissen. Er habe, sagt er, bei Freud studiert: »Wir zerstritten uns über dem Konzept des Penisneids. Freud meinte, er sollte Frauen vorbehalten bleiben.«
Leonard Zelig ist eine historische Figur. Cole Porter schrieb einen Song über ihn (der unvollendet bleiben mußte, weil dem Komponisten kein Wort einfiel, das sich auf Zelig reimte). Zwei Präsidenten empfingen ihn. New York ehrte ihn mit einer Konfettiparade. In den zwanziger Jahren tanzte Amerika nicht nur zum Charleston, sondern auch zum Chamäleon: der wurde Leonard Zelig zu Ehren kreiert.
Ein Dokumentarfilm rekonstruiert Zeligs unglaubliche Karriere: aus zerkratzten stummen Schwarzweißaufnahmen, aus vergilbten Photos, aus unscharfen Privatfilmen und heftig knisternden frühen Tonbandaufzeichnungen. Zwischendurch kommen greise Zeitgenossen des Geheimnisvollen zu Wort. Aber auch Experten anderen Kalibers werden vor der Kamera zum Phänomen Zelig befragt: Susan Sontag, Bruno Bettelheim, Saul Bellow.
Leonard Zelig ist eine Fiktion. Leonard Zelig ist Woody Allen: die jüngste, die gewagteste Erfindung des mit unheilbarer Melancholie geschlagenen Stadtneurotikers, der schon seinen Film »Stardust Memories« jener amerikanischen Obsession widmete, die Starkult heißt. In »Zelig«, dem ersten Höhepunkt der Film-Biennale von Venedig, treibt Woody Allen die autobiographische Reflexion über den Fluch der Berühmtheit in schwindelerregende Höhen der komischen Absurdität. Er verkriecht sich in einer Figur, die nie wirklich eine werden kann, weil sie ihre Identität so schnell wechselt, daß eine Nähe zu ihr unmöglich bleibt. Zeligs Ruhm (der ihn verfolgt) beruht auf der zur körperlichen Deformation gewordenen Sucht, allen alles recht zu machen: geliebt zu werden um den Preis des totalen Identitätsverlusts. Zelig erfährt die Welt als Bedrohung. So geht er spurlos in ihr auf.
Unter den großen Komödien von Woody Allen ist »Zelig« die schwärzeste, die hintergründigste, zugleich eine gnadenlose Parodie auf die verbrauchten Stilmittel des herkömmlichen Dokumentarfilms mit seinem

allwissenden Kommentator, seinen optischen und akustischen Manipulationen. Das gefälschte Dokument »Zelig« erweist sich auch als ein Versuch über die Natur des Fälschermediums Kino.

Die Wirklichkeit ist eine Einbildung, das Leben ein Roman, die Geschichte der Menschen eine Geschichte ihrer Phantasien. Dort wo das Kino interessant war bei diesem venezianischen Festival, lehrte es das Mißtrauen gegen den Augenschein, den ersten, flüchtigen Blick auf eine Realität, die es nicht gibt, die sich in tausend Chimären auflöst, sobald man sie zu berühren trachtet. Die Zeit der Sicherheiten ist vorbei. Jedes Bild ist eine Fälschung.

Ein sinnenverwirrendes Puzzle aus drei Geschichten, drei Stilen, drei Welten. Ein Labyrinth, ein Serail, ein Labor. Eine Komödie, eine Oper, ein Comic strip. In seinem neuen Film »Das Leben ist ein Roman« lädt Alain Resnais, der Marienbad und Hiroshima für das Kino erfunden hat, den Betrachter ein zu einer phantastischen Reise durch einen seltsam wuchernden Dschungel der Fiktionen. Der Film ist so verwinkelt und verwunschen wie das Ardennenschloß, in dem sich seine Figuren treffen: kurz nach dem Ersten Weltkrieg zu einer opiumschweren Séance, die der Erbauer dieses bizarren Tempels des Glücks, ein bleicher Edelmann, veranstaltet; 1982 zu einem wissenschaftlichen Seminar über die »Erziehung der Imagination«; in einem mit gemalten Kulissen ausgestatteten Comic strip-Mittelalter, das Barbaren und Hexen bevölkern. Direkte Berührungen zwischen den drei Ebenen finden nicht statt, aber aus den unzähligen Reibungen und Brechungen entstehen magnetische Felder der Phantasie. An denen bleibt der Zuschauer, in immer neue Wonnen und Wirren gestürzt, lustvoll hängen. »Das Leben ist ein Roman« ist ein Film des grenzenlosen Überflusses. Um sich ein Bild zu machen, muß man sich viele Bilder machen. Und keines paßt zum nächsten.

Da sagt einer: »I don't take sides. I take pictures.« Er will Bilder machen und nicht Partei ergreifen. Aber als er merkt, daß die Bilder, die seine Kamera herstellt, nicht mit den Bildern übereinstimmen, die er selber wahrnimmt, ändert er seine Haltung. Er verstößt gegen die Regeln seines Handwerks und fälscht ein Bild, um der Sache, die er für die richtige hält, zu helfen. Aber auch daraus entsteht eine Katastrophe.

Das begibt sich in dem amerikanischen Film »Under Fire« von Roger Spottiswoode, der streckenweise wie eine Fortsetzung von Volker Schlöndorffs »Fälschung« und Peter Weirs »Ein Jahr in der Hölle« aussieht. Er handelt vom politischen, professionellen und privaten Dilemma dreier amerikanischer Journalisten, die im Bürgerkrieg von Nicaragua, kurz vor dem Sturz von Somoza, zwischen die Fronten geraten.

Auch »Under Fire«, ein bei aller äußerlichen Rasanz doch sehr nachdenklicher und mehr als ehrenwerter Film, handelt von der verhängnisvollen Macht der Bilder, von der falschen Wahrnehmung. Auch in der Politik gibt es längst keine deutlichen Demarkationslinien mehr. Der

Krieg in Nicaragua ist ein Krieg um das Bewußtsein der internationalen Fernsehzuschauer und Zeitungsleser: ein Krieg der Medien.

Zu einem ähnlichen Schluß kommt Richard Eyre in dem englischen Film »The Ploughman's Lunch«: noch eine Journalisten-Geschichte, noch eine Fälscher-Geschichte. Auf dem Höhepunkt des Falklandkriegs buhlt ein junger ehrgeiziger Nachrichtenmann von der BBC, Opportunist aus Überzeugung, um die Gunst einer Historikerin, die Spezialistin für den Suezkrieg von 1956 ist. Im Rausch des allgemeinen patriotischen Taumels will sich der smarte James mit einer neuen, ins Optimistische umgebogenen Version der Suez-Niederlage einen Namen machen. »The Ploughman's Lunch« ist ein weiteres Zeugnis für die erstaunliche Renaissance des britischen Kinos: ein kluger, analytischer Film.

Aber auch die alte Geschichte ist vor Fälschern nicht sicher. In dem italienischen Film »Der Augenblick des Abenteuers« erzählt der ehemalige Antonioni-Mitarbeiter Faliero Rosati in sehr langen, sehr eleganten, manchmal auch nur schick kunstgewerblichen Einstellungen die dunkle Geschichte eines dunklen Restaurators, der mit Kopien von antiken Kunstwerken handelt. Doch der Manipulateur wird selber manipuliert, gerät immer tiefer in ein kompliziertes Dickicht aus Intrigen: Ein kühler Psychothriller über den trügerischen Schein der Dinge, mit dem deutschen Schauspieler Peter Chatel in der Hauptrolle.

Ansonsten in Venedig: ein beachtlicher deutscher Nachwuchsfilm von Doris Dörrie (»Mitten ins Herz«, ein mörderisches Kammerspiel mit dem Achternbusch-Star Sepp Bierbichler und der jungen Beate Jensen); der unermüdliche Polit-Tourist Costa-Gavras diesmal in Israel mit einer furchtbar thesenhaft konstruierten Geschichte (»Hanna K.«); Robert Altman mit der effekthascherischen Verfilmung eines hoffnungslos verstaubten Theaterstücks über den Vietnamkrieg (»Streamers«). Und Warten auf Godard, Kluge, Fellini, Wajda, Bergman.

Nr. 37 vom 9. 9. 1983

## Bilanz der Filmfestspiele Venedig 1982: Godard, Fellini, Kluge, Bergman und Wajda

### Am Abend der Gaukler

Es war ein historischer Moment. Auf der Bühne des Festspiel-Palastes von Venedig saß eine illustre Runde und debattierte über die Zukunft des Kinos: Alain Tanner neben Nagisa Oshima, Alexander Kluge neben Bernardo Bertolucci, Ermanno Olmi neben Bob Rafelson. Hatte es je zuvor eine solche Versammlung bedeutender Regisseure gegeben? Und schien nicht der Lido ein idealer Ort zu sein für dieses Treffen der Großen? Alexander Kluge beschwor den Geist von Venedig. Als er Cannes mit Babylon verglich, als er das venezianische Festival zur wahren, zur einmaligen Heimstatt des allseits bedrohten Autoren-Films erklärte, rauschte Beifall durch den Saal.

Rund dreißig Berühmtheiten des internationalen Kinos, darunter auch Agnès Varda und Gleb Panfilov, hatten sich auf dem Podium versammelt. Nichts verband sie außer dem Willen, in einer Demonstration von Eintracht den Autoren-Film gegen den Industrie-Film zu verteidigen, die Phantasie-Ware gegen die Handels-Ware. Junge Gesichter sah man kaum in dieser Prominenten-Runde, die, schlecht organisiert, wenig Aufschluß über die Zukunft des Kinos verschaffte. Mit einem gewissen Unbehagen konnte man bemerken, daß die besten Regisseure der Welt inzwischen im Durchschnitt fast doppelt so alt sind wie die Zuschauer in den Kinos. Die sind selten älter als 25 oder höchstens 30.

Gerade in Venedig wurde deutlich, daß das intellektuelle Kino der Autoren, allem Enthusiasmus seiner von Kluge angeführten Grauen Panther zum Trotz, eine künstliche Schutzzone zum Überleben braucht. Denn nicht in Resnais' »Das Leben ist ein Roman« oder Kluges »Die Macht der Gefühle« drängten die jugendlichen Massen, die ihre Karten selber bezahlen mußten, sondern, zu mitternächtlicher Stunde, in die allerneusten Super-Dinger aus Hollywood, auf die selbst das der hohen Kunst geweihte Festival von Venedig nicht verzichten mag. Beim Einlaß zum Disco-Hit »Flashdance« und zum dritten »Star Wars«-Film »Die Rückkehr der Jedi-Ritter« kam es zu leidenschaftlichen Szenen, zu Prügeleien, zu Zuständen nahe der Massen-Hysterie. Die Sonderreihe »Venezia Notte«, dem schieren Kommerz gewidmet (hier lief auch Peter Schamonis »Frühlingssinfonie«), geriet zum größten Zuschauer-Erfolg der Film-Biennale: wahrscheinlich nicht zum ungebrochenen Entzücken der Veranstalter.

Venezianische Bilder. Eine Stadt im Morgengrauen, still, verzaubert, in ein kostbares Zwielicht getaucht. Man sieht dokumentarische Impressionen eines großen Regisseurs, der einen kurzen Traum von Venedig träumt. Länger als dreißig oder vierzig Sekunden darf der Traum nicht dauern, weil ihm eine profane Botschaft folgen muß: »Wenn die Nacht geht, kommt Nes-Café.« Ein Werbe-Spot von Ermanno Olmi, 1969 für den Nestlé-Konzern gedreht, einer von vielen kurzen Reklame-Filmen italienischer Regisseure.

Die Liste der Namen ist nicht weniger glanzvoll als die des Autorenfilmer-Treffens in der Sala Grande, zum Teil sogar identisch. Olmi, im »Holzschuhbaum« der Poet des reinen Lebens auf dem Lande, stellte seine Kunst auch in den Dienst von Cinzano. Paolo und Vittorio Taviani, die Autoren von »Padre Padrone« und »Die Nacht von San Lorenzo«, warben für BP und Wührer-Bier. Giuliano Montaldo, berühmt geworden durch die antikapitalistische Ballade »Sacco und Vanzetti«, macht, mit dem Fußball-Torwart Dino Zoff, Reklame für Speiseöl. Und sogar der große Antonioni, der Sensibelste unter den Sensiblen, war sich nicht zu schade, 1982 eine Miniatur zum höheren Ruhm des Renault 12 zu drehen.

So verlaufen die Fronten im heiligen Krieg zwischen dem Autoren-Film und dem Industrie-Film doch erheblich unübersichtlicher, als es den Verfechtern der reinen Lehre lieb sein dürfte. Zu lernen gibt es daraus nichts: höchstens, daß nicht unbedingt Schaden an seiner Seele nimmt, wer sich einläßt auf die profaneren Dinge des Lebens. Andererseits könnten Olmi, die Tavianis und Antonioni erleichtert gewesen sein, daß sie diese Arbeiten anonym verrichten durften.

Aus dem Museum des Autoren-Films: neue Arbeiten von Ingmar Bergman und Federico Fellini, zwei Regisseuren, auf die der gewaltsam hergestellte Widerspruch zwischen Kunst und Kommerz nie zutraf. Ihre gigantische Phantasie verlangt inzwischen gigantische Produktionsmittel. Sie sind die verhätschelten Stars einer multinationalen Industrie, die individuelle Handschriften von Filmemachern nicht nur duldet, sondern geradezu mit kultischer Andacht für sich vereinnahmt: wenn sie sich, ohne Risiko, als eingeführte Markenzeichen längst bewährt haben.

Von Bergman und Fellini, den Dinosauriern des europäischen Nachkriegsfilms, wird nur noch eins erwartet: daß sie das, was sie schon immer gekonnt haben, mit der heiteren Gelassenheit der wahren Meister ein weiteres Mal vorführen. So oft das Stück auch schon gespielt sein mag: Man sieht es gerne wieder, freut sich über kleine Variationen des Vertrauten, erkennt vielleicht sogar einige neue Markierungslinien und Positionsfeuer in den hermetischen Landschaften der Imagination. Play it again, Ingmar. Mach's noch einmal, Federico.

»Fanny und Alexander« soll Ingmar Bergmans Abschiedsvorstellung als Film-Regisseur bleiben. Er sei nicht mehr jung und stark genug für das Kino, hat er in Venedig gesagt. In Zukunft will er nur noch Opern und Theaterstücke inszenieren, hin und wieder auch eine kleinere Arbeit für das Fernsehen machen. Nur dort übrigens, auf dem Bildschirm, wird man die vollständige Fassung seiner letzten Gala sehen können: in sieben Folgen mit einer Gesamtdauer von fünfeinhalb Stunden, viel zu lang für das Kino, dessen Bedürfnisse Bergman mit einer knapp dreistündigen Zusammenfassung befriedigt.

In Venedig sah man, in zwei Portionen, das Original: eine schwedische Familiengeschichte, die am Weihnachtsabend des Jahres 1907 (dessen Geschehnisse allein die ersten neunzig Minuten füllen) beginnt und die weniger als zwei Jahre später endet. Dazwischen liegen, von den Kindern Fanny und Alexander beobachtet und auch durchlitten, der Tod des Vaters, die neue Ehe der Mutter mit einem gnadenlosen Kirchenmann, amouröse Intrigen und theologische Konflikte, Schauspieler-Eitelkeiten und Dienstboten-Geflüster. Umarmungen und Gebete, Zimmerschlachten und Geister-Erscheinungen.

Es ist der lange Abend des Gauklers Ingmar Bergman. Wie ein Schloßherr führt er uns noch einmal durch seine Welt, spielt alle seine Leitmotive an, ausgeführt von vielen seiner Lieblingsschauspieler: ein »Wandgemälde«, wie er es selber nennt, ein episches Wunschkonzert für die Bergman-Gemeinde, ein Film, der unendlich viel Geduld erfordert, der immer dichter und spannender wird, der manchmal aber auch durch den feudalistischen Gestus seines Schöpfers eine Art von Unbehagen provoziert.

Am Ende von »Fanny und Alexander« kehrt die Schauspielerin Emilie Ekdahl, die Witwe des Bischofs Vergerus, die Mutter der beiden Kinder, die dem Film seinen Titel gaben, auf die Bühne zurück. Sie beginnt mit den Proben zu Strindbergs »Traumspiel«. Ihre Schwiegermutter beginnt in dem Stück zu lesen: ».. . alles kann geschehen, alles ist möglich und wahrscheinlich. Zeit und Raum existieren nicht. Auf einem unbedeutenden Grund der Wirklichkeit spinnt die Einbildung weiter und webt neue Muster.«

Leicht könnten diese Sätze auch ein Bekenntnis von Federico Fellini sein, Bergmans altem Freund und heimlichem Rivalen um den Titel des besten europäischen Filmregisseurs der fünfziger und sechziger Jahre. Aber Fellini denkt nicht daran, Abschied zu nehmen: auch wenn sein neuer Film »E la nave va« (wörtlich übersetzt: »Und das Schiff fährt«) von nichts anderem handelt als von einer gigantischen Lust am Untergang.

Der italienische Dampfer »Gloria N.«, dem auch der Name »Titanic« nicht schlecht stünde, gerät im Herbst 1914 auf Kollisionskurs zu den Zeitläuften. In Sarajewo ist ein Mord geschehen, Europa befindet sich im Krieg, aber die Passagiere der »Gloria N.«, Durchlauchten mit Gefolge und die berühmtesten Opern-Stars des Kontinents, auf dem Weg zur Seebestattung einer legendären Diva, nehmen das Chaos erst wahr, als es schon zu spät ist. Ein Panzerkreuzer der K.-u.-K.-Marine versenkt das stolze Schiff.

Aber nicht mit apokalyptischer Düsternis breitet Fellini seine Vision vom Weltuntergang auf Raten aus, sondern mit ironischer Eleganz. Die wundersamsten Gestalten aus der Menagerie des Meisters bevölkern die Salons und Kabinen, darunter Pina Bausch als blinde Edelfrau mit einer Neigung zu höfischen Ränken. Sogar ein ausgewachsenes Rhinozeros befindet sich an Bord der »Gloria N.«, die natürlich eine luxuriöse Metapher ist, ganz im Sinne des Philosophen Hans Blumenberg (»Schiffbruch mit Zuschauer. Paradigma einer Daseinsmetapher.«).

Doch selbst die immaterielle Natur seines Musikdampfers kommentiert Fellini, zu tausend hinterhältigen Scherzen aufgelegt, in einem Dialog zwischen dem unwahrscheinlich dicken, geradezu unheimlich blonden

Fürsten deutscher Zunge und dem Maître de Plaisir der Reise: einem neugierigen Journalisten und Stummfilmer, den Fellini eigentlich selber hätte spielen müssen. Der Fürst läßt sich im Fechtsaal des Schiffes gnädig interviewen und redet in Metaphern (»Wir befinden uns am Rande eines Vulkans«), die der Journalist nicht versteht, weil sie schlecht übersetzt werden. So geht die Welt an lauter Mißverständnissen zugrunde.

Wo Bergman zum Gottesdienst einlädt, bittet Fellini zum Narren-Fest. Er selber steht beiseite und betrachtet seine Geschöpfe mit dem Blick eines weisen Zauberers. Am Ende fährt die Kamera zurück und enthüllt die riesige Atelier-Maschinerie, mit der das Schiff bewegt wurde. »E la nave va« ist ein großer Film über große Illusionen: auch die des Kinos, auch die des Friedens. Eine schwarze Geschichte in heiteren Tönen.

Vom Museum auf die Baustelle, aus dem Zirkus ins Krankenhaus: Wenn Ingmar Bergman und Federico Fellini die Großväter des europäischen Autoren-Films nach 1945 sind, dann sind Alexander Kluge und Jean-Luc Godard seine Väter – und immer noch jünger als ihre altklugen Söhne.

Die Baustelle heißt Frankfurt, ihr Architekt Alexander Kluge. Ingmar Bergman mag Pfarrhäuser möblieren, Federico Fellini mag sich in Luftschlössern einrichten: Durch Kluges Kinowelt dröhnt stets ein Preßlufthammer, sie wird nie so vollendet sein, daß man sie als ein abgeschlossenes Werk betrachten könnte. Es herrscht Einsturzgefahr als Dauerzustand. Es wird gegraben und freigelegt. Aber das Betreten ist nicht verboten, sondern sogar erwünscht.

Über seinen Film »Die Macht der Gefühle« (der in Venedig mit dem Preis der internationalen Filmkritik ausgezeichnet wurde) schreibt Kluge: »Er erzählt etwa 26 Geschichten, aber alle diese Erzählungen haben den gleichen Kern: die Macht der Gefühle. Die Macht der Gefühle: weil sie fehlen, weil zu viele davon da sind, weil sie anders sprechen als das Amtsgericht, weil kleingeschriebene Gefühle wie ›schrauben‹ sich anders verhalten als große Gefühle wie Mord, Eifersucht, Raublust, Verzweiflung, weil Gefühle Unglück anrichten, weil Gefühle von Haus aus nach Glück trachten. Vor allem geht es darum: wie organisieren sich die Gefühle?«

Das sagt vieles. Das sagt fast nichts: über die Kühnheit dieser Collage aus Miniatur-Dramen, Dokumentarsequenzen, alten Spielfilmausschnitten, Opern-Zitaten. Das sagt nichts über das Gesicht von Hannelore Hoger, an das man sich erinnern wird, wenn die Video-Spiele der Jedi-Ritter schon in den Entsorgungsanlagen Hollywoods verschwunden sind. Kluge-Filme sind Material-Schlachten: um die Utopie Kino, um das vom Markt nicht zu Vereinnahmende, Andere, Eigentliche des Kinos. Sie müssen unruhig und schwierig sein, weil sie das Unmögliche wollen: die Versöhnung von Kopf und Bauch, Auge und Verstand. Das geht nicht. Alles geht.

Godard ist Kluges Bruder. Er zitiert Beethoven: »Der perfekte Einklang mehrerer Stimmen verhindert, alles in allem, die Bewegung der einen auf die anderen zu.« Also kann nur die Dissonanz die Dinge in Bewegung halten. Von Ingmar Bergman ist Godard Lichtjahre entfernt.

Sein Film, in Venedig von einer Jury der Regisseure (zu der auch Peter Handke gehörte) mit dem Goldenen Löwen ausgezeichnet, heißt »Prénom Carmen«, Vorname: Carmen. Vorname. Vor dem Namen. Vor dem Namen, vor den Benennungen sind Bilder, ist das Licht. Am Anfang des Films »Prénom Carmen« liegt der ehemalige Filmregisseur JLG, dargestellt von Jean-Luc Godard, im Krankenhaus und tippt auf einer Schreibmaschine: »Mal vu«. Schlecht gesehen. Das ist die Krankheit, von der der Film handelt: in Einstellungen, die so genau komponiert sind, als müßten sie das Kino neu erfinden. Man kann das Licht nicht beschreiben, aber man kann es machen. Godard macht zu Carmens falschen Gefühlen die richtigen Bilder.

Die Carmen-Geschichte, von der es heißt, sie sei jetzt wieder ganz aktuell (weil die Frauen keine Latzhosen mehr tragen wollen und die Männer sich nach mörderischer Erotik sehnen: oder ist es umgekehrt?), behandelt Godard sehr nachlässig. Man kennt sie ja schließlich. Man sieht, wie drei Männer und eine Frau Streichquartette von Beethoven spielen. Sie unterbrechen die Arbeit, denken über sie nach, fangen noch einmal an. Das ist Godards Haltung. Man sieht einen Banküberfall, bei dem es etliche Tote gibt. Ein Mann liest dabei Zeitung, ungerührt. Die Putzfrau kommt und wischt das Kino-Blut auf. Man sieht das Meer. Ein Hotelzimmer. Eine Gardine. Eine Autobahn-Toilette. Man sieht. Man hört. Eine Frau, die Carmen heißt, sagt auf englisch: »Wenn ich sage: ich liebe dich, wird das dein Ende sein.«

\*

Die Großväter machen das Kino der Erinnerung, die Väter machen noch immer das Kino der Zukunft, die Töchter und Söhne hatten in Venedig sehr wenig (zu wenig) zu sagen. Das einzige wichtige Festival, das einen eigenen Nachwuchs-Wettbewerb hat (die Sektion »Venezia Giovani«), dokumentierte unfreiwillig, daß das Kino der Jungen nicht notwendig auch das junge Kino ist. Vielleicht lag es nur an der Willkür der Auswahl, aber man hatte wahrhaftig nicht den Eindruck, als würden viele neue Talente mit Macht nach oben streben. In den meisten der in Venedig gezeigten Nachwuchsfilme ging eine freundliche Bravheit um. Kein einziger war katastrophal, aber fast alle schienen zu mutlos: schon eine Reaktion auf das erdrückende amerikanische Sensations-Kino? Aber wie kann es um die Zukunft des Films in Europa bestellt sein, wenn die riskantesten Sachen von den Fünfzigjährigen gemacht werden?

Das Festival leistete sich nur eine einzige Katastrophe: ein zuckersüßes Rührstück aus der Provinz, angeblich inszeniert von Andrzej Wajda. In diesem Film – »Eine Liebe in Deutschland« nach dem Buch von Rolf

Hochhuth – ist alles falsch und verlogen: von der klebrigen Musik über die augenrollende Schauspielerin bis zu den gestelzten Dialogen.

Mag man nicht glauben, daß Wajda die Tragödie einer verbotenen Liebe (zwischen einer Deutschen und einem polnischen Kriegsgefangenen) so schrecklich zugerichtet hat, man mag nicht glauben, daß Hanna Schygulla so spielt, wie sie spielt. Aber man sieht es. Und das ist die wahre Tragödie.

Nr. 38 vom 16. 9. 1983

# 6. Politik & Poesie

# »Ohne Betäubung« von Andrzej Wajda

## Vor der Revolution

Vor zwei Wochen hat Andrzej Wajda mit den Dreharbeiten seines neuen Films »Der Mann aus Eisen« begonnen. Der soll dort weitergehen, wo 1976 die labyrinthische Recherche nach dem »Mann aus Marmor« endete: auf der Werft von Danzig, wo Birkut, der verfemte Held der Arbeit, Anfang der siebziger Jahre aufgetaucht war und wohl auch zu Tode kam – bei jener blutig zerschlagenen Arbeiter-Erhebung, deren Opfer im polnischen Herbst der »Solidarität« doch noch ein Denkmal und eine Feier bekamen.

»Der Mann aus Eisen« ist Birkuts Sohn. Die Enquête geht weiter, zum erstenmal in einem anderen Polen, im gefährlichen Jahr 1 nach Lech Walesa. Wajda, der auch im letzten Herbst nach Danzig fuhr, mischt sich weiter ein. »Der Mann aus Eisen« wird neue Fragen stellen.

Bequemlichkeiten hat sich Andrzej Wajda nie gestattet. Seine Helden litten immer an Polen, starben an polnischen Verhältnissen: heroische Verlierer oft in den mythischen Fresken aus der polnischen Vergangenheit. Aber Trauerarbeit leistet Wajda nicht nur in seinen historischen Filmen (von »Asche und Diamant« bis zum »Gelobten Land«), sondern auch in den Beschreibungen polnischer Gegenwart. Noch »Der Dirigent« (1979), der nach einer langen, ruhmreichen Karriere im Ausland als alter Mann zu einem Jubiläumskonzert in seinen Heimatort zurückkehrt, geht an den Ränken der Kulturbürokratie zugrunde. Dennoch ein elegisches, fast friedliches Ende. Der Dirigent Jan Lasocki, dargestellt von Sir John Gielgud, erlebt vor seinem Tod die lange Schlange von Menschen, die nach Karten für sein Konzert anstehen.

Ein so schöner Abschied wird dem abgehalfterten Star-Reporter Jerzy Michalowski in »Ohne Betäubung« (im November 1978 in Warschau uraufgeführt, erst jetzt von der Arbeitsgemeinschaft Kino bei uns herausgebracht) nicht zuteil. Der fliegt, ganz ohne Feierlichkeit, mit einem defekten Gasofen in die Luft. Es bleibt offen, ob es wirklich ein Unfall war. Selbstmord kommt durchaus in Frage in diesem pessimistischsten aller Wajda-Filme.

Ganz allmählich verliert Jerzy Michalowski den Boden unter den Füßen. In der ersten Sequenz sehen wir ihn noch lässig, witzig und weltläufig in

251

einer Fernsehsendung über seine Abenteuer als Reporter plaudern: ein abgeklärter Profi in mittleren Jahren, der mit Fidel Castro nach Havanna einzog, der in Chile das Ende der Volksfrontregierung Allende miterlebte, der von allen Krisen-Schauplätzen der Dritten Welt berichtet hat.

Doch da glimmt die Lunte schon. Während die vor Monaten bereits aufgezeichnete Sendung läuft, landet Michalowski auf dem Flughafen von Warschau. Seine Frau empfängt ihn kühl, eröffnet ihm auf der Heimfahrt, daß sie ihn verlassen hat. In die Fernseh-Bilder des Erfolges drängen sich unvermittelt die realen Bilder einer privaten Niederlage. Michalowski, der ewige Reisende, scheint den Kontakt zum polnischen Alltag verloren zu haben. Auch in der Redaktion begrüßt man ihn kühler als gewöhnlich. Seinen nächsten Auftrag soll ein anderer übernehmen, er bekommt seine ausländischen Zeitungen nicht mehr (*Newsweek* und *stern*), sein Lehrauftrag an der Universität ist auf seltsame Weise gestrichen worden.

Den tiefen Fall des Jerzy Michalowski beschreibt Wajda als eine Kette unverständlich bleibender Demütigungen. Weder der Reporter noch der Zuschauer begreifen die Hintergründe des Sturzes. Ein ganz gewöhnlicher Vorgang: einer wird geschubst, gerät ins Stolpern, findet das Gleichgewicht nicht wieder, wehrt sich noch, ahnt schon das Unvermeidliche, in das er sich schließlich schickt, zermürbt und zerstört. Michalowski immerhin will seinen doppelten Untergang (den privaten und den beruflichen) ohne Betäubung erleben. Bei der befreundeten Zahnärztin, die zwischen ihm und seiner inzwischen mit einem jüngeren Rivalen aus der Zeitung liierten Frau vermitteln soll, läßt er sich keine Narkose aufdrängen. Und sinkt ohnmächtig vom Behandlungsstuhl.

Opportunisten, Drahtzieher, Karrieremacher, Feiglinge: Wajda bevölkert seinen Film mit durchschnittlichen Typen aus dem staatlichen Medien-Betrieb. Michalowski, der selber alles andere als eine Lichtgestalt ist, dessen Souveränität bisweilen auch eine gewisse Gefühlsarmut verbirgt, paßt nicht in diesen Zoo der Angepaßten. Das scheint sein einziges Vergehen zu sein.

»Ohne Betäubung« ist ein gespenstischer Film, zugleich der kunstloseste, den Wajda je gemacht hat. Die Kamera führt er wie ein indiskreter Fernsehreporter: viele Großaufnahmen, simple Schuß-Gegenschuß-Schnitte, flaches, kaltes Licht, kalkulierte Flüchtigkeiten mit der Handkamera. So gibt es keine sentimentale Passionsgeschichte zu sehen, sondern ein brutales Protokoll, sehr direkt, ohne Umschweife und auch für den Zuschauer »ohne Betäubung«.

Knapp zwei Jahre nach der Premiere dieses Films stürzten in Polen auch die Medienfunktionäre. »Ohne Betäubung« ist ein Film vor der Revolution. Aber Wajdas kalte Wut sehnt diese Änderung schon herbei.

Nr. 7 vom 6. 1. 1981

# Die italienische Krankheit:
## Über den Regisseur Francesco Rosi und seinen neuen Film »Christus kam nur bis Eboli«

### Bilder aus einem zerrissenen Land

Vielen ist Italien unheimlich geworden in den letzten Wochen. Das Blutbad von Bologna, die Entführung der Kronzucker-Kinder (wie hätten die Medien wohl bei weniger prominenten Opfern reagiert?), die Ermordung des Generalstaatsanwalts von Palermo. Schon lange wütet die Gewalt in diesem zerrissenen Land, doch ihre Symptome zeigen sich immer krasser: Nachrichten aus einer Gegend, »wo die Ideen außer Kurs geraten waren, wo die Prinzipien – noch proklamiert und mit Beifall aufgenommen – Tag für Tag verhöhnt wurden, wo in der Politik die Ideologien zu bloßen Bezeichnungen herabgesunken waren, wo es bei den Auseinandersetzungen der Parteien lediglich um Macht ging, wo nur die Macht um der Macht willen zählte«.

Dieser Satz steht in dem 1971 erschienenen Roman »Il Contesto« (deutscher Titel: »Tote Richter reden nicht«) von Leonardo Sciascia. Vor fünf Jahren schon hat ihn der aus Neapel stammende Regisseur Francesco Rosi verfilmt: »Die Macht und ihr Preis« (Originaltitel: »Cadaveri eccelenti«) mit Lino Ventura in der Rolle des Polizeiinspektors Rogas, der eine Serie von Morden an Richtern aufzuklären hat und selber am Ende einem Anschlag aus dem Hinterhalt zum Opfer fällt, wurde zum Höhepunkt jenes authentisch italienischen Kinogenres, das unter dem Etikett »Politthriller« gehandelt wird. In Filmen wie »Ermittlungen gegen einen über jeden Verdacht erhabenen Bürger« (Regie: Elio Petri) oder »Der Clan, der seine Feinde lebendig einmauert« (Regie: Damiano Damiani) reagierten die italienischen Filmemacher mit radikalem Zorn auf italienische Zustände.

Francesco Rosi, Jahrgang 1922, der seine Karriere einst als Regieassistent bei Visconti begonnen hatte (»La Terra trema«, »Senso«), ging noch weiter als seine Kollegen. In seinem zehnten Film »Die Macht und ihr Preis« beließ er es nicht bei einer brillanten Polemik, begnügte sich nicht mit einem grandiosen Thriller, sondern wagte eine Expedition in die labyrinthisch verschlungene Innenwelt der Gewalt und der Korruption, schuf ein Klima totaler Unsicherheit, gegen dessen Drahtzieher und Hintermänner (eine wahrhaft furchtbare große Koalition der äußersten Rechten und der kompromißlerischen Linken) kein noch so unbestechlicher Fahnder mehr eine Chance besitzt. »Ich mache keine Charakterstudien, sondern Studien der Gesellschaft«, sagt Rosi, und so geriet die individuelle Tragödie des Inspektors Rogas in den Hintergrund einer exemplarischen Untersuchung der politischen Realität Italiens.

Unter den bedeutenden Regisseuren seines Landes ist Francesco Rosi der intellektuellste: Folgte er in seinen beiden ersten Filmen – »La sfida« (1958) und »I Magliari« (1959) – noch der veristischen Erzähltradition des italienischen Nachkriegskinos und erzählte von einem von der Mafia kontrollierten Gemüsemonopol und von italienischen Arbeitern und Gaunern in Hamburg, so entwickelte er schon in »Salvatore Giuliano« (»Wer erschoß Salvatore G.?«, 1961) einen ganz neuen Stil. Die Stationen aus dem Leben des 1950 erschossenen sizilianischen Banditenhäuptlings Salvatore Giuliano fügten sich nicht zu einer deutlichen Biographie, sondern bildeten, wie die Einzelteile eines gigantischen Puzzles, die Bausteine für ein Panoramabild der sizilianischen Zeitgeschichte: keine Chronik (der Film beginnt mit Giulianos Tod), sondern ein Fresko aus widersprüchlichen Zeugenaussagen, Dokumenten, Spuren einer Verwüstung, an der die Polizei und das Militär nicht weniger beteiligt waren als das organisierte Verbrechen (die Mafia) und der eher naive Brigant.

Francesco Rosi bildet Geschichte nicht ab, sondern er analysiert die Kräfte, die sie bewegen. Jeder seiner Filme ist eine Enquête, eine Mischung aus methodischem Journalismus und kinematographischer Vitalität. Er unternimmt Reisen ins Zentrum der Macht (also: des Mißbrauchs von Macht), aber er läßt sich nicht blenden vom Charisma der großen Männer: selbst nicht von dem des genialen Enrico Mattei, den man in China als »den wichtigsten italienischen Besucher seit Marco Polo« empfing, der als Chef der staatlichen Energiebehörde »E.N.I.« den Kampf gegen das Erdölmonopol der »Sieben Schwestern« aufnahm und 1962 bei einem mysteriösen Flugzeugabsturz umkam. In seinem Film »Il caso Mattei« (»Der Fall Mattei«, 1972) geht es Rosi weniger um die Frage »Wer ermordete Enrico M.?« als um die Mechanismen der Macht, denen Mattei wohl zwangsläufig erliegen mußte. Mattei selber bleibt für Rosi eine zwiespältige Figur: fast ein italienischer Citizen Kane, ein Gigant, der nicht zuletzt an seiner eigenen Hybris scheiterte.

»Ich habe nicht nur ein Porträt dieses Mannes machen, sondern auch den sozialen, politischen und historischen Kontext, in dem er lebte, erklären wollen«, sagte Francesco Rosi zu seinem Film »Lucky Luciano« (1973) über den berühmten italo-amerikanischen Mafiaboß, der in dieser Studie jeder »Paten«-Romantik entkleidet und als geschäftstüchtige Figur im internationalen Drogengeschäft gezeigt wird. Bilder von Konferenzen, Untersuchungsausschüssen, Verhandlungen, mit dokumentarischer Akribie gesammelt und ausgewertet: Mythen interessieren Francesco Rosi nicht.

Als der Mattei-Film in England herauskam, sagte sein Regisseur in einem Interview mit dem *Guardian:* »Eines der Probleme Italiens besteht darin, daß es zum Westen gehört, aber dennoch ein Teil der Dritten Welt ist: wegen seiner ökonomischen Schwäche und wegen seiner Geschichte. Über die Hälfte Italiens war eine Zeitlang eine Kolonie, und all das hat eine spezielle Form von Kultur hervorgebracht, die den Staat dominiert.«

In Lucania, im tiefen Süden Italiens, dem Mezzogiorno, hört man wenig von dem, was in den Metropolen vorgeht. »Aber in diese dunkle Erde, wo es weder Sünde noch Erlösung gibt, wo das Böse keine Frage der Moral ist, sondern ein irdischer Schmerz, der für immer den Dingen anhaftet, ist Christus nicht herabgestiegen. Christus kam nur bis Eboli.« So heißt es im ersten Kapitel von Carlo Levis Buch »Christo si è fermato a Eboli« (Christus kam nur bis Eboli), in dem der Dichter, Maler und Arzt aus Turin seinen Aufenthalt in einem lukanischen Dorf beschreibt. Levi kam 1935 nicht freiwillig nach Gagliano. Der faschistischen Regierung in Rom dünkte dieser ferne Winkel des Landes so barbarisch, daß sie ihre linken Gegner dorthin in die Verbannung schickte: Lucania, das sollte das Sibirien des Mussolini-Staates werden.

Lange schon hatte Francesco Rosi vor, Levis Buch auf die Leinwand zu übertragen. Denn auch dies ist die Geschichte einer Untersuchung, keiner journalistischen oder kriminalistischen zwar, wie so oft bei Rosi, sondern einer ethnologischen. Und die Geschichte einer Reise, einer doppelten Bewegung: der physischen Bewegung von Eboli aus mit dem Zug, mit dem Bus und schließlich mit einem klapprigen Wagen bis in das abgelegene Bergnest, und der allmählichen Veränderung im Bewußtsein eines Intellektuellen aus dem Norden, der sich in der Wildnis ausgesetzt sieht.

Ein Fremder in einem fremden Land: Das ist Carlo Levi in Lucania. Und so, wie der französische Kritiker Michel Cimént notierte, in »Salvatore Giuliano« die Begegnung zwischen Marx und Pirandello in Sizilien stattfand, kommt es auch hier zu einer Konfrontation zweier Kulturen, die kaum noch eine gemeinsame Sprache verbindet.

Das ist kein neues Thema für das italienische Kino, und gewiß gibt es Verbindungslinien zwischen Rosis »Christus kam nur bis Eboli« und den Filmen »Padre Padrone« von den Brüdern Taviani und »Der Holzschuhbaum« von Ermanno Olmi. Doch das emanzipatorische Pathos der Tavianis (die erzählen, wie ein sardischer Hirtenjunge vom Analphabeten zum Schriftsteller wird) ist Rosi ebenso fremd wie die melancholische Beschwörung eines bei aller Not doch intakten bäuerlichen Lebens, wie sie Ermanno Olmi gelang. Rosi sucht keine Nähe, weil es sie nicht geben kann: »Zum Beispiel muß ich mir Rechenschaft ablegen über die Bedingungen eines Intellektuellen, eines Künstlers, der sich dem Leiden der Armen und der Bauern sehr nahe fühlt, aber zur gleichen Zeit aus ihm Profit zieht. Was immer er tut, bleibt er doch ein kultivierter Bourgeois, und sie bleiben Existenzen am äußersten Rande der italienischen Gesellschaft. Die einzige Möglichkeit, die er hat, die ich habe, um ihnen das zurückzugeben, was man ihnen genommen hat, besteht darin, ein Buch zu schreiben, einen Film zu drehen.«

Anders als die früheren Filme von Rosi, die historische Abläufe aus verschiedenen Perspektiven rekonstruierten und kommentierten, ist dieser, der elfte erst in 21 Jahren, vollständig aus der Wahrnehmung eines einzelnen, Carlo Levi, gestaltet. Mit ihm, sehr spröde, fast scheu dargestellt von Rosis bevorzugtem Hauptdarsteller Gian Maria Volonté (der auch Enrico Mattei und Lucky Luciano spielte), dringen wir nur sehr langsam ein in diese geschlossene Gesellschaft am Ende der Welt.

Levi redet wenig in der ersten Hälfte des 150 Minuten langen Films. Er beobachtet, ratlos, fasziniert, manchmal auch ängstlich. Allmählich begegnet er Menschen: dem Steuereinnehmer aus der Provinzhauptstadt Matera, dem seine Klarinette mehr bedeutet als sein gehaßtes Amt; den Alten von Gagliano, die ihm vom Paradies Amerika erzählen, aus dem sie dennoch zurückgekehrt sind (neben dem Kruzifix hängt ein Photo des Präsidenten Franklin Delano Roosevelt); dem opportunistischen Bürgermeister, einem Faschisten, der sich gleichwohl bemüht, den Verbannten das Leben nicht allzu schwer zu machen; der Haushälterin Giulia, die den tief verwurzelten Mystizismus des Mezzogiorno ebenso verkörpert wie ein durchreisender Landadeliger von wirrer Religiosität, der Levi seine baldige Entlassung verspricht; dem betrunkenen Priester des Ortes (einer Erscheinung von eindrucksvoller Schäbigkeit), den die wilden Kinder mit Steinen bewerfen, der das Land verflucht, es aber nicht verlassen kann.

Lange verweilt die Kamera von Pasqualino de Santis (der die meisten Filme von Rosi photographiert, aber auch für Robert Bresson und Joseph Losey gearbeitet hat) auf Szenen eines archaischen Lebens. Rom (der Staat) ist von Gagliano weiter entfernt als der Mond. Als der Krieg in Abessinien vorbei ist, als Mussolini die Eroberung von Addis Abeba im Rundfunk verkündet und jubelt, nun sei Italien in Afrika, fährt die Kamera minutenlang durch die verkarstete, von Erosionen gezeichnete Landschaft, wo die Bauern die donnernde Stimme des Duce wie ein Sommergewitter über sich ergehen lassen. Und man sieht, daß Afrika längst in Italien ist.

Tatsächlich findet Rosi in Lucania viele Probleme der Dritten Welt, von der kulturellen Entfremdung bis zur Arbeitslosigkeit, aber nur ein einziges Mal weitet er seine Beschreibung zu einem intellektuellen Diskurs: in einem Gespräch Levis mit dem Bürgermeister, in dem er von den zwei Kulturen spricht, von der Gewalt, die aus ihrer Unvereinbarkeit entsteht. Diese Gewalt ist in »Christus kam nur bis Eboli« stets spürbar: in den obszönen, mehr geschrienen als gesungenen Liedern, in blutigen Ritualen, in Blicken, in der Landschaft selber.

Rosi, der selber ein Mann des Südens ist, der seine Sujets meist im Süden gefunden hat, sieht »Christus kam nur bis Eboli« nicht als historischen Film, sondern als einen über die Gegenwart. In Gagliano hat sich seit 1935 so wenig verändert wie in anderen unterentwickelten Teilen des Landes: »Das ist der Ursprung aller Übel des modernen Italiens. Dieser Film ist keine Provokation, sondern ein Angebot, die Probleme des Südens neu zu diskutieren: Emigration, die kulturelle Reduzierung, die Arbeitslosigkeit unter den Jugendlichen.«

Wenn Carlo Levi, nach einer Amnestie aus Anlaß des Sieges in Afrika, Gagliano wieder verläßt, ist er kein Fremder mehr. Aber doch kein Mitglied der dörflichen Bevölkerung, der er sich als Arzt unentbehrlich gemacht hat. Die Distanz bleibt, für ihn wie für den Zuschauer. Wo sich eine Versöhnlichkeit andeuten könnte, beim Abschied, der zu einem Triumph für Levi wird (viele Menschen geben Don Carlo das Geleit), beschließt Francesco Rosi seinen Film mit einem Gemälde von Levi aus jener Zeit. Es heißt »Die Pforte zum Süden«. Man sieht ein kleines Mädchen, eine seltsam starre Bitternis im Gesicht, so als müßte sie allein gegen das Unrecht und die Verlassenheit des Südens Zeugnis ablegen.

Wem Italien unheimlich geworden ist in den letzten Wochen, der kann hier einiges verstehen lernen.

Nr. 34 vom 15. 8. 1980

## »Klassengeflüster« von Jacusso und Rickenbach

### Ein letzter Sommer

Manchmal ist die Schule ein Schlachtfeld. In Peter Steins »Klassen-Feind« wehren sich Fetzer, Vollmond, Pickel, Kebab und die anderen mit manischer Wut gegen ihre Angst vor einer trostlosen Zukunft.

Manchmal ist die Schule ein Rummelplatz für die Lümmel von der letzten Bank. In Wolfgang Bülds unsäglicher Teenie-Klamotte »Gib Gas – Ich will Spaß« erscheint das Klassenzimmer als beliebiges Ambiente für die adretten Albereien von Nena und Marcus.

Meistens kommt die Schule in unserem Kino überhaupt nicht vor: weder als Ort der Revolte (wie einst in Jean Vigos »Zéro de Conduite«, später in Lindsay Andersons »If«) noch als Ort der frühen Arbeit: des Lernens. Peter Zadeks »Ich bin ein Elefant, Madame«, vor sechzehn Jahren in Bremen gedreht, bleibt immer noch eine rühmliche Ausnahme.

»Klassengeflüster«: Das klingt harmlos, fast idyllisch, aber selten hat ein Titel so getrogen. Die gemeinsame Arbeit der beiden schweizerischen Filmemacher Nino Jacusso und Franz Rickenbach mit Schülern aus Solothurn verklärt die Schule weder zum gemütlichen Reservat für Pennäler-Streiche (im Stil der seligen »Feuerzangenbowle«) noch zur Brutstätte für Anarcho-Phantasien. Es geschieht wenig. Ein letzter Sommer vor dem Ende der Schulzeit. Eine neue Schülerin. Zaghafte Leibeleien. Die gewöhnlichen Ängste. Momente von Widerstand. Am Ende die »Zukunft« am Fließband der Schokoladenfabrik.

Aber heiter und harmlos ist das alles wahrlich nicht. Einmal sitzen Marion und Isabelle auf der Fensterbank in einem leeren Klassenzimmer, beobachten die Jungen, die unten auf dem Schulhof Sportunterricht haben, und sinnieren über den schleichenden Stumpfsinn: »Wenn es regnet, wird drinnen geturnt. Wenn die Sonne scheint, wird draußen geturnt. Dann heiratet man und kriegt ein Kind. Und das sitzt später wieder hier und sagt: Wenn es regnet, wird drinnen geturnt ...«

Die Schülerinnen und Schüler aus Solothurn haben ihre Dialoge selber entwickelt, und sie beweisen einen sehr genauen Sinn für die oft bedrückende, manchmal auch unverhofft komische Banalität des Erziehungs-Betriebs. »Klassengeflüster« wirkt wie ein Dokumentarfilm: aus der Innenwelt einer Kaserne.

Die Lehrer (sie allein werden von Schauspielern dargestellt) geben sich Mühe, mehr oder weniger, aber überall waltet eine lähmende Routine. Vor der Revolution: Man meint zu spüren, daß sich ein Widerstand entwickeln müßte gegen die bloße Verwaltung von Phantasien und Hoffnungen, aber als tatsächlich etwas geschieht, ist es sehr rasch auch schon wieder vorbei. Das Notizbuch eines Lehrers verschwindet, empfindliche Strafen werden angedroht, die Klasse solidarisiert sich mit der Diebin, aber es ändert sich nichts. Am Ende stehen Lisa und Isabelle, ihre langen Haare unter häßlichen Tüchern verborgen, am Fließband. Marion, die Missetäterin, besichtigt mit ihrer neuen Klasse die Fabrik. Die Mädchen reden nicht miteinander. Wie leicht hätte aus einem solchen Stoff der übliche Sozialkitsch entstehen können, der immer noch in vielen Fernsehspielen umgeht. Aber Jacusso (der den Gastarbeiterfilm »Ritorno a casa« gedreht hat) und Rickenbach ist mit bescheidensten Mitteln ein kleines Wunder gelungen. Denn »Klassengeflüster« ist nicht nur ein Film über die Monotonie, sondern auch und besonders eine Arbeit über das Licht des Sommers und die langen Schatten in engen, erstickenden Räumen.

Sehr zart und sehr verhalten, in magischen Schwarzweiß-Bildern (Kamera: Pio Corradi) beobachten die Filmemacher erste Annäherungsversuche in der Badeanstalt, Eifersüchteleien vor dem Jugendzentrum. Unten am See – wo Körper sich schüchtern berühren, wo pubertäre Sehnsüchte sich in ungeschickten Gesten der Zärtlichkeit und der Verweigerung offenbaren – herrscht eine Ahnung vom Paradies: wie bei Jean Renoir in der »Partie de Campagne«.

Dagegen stehen Bilder der Einsamkeit und der Verzweiflung: ein Mädchen, das sich nachts im matten Schein einer Taschenlampe mit Hausaufgaben quält. Das arme Kino von Jacusso und Rickenbach ist voller Geheimnisse. Es biedert sich nicht an bei den Objekten seiner behutsamen Neugier, es hält Abstand mit langen, meist unbewegten, streng komponierten Einstellungen. Es entsteht ein seltsamer »poetischer Realismus«: aus kleinen Bewegungen gegen erstarrte Zustände.

Nr. 16 vom 15. 4. 1983

## Chris Markers »Sans Soleil – Unsichtbare Sonne«: Essay, Tagebuch, Expeditionsbericht

### Die Welt als Fundsache

Er hat einen »Sonntag in Peking« gefilmt. Er hat einen »Brief aus Sibirien« geschickt. Er hat, in Israel, die »Beschreibung eines Kampfes« gedreht. Andere Filme hießen: »Cuba Si!«, »Das Geheimnis Koumiko«, »Wenn ich vier Dromedare hätte«, »Das sechste Gesicht des Pentagon«, »Die Schlacht um Chile«.
Chris Marker ist ein Filmemacher auf Reisen, ein Dokumentarist, ein Ethnologe, ein Poet. Man hat ihn auch einen Bilderjäger genannt, einen revolutionären Propheten, einen Weltbürger, einen Verwandten von Malraux, Saint-Exupéry, Camus, Cendrars und Jules Verne. Sein Kino läßt sich auf viele Begriffe bringen: also auf keinen. Er selber nennt sich: neugierig.
Chris Marker sammelt Bilder, überall auf der Welt. Er arrangiert sie nicht zu den Berichten eines wissenden Korrespondenten. Er denkt über sie nach, setzt sie in überraschende Verbindungen zueinander, verwirft sie wieder, ordnet sie neu. Er verwendet die disparatesten Elemente: Grobkörnige Super-8-Aufnahmen stehen neben den raffiniertesten elektronischen Verfremdungen, pathetische Bilder neben ironischen, afrikanische neben japanischen, Neon-Zeichen neben Stammesriten, Comicstrips neben Zitaten von Lévi-Strauss. Chris Marker behandelt die Welt als Fundsache. Vieles bleibt rätselhaft, geheimnisvoll. Mit Marker reisen heißt: sich auf ein Abenteuer ohne Gewißheiten einlassen.
»Sans Soleil«, die jüngste Arbeit des 1921 geborenen Franzosen (der eigentlich Christian François Bouche-Villeneuve heißt), beginnt an einem abgelegenen Ort. Man hört, aus dem Off, die Stimme einer Frau: »Das erste Bild, von dem er mir erzählte, zeigt drei Kinder auf einer Straße in Island, 1965. Er sagte mir, es sei für ihn ein Bild des Glücks, und auch, daß er mehrmals versucht habe, es mit anderen Bildern in Verbindung zu bringen – aber das sei nie gelungen. Er schrieb mir: ›Ich werde es eines Tages ganz allein an den Anfang eines Films setzen und lange nur schwarzes Startband darauf folgen lassen. Wenn man nicht das Glück in dem Bild gesehen hat, wird man wenigstens das Schwarze sehen.‹«

259

Die Stimme der Frau (Alexandra Stewart im Original, Charlotte Kerr in der deutschen Fassung) begleitet die Bilder. Sie liest Briefe von Chris Marker vor. Immer wieder die Formel: »Er schrieb mir«. Er schreibt ihr aus Japan, er schreibt ihr aus Guinea-Bissau, er schreibt ihr aus San Francisco, er schreibt ihr von der Ile de France. Ziemlich am Anfang heißt es im Kommentar: »Er liebte die Vergänglichkeit dieser flüchtigen Momente, diese Erinnerungen, die zu nichts anderem gedient hatten, als eben Erinnerungen zu hinterlassen. Er schrieb: ›Nach einigen Reisen um die Welt interessiert mich nur noch das Banale. Ich habe es während dieser Reise mit der Ausdauer eines Prämienjägers verfolgt.‹« Dazu sieht man die Bilder eines Fährschiffs, unterwegs von Hokkaido nach Tokio.

Chris Marker interessiert sich kaum für das Große und Ganze, aber im vermeintlich Banalen entdeckt er das Sublime, das Verschleierte, manchmal auch das Erschreckende. Eine kurze Sequenz über die Ermordung einer Giraffe, nicht von Marker selber gefilmt, aber wie andere Fundstücke und Leihgaben in den Film eingefügt, sagt mehr über den Kolonialismus und die Verletzungen des schwarzen Afrika als eine plane Polemik.

Markers Ästhetik des scheinbar Nebensächlichen (die Hauptsachen sind ja längst erforscht und katalogisiert) erschließt sich auch über eine Anekdote aus dem Japan des 11. Jahrhunderts, die von einer kleinen Gruppe von Müßiggängern am Kaiserhof handelt. Jene haben »im japanischen Empfindungsvermögen eine viel tiefere Spur hinterlassen als alle Verwünschungen der Politiker, indem sie lernten, aus der Betrachtung der geringsten Dinge eine Art melancholischen Trostes zu gewinnen ...« Begleitet wird dieser Text von dem Bild einer startenden Rakete.

Auf den Straßen, in den Tempeln und Kaufhäusern Tokios durchdringt Markers Kamera-Blick den schönen (oder auch häßlichen) Schein der Dinge. Er entdeckt die Stadt und das Wesen ihrer Bewohner in den alltäglichsten Zeichen. In der Computer-Abteilung eines Kaufhauses sieht er die jungen Japaner, »die ihr Gehirn trainieren wie die jungen Athener ihre Muskeln in der Ringerschule. Da sie einen Krieg zu gewinnen haben. Die Geschichtsbücher der Zukunft werden vielleicht die Schlacht der integrierten Schaltkreise ähnlich bewerten wie die Schlachten von Salamis oder Stalingrad. Wobei sie durchaus bereit sind, den unterlegenen Gegner zu ehren, indem sie ihm ein anderes Gelände überlassen: die Herrenmode dieser Saison steht im Zeichen von John Kennedy.«

An den Mauern Tokios findet Marker Spuren einer Geschichte der Zeichen, die auch eine Geschichte der Menschen ist, die in ihnen leben. Die Graffiti stimulieren seine an Assoziationen reiche Phantasie: »Die ganze Stadt ist eine auf Streifen gezeichnete Geschichte. Es ist der Planet Mongo. Wie sollte man diese Bildhauerei nicht erkennen, die vom Plastik-Barock bis zum Lasziv-Stalinistischen reicht, und diese Riesengesichter, deren Blick man auf sich lasten fühlt – denn die Bilder-Voyeure werden ihrerseits von Bildern gesehen, die noch größer sind als sie selbst.«

»Sans Soleil« – der Titel bezieht sich auf eine Komposition von Modest Mussorgskij, ohne daß er deshalb deutlich würde – ist das intime Tagebuch eines Bildersammlers, eines Fetischisten, der von der »magischen Funktion des Auges« spricht. Marker ist den Bildern verfallen, aber er traut ihnen nicht. Sie bleiben flüchtig, unbestimmt, manchmal auch schroff abweisend. Marker liebt die »Impermanenz der Dinge«. Er sagt: »Die Poesie entsteht aus der Unsicherheit«. Er zeigt vom Synthesizer bearbeitete Video-Bilder seines japanischen Freundes Hayao Yamaneko, der dokumentarische Aufnahmen von schon historischen Studenten-Revolten elektronisch verfremdet hat: »Weniger verlogene Bilder, sagte er mit der Überzeugung der Fanatiker, als die Bilder, die du am Fernsehbildschirm siehst. Sie wollen eben sein, was sie sind, nämlich Bilder, nicht die transportierbare, kompakte Form einer schon unerreichbaren Wirklichkeit.«

Wie kann man die Wirklichkeit filmen, mit 24 Bildern in der Sekunde, von denen das richtige, das authentische vielleicht nur einen Bruchteil dauert? Der Blick eines Mädchens auf einem Markt im afrikanischen Bissau: Er läßt Marker nicht mehr los. Kann man ihn überhaupt festhalten? Marker, der intellektuelle Voyeur, der Freund und Mitarbeiter von Alain Resnais, Agnès Varda und Jean-Luc Godard, untersucht die Natur des Kinos.

Mit Resnais, der die Spuren der Wirklichkeit an Orten suchte, die Marienbad und Hiroshima hießen, verbindet Marker eine Faszination an »der Erinnerung, die nicht das Gegenteil des Vergessens ist, sondern vielmehr dessen Kehrseite. Man erinnert sich nicht, sondern man schreibt das Gedächtnis um, wie man die Geschichte umschreibt. Wie sollte man sich an den Durst erinnern?« So wird am Ende auch das Dokumentarische zur Fiktion, zur Illusion. Alle Gewißheiten lösen sich auf. Was bleibt, ist der widerspenstige Reichtum der Bilder, auf die nie wird Verlaß sein können.

Nur ein einziger Film, sagt Marker, »habe das unmögliche Gedächtnis, das wahnsinnige Gedächtnis auszudrücken vermocht, ein Film von Hitchcock: Vertigo.« Eine Recherche in San Francisco, dem Drehort dieses seit vielen Jahren aus den Kinos verschwundenen Meisterwerks (das bei uns unter dem Titel »Aus dem Reich der Toten« lief), bildet die innere Verbindung zwischen den fragmentarischen Beobachtungen, aus denen »Sans Soleil« besteht. Erinnerungen, angegriffen von den Täuschungen des Gedächtnisses, stoßen auf konkrete Beweisstücke für die Existenz eines Films, der von der Täuschung handelte. In der Spirale der Zeit verschwinden die sicheren Wahrnehmungen.

»Sans Soleil« ist ein unmöglicher Film: ein Expeditionsbericht in das Innere des magischen Auges, ein ethnographischer Essay, das Tagebuch eines Besessenen. Er paßt in kein Kino. Man muß ihn sehen.

Nr. 36 vom 2. 9. 1983


## Politisches Kino: Gorettas »Der Tod des Mario Ricci«, de Antonios »In Sachen King of Prussia«

### Krieg im Frieden

Der heiße Herbst braucht keine kalten Filme. Von Woche zu Woche wird das Dilemma der Friedens-Bewegung offensichtlicher: der Zwiespalt zwischen dem gewaltlosen Widerstand (den fast alle wollen) und dem zunehmenden Gefühl von Ohnmacht vor der Kraft des Faktischen. Wenn die Raketen tatsächlich aufgestellt werden – wer zweifelt eigentlich noch daran? –, könnten aus vielen sanften Gandhi-Jüngern alsbald Anhänger von radikaleren Protest-Formen werden. Wer überleben will, muß sich wehren. Es ist eine Zeit der einfachsten Parolen und der kompliziertesten moralischen Debatten. Wie gewaltlos muß bürgerlicher Ungehorsam bleiben, wie gewalttätig darf er werden, um mehr zu sein als eine rührende Geste der Ohnmacht? Ein Satz von F. Scott Fitzgerald heißt: »Man muß wissen, daß die Dinge ohne Hoffnung sind, aber alles tun, um sie zu verändern.«
Manchem hilft die Macht der Gefühle. Neulich in Mutlangen wurde ein amerikanischer Film vorgeführt, an dem sich die Bewegung wärmen kann: ein sehr schlichter Film, in dem die Bösen (die mit den Schwertern) von den Guten (denen mit den Pflugscharen) zwar nicht tatsächlich besiegt, aber wenigstens auf überzeugende Weise moralisch deklassiert werden. In finsteren Zeiten klammern wir uns an Licht-Gestalten.
Die Rollen sind klar verteilt: Am 9. September 1980 drangen zwei Frauen und sechs Männer, daruner die Jesuiten-Patres Daniel und Philip Berrigan, in eine Fertigungshalle der Firma General Electric in dem kleinen Ort King of Prussia (den einst deutsche Einwanderer in Pennsylvania gegründet hatten) ein. Mit Hammerschlägen beschädigten sie zwei Hitzeschilde für Interkontinentalraketen und gossen ihr eigenes Blut über Konstruktionszeichnungen. Danach ließen sich die »Plowshares 8« widerstandslos von der Polizei abführen.
Der Film »In Sachen King of Prussia« (»In The King of Prussia«) von Emile de Antonio rekonstruiert nicht die Tat der radikalen Pazifisten, sondern die Gerichtsverhandlung, die ihr einige Monate später unter dem Vorsitz des gänzlich voreingenommenen, unfairen Richters Samuel W.

262

Salus folgte. Salus ließ international renommierte Wissenschaftler, die über die mörderische Natur der in King of Prussia produzierten Waffen hatten aussagen sollen, gar nicht erst als Zeugen zu und verhinderte in engem Zusammenspiel mit dem Staatsanwalt eine VerteidigungsStrategie, die das göttliche Recht auf Leben, von den zerbeulten Raketenteilen direkt bedroht, gegen das irdische Recht auf die Unverletzlichkeit des Privateigentums (in diesem Fall des Konzerns General Electric) abwägen wollte. Für den Richter war die Tat der »Plowhares 8« ein Fall von Sachbeschädigung und grobem Unfug. Der Prozeß endete mit drakonischen Strafen: bis zu zehn Jahren Haft für einige der Angeklagten.

»In Sachen King of Prussia« ist kein reiner Dokumentarfilm. Zwar nahm de Antonio, der mit »Point of Order« (über die McCarthy-Hexenjagden) und »Milhouse« (über die Karriere von Richard Nixon) die Geschichte des politischen Kinos bereichert hat, die Begleitumstände der Affäre mit seiner Video-Kamera direkt auf, aber im Gerichtssaal durfte er nicht drehen. So entstand, an den wenigen Tagen zwischen dem Ende der Beweisaufnahme und der Urteilsverkündung, eine mit den bescheidensten Mitteln gefilmte szenische Rekonstruktion der Verhandlung. Die acht Angeklagten stellen sich selber dar, auch die anderen Mitwirkenden sind keine Schauspieler: bis auf den eilig eingeflogenen Hollywood-Star Martin Sheen (»Apokalypse Now«), einen Aktivisten der amerikanischen Friedensbewegung, der den Richter Salus mit grimmiger Bravour spielt. Das Ganze wurde auf Video gedreht (also leicht unscharf, mit verschwimmenden Konturen) und später auf Filmmaterial umkopiert.

»In Sachen King of Prussia« ist ein flammendes Pamphlet, beglaubigt durch die authentische Würde der entschlossenen Pazifisten: ein Film der großen Rhetoriker Daniel und Philip Berrigan, ein Film der Empörung, der Beschwörungen, der Gebete und Gesänge. Aber selbst der zornigste, der aufrüttelndste Gottesdienst hat die zwangsläufigen Nachteile solcher Veranstaltungen: litaneihafte Wiederholungen, pathetische Kulthandlungen, eine Inflation frommer Worte. Seinen Helden gegenüber bleibt der Film auf einer Ebene bedingungsloser Bewunderung.

Nach einer Weile begann ich, dieses inspirierte politische Laien-Theater mit einem gewissen Unbehagen zu betrachten. Ich fand es eine Spur zu routiniert, zu laut (auch an seinen leisesten Stellen), zu clever in seiner Mischung aus dokumentarischer Rauheit und steilster Theatralik. Und sofort fand ich mich auch ungerecht. Als sei die Friedensbewegung ein Ästheten-Treff! Als müßten angesichts des drohenden Weltuntergangs noch kleinliche Kunstvorbehalte diskutiert werden! Der Film wird wichtig sein: weil er ganz selbstverständlich die Gewalt gegen Sachen propagiert. Die beiden grundsätzlichen Positionen der Friedensbewegung (hier der totale Gewaltverzicht, dort der begrenzte Angriff auf Privat- und Staatseigentum) lassen sich vortrefflich an seinem Beispiel bereden. Der

Film ist eine bebilderte Argumentations-Fibel für militante, auch militant fromme Pazifisten. Nicht schlecht, aber am Ende doch nicht gut genug. Ein Film sieht anders aus. Ein Film redet nicht nur vom Licht und von den Schatten, er handelt davon: in Bildern. Am Anfang ist nichts zu sehen. Der Blick ins Freie bricht sich an einer völlig verschmutzten Autoscheibe. Am Ende erfaßt die Kamera denselben Wagen aus der Vogelperspektive. Er entfernt sich langsam aus einer herrlichen schweizerischen Landschaft. Aber die sieht nun nicht mehr friedlich aus. Der Blick hat sich, in 100 Kino-Minuten, geschärft für die Kleinigkeiten, die den Frieden gefährden.

Mit dieser sinnfälligen optischen Klammer versieht Claude Goretta, Regisseur des schönen Rührstücks »Die Spitzenklöpplerin« und des schlimmen Rührstücks »Die Verweigerung«, seinen neuen Film »Der Tod des Mario Ricci«. Das ist ein wunderbarer, ein hoffnungsvoller Film: wunderbar, weil er den Widerspruch der neuesten Friedenskunst zwischen guten Einsichten und unzureichenden Mitteln überwindet; hoffnungsvoll, weil er nicht von Gott und der Welt, vom Großen und Ganzen redet (also vom Unabänderlichen), sondern weil er den kleinen Widerstand beschwört: gegen die alltägliche Feigheit, gegen die lähmende Indifferenz im Angesicht der allgemeinen Ungerechtigkeit.

Ein Mann hat sich und seine Sache aufgegeben: ein berühmter Hunger-Forscher (Heinz Bennent), der sich in ein Schweizer Dorf zurückgezogen hat. Seine Expertisen verschimmeln in den Schubladen der Ministerien. Das Kindersterben in der Dritten Welt geht weiter.

Ein anderer Mann besucht den Wissenschaftler: ein grauhaariger Fernsehjournalist (Gian Maria Volonté), auch er von eher melancholischem Gemüt, still, freundlich, resignativ. Das geplante Interview kommt nicht zustande, statt dessen etwas anderes. Eher zufällig bemerkt der Fremde, daß in dem Ort etwas nicht stimmt. Ein italienischer Gastarbeiter hatte einen Unfall. Der Journalist wird neugierig, er schaut sich um, er mischt sich ein. Der Hunger in Afrika ist in der Schweiz ein abstraktes Problem. Der Tod des Mario Ricci ist ein konkreter Fall.

Claude Goretta entwickelt seine Geschichte nicht mit thesenhaftem Elan, sondern sehr bedächtig, mit einer Fülle von Figuren, mit vielen vermeintlichen Nebenhandlungen, die aber immer mehr zu Hauptsachen werden. Er hat einen Film der langsamen Blicke (der sachten Schwenks, der ruhigen Kamerafahrten) gemacht: Blicke, die erst auf den Einzelheiten haften bleiben, Blicke eines menschenfreundlichen Detektivs. »Der Tod des Mario Ricci« erzählt eine politische Geschichte. Aber erst seine Haltung macht ihn zu einem politischen Film. Mit ihm wird man in diesem Herbst gut leben können.

Nr. 39 vom 23. 9. 1983

**Bitte umblättern:**

auf den nächsten Seiten informieren
wir Sie über weitere interessante
Fischer Taschenbücher.

# Fischer Cinema

Adolf Heinzlmeier/Berndt
Schulz/Karsten Witte
**Die Unsterblichen
des Kinos**
Band 1: Stummfilmzeit
und die goldenen 30er
Jahre. *Band 3666*

Band 2: Glanz und
Mythos der Stars der
40er und 50er Jahre
*Band 3658*

Band 3: Die Stars
seit 1960. *Band 3679*

Adolf Heinzlmeier/
Berndt Schulz
**Happy-End**
Berühmte Liebespaare
der Leinwand
*Band 3668*

Adolf Heinzlmeier/
Jürgen Menningen/
Berndt Schulz
**Lexikon der deutschen
Kino-Stars**
*Band 3683/
in Vorbereitung*

Marilyn Monroe
**Meine Story**
*Band 3663*

Joe Hyams
**Humphrey Bogart und
Lauren Bacall**
*Band 3691*

Sheridan Morley
**Marlene Dietrich**
Bildbiographie
*Band 3652*

Groucho Marx
**Schule des Lächelns**
*Band 3667*

**Die Groucho-Letters**
Briefe von und an
Groucho Marx.
Band 3693

John Russell Taylor
**Die Hitchcock-
Biographie**
Alfred Hitchcocks Leben
und Werk. *Band 3680*

Rudolf Arnheim
**Kritiken und Aufsätze
zum Film**
Herausgegeben von
Helmut H. Diederichs
*Band 3653*

**Film als Kunst**
Mit einem Vorwort
zur Neuausgabe
*Band 3656*

Lotte H. Eisner
**Die dämonische
Leinwand**
*Band 3660*

Hans C. Blumenberg
**Kinozeit**
Aufsätze und Kritiken
zum modernen Film
1976–1980
*Band 3664*

**Gegenschuß**
Texte über Filmemacher
u. Filme 1980–1983.
Band 3692

André Bazin
**Jean Renoir**
Mit einem Vorwort von
François Truffaut
*Band 3662*

Hans G. Pflaum/
Hans H. Prinzler
**Film in der Bundesre-
publik Deutschland**
Ein Handbuch
*Band 3673*

Dieter Prokop
**Soziologie des Films**
Erweiterte Ausgabe
*Band 3682*

Helmut Korte (Hrsg.)
**Film und Realität in der
Weimarer Republik**
Mit Analysen von »Kuhle
Wampe« und »Mutter
Krausens Fahrt ins
Glück«. *Band 3661*

# Fischer Taschenbücher

# Fischer Cinema

**Fernsehfilm**
**»Die Geschwister Oppermann«**
von Egon Monk nach dem Roman von Lion Feuchtwanger

Paul Werner
**ROMAN POLANSKI**

Michael Verhoeven / Mario Krebs
**Die Weiße Rose**
Der Widerstand Münchner Studenten gegen Hitler
Informationen zum Film

---

Hans Richter
**Filmgegner von heute – Filmfreunde von morgen**
Mit einem Vorwort von Walter Schobert
*Band 3670*
**Der Kampf um den Film**
Für einen gesellschaftlich verantwortlichen Film. Herausgegeben von Jürgen Römhild
*Band 3651*

H.-J. Syberberg
**Syberbergs Filmbuch**
Filmästhetik. 10 Jahre Filmalltag. Meine Trauerarbeit für Bayreuth. Wörterbuch des deutschen Filmkritikers
*Band 3650*

**Die Geschwister Oppermann**
Ein ZDF-Fernsehfilm von Egon Monk nach dem Roman von Lion Feuchtwanger
*Band 3685*

Georges Sadoul
**Geschichte der Filmkunst.**
Mit einem Vorwort von Walter Schobert
*Band 3677*

Paul Werner
**Roman Polanski**
*Band 3671*

Kurt Pinthus (Hrsg.)
**Das Kinobuch**
*Band 3688*

Thomas Brandlmeier
**Filmkomiker**
Die Errettung des Grotesken
*Band 3690*

Percy Adlon
**Die Schaukel**
Nach dem Roman von Annette Kolb
*Band 3695*

Gabriele Seitz (Hrsg.)
**Der Zauberberg**
Ein Film von Hans W. Geißendörfer nach dem Roman von Thomas Mann. *Band 3676*

**Doktor Faustus**
Ein Film von Franz Seitz nach dem Roman von Thomas Mann
*Band 3681*

Michael Verhoeven
**Liebe Melanie**
Hintergründe zu dem ZDF-Fernsehfilm
Band 3696

Michael Verhoeven/
Mario Krebs
**Die Weiße Rose**
Der Widerstand Münchner Studenten gegen Hitler
Informationen zum Film
*Band 3678*

Margarethe von Trotta/
Luisa Francia
**Das zweite Erwachen der Christa Klages**
*Band 3654*
**Schwestern oder Die Balance des Glücks**
Ein Film von Margarethe von Trotta
Herausgegeben von Willi Bär/Hans J. Weber
*Band 3659*
**Die bleierne Zeit**
Ein Film von Margarethe von Trotta
Herausgegeben von Hans J. Weber in Zusammenarbeit mit Ingeborg Weber
*Band 3675*
**Heller Wahn**
Ein Film von Margarethe von Trotta
Herausgegeben von Hans J. Weber
*Band 3687*

# Fischer Taschenbücher

# Fischer Film Almanach
## Filme · Festivals · Tendenzen

Der Fischer Film Almanach bietet dem Filminteres-
sierten jährlich eine lückenlose Dokumentation
aller innerhalb eines Jahres in der Bundesrepublik
erst- bzw. uraufgeführten Filme. Daneben gibt
dieses informative Kompendium einen Überblick
über die Preisträger der wichtigsten Filmfestivals
von Berlin bis Cannes und beschäftigt sich in
jedem Band schwerpunktmäßig mit einem filmpolitischen Thema.

**Fischer Film Almanach 1983**
Herausgegeben und verfaßt von
Walter Schobert, Jürgen Berger,
Rüdiger Koschnitzki, Ronney Loewy, Wilhelm Roth
Band 3684

**Fischer Film Almanach 1982**
Herausgegeben und verfaßt von
Walter Schobert, Hans Jürgen Weber,
Jürgen Berger, Rüdiger Koschnitzki,
Bettina Thienhaus
Band 3674

**Fischer Film Almanach 1981**
Willi Bär/Hans Jürgen Weber
Band 3665

**Fischer Film Almanach 1980**
Willi Bär/Hans Jürgen Weber
Band 3657

fi 271/1

# Fischer Taschenbuch Verlag

# Margarethe von Trotta

»Einen eigenen Film zu machen,
ist meiner Geschichte nach eine
Konsequenz. Jetzt bestimme ich
selbst, hingeschaut und mitgedacht
habe ich schon immer«,
*sagt Margarethe von Trotta über ihre Arbeit
als Regisseurin.*

**Schwestern oder Die Balance des Glücks**
Herausgegeben von Willi Bär und
Hans Jürgen Weber
Band 3659

**Die bleierne Zeit**
Herausgegeben von Hans Jürgen Weber
Band 3675

**Heller Wahn**
Herausgegeben von Hans Jürgen Weber
Band 3687

Margarethe von Trotta/Luisa Francia
**Das zweite Erwachen der Christa Klages**
Band 3654

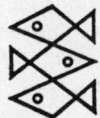

# Fischer Taschenbuch Verlag

# Theater Film Funk Fernsehen

Edward Albee
**Wer hat Angst vor Virginia Woolf...?**
Ein Stück in drei Akten. Band 7015

Samuel Beckett
**Fünf Spiele**
Endspiel/Das letzte Band/Spiel/
Spiel ohne Worte 1 und 2/Glückliche Tage.
Band 7001

Dieter Forte
**Fluchtversuche**
Vier Fernsehspiele mit 16 Szenenabbildungen.
Band 7055
**Kaspar Hausers Tod**
Ein Theaterstück. Band 7050
**Martin Luther & Thomas Münzer
oder Die Einführung der Buchhaltung**
Band 7065

Carlo Goldoni/Heinz Riedt
**Landpartie à la mode**
Band 7080

Henrik Ibsen/Peter Zadek/Gottfried Greiffenhagen
**Die Wildente/Hedda Gabler/Baumeister Solness**
Band 7073

Reiner Kunze
**Der Film »Die wunderbaren Jahre«**
Mit Szenenfotos. Band 7053

Arthur Miller
**Der Tod des Handlungsreisenden**
Band 7081

## Fischer Taschenbuch Verlag

fi 304/1 a

# Theater Film Funk Fernsehen

Arthur Miller
**Hexenjagd**
Band 7082
**Spiel um Zeit (Playing for Time)**
Ein Fernsehfilm. Band 7061
**Theateressays.**
Band 7058

John Osborne
**Blick zurück im Zorn**
Theaterstück in drei Akten. Band 7030

Pier Paolo Pasolini
**Orgie/Der Schweinestall**
Band 7078
**Affabulazione oder**
**Der Königsmord/Pylades**
Band 7079

Peter Shaffer
**Amadeus**
Ein Theaterstück. Band 7063

Tennessee Williams
**Endstation Sehnsucht/Die Glasmenagerie**
Zwei Theaterstücke. Band 7004
**Die Katze auf dem heißen Blechdach.**
Band 7071
**Die tätowierte Rose.**
Band 7072

**Hörspiele**
Ilse Aichinger/Ingeborg Bachmann/Heinrich Böll/
Günter Eich/Wolfgang Hildesheimer/Jan Rys.
Band 7010

## Fischer Taschenbuch Verlag

fi 304/2 b

Adolf Heinzlmeier/Berndt Schulz/Karsten Witte

# Die Unsterblichen des Kinos

Band 3666          Band 3658          Band 3679

Die Filmgeschichte ist, wenn sie Leben und Legende der
Leinwandstars ernst nimmt, immer auch Sittengeschichte.
Bizarre Details aus dem Alltag der Kinowelt sind nicht nur
individuell aufregend, sie zeigen auch die Sklavenarbeit in der
Träumefabrik, die Sehnsüchte und ihren Verschleiß. Davon
sprechen diese Bücher. Sie zeigen den wirklichen Star, der
repräsentativ sein sollte für das individuelle Selbstverständnis
und die Etikette der Liebe in der modernen Gesellschaft. Stars
waren am größten, wenn sie diese Fähigkeit mit einer weiteren verbinden konnten: mit ihrem eigenen Image identisch zu
sein.

## Fischer Taschenbuch Verlag

fi 319/1